MUTAÇÕES A OUTRA MARGEM DA POLÍTICA

SERVIÇO SOCIAL DO COMÉRCIO
Administração Regional no Estado de São Paulo

Presidente do Conselho Regional
Abram Szajman
Diretor Regional
Danilo Santos de Miranda

Conselho Editorial
Ivan Giannini
Joel Naimayer Padula
Luiz Deoclécio Massaro Galina
Sérgio José Battistelli

Edições Sesc São Paulo
Gerente Iã Paulo Ribeiro
Gerente adjunta Isabel M. M. Alexandre
Coordenação editorial Francis Manzoni, Clívia Ramiro, Cristianne Lameirinha
Produção editorial Antonio Carlos Vilela, Bruno Salerno Rodrigues
Coordenação gráfica Katia Verissimo
Produção gráfica Fabio Pinotti
Coordenação de comunicação Bruna Zarnoviec Daniel

Eugène Enriquez • Eugênio Bucci • Franklin Leopoldo e Silva • Frédéric Gros • Helton Adverse • Jean-Luc Nancy • Jean-Pierre Dupuy • Lilia Moritz Schwarcz • Marcelo Jasmin • Maria Rita Kehl • Marilena Chaui • Newton Bignotto • Olgária Matos • Oswaldo Giacoia Junior • Pedro Duarte • Renato Lessa • Vladimir Safatle

MUTAÇÕES
A OUTRA MARGEM DA POLÍTICA

ADAUTO NOVAES (ORG.)

© Adauto Novaes, 2019
© Edições Sesc São Paulo, 2019
Todos os direitos reservados

Tradução
Paulo Neves, Ana Szapiro

Preparação
Leandro Rodrigues

Revisão
Beatriz de Freitas Moreira, Maiara Gouveia

Capa
Moema Cavalcanti

Diagramação
Negrito Produção Editorial

Artepensamento

Diretor
Adauto Novaes

DADOS INTERNACIONAIS DE CATALOGAÇÃO NA PUBLICAÇÃO (CIP)

M98   Mutações: a outra margem da política / Organização de Adauto Novaes. – São Paulo: Edições Sesc São Paulo, 2019.
360 p.

Índice onomástico
ISBN 978-85-9493-202-0

1. Filosofia. 2. Filosofia política. 3. Mutações. I. Título. II. Novaes, Adauto.
CDD 121

Edições Sesc São Paulo
Rua Serra da Bocaina, 570 – 11º andar
03174-000 – São Paulo SP Brasil
Tel.: 55 11 2607-9400
edicoes@edicoes.sescsp.org.br
sescsp.org.br/edicoes
 /edicoessescsp

Agradecimentos

Rogério Faria Tavares, Francisco Gaetani, Danilo Santos de Miranda, Mario Vitor Santos, Agostinho Resende Neves, Alain Bourdon, Marta de Senna, José Jacinto de Amaral, André Scoralick, Celise Niero, Marcellus Schnell, Thiago Novaes, Ricardo Bello e Hermano Taruma.

Os ensaios deste livro foram escritos para o ciclo de conferências *Mutações: a outra margem da política*, concebido e realizado pelo Centro de Estudos Artepensamento em 2018. O ciclo aconteceu em Belo Horizonte, no BDMG Cultural; no Rio de Janeiro, na Fundação Casa de Rui Barbosa; em São Paulo, na Casa do Saber, e em Brasília, na Escola Nacional de Administração Pública, com o patrocínio do Banco do Desenvolvimento de Minas Gerais (BDMG) e apoio do Institut Français du Brésil – Embaixada da França.

O curso foi reconhecido como extensão universitária pelo Fórum de Ciência e Cultura da Universidade Federal do Rio de Janeiro (UFRJ).

Obras organizadas por Adauto Novaes

Anos 70 (1979)
O nacional e o popular na cultura brasileira – música, cinema, televisão, teatro, literatura e seminários (1982)
Um país no ar – televisão (1986)
Os sentidos da paixão (1987)
O olhar (1988)
O desejo (1990)
Rede imaginária – televisão e democracia (1991)
Ética (1992)
Tempo e História (1992) / Ganhador do Prêmio Jabuti
Artepensamento (1994)
Libertinos libertários (1996)
A crise da razão (1996)
A descoberta do homem e do mundo (1998)
A outra margem do Ocidente (1999)
O avesso da liberdade (2002)
O homem-máquina (2003)
A crise do Estado-nação (2003)
Civilização e barbárie (2004)
Muito além do espetáculo (2004)
Poetas que pensaram o mundo (2005)
Anos 70 (segunda edição – 2005)
Oito visões da América Latina (2006)
O silêncio dos intelectuais (2006)
L'autre rive de l'Occident (2006)
Les aventures de la raison politique (2006)
Ensaios sobre o medo (2007)
O esquecimento da política (2007)
Mutações: ensaios sobre as novas configurações do mundo (2008)
Vida vício virtude (2009)
A condição humana (2009)
Mutações: a experiência do pensamento (2010)
Mutações: a invenção das crenças (2011)
Mutações: elogio à preguiça (2012) / Ganhador do Prêmio Jabuti
Mutações: o futuro não é mais o que era (2013)
Mutações: o silêncio e a prosa do mundo (2014)
Mutações: fontes passionais da violência (2015) / Ganhador do Prêmio Jabuti
Mutações: o novo espírito utópico (2016)
Mutações: entre dois mundos (2017)
Mutações: dissonâncias do progresso (2019)

Sumário

9   Apresentação – Democracia e pensamento
DANILO SANTOS DE MIRANDA

11   Sobre a outra margem
ADAUTO NOVAES

33   O eclipse da política
FRANKLIN LEOPOLDO E SILVA

45   Utopia, revolução, distopia e democracia
MARILENA CHAUI

63   As formas da antipolítica
HELTON ADVERSE

85   Apatia e desolação nas sociedades contemporâneas
NEWTON BIGNOTTO

111   Do populismo à guerra: a queda da democracia norte-americana
JEAN-PIERRE DUPUY

131   O autoritarismo e o sentido da história. Ou, então, quem tem medo de golpes democráticos
LILIA MORITZ SCHWARCZ

145   Despotismo democrático e descivilização
MARCELO JASMIN

163 Hannah Arendt e o sentido positivo da política
PEDRO DUARTE

173 Esquerda/direita
JEAN-LUC NANCY

189 Decadência e niilismo
OSWALDO GIACOIA JUNIOR

209 Ser o proprietário de sua própria pessoa: em direção a um conceito de liberdade como heteronomia sem servidão
VLADIMIR SAFATLE

229 Podemos mudar a direção da sociedade?
EUGÈNE ENRIQUEZ

247 Representação política e sua crise: um ponto de vista da filosofia política
RENATO LESSA

261 A democracia ante o desafio das tecnologias digitais
FRÉDÉRIC GROS

275 Em defesa da verdade factual – entre a "pós-verdade" excêntrica e a democracia improvável
EUGÊNIO BUCCI

307 Política e paixão
MARIA RITA KEHL

313 Da desobediência à vergonha de obedecer
FRÉDÉRIC GROS

323 Em busca da história perdida
OLGÁRIA MATOS

347 Sobre os autores
355 Índice onomástico

Apresentação

Democracia e pensamento
Danilo Santos de Miranda
Diretor Regional do Sesc São Paulo

Afeito ao conflito, o processo democrático é ambivalente por natureza: ao mesmo tempo que viabiliza a participação de atores e segmentos plurais, ele se caracteriza pela impossibilidade de sua realização definitiva enquanto sistema político. Desimpedida de uma consecução plena, final, a democracia inaugura um regime permanentemente aberto às múltiplas vozes, portanto, ao questionamento e à repactuação dos contratos sociais. Contudo, para que não se degradem em ataques meramente violentos e destrutivos, os dissensos que lhe são inerentes devem respeitar princípios igualmente democráticos, despindo-se de impulsos intolerantes, censores e opressivos – de modo a preservar e garantir espaço para as disputas argumentativas.

Em diálogo com essa delicada (e necessária) condição, as análises coligidas neste volume buscam sondar os alicerces da construção democrática e, ao mesmo tempo, proporcionar subsídios para o trabalho de reimaginar as ações e os modelos políticos na contemporaneidade. Compõem a presente publicação contribuições de reconhecidos intelectuais brasileiros e estrangeiros atuantes na França, cujo compromisso com o livre pensar – e com a correlata circulação de ideias na esfera pública – reitera um preceito basilar da democracia.

Numa arena pública onde os antagonismos instaurados nem sempre consideram os ritos democráticos, frequentemente afrontando suas regras básicas, as ciências humanas acabam por cumprir papel imprescindível de respaldo às instituições que organizam a vida social. Cumpre pontuar, ademais, que a validação de sondagens e formulações ocupadas dos arranjos sociopolíticos depende, não dos poderes instituídos e de seus interesses transitórios, mas da comunidade científica internacional e da legitimidade epistemológica atribuída às abordagens desenvolvidas pelos pesquisadores.

Em *Mutações: a outra margem da política*, os autores defrontam-se com questões problemáticas para o processo democrático, e que justamente por isso solicitam agudeza analítica. À luz dos seus textos é possível discernir e dimensionar os percalços enfrentados pelas estruturas democráticas na atualidade, assim como vislumbrar caminhos para a política e para o respectivo enfrentamento das diferentes formas de desigualdade. Observar a conjuntura com auxílio de instrumentos teóricos propicia não somente uma percepção mais acurada das forças em jogo, mas também a ponderação de suas consequências imediatas e futuras.

Se as narrativas sobre a realidade se encontram, hoje, sujeitas a distorções, ao Sesc cumpre prezar pelo rigor de exames baseados em princípios racionais e nos pactos sociais urdidos ao longo da história republicana. Em tempos de incerteza, a tradição do pensamento ocidental e seus esforços em prol do esclarecimento e da emancipação do sujeito representam âncora fundamental para escapar da deriva.

Sobre a outra margem
Adauto Novaes

Um novo mundo pede uma nova política.
ALEXIS DE TOCQUEVILLE

1. No livro publicado em 1954 – *A crise da cultura, oito exercícios do pensamento político* –, Hannah Arendt nos desafia com estas interrogações:

Como pensar no intervalo entre passado e futuro evidenciado com o desaparecimento da tradição? O que são autoridade e liberdade, quando já não valem as respostas oferecidas pela tradição? Como pensar acontecimentos como a crise da cultura, a crise da educação, o advento da mentira na política, a conquista do espaço? O pensar pressupõe que se tenha coragem de afrontar o mundo, a pluralidade de nossos semelhantes, para instaurar novos começos. Renunciar a pensar é renunciar a ser humano.

Poucos negariam este diagnóstico: há uma evidente decomposição do sistema de representação política e do corpo político como um todo, o que expõe a diferença abissal entre "governo democrático" e vida democrática – isto é, o povo criando de forma permanente e vivendo em democracia. Vivemos um momento de incerteza e desordem, caracterizado por sérios problemas: conflitos criados pela ocupação das instituições do Estado por entidades religiosas; falta de alternativas claras ao modelo vigente; redes digitais que surgem como novos mediadores entre sociedade e Estado; crise dos partidos políticos; crise dos universais; singularização e fragmentação das lutas fora da visão da história e do futuro; definição de "democracia" como consumo democrático, "supermercados dos estilos de vida"; mentiras sobre legitimidade política; pequenos e grandes golpes aplicados às claras; e mais: democracias contemporâneas que se servem da técnica para limitar o poder político do povo. Em síntese, um absoluto apolitismo.

Além daqueles velhos problemas que nascem junto com as noções e as formas originárias da própria democracia – problemas com as ideias de representação política, o teológico-político, o chamado poder popular, as formas jurídico-políticas, a própria ideia de república etc. –, é importante pôr em discussão também as novas questões trazidas à política pelas invenções técnicas e científicas.

A outra margem da política é isto: ir aos fundamentos da política para romper "as construções e ideias petrificadas, e retomar as coisas nas suas fontes", de onde pode – e deve – surgir o novo: "começar pelo começo – aconselha Valéry – o que quer dizer recomeçar, refazer todo um caminho como se tantos outros não o tivessem traçado e percorrido...". É evidente que houve, ao longo da história, desvios das noções originárias da política, o esquecimento dos ideais preconcebidos; eis por que o futuro *sonhado* jamais é verdadeiro hoje. Foi o que escreveu Wittgenstein a propósito da decadência: "Se pensamos no futuro do mundo, visamos sempre o ponto no qual ele estará se ele continuar a seguir o curso que fez hoje; não pensamos que ele não segue uma linha reta, mas uma curva, e que sua direção muda constantemente". De desvio em desvio, chegamos à ilusão da democracia.

Há um fragmento de Alain[1], *Mercadores do sono*, que trata dos sistemas do pensamento e pode ser lido também como uma bela síntese dos sistemas políticos ultrapassados:

> Os homens que querem verdadeiramente pensar assemelham-se, muitas vezes, ao bicho da seda, que prende seu fio a todas as coisas em torno dele e não percebe que esta teia brilhante logo se torna sólida, seca, opaca, que lança um véu sobre as coisas e que, em seguida, as encobre; que esta secreção plena de rica luz torna-se, apesar de tudo, noite e prisão em torno dela; que tece com fios de ouro seu próprio túmulo e que não resta a ele senão dormir, crisálida inerte, diversão e

---

1. Pseudônimo de Émile-Auguste Chartier (1868-1951), jornalista, escritor e filósofo francês.

elegância para os outros, inútil para si mesmo. Assim, os homens que pensam adormecem-se em seus sistemas necrópoles; assim eles dormem separados do mundo e dos homens; dormem enquanto outros desenrolam seu fio de ouro para se adornar. Eles criam um sistema como uma armadilha para aprisionar. Esse tipo de pensamento é como uma gaiola que pode ser admirada; espetáculo admirável, espetáculo instrutivo para as crianças, tudo ordenado em gaiolas preparadas, tudo antes regulado pelo sistema.

A ideia de sistema político é um problema que pede discussão permanente. Em geral, as noções – sedimentadas – tornam-se arbitrárias e indiscutíveis, levando a análises mecânicas e sistematizadas. Sistemas homogêneos sempre propõem interpretações cômodas e simplificadas da realidade, o que leva o pensamento a coisas já feitas e pensadas. Quando Valéry escreve uma frase enigmática – "O sistema sou eu" – e atribui ao sistema dominante as ruínas produzidas pela Primeira Guerra Mundial, ele não queria propor outro sistema, e sim um trabalho de arqueólogo em busca de vestígios de humanismo, fundado sobre a observação e a experiência. No lugar das "construções conhecidas" (a arquitetônica do poder), ele propõe ir às coisas dispersas, incompletas e invisíveis. Isso não significa uma defesa do empirismo, pois a resposta de Valéry seria definitiva: "Com os filósofos, jamais se deve temer não compreender. É preciso temer enormemente o compreender". Eis, portanto, uma das positividades das mutações: deixar em evidência que vivemos um momento *indeterminado* da significação do mundo e que é preciso ressignificá-lo. Redesenhar o mundo e acrescentar a ele novos poderes.

Para o mundo em ruínas, Wittgenstein propõe saída semelhante: "Da antiga cultura restará apenas um monte de escombros, um monte de cinzas, mas restarão espíritos que flutuarão sobre essas cinzas". Esse é nosso trabalho, o trabalho do espírito.

2. Vivemos a era da desordem e dos fatos. Não os fatos que povoavam a vida cultural e política de qualquer sistema, mas fatos inteiramente novos. Ora, os fatos científicos – que dão origem à inconsistência, ao fugaz e ao veloz, à precisão e à racionalidade técnica – abolem aquilo que permitia a precária ordem do mundo, isto é, o trabalho da razão, a relativa consistência e constância das coisas. A tecnociência ganhou autonomia e passou a definir a estrutura social e política. De maneira uniforme e cada vez mais poderosa, ela se distancia das outras instituições e ganha a força de uma religião: domina as instituições políticas, as artes, os costumes, a linguagem, as igrejas, as mentalidades... Mesmo o espírito mais sagaz, armado de certo conhecimento, sente-se vulnerável e impotente. Para o homem comum, a tecnociência se tornou necessária para seus prazeres e até mesmo para seu "saber", uma entidade quase misteriosa que conduz todas as ações cotidianas. Pensa-se menos – ou melhor, pensa-se de maneira mais prática. Exigir o menor esforço de um pensamento abstrato é quase uma ofensa. Musil define a descrença política do nosso tempo como a crença apenas nos fatos (científicos). A representação da realidade "só reconhece o que é, por assim dizer, realmente real... A filosofia sofreu ligeiro atraso em relação aos fatos... não ter filosofia é a filosofia que convém ao nosso tempo". No mundo da incerteza filosófica, muitos buscam refúgio nas crenças religiosas e nos fatos científicos. A incerteza da Razão conduz ao retorno ainda mais explícito das velhas certezas sobrenaturais. No lugar de destruir antigas crenças e opiniões, como propunham os iluministas, vê-se uma retomada da tradição e dos dogmas. O sentimento religioso passa a ter grande peso na política, o que, de certa maneira, é novo entre nós. Basta ver a enorme influência da bancada evangélica no Congresso e no Ministério da Cultura. Já aqueles que não partilham da fé religiosa praticam, em contrapartida, o culto ao progresso da ciência e às invenções técnicas destinadas ao "bem-estar" do homem comum. A existência de Deus não precisa ser provada, apenas sentida ("sinto Deus no meu coração", dizem os pastores), e o mundo também não precisa mais ser pensado, apenas vivido pelo que define a ciência. Tudo está determinado. A nova ciência cria a experiência desordenada, contrária à verdadeira experiência que supõe ordenamento teórico, como já podíamos ler na crítica de Descartes a certo empirismo que prefere "seguir a ordem das coisas à ordem das razões", entendendo por "ordem das razões" o trabalho imanente ao espírito e a suas ideias. Vemos, então, o surgimento de um mundo que fragmenta a vida social, cultural e política. Tudo vira opinião sem discernir o verdadeiro do falso. Isso se expressa de maneira mais visível nas redes sociais: tudo é verdade e falsa verdade, tudo é *news* e *fake news*!

3. Mais: fatos tendem a abolir as *coisas vagas*, isto é, as abstrações e o pensamento, que ajudam a ordenar os sentimentos e as ações, os ideais estéticos e políticos. Em síntese, como escreve Valéry, a ordem política exige a *ação de presença de coisas ausentes* (as utopias, os desejos de emancipação, as invenções artísticas) que dão equilíbrio ao mundo dos instintos. Sem elas, o sujeito perde sua forma, do ponto de vista moral, submetendo-se ao egoísmo ordinário dos fatos. São as *coisas vagas* que tornam possível o trabalho do espírito, que possibilitam esta "potência de transformação" do próprio espírito.

É natural que se lamente a perda de muita coisa que fazia parte dos nossos ideais. Mas é preciso abandonar os lamentos e as antigas especulações. O que nos resta – e não é pouca coisa – é pensar uma nova política, abandonar velhos conceitos, mesmo porque "não se pode querer curar a decadência".

Ora, como já dissemos, em todos os domínios da atividade humana – esferas do saber e do poder, costumes, mentalidades, sensibilidade ética, valores –, vivemos hoje transformações sem precedentes, e a política decerto é a parte mais afetada por essas mutações trazidas pelo espírito científico e pelo poder da técnica. No ensaio *A política do espírito*, de Valéry, lemos:

> O mundo moderno, em toda sua potência, de posse de um capital técnico prodigioso, inteiramente penetrado de métodos positivos, não soube entretanto criar uma política, uma moral, um ideal, nem leis civis ou penais que estejam em harmonia com os modos de vida que ele criou, e até mesmo com os modos de pensamento que a difusão universal e o desenvolvimento de certo espírito científico impõem pouco a pouco a todos os homens.

Uma ideia chama a atenção nesse fragmento: a potência do desenvolvimento técnico e o descompasso entre o espírito científico e a política. Em outras palavras: a ausência de uma ordem política compatível com o tempo. Assim, o funcionamento da política se reduz a um conjunto de expedientes técnicos e de interesses privados, criando uma detestável mecânica social. Uma das consequências mais funestas dessa mecânica da civilização está no esquecimento dos laços entre os indivíduos, da ideia de comunidade, do viver em comum. Entramos na era do "egoísmo organizado". Assim, devemos ter prudência quando ouvimos a definição de "poder popular" como o conjunto de indivíduos que delegam poder a representantes. Trata-se de um conceito deformado que questiona a própria ideia de política, que depende da relação entre a lógica da democracia e a lógica da representação. O problema trazido pelas duas lógicas não é novo – é parte da própria democracia –, mas é preciso buscar saídas para o que Rancière chamou de "anomalias e monstros" que elas suscitam. Todas as anomalias são secretas e vivem do segredo. Mas pelo menos uma delas é visível: a astúcia dos poderes, como adverte Alain, a qual consiste em corromper seus representantes por meio do próprio poder. Uma dessas visíveis corrupções está na traição. Vemos, a cada dia, deputados mudarem de partido, e o jogo político surge em todo esse movimento, "que leva lentamente, firmemente, da condição de representantes do povo a inimigos do povo". Assim, resta aos governados a tarefa de um controle contínuo e eficaz.

4. As *coisas vagas* são noções e entidades "misteriosas", sobre as quais toda sociedade se organiza. Elas são a origem do medo que domina até mesmo as almas rebeldes: "Um tirano de Atenas, que foi homem profundo", escreve Valéry, "dizia que os deuses foram inventados para punir os crimes secretos". Eis por que a desobediência é definida como uma tentativa de liberdade e com a coragem de recusar ordens superiores quando em presença de leis injustas. Como nos lembra Frédéric Gros, qualquer desobediência exige um esforço que põe em causa a hierarquia, os hábitos e a imensa monotonia do mesmo. Segundo Gros, a obediência, na política, só tem sentido se aquele que comanda um semelhante o faz em um fundo comum de igualdade: deve-se obedecer-lhe se ele se dirige a homens livres como ele. Eis a pergunta: a democracia contemporânea se baseia na política de homens livres? Citemos um trecho de Aristóteles, que resume tudo o que tentamos dizer:

> Elogia-se o fato de ser capaz tanto de governar quanto de ser governado, e parece que, de certa maneira, a excelência de um bom cidadão é a de ser capaz de comandar e de obedecer [...]. Existe um certo poder em virtude do qual comandam-se pessoas de mesma condição que a si,

isto é, livres. É o que chamamos de poder político; o governo aprende a governar sendo ele mesmo governado, assim como se aprende a comandar a cavalaria obedecendo na cavalaria [...]; eis por que se diz, com razão, que não se comanda bem se não se obedeceu bem. Esses dois estatutos, de governante e governado, têm excelências diferentes, mas o bom cidadão deve saber e poder obedecer e comandar, e a excelência própria de um cidadão é a de conhecer o governo dos homens livres nos dois sentidos.

5. A representação. Eis a grande questão: como conciliar democracia e governo representativo quando se sabe que o representante não representa? Vemos no Brasil o surgimento de dois perigosos fenômenos que complicam ainda mais o velho problema trazido pela ideia de representação: o populismo e a prevalência do poder das Igrejas na política. Estado laico já é quase coisa do passado. É conhecida a força da bancada evangélica no Congresso, em particular na Comissão de Ciência e Tecnologia, que é responsável pela concessão de canais de TV e rádio, onde a fé é difundida. Se, até o fim do século XX, os católicos constituíam no Brasil 99% da população, hoje eles encolheram para 52%, e os evangélicos já são 32% (segundo pesquisa do Datafolha). No livro *Plano de poder: Deus, os cristãos e a política*, o líder e pastor Edir Macedo afirma que é preciso acordar o eleitorado, "um gigante adormecido", para que se ponha em prática "um projeto de nação pretendido por Deus", um "sonho divinal". Teria a democracia moderna e laica chegado ao limite? Como pode haver a divergência de opinião e o progresso moral e intelectual, que devem orientar a escolha da representação, se o povo se submete às crenças que instituem a eterna soberania divina, aos preceitos religiosos, à crença nos poderes da tecnociência e à demagogia dos poderosos?

Essas questões nos remetem ao belo e inacabado ensaio de Giordano Bruno, o *De Vinculis*, sobre os laços que podem levar à submissão e à divisão entre os homens, mas que podem também fundar comunidades políticas. Para Bruno, toda relação – seja religiosa, seja política – deve ter um vínculo recíproco: é impossível ligar-se a alguém que não esteja também ligado àquele que a ele se liga. E mais: existe uma infinidade de afeições contrárias e múltiplas, que criam vínculos de natureza diversa. Mas, apesar disso, escreve Bruno, "acontece, às vezes, que um indivíduo fique sob o império de um só objeto (seja pela estupidez de seus sentidos, cegos e indiferentes a qualquer outra ordem de coisas, seja pela violência extrema de um único vínculo, que atormenta de maneira tão exclusiva que qualquer outra sensação é impedida e abolida)". Giordano Bruno referia-se aos espíritos que

> [...] pela esperança da vida eterna e pelo ardor da fé ou da crença pareciam completamente encantados em espírito, como que arrancados de seu corpo; objeto que os ligava pela virtude da imaginação e de uma opinião que os constrangiam tão violentamente que nem pareciam sentir as mais terríveis torturas – como Anaxarque, o filósofo, o diácono Laurent e outros... Quanto a Diógenes, o Cínico, e a Epicuro, cujo espírito era ligado pela razão no desprezo de todas as coisas e na desconfiança em relação a todas as opiniões, seguindo os princípios e a ordem da natureza, é pela razão que se afasta o sentimento de todas as volúpias como de todas as dores.

Nietzsche e Valéry tentam desfazer os nós criados por vínculos teóricos e conceituais – "verdadeiro *columbarium*". Acrescentemos a isso a permanente luta de Wittgenstein contra os hábitos arraigados da linguagem que se desenvolve naturalmente "porque os homens experimentam o desejo de pensar assim. Eis por que a possibilidade de se livrar só acontece com aqueles que vivem, instintivamente, uma revolta contra a linguagem em questão e não por aqueles que, por instinto, são levados a viver no próprio rebanho que criou essa linguagem como sua *própria* expressão".

A busca da opinião verdadeira (ou quase verdadeira) é reduzida ao silêncio pela sabedoria divina. Mas não é só a inteligência que é afetada. O sentimento do mundo e a ação no mundo tendem a se tornar crenças. Como escreve John Stuart Mill nas *Considerações sobre o governo representativo*, "as qualidades morais são igualmente limitadas no seu desenvolvimento. Cada vez que a esfera da ação dos seres humanos é artificialmente circunscrita, seus sentimentos sofrem uma constrição e uma limitação nas mesmas proporções. A ação é o alimento do sentimento".

Voltando ao contemporâneo, certamente, Jacques Rancière está certo ao propor que devemos criar outra maneira de habitar o mundo sensível em comum, uma vez que, na atual configuração, "o povo não é o grande corpo coletivo que se exprime na representação. Ele é o quase-corpo que é produzido pelo sistema". Podemos interpretar o "quase-corpo" de duas maneiras: o indivíduo que se submete às superstições e perde a forma humana; e a perda do próprio corpo na simbiose com o político que o representa. E mais: "quase-corpo" é a origem da demissão voluntária da alma. O "eu" abandona o corpo, criando uma consciência flutuante e manipulável. A escolha em uma eleição torna-se um gesto vazio. Frédéric Gros, no ensaio "Da desobediência à vergonha de obedecer", nos lembra que a separação da alma e do corpo "não é um problema metafísico. É uma ficção política... uma perversão ética". Ora, para dar sentido ao corpo próprio e ao corpo político, e, assim, criar um novo espírito político, é preciso romper com uma velha contradição, expressa por Paul Valéry, que define a democracia contemporânea como "a arte de impedir o povo de se interessar por aquilo que lhe diz respeito... mas que, ao mesmo tempo, obriga as pessoas a decidir sobre o que nada entendem". É preciso, pois, fugir da obediência política, do conformismo, do respeito à autoridade que corrompe os direitos, enfim, promover novas formas de desobediência.

Dessa arquitetada exclusão do povo do pensamento político resulta outro problema: a escolha do tipo dos representantes, homens de valor (monetário) sem valores e sem potência, apenas funcionários de um poder mais alto e invisível, funcionários do capital e da técnica. Eis a conclusão de Valéry:

> Olhe um pouco nos olhos do espírito estes grandes que possuem o mundo, os grandes condutores e chefes de povos, e os grandes condutores de almas e de intelectos, padres, sábios, poetas – e vocês verão seus projetos e seus discursos, seus objetivos e sistemas de ideias serem como leves pinturas sobre gazes flutuantes – e atrás dos quais a certeza oculta de que eles nada sabem e a expressão de toda a fraqueza real de sua força real. A sua força é mais de ¾ imaginária, fiduciária e esta parte maior exige, para existir e agir, que eles mesmos não tenham consciência nítida de sua fraqueza real. Em toda potência deve haver o temor de conhecer seu verdadeiro peso, e o verdadeiro valor do seu valor. O maior problema está na escolha do chefe – e, portanto, no modo de escolher.

Os Estados nacionais – e seus chefes – não têm consciência de sua fraqueza real diante do capitalismo mundializado, que decide e age de maneira planetária. Uma ação da Bolsa de Londres faz tremer o mundo. Além disso, a mundialização provocou enorme mutação na política e nas relações entre capital e trabalho. Em seu ensaio *Notre mal vient de plus loin: penser les tueries du 13 novembre*, Alain Badiou mostra de que maneira a agressividade do capital destrói todas as tentativas anteriores de introdução de "medidas" de controle.

> Chamo "medida" os compromissos passados, notadamente no período do pós-Guerra Mundial, entre a lógica do capital e as outras lógicas. Outras lógicas que poderiam ser lógicas de controle estatal, de concessões feitas aos sindicatos, de reticências diante das concentrações industriais e bancárias, de lógicas de nacionalização parcial, de medidas de controle de certos excessos da propriedade privada, leis *antitrust*...

Grande parte da fraqueza dos sindicatos e dos movimentos sociais, desorganizados, vem dessa nova investida do capital. Diante da nova realidade, o que representam as eleições?

As eleições são hoje a legitimação da escolha e do poder que o povo lhe atribui sem a consciência clara do que representam essas escolhas. Em outras palavras, como diz Rancière, a eleição não é mais, em si, "uma forma democrática pela qual o povo faz ouvir sua voz. Ela é, em sua origem, a expressão de um consentimento que um poder superior pede". São as lutas democráticas que podem dar outro sentido a esses consentimentos voluntários. Mas atenção: embora não se trate de condenar as eleições, é preciso que o povo conheça os limites do chamado "poder eleitoral popular". E mais: ele deve saber que "vida democrática" é aquela capaz de dominar um mal conhecido simplesmente como "governo".

6. Mas, afinal, o que é apolitismo? O filósofo Francis Wolff nos dá uma boa e pertinente síntese da relação do povo com a democracia:

> A democracia é um regime curioso. Quando ela não existe, é objeto de desejo; quando existe, cessa de ser este objeto. O povo parece politizado quando aspira à democracia; mas se ele a obtém afasta-se da

política. É como se, de repente, ele rejeitasse uma amante tão desejada a partir do momento em que a conquistou. Ele está para a democracia como Don Juan para as mulheres: a conquista mobiliza toda sua energia, a posse o entedia.

Este é o destino de quase todas as revoluções: o povo se instala na cena da história para conquistar sua liberdade política, mas, a partir do momento em que a obtém, usa sua liberdade para não se envolver mais com ela.

Portanto, a democracia tem dois adversários: um inimigo externo, a tirania sob todas as suas formas; e um inimigo interno, o apolitismo. Existe um laço secreto entre esses dois adversários: "democracia" pode bem significar poder do povo; o povo não gosta do poder. Isso ocorre desde a invenção da democracia, na Atenas no século v a.C. O povo execra naturalmente aqueles que lhe impõem o poder, mas tem horror de exercê-lo ele mesmo. Tem outras coisas a fazer além da política e prefere que outros a façam. Daí vem esta forma estranha de regime que se chama hoje "democracia", que não é outra coisa senão um governo representativo: um regime no qual o povo escolhe, se possível livremente, os políticos – isto é, aqueles que de fato exercem o poder, na esperança de que o façam contemplando o interesse popular e não os próprios interesses. De certa maneira, eleger profissionais da política é uma traição à ideia de democracia. Mas, por outro lado, obrigar o povo a se interessar pelas coisas públicas quando ele deseja apenas as coisas privadas é um atentado ao princípio da liberdade que funda também a democracia.

Para além disso, pode-se dizer que a noção de povo é, muitas vezes, ambígua. Como diz Jacques Rancière, um povo político não é um dado preexistente, mas um resultado. Não é o povo que se representa, mas a representação que produz certo tipo de povo.

7. A democracia e o mundo da técnica. É certo que um dos pressupostos fundamentais da mutação política está no papel atribuído à tecnociência. A ciência e a técnica produziram, na política e no pensamento, aquilo que os teóricos definem como o mundo da especialização. Durante séculos, as sínteses teóricas permitiram grandes realizações, mas hoje, com a crise dos ideais políticos, restam apenas as desvantagens de uma "democracia dos fatos". A definição é de Robert Musil: a política, tal como a entendemos em nossos dias, é o contrário absoluto do idealismo, quase sua perversão: ao levar em consideração apenas os fatos, "o homem que especula por baixo sobre seu semelhante e que se intitula político realista só tem por reais as baixezas humanas, única coisa que considera confiável; ele não trabalha com a persuasão, apenas com a força e a dissimulação".

Outro filósofo, nosso contemporâneo, vai além na observação: para Jean-Pierre Dupuy, é presunção fatal acreditar que a técnica, que tomou o lugar do sagrado, do teatro e da democracia, poderá desempenhar o mesmo papel que essas instâncias desempenhavam na época em que a capacidade de agir dizia respeito apenas às relações humanas: "Acreditar nisso", escreve Dupuy, "é permanecer prisioneiro de uma concepção que vê na técnica uma atividade racional, submissa à lógica instrumental, ao cálculo dos meios e dos fins". Francis Wolff reverte essas ideias para o campo da política: os utópicos de ontem foram substituídos pelos especialistas de hoje. Não disputamos mais os fins políticos, afirma Wolff, discutimos, sim, os meios e os fins técnicos. Como observa o filósofo Newton Bignotto, retomando Hannah Arendt, parecemos condenados a oscilar entre democracias apáticas, comandadas exclusivamente pelas forças de mercado, e regimes autoritários.

8. Movimento permanente. No ensaio "Imaginário político grego e moderno", publicado no livro *As encruzilhadas do labirinto: a ascensão da insignificância*, Cornelius Castoriadis escreve sobre a "ruptura radical", uma criação histórica, que é a invenção da democracia moderna. Antes, a política era regida por instâncias extrassociais, externas ao poder e ao agir dos humanos (as leis emanavam dos deuses e heróis fundadores), a quem nenhuma questão poderia ser posta, uma vez que já havia resposta para tudo. Ora, o advento da democracia é o reconhecimento de que a fonte da lei é a própria sociedade – eis o grande fato fundador: a ruptura do fechamento antigo é a abertura de uma "interrogação ilimitada". A interrogação da filosofia política "jamais cessa diante de um último postulado que jamais poderia ser posto em causa". É isto a democracia: uma permanente criação de direitos. É como define com clareza Castoriadis:

No verdadeiro significado, a democracia consiste nisto: a sociedade jamais se estabelece em uma concepção do que é o justo, o igual ou o livre, dada de uma vez por todas, mas institui-se de tal sorte que as questões da liberdade, da justiça, da equidade e igualdade possam sempre ser repostas no quadro do funcionamento "normal" da sociedade... Eu diria que uma sociedade é autônoma não apenas se ela sabe que faz suas leis, mas se ela está em condições de pô-las em questão.

Assim, a política é entendida não apenas como "instrumento de dominação" (o que é, em grande parte, verdadeiro), mas também, e no sentido forte e originário do termo, como polo de organização de direitos.

9. Uma época nula? Eis o grande problema dos nossos tempos. Muitos pensadores afirmam que nossa época nem chega a ser niilista, mas que é "simplesmente nula"; outros, mais pessimistas, afirmam que nem mesmo chega a ser "uma época". Ora, como observa ainda Castoriadis, a sociedade só pode viver criando significação, e significação para ele quer dizer "idealidade", coisa mais importante do que as coisas materiais. Na mesma linha de pensamento, Valéry começa um de seus famosos ensaios dizendo que a era da barbárie é a era dos fatos e que nenhuma sociedade se estrutura, se organiza, sem as "coisas vagas". Por coisas vagas ele entendia também os ideais políticos. Perguntamos: que ideais nos estruturam hoje, quando notamos uma enorme prevalência da ciência, da técnica e do domínio do capital financeiro em todas as áreas da política? Seria uma nova forma de totalitarismo, sem alusão expressa a formas de dominação passada? E essa nova forma reivindicaria até mesmo certo "parentesco" com a democracia? Fala-se de "democracia científica", "democracia burocrática", "democracia técnica", "democracia financeira" etc. E, além disso, é patente que existe hoje o que alguns denominam "o outro da política", que representa a economia, momento de superação da ideia de Estado-nação pela mundialização.

Outro pensador da filosofia política, Claude Lefort, autor dos grandes ensaios sobre o totalitarismo, observa que, para pensar esse enigma da democracia, devemos recorrer menos a uma construção conceitual definitiva e dar mais atenção ao acontecimento, à história e aos testemunhos dos homens. Mas, segundo ele, toda política vive de enigmas e ambiguidades:

uma sociedade que se inventa permanentemente traz potencialidades de desenvolvimento democrático e riscos de poder totalitário. Relembremos a interpretação que Lefort dá a Maquiavel em um dos livros mais importantes sobre a política, Le travail de l'oeuvre, Machiavel (1971): toda cidade ordena-se e se constrói a partir de uma divisão primeira que se manifesta inicialmente pelo desejo dos grandes de comandar e oprimir e do povo de não ser comandado nem oprimido – desejo de liberdade.

O poder totalitário pode assumir hoje novas formas, que dispensam a dominação hierarquizada e centralizada. O filósofo Frédéric Gros, por exemplo, afirma que, em nosso mundo liberal, trata-se de dispor as coisas de tal maneira que, por meio delas, sem obrigar ninguém, obtém-se a reação desejada. Com as redes sociais e a geolocalização, diz Gros, ninguém nos obriga a dizer o que estamos fazendo nem onde estamos. A estratégia consiste em saturar os objetos técnicos a fim de fazê-los interagir sem a intervenção da vontade do homem: "De repente, a dúvida, a hesitação, a decisão, a consciência e a vontade desaparecem". Esse modo de funcionamento parece dar razão a Heidegger.

Há, no entanto, um segundo caminho: novas formas de expressão democrática surgem a partir das novas tecnologias. É certo que vivemos uma mudança na ideia e na prática da representação – sentimos que somos cada vez menos representados pelos partidos políticos e pelos sindicatos; além disso, os Estados estão cada vez mais prisioneiros e dependentes do mercado e da lógica financeira. Mas, ao mesmo tempo, vemos surgir novas tecnologias de comunicação, como a internet, que abrem espaço para novas formas de participação e intervenção políticas. Manifestar-se, defender posições, reagir sem passar por "corpos intermediários", ou seja, por partidos políticos, sindicatos, mídias clássicas: "A realidade atual é dupla e ambivalente" – ou, segundo Gros, há uma "profunda crise da democracia quando se sabe que os instrumentos tradicionais da democracia são desprezados e que representantes políticos não aparecem mais como legítimos"; ao passo que há uma "dinâmica democrática nova, trazida pelas novas tecnologias, que permite a todos os cidadãos exprimir-se de maneira direta, fácil e sem custo".

Mas isso seria o bastante para redefinir a democracia crítica? Exemplos recentes no Oriente Médio talvez nos tragam mais desmentidos que certezas. Ora, o avanço da técnica é tido como símbolo do "progresso" moderno e da realidade democrática, e em princípio está ao alcance de todos. Isso chega a caracterizar uma democracia? Deve-se levantar também a seguinte questão: a mutação produzida pela tecnociência eleva o nível moral e político? Ou talvez seja melhor perguntar: como reativar a democracia a partir dessa mutação? É certo que a mutação pode trazer em seu bojo um poder instituinte jamais explicitado completamente, oculto nos intramundos da sociedade, mas que abre espaço também para seu contrário. Cabe à política dar expressão e visibilidade a esses movimentos implícitos, de dimensões temporais não controladas, "um futuro a ser construído" e que jamais se realiza inteiramente.

As ideias de representação, consenso, poder da imagem, ética e moral, poder da palavra, Estado democrático de direito, "ciberdemocracia" são alguns dos temas propostos neste ciclo de conferências, "A outra margem da política".

10. O que é o homem político hoje? Resta, enfim, a questão: *O que é o homem político?* Ou melhor: como definir o homem diante de tudo isso? A noção de homem passou a ser fluida, cambiante, múltipla, dependendo do interesse imediato da política e dos problemas e as circunstâncias de cada momento. O homem, tal como a filosofia antiga pensava, perdeu seu caráter abstrato e universal. Nosso pensamento se desdobra, de maneira anárquica, e ora considera o homem "cidadão", ora o considera "consumidor", "contribuinte", "eleitor", "especulador", segundo a "excitação do momento". Uma democracia e uma política sem forma podem facilmente adotar as mais disformes ideias de homem. Daí vêm as categorias atuais de *"economicus"*, *"connecticus"*, "pós-político", "neo-humano" ou "simples dado abstrato da razão instrumental". Talvez seja difícil sustentar a frase de Aristóteles: "O homem é um animal político".

Temos, assim, pelo menos cinco noções sobre o homem contemporâneo que merecem ser discutidas num ciclo de conferências que se debruça sobre a democracia contemporânea:

Francis Wolff define o homem contemporâneo, em seu apolitismo, como *Homo economicus*. "O que resta ao homem hoje?", pergunta ele. "Viver juntos? Não. O bem viver em comum? Jamais. A vida, apenas: a troca de bens e serviços, as duras necessidades do mercado. No lugar da ação política... apenas as atividades do dia a dia do *Homo economicus*".

Impossível não retornar, mais uma vez, a Robert Musil, para quem uma sociedade baseada na especulação não passa de um "egoísmo organizado", isto é, a mais revoltante organização do egoísmo, fundada sobre a maior ou menor capacidade de fazer dinheiro. Não apenas os Estados, mas também os indivíduos estão cada vez mais prisioneiros dos mercados e dependentes das lógicas financeiras: "Esta maneira de contar com as más capacidades do homem", escreve Musil, "consiste na especulação por baixo. Uma ordem em baixa consiste no trilhar a baixeza: tal é a ordem do mundo atual: 'Eu o deixo ganhar para que eu possa ganhar mais' ou 'Eu o deixo ganhar mais para que eu possa ganhar alguma coisa'". Eis a lógica da política regida pela especulação.

Para Frédéric Gros, nasce um novo indivíduo, o *Homo connecticus*. O homem hoje está em permanente conexão. Tecnicamente, afirma Gros, é mais fácil para o cidadão exprimir-se em fóruns, defender posições, dar opinião "sem passar por corpos intermediários – os partidos, os sindicatos e as mídias clássicas." Mas a realidade atual é ambivalente, como vimos há pouco, envolvendo crise de representação e, ao mesmo tempo, em tese, a universalização da expressão individual. As novas tecnologias trazem grandes mutações da percepção do tempo, do espaço, mas também na nossa relação com os outros e com a democracia, gerando transformações importantes na vida política.

Ao falar da ética, da moral e da política, Franklin Leopoldo e Silva pensa o homem atual como um dado abstrato da razão instrumental. O indivíduo passa a ser um agente econômico formalmente definido: "É evidente", escreve Franklin, "que o processo de abstração do indivíduo burguês é paralelo ao progressivo desaparecimento da política, substituída pela gestão das necessidades no contexto da racionalidade instrumental".

Entre os cinco pontos que o filósofo Sergio Paulo Rouanet apresenta para caracterizar o recuo da esfera pública e a atrofia do político, um deles é particularmente importante na definição do homem hoje. Rouanet fala da criação de homens pós-políticos. Pesquisas científicas tendem a construir, biologicamente, um homem novo, dotado de predisposições genéticas de comportamentos autômatos: "Desapareceria com isso a necessidade de mediação política, forma tradicional de conciliar interesses de indivíduos e grupos com interesse social. Teríamos, em vez disso, a fabricação em laboratório de homens pós-políticos".

Por fim, a nova definição do homem a partir das grandes mutações provocadas pela ciência e pela biotecnologia exige uma nova relação com a política. O físico e filósofo Luiz Alberto Oliveira considera que o homem caminha em direção ao inevitável *Homo civilis* (ou *Homo sapiens* 2.0). Como pensar a democracia na sua relação com o que Oliveira chama de "evolução da Evolução", isto é, o "aparecimento – ou antes, a produção – de um novo estágio da Vida"? Oliveira afirma que se torna indispensável debater os aspectos "éticos, políticos e históricos desta transição autogerada para uma condição neo-humana".

A complexidade da democracia política e intelectual hoje exige de todos um trabalho permanente de criação de obras de pensamento: eis uma das maneiras de combater as incertezas, a apatia, o pessimismo e, principalmente, o apolitismo.

COMENTÁRIO DE FRANKLIN LEOPOLDO E SILVA

A primeira impressão que a proposta do ciclo de conferências "A outra margem da política" me causou foi a de uma iniciativa extremamente oportuna, não apenas por abordar a crise da política, mas por fazê-lo de um modo que contempla tanto as urgências do presente quanto os elementos internamente constitutivos da política, dos pontos de vista conceitual e histórico, que nos apresentam as contradições e a dialética, principalmente da democracia.

Tais contradições se devem apenas à deterioração histórica do sistema representativo, decorrente da separação entre ética e política, ou estariam inevitavelmente, como uma fatalidade, inscritas na vida histórica e social, como ambivalências enraizadas na dimensão intersubjetiva e coletiva dos povos? Neste segundo caso, teríamos que observar um aspecto dramático da socialidade e, mais ainda, as dificuldades intrínsecas à experiência da liberdade, que é, basicamente, o conflito entre liberdade e determinação constitutivo da dimensão ético-política da subjetividade.

Esse caráter conflituoso exige um sujeito efetivamente ativo, isto é, consciente das dificuldades e contradições inerentes à liberdade, e não apenas um espectador que assiste ao espetáculo que se passa ao seu redor. Como as condições objetivas resistem à atuação do sujeito, este acaba muitas vezes por acomodar-se a um simulacro de liberdade, que consiste muito mais na adoção de parâmetros extrínsecos do que numa escolha inventiva de valores. A consolidação dessa situação de servidão voluntária cristaliza o tempo histórico, de modo a minimizar significativamente o alcance das decisões e das perspectivas de futuro, empobrecendo a vida ética por via do enrijecimento dos sistemas políticos. É algo dessa natureza que justifica o diagnóstico de Alain: os homens estão dormindo, ou estão semimortos, de maneira que as relações humanas acabam sendo tecidas por fios que aprisionam ou determinam os movimentos, como se vivêssemos em gaiolas construídas por nós mesmos ou, pelo menos, com nossa colaboração.

Em outras palavras, trata-se da supremacia dos fatos, transfigurada na hegemonia de critérios tecnológicos, que fazem com que todos os aspectos da vida estejam inscritos no registro operacional da racionalidade instrumental. Inclusive a política, cenário onde prevalece de forma exacerbada o pragmatismo de uma civilização que já não pode mais distinguir fatos e valores. Tal identificação faz do fato a fatalidade: os seres humanos estão por tal modo submetidos ao poder que eles mesmos criaram, que essa servidão supera em muito as relações com as divindades ou com Deus, referências antes decisivas para constituição do humano. Com a diferença de que os novos critérios, instituídos a partir da relatividade assumida, não têm a força de constituir a personalidade, mas antes a desfiguram e a desconstituem.

A ordem tecnológica, proveniente da racionalidade analítica, pode talvez representar o mundo numa imagem científica, mas não pode instituí-lo como processo livre e criativo de realização dos projetos que não são forjados na esfera da objetividade tecno-científica-industrial, mas no plano de uma relação complexa com a temporalidade histórica, cenário de expectativas e incertezas onde se desenrola o drama humano. Ora, a racionalidade ético-política, que os gregos denominavam "discernimento", seria o instrumento essencial para que o ser humano pudesse mover-se nesse terreno. Mas a racionalidade instrumental e os critérios tecnológicos invadiram o espaço da ética e da política, razão pela qual a experiência sócio-histórica encontra-se ocupada e sufocada pela inteligibilidade pragmática e seus produtos, que paradoxalmente (uma espécie de paradoxo coerente, como diriam os frankfurtianos) suscitam várias atitudes acríticas irracionais, como podemos observar na influência crescente que exercem sobre a política as seitas religiosas que proliferam rapidamente, ou, de modo análogo, a religião laica do progresso, baseada numa crença total no poder da tecnologia – artefatos e procedimentos destinados a racionalizar e controlar a vida. Curioso amálgama das possibilidades inerente à natureza da razão e da sobrenaturalidade que nos é oferecida como apoio e solução de impasses e incertezas. Os poderes sabem como exercer o domínio a partir desse misto, que é aparentemente estranho.

Chega-se assim à situação de renúncia à liberdade: quanto mais determinação – científica e/ou religiosa –, mais felicidade. E nessa renúncia inclui-se a delegação acrítica da vontade política que constitui o simulacro de representação vigente, por exemplo, na política brasileira. Quando os seres humanos deixam de se ocupar de si mesmos, acontece o eclipse da política, isto é, a falência do interesse comum. Que fazer diante de uma situação que parece ser fruto de um desenvolvimento histórico objetivo da modernidade, ou, ainda mais, de um projeto político de despolitização coerente com a globalização tecnológica? Como superar, se possível, o que Valéry entende como o descompasso entre o espírito científico e a política? A potência do desenvolvimento tecnocientífico e a impotência da política?

As vertentes críticas da filosofia nos ensinaram que é preciso um distanciamento crítico para avaliar as possibilidades e os limites nos aspectos teóricos e práticos da vida. Ainda assim, mesmo Kant entende que a razão prática tem alguma supremacia no sistema, certamente pelas urgências que temos de atender em nossa vida moral. Desse modo, como tomar distância da política sem distanciar-se de si mesmo? Trata-se de uma situação relativa porque sabemos, por experiência, que as pessoas não têm qualquer problema para afastar-se da política, exatamente porque a alienação é fundamentalmente em relação a si próprio. Daí o fato de que o apolitismo tende a se tornar a atitude mais natural na atualidade. Apesar da grande disseminação das mais variadas informações, o indivíduo não consegue fazer mais do que aderir a alguma proposta, sem firmeza, seriedade ou autonomia, como é usual no comportamento vigente nas redes sociais. Parece que a dimensão do político já não é mais necessária para dar sentido à vida. Mas essa situação equivale ao abandono, pelo indivíduo, de sua própria individualidade ou subjetividade – sua liberdade.

Isso leva à perversão do regime político que as revoluções modernas consagraram: a democracia. Por uma série de razões, a democracia, reduzida a um formalismo vazio, voltou-se contra si mesma: tornou-se "a arte de impedir o povo de se interessar por aquilo que lhe diz respeito [...] mas que, ao mesmo tempo, obriga as pessoas a decidir sobre o que nada entendem", como diz Valéry. Em outras palavras, a democracia tornou-se o regime da obediência, em vez do regime da liberdade. O desinteresse do povo suscita o aparecimento de políticos profissionais, cuja representatividade é nula, porque sua capacidade maior é a de calcular como se manter no poder e como utilizá-lo em proveito de si e do seu grupo. A ética tornou-se cálculo de probabilidades; o discurso político tornou-se retórica da dissimulação. Acreditamos viver sob a democracia enquanto vivemos e decidimos sob a autocracia do mercado. Previsibilidade e rotinas tecnicamente estabelecidas para garantir a estabilidade do mercado. Há muito a política deixou de ser uma questão (vivida) para tornar-se algo estabelecido com a firmeza das coisas e dos dogmas, isto é, algo muito semelhante ao totalitarismo.

Alguns veem essa situação como a falência dos velhos instrumentos políticos e, assim, a restauração da política seria possível por via de novos instrumentos, como as mídias e as novas possibilidades de conexão. Creio que esse tipo de pensamento contém alguma ingenuidade. Supõe que os poderes que manipulam o apolitismo não seriam capazes de prever o uso "democrático" dos novos meios de comunicação e, assim, adiantar-se a possíveis tentativas de transformação que não fossem absorvidas pelo sistema. É mais plausível imaginar que o alcance do poder se mobiliza na mesma proporção da criação de novas possibilidades de comunicação. O poder tem que dominar a comunicação, e sempre o fez com razoável competência. Não há que deixar brechas, e para isso o poder se reinventa e aumenta seu potencial continuamente. As pessoas já perceberam isso e preferem cuidar de si mesmas num sentido rigorosamente apolítico, praticando de modo sistemático e em grande escala o egoísmo, que não é apenas uma característica psicológica, mas um sucedâneo (mais seguro) da vida política. Mais seguro porque não humano ou pós-humano. O individualismo egoísta é uma técnica de cuidar de si completamente alheia a qualquer significação do *éthos* humano. Sua prevalência faz com que a política não tenha lugar.

A descrição do não lugar da política na civilização e na cultura contemporâneas me pareceu a tônica do seu texto, o que se reflete na sugestão de temas, que de algum modo podem ser vistos, em sua maioria, como desdobramentos possíveis do fenômeno do desaparecimento da política.

O eclipse da política
Franklin Leopoldo e Silva

Neste ensaio, vamos aglutinar e comentar brevemente algumas características marcantes do nosso tempo que testemunham de modo eloquente o eclipse da política. A palavra "eclipse" traz consigo um fio de esperança que talvez não seja justificado, já que há muitos elementos para entender que a situação vivida, irreversível, se prolongará e que seus efeitos serão ainda piores do que aqueles que estamos vivendo. Se assim for, trata-se de um desaparecimento da política, e tal fato, brutal em sua realidade, indicaria que a política não está temporariamente oculta, como o astro em eclipse, mas definitivamente banida da vida histórica. Esperemos que essa determinação não seja suficientemente forte para anular todas as expectativas, e que o caráter contingente da história ainda possa alimentar uma espera da volta eventual daquilo que nos faz humanos.

Trata-se de uma discussão acerca do presente, sem qualquer pretensão de compreendê-lo inteiramente em sua gênese e em sua estrutura. Quem sabe um objetivo concreto, embora talvez irrealizável, seja nos tornarmos conscientes de nossa atualidade, evitando assim que a situação seja assimilada como natural e perca seu caráter histórico, isto é, o engendramento humano do presente e de sua negatividade, atribuindo ao grau de liberdade possível desfrutada pelos sujeitos os males que nos afligem. A apatia e a passividade parecem ser o modo de viver o que realmente importa – e que é a questão da autonomia, não como o arbítrio superficial e utilitário, mas como requisito de uma experiência autenticamente *política*, isto é, ética, da liberdade. Isso significa valer-se dos elementos da *crise* para compreendê-la em sua significação e alcance, independentemente de nossa eventual capacidade de superá-la.

As referências principais de minha exposição são Zygmunt Bauman e Cornelius Castoriadis, autores que, a meu ver, se debruçaram com lucidez e profundidade sobre os problemas concernentes à corrosão da modernidade tardia e a degeneração ético-política da contemporaneidade. Espero indicar, a partir deles, que a visão pertinente da condição histórica deve superar a consideração puramente analítica das relações entre causas e efeitos, para apreender os vínculos complexos, e mesmo obscuros, por vezes, entre as condições objetivas da história vivida e a dimensão da subjetividade responsável pelo agir histórico.

Supondo que estamos inseridos numa experiência sócio-histórica que traz elementos fortemente condicionantes, mas talvez não irremediavelmente determinantes, podemos, a partir desse quadro, enumerar alguns fatores relevantes para a apreensão da política como questão. Desde logo, no entanto, seria preciso responder de forma preliminar se a política é, de fato, uma *questão* para nós. Creio que essa pergunta não precisa ser respondida de imediato, mas pode ganhar alguma clareza pela simples descrição da relação entre os indivíduos, a coletividade e a política.

Uma das afirmações basilares de Bauman em seu livro *Em busca da política* é que a liberdade individual só pode ser de fato vivida em consonância com a coletividade, que a constrói e a alimenta continuamente. Isso significa que a liberdade possui necessariamente um caráter público, sem o qual ela não pode ser assegurada como produção concreta da vida[1]. Ou seja, as necessidades a serem providas, desde a simples sobrevivência até aquelas de ordem "superestrutural" – situadas num patamar mais elevado e menos "pragmático", embora não distantes da vida – devem estar respaldadas pela condição política de governantes e governados e subordinadas sempre ao juízo público determinante do bem comum. Saúde, educação, segurança, cultura, lazer, habitação, salários etc. dependem substancialmente de atos políticos e de um planejamento que tenha como critério fundamental a responsabilidade política exercida no espaço público em sua dimensão de participação e transparência – pois governar e ser governado são inseparáveis da articulação da práxis.

---

1. Zygmunt Bauman, *Em busca da política*, Rio de Janeiro: Jorge Zahar, 2000, p. 15.

Mas devemos observar que há um desfalque significativo nessa articulação: a dimensão pública se tornou *supérflua*. Podemos detectar as causas longínquas dessa perda no advento do individualismo como consequência do liberalismo clássico. Mas é inegável que circunstâncias mais recentes intervieram para constituir um quadro em que o enfraquecimento do espaço público se duplica na recusa de uma perspectiva política comunitária e numa espécie de ditadura do privado, dimensão que aparece então não apenas como situação de fato, mas também com *valor* a ser cultivado e preservado. Esse é o motivo pelo qual a sociabilidade se apresenta cada vez mais como um problema e se encaminha aceleradamente para a anomia, se é que já não a atingimos. Percebemos, de maneira cada vez mais nítida, a diminuição da autonomia do indivíduo e da sociedade. Não apenas o indivíduo está submetido aos dispositivos de controle que já conhecemos, como também o alcance desse aparato tem crescido de modo significativo com o aprimoramento tecnológico. Nesse sentido, a sociedade como um todo, que já é por si uma aglutinação de indivíduos sem qualquer ligação orgânica, vai sendo cada vez mais submetida a controles e sujeita a induções que dispensam deliberações coletivas.

Uma das consequências disso é a impossibilidade de formular problemas e mesmo de vê-los em sua realidade, significação e alcance. Assim, as dificuldades que atingem os indivíduos, e suas possíveis causas, tendem a ser recalcadas ou esquecidas, perdendo-se a possibilidade de um possível encaminhamento fora dos parâmetros de interesse do poder. Desse modo, é a consideração do bem público que escapa sistematicamente da alçada dos indivíduos, o que significa a impossibilidade do exercício da cidadania efetiva. Essa é a razão pela qual os políticos falam o tempo todo de "cidadania", mas sempre a partir de uma inversão fundamental que associa, na prática, a cidadania à obediência e à passividade. Como se fosse algo que só poderia ser exercido dentro dos limites da heteronomia, isto é, da submissão aos interesses do poder.

Nesse sentido, a sociedade vai perdendo o poder de *questionamento* que é essencial à dinâmica da democracia. Daí o enfraquecimento das expectativas e das esperanças de que algum *acontecimento novo* venha a repor a política em seu movimento e em seu teor de invenção permanente da vida. O espaço público é administrado de modo tão eficiente a partir dos objetivos de sua própria anulação, que nada além do que já existe se mostra *possível*: o futuro só aparece como continuidade do presente. Evidentemente, a ausência de realidade efetiva do espaço público corresponde ao ritmo da privatização, que não ocorre apenas no âmbito das instituições e serviços, mas também na esfera da *vida*, que já não alcança a dimensão pública e comunitária, do que decorrem consequências no plano ético que estão perfeitamente de acordo com o processo de desaparição da política.

Há um elemento perturbador no núcleo originário do individualismo moderno e na evolução da atitude individualista para o egoísmo: a violência, que, no limite, está incluída, pelo menos de modo implícito, na preocupação exacerbada que cada um tem consigo mesmo. Isso introduz nas relações de alteridade uma espécie de *suspeita*, que está sempre a ponto de transfigurar-se em *medo*, decorrente da competição como comportamento intrínseco ao modo de vida capitalista. A hegemonia do sujeito ou do indivíduo como característica da modernidade trouxe desde a sua origem o problema da intersubjetividade: a dificuldade de relacionar-se com o outro de uma maneira que não faça dele uma projeção do meu ego, dos meus interesses e dos meus desejos. Esse vínculo problemático carrega a possibilidade da violência, que inclui o seu exercício pessoal em relação ao outro e o medo de ser vítima dela. São consequências do fato de que a separação e a heterogeneidade entre os indivíduos, em vez de suscitar atitudes de aceitação e tolerância, promovem a hostilidade, que se manifesta de variadas formas e que acaba por assumir um caráter quase inevitável[2]. Em outras palavras, a convivência, definida pelo seu caráter utilitário, provoca instabilidade e insegurança, agravada pelas condições sociais de desigualdade e injustiça, isto é, pela violência exercida de modo explícito e implícito pelo poder, em seu objetivo de manter a ordem numa sociedade instável.

Isso faz que a *segurança*, que deveria ser garantida ao público pelo sistema, se transforme em angústia pessoal e coletiva, pela ausência da *certeza* de que se pode contar com ela, como em princípio estaria inscrito na ideia de "políticas públicas". O indivíduo não pode ter certeza de que a segurança seria a estabilidade politicamente garantida. Ele percebe que, por algum interesse oculto do poder, desfruta de uma falsa segurança, e

---

2. Como mostrou René Girard, em *A violência e o sagrado*, São Paulo: Editora Unesp, 1990.

esse modo pelo qual sua expectativa é contrariada pode levá-lo a cogitar outras possibilidades de garantia, inclusive aquela de caráter autoritário e totalitário. Ou seja, a sensação de que cada um está entregue a si mesmo corrobora o desaparecimento do espaço público e contribui para que se coloque em questão a legalidade formal, que mostra sua fragilidade como garantia da ordem.

Note-se que um problema em princípio social repercute no "caráter" individual, uma vez que a ausência de expectativa política engendra algo como uma desesperança existencial que congela a cidadania e corrompe as relações. Em outras palavras, o significado *democrático* das garantias individuais é corroído a partir da manipulação delas pelo poder, em prol de interesses distanciados do indivíduo e da coletividade. A privatização de serviços básicos é a manifestação mais completa desse fenômeno. A necessidade da mediação da iniciativa privada à ação do Estado pode ser considerada como a rendição do interesse público ao interesse particular. E assim chegamos tanto ao desespero quanto à apatia, uma vez que as duas atitudes são possíveis e estão de certa forma relacionadas dentro do contexto que descrevemos. Podemos não perceber isso de modo objetivo, mas sentimos que nos aflige o fato de que o "livre jogo do mercado", para o qual o poder pretende transferir suas responsabilidades, é estritamente *determinado* pelas forças econômicas que atuam segundo interesses exacerbadamente privados. Assim, a pretendida "conciliação" é, de fato, a ditadura do mercado, ou seja, a hegemonia irreversível do poder econômico.

Daí vem a grave consequência relativa à dificuldade, que caminha para a impossibilidade, de identificação do indivíduo como sujeito de suas ações ou como autoconstituinte de si mesmo, o que depende, em grande parte, do reconhecimento do *lugar* ocupado na sociedade, e não apenas de um trânsito fluído pelas oportunidades do mercado. A fluidez do mercado e a transitoriedade do trabalho, que pode culminar na sua ausência, tornam cada vez mais difícil a construção da identidade, que no mundo atual é produzida no mundo do trabalho. Não se trata apenas de uma falta objetiva, mas também de um sentimento de falta de pertencimento, que repercute na vida pessoal sob a forma de uma fragmentação da existência e da subjetividade. Em outras palavras, o *fato* de exclusão é interiorizado, e o indivíduo, demitido da sua subjetividade, vive a experiência negativa de ser *supérfluo*. Sendo regra do mercado a diminuição de custos e a maximização do lucro, o indivíduo é tratado como capital humano ou recurso a ser adaptado a essa diretriz.

Essa descrição nos faz entender que a ausência da dimensão política gera uma espécie de indiferença *sui generis*: não se trata de uma opção pelo desinteresse na política, mas sim de uma submissão a um *projeto político de despolitização*, ou a uma intenção de dissimular o interesse dominante por via de uma "substituição" do movimento político pela estabilidade funcional da "gestão", canalizando assim toda possibilidade de controvérsia para o domínio da violência privada, o que elimina a *diferença* em sua condição de conflito intrínseco à dimensão pública e política, isto é, enquanto componente da democracia. Daí a busca ansiosa pela *segurança*, mas sem uma razoável expectativa de poder desfrutá-la[3].

Ora, a democracia não é o regime da segurança. Castoriadis mostrou que uma das diferenças entre a democracia grega e a moderna consiste em que, para os gregos, a democracia não era apenas um conjunto de procedimentos, mas algo intrinsecamente ligado à vida do indivíduo e da comunidade[4]. Assim, a "participação" envolvia o risco de um modo de vida político sem "fundamento", instável por natureza e que deveria ser a todo momento recriado pela coletividade. A ligação orgânica entre indivíduo e sociedade deriva do fato de só existir "continuidade" do regime se ele for reinventado de modo contínuo pela iniciativa dos indivíduos, que assim se colocam como "sujeitos" políticos no sentido de serem necessariamente protagonistas. Para o autor, aí está a condição primordial da autonomia e da liberdade. Nesse sentido, Aristóteles afirmou que o ser humano é *essencialmente* político. Fazer e fazer-se seriam, de modo indissociável, a "garantia" da continuidade do regime. Mas trata-se de uma "garantia" que exclui por completo a certeza da inércia, ou suficiência dos procedimentos formais. A democracia não comporta a impessoalidade; por ser o regime de todos, concerne a todos. Isso não diz respeito apenas à "democracia direta", mas à necessidade intrínseca ao regime democrático. Enfim, a "participação" não concerne apenas ao pertencimento formal,

---

3. Zygmunt Bauman, *op. cit.*, p. 25.
4. Cornelius Castoriadis, *Democracia como procedimento e como regime*, As Encruzilhadas do Labirinto, IV, Rio de Janeiro: Paz e Terra, 2002. Cf. também, do mesmo autor, "Pouvoir, politique, autonomie", *in*: *Le monde morcelé*, Paris: Seuil, 1990, citado por Bauman.

mas a um compromisso efetivo e consciente. Ora, ninguém ignora que as democracias atuais são todas formais, especialmente no Brasil. Decerto, é isso o que provoca o "mal-estar da democracia", que se manifesta na indiferença e num crescente apolitismo, que orienta também as manifestações ditas "políticas".

O que teria acontecido para que a política fosse exilada do mundo contemporâneo? Uma resposta simples e muito representativa da situação foi dada por Margareth Thatcher: "Não existe essa coisa chamada sociedade"[5]. Com efeito, um certo liberalismo extremado reproduz, na esfera da política, os obstáculos que a filosofia moderna encontrou para passar do eu ao outro de um modo que não seja apenas a passagem do sujeito ao objeto, com a consequente reificação que deriva da impossibilidade de considerar o outro como sujeito. A modalidade hegemônica da representação na esfera do conhecimento faz com que tudo que venha a ser conhecido tenha que ser estabelecido pelo *eu* no domínio da realidade do pensamento, que goza de primazia em relação à exterioridade. Emmanuel Levinas denominou esse estilo de pensar como "confinamento" do sujeito ou do eu a si mesmo, de modo que tudo o mais, inclusive os outros, deva ser *constituído* pela consciência. Percebe-se a dificuldade de pensar a sociedade a não ser a partir do polo irradiador central que outorga realidade ao que não sou eu.

No limite, trata-se de compreender o ser-para-outro ou o ser-com--outros como uma hipótese abstrata que pode adquirir, no máximo, uma realidade formal, e apenas nas injunções da esfera pragmática da vida, nas ocasiões em que sou forçado a me preocupar com a "vida dos outros". Atualmente, essa atenção quase só existe em função da segurança, cuja partilha se concede como meio mais eficaz de garantia. Mas, tendo em vista a dispersão dos indivíduos e a relação inócua como poder, o que se consegue é a falsa segurança que suscita o medo e a violência. É uma situação que impossibilita a solidariedade ("nossas misérias nos separam", diz Bauman)[6], assinalando que nem mesmo a vulnerabilidade comum logra instituir uma vida comunitária.

---

5. Entrevista citada por Bauman, *op. cit.*, p. 75.
6. Zygmunt Bauman, *op. cit.*, p. 61.

Outrora, o medo (consciência da vulnerabilidade) muitas vezes era o instrumento de imposição do poder, seja como ameaça, seja como proteção. Hoje, esse medo já não vigora, institucionalizado que foi nas leis e normas a se observar. Mas esquecemos uma profunda observação de Thomas Morus: a lei não nos ameaça quando ela expressa a justiça, mas ocorre o contrário quando ela expressa o arbítrio, isto é, um desequilíbrio fundamental na sociedade – nas relações que deveriam ser políticas –, justificando a identidade entre legalidade e legitimidade. Tal desequilíbrio não ocorre apenas entre os detentores do poder e aqueles que a eles se subordinam, mas permeia a sociedade como um todo, exprimindo o fundo hobbesiano das relações humanas. Porventura já não temos medo, à maneira dos nossos ancestrais, mas em geral nos abstemos de questionar. Por uma espécie de acordo tácito, o poder faz cessarem as perguntas, e os indivíduos se acomodam à autoridade da resposta, que não espera a pergunta nem responde ao questionamento. Exercer o poder é não se dispor a responder, ou seja, a justificar-se. Isso se faz pela mentira e pelo terror. Daí o sentimento de que, embora o regime seja democrático, o poder está separado dos indivíduos e, frequentemente, é estranho a eles.

Não deixa de ser surpreendente que tenhamos chegado a este ponto, já que a democracia é o regime do diálogo. Mas a democracia *formal* é o regime do *falso* diálogo. Os políticos dialogam com os eleitores da mesma forma que a publicidade dialoga com os consumidores. São as mesmas estratégias, que apostam na desistência do questionamento e mesmo da fala. Sabemos que, quanto maior é o grau de condicionamento dessas estratégias, maior é a sua eficácia, por induzirem o outro à passividade. Não se trata de persuasão, mas de táticas orientadas pelo condicionamento mercadológico. Não é por acaso que as campanhas eleitorais se tornaram exercícios de *marketing* e já não se cogita de modo algum a exposição ou discussão de ideias. Na verdade, a flutuação do mercado e a superficialidade da propaganda fazem com que aqueles que porventura ainda tiverem alguma convicção sejam alijados e permaneçam à margem do processo. Por isso, o conflito de ideias foi substituído pela denúncia na qual a eventual "verdade" desempenha apenas um papel ocasional. A ausência de ideias e de princípios dá lugar à habilidade da encenação e do espetáculo, a que as pessoas estão predispostas a assistir. O êxito depende de se evitar com muito cuidado qualquer discussão de princípios e de ideias que eventualmente se relacionem com propósitos políticos efetivos. As opiniões são fabricadas conforme as necessidades do momento.

Essa *fabricação* depende sobretudo de um quadro de opções previamente demarcado e da fragilidade de uma liberdade exercida de modo imediatista e, por assim dizer, apenas *operante*. Quanto mais o sistema se aprimora, mais a determinação se faz sob a aparência da liberdade, isto é, a *operação* de escolhas que nada têm a ver com convicções individuais ou coletivas. A liberdade política foi reduzida a operações sobre um quadro de condições prévias, de modo que o sistema não seja afetado pelas opções aparentes. Não é por acaso que, nos regimes considerados "estáveis", o resultado de uma eleição pouco ou nada afeta o sistema como um todo. Para que essa situação permaneça, é preciso que a diversidade de opiniões seja de fato reduzida a variações insignificantes no modo de operar o sistema, sendo excluída qualquer possibilidade de transformação.

Diga-se de passagem – algo em que não é preciso insistir – que a educação desempenha função importante nessa imposição, mais ou menos disfarçada, da individualidade e da cidadania como "papéis" sociais exercidos de modo exclusivamente operacional. A reprodução da sociedade tem muito a ver com as técnicas de produção de coisas consideradas "bens": trata-se de um conjunto de técnicas para as quais o indivíduo é treinado, de modo a desempenhar com eficiência sua parte no contexto da funcionalidade geral. Não é preciso que se assuma qualquer compromisso pessoal decorrente de uma relação intrínseca com a vida social; a mesma impessoalidade que caracteriza a relação com um *produto* basta para que o mecanismo social funcione de acordo com as regras. O engajamento também se tornou supérfluo. O treinamento social que é ministrado na escola tende a reiterar os parâmetros impessoais e funcionais condizentes com a reprodução da sociabilidade capitalista.

Nos últimos tempos, esta pseudoneutralidade decorrente da imposição de um "pensamento único" tem sido elogiada e valorizada como o que se convencionou denominar o "fim das ideologias". O que se quer enaltecer com essa expressão é a redução da *política* a *procedimentos*, adotados como técnicas de gestão sem o respaldo de qualquer convicção. Quaisquer que tenham sido os males e os prejuízos da instrumentação das ideologias e do dogmatismo que decorreu dessa exacerbação, temos de convir, entretanto, que o fim das ideologias coincide com a impossibilidade de compromisso e engajamento e, assim, com a perda das convicções políticas. Há que pontuar uma nuance a respeito das certezas: como diz Ulrich Beck, talvez esteja faltando ceticismo na experiência política, notadamente na reflexão sobre ela; "talvez se deva redescobrir Montaigne como o pai fundador da teoria social da nova modernidade reflexiva"[7]. Não se pode atuar politicamente em perfeita conformidade com certezas; mas também não se pode pensar e agir sem qualquer certeza. Isso é apenas um efeito da contingência histórica, cuja tentativa de superação leva aos desastres que conhecemos. A dúvida e a curiosidade são mais do que "método": são componentes vitais do pensamento e da ação. Seria preciso pensar se o mundo pós-ideológico não seria o da aceitação de um dogmatismo tão pouco consistente quanto todos os outros que julgamos ultrapassar.

Essa tensão entre a certeza e a dúvida talvez seja constitutiva da democracia, se entendermos que a "crise" pode ser elemento constituinte do regime, dada a sua necessária "falta" de fundamento. Neste caso, é a própria "falta" que atua como "condição" de realidade. Por isso, a democracia é o regime de *decisão continuamente tomada por todos* e nunca a partir de uma segurança total.

Ou seja, o contexto de decisão pode ser um contexto *crítico*, e um dos significados de "Krisis" é exatamente "momento de decisão" entre elementos opostos que se apresentam em conflito. É por isso que, segundo Castoriadis, não vivemos atualmente uma *crise* no verdadeiro significado.

> Estamos vivendo uma fase de decomposição. Numa crise há elementos opostos que se combatem – ao passo que o que justamente caracteriza a sociedade contemporânea é o desaparecimento do conflito social e político. As pessoas estão descobrindo agora o que escrevíamos há 30 ou 40 anos em *Socialisme ou barbarie*, ou seja, que a oposição esquerda/direita já não tem sentido: os partidos políticos oficiais dizem a mesma coisa. [...] Não há, na verdade, nem programas opostos, nem participação das pessoas em conflitos ou lutas políticas, ou simplesmente numa atividade política[8].

---

7. Ulrich Beck, *Democracy without enemies*, apud Zygmunt Bauman, *op. cit.*, p. 113.
8. Cornelius Castoriadis, *A ascensão da insignificância*, As Encruzilhadas do Labirinto, IV, Rio de Janeiro: Paz e Terra, 2002, p. 104.

Essa descrição da decomposição é também a indicação da homogeneidade, por via do recalque das diferenças. O enfraquecimento da diversidade, na direção de seu desparecimento, é um dos grandes sinais de degeneração do corpo político. A singularidade dos indivíduos e dos grupos é substituída por um processo de burocratização que sufoca qualquer possibilidade de originalidade e inventividade no plano das lutas sociais e políticas, espaço ocupado, se tanto, por reivindicações locais e corporativas.

Entretanto, o fato mais grave neste contexto de degenerescência acontece no campo das significações e dos valores, imprescindíveis para conferir movimento à sociedade. Essa é a razão pela qual vivemos um *sistema* na pior acepção possível, e em expansão progressiva: a cristalização das significações e o obscurecimento dos valores têm sido, em diferentes nações e em diversos estilos de governo (quando os tínhamos), o que faz subsistir a produção e o lucro como únicos critérios. Sendo a acumulação e o enriquecimento as únicas orientações da vida, surpreende que a corrupção seja traço estrutural e não ocorrência acidental do sistema?

Nesse sentido observa-se a reciprocidade: o sistema produz os indivíduos e os indivíduos produzem o sistema. Essa mútua sustentação impede qualquer modificação significativa, e faz com que as propostas de reforma, em vários aspectos, tenham como objetivo a manutenção e o aprofundamento dos vícios já existentes, já que, de modo geral, partem dos responsáveis pelo *status quo* e não podem abdicar das características inerentes à sociedade de classes. Uma retrospecção histórica nos indica que as iniciativas de humanização do sistema sempre ocorreram por via de um cálculo de custo-benefício favorável às classes dominantes. Trata-se de um efeito da prevalência da economia como critério universal: cada vez mais, tanto na esfera pública quanto na privada, é o fator econômico que direciona todas as decisões e se torna o elemento principal, com tendência a se tornar único.

Decerto, uma das causas importantes da situação em que vivemos é a substituição da política pela economia. O prejuízo social dessa permuta é incalculável, porque o "fator humano" deixa de estar presente nas decisões, nas previsões e nas escolhas que se oferecem às pessoas, em especial àquelas que carregam a responsabilidade pela vida coletiva. Note-se que já não se trata de *economia política*, na perspectiva das análises de Marx, mas tão somente de uma simples opção pelo dinheiro, o que dificulta muito a compreensão, mesmo materialista, do movimento social. A hegemonia do consumo revela a extensão dessa tendência dominante. E é nessa direção que devemos compreender a separação entre capitalismo e política, ou seja, a irrelevância do indivíduo e da sociedade ou o caráter abstrato do ser humano, visto apenas como unidade de produção.

A persistência e a intensificação desse modo de vida parecem ter feito com que as pessoas introjetassem um *senso de desigualdade* que aflora agressivamente em situações como as que estamos presenciando no caso das migrações e dos refugiados que buscam condições mínimas de sobrevivência. Em muitos casos, aos obstáculos postos pelas autoridades governamentais junta-se o temor, por parte das populações, de ter que dividir o bem-estar decorrente de uma situação razoável em clima de relativa estabilidade. É como se a luta pela vida incluísse a permanência da desigualdade, que tende a ser naturalizada, numa espécie de "corrosão do caráter", para lembrar o livro de Sennett[9]. Enfim, a preservação do que se possui, inclusive a identidade, parece cada vez mais depender de um confinamento a si próprio, da exacerbação do individualismo liberal estendido aos grupos e aos povos. E, por mais que a privacidade possa se tornar tirânica, ela aparece como ainda preferível à convivência comunitária. Não se compreende mais a comunidade democrática; como se pudéssemos dizer: sempre que mais de um estiverem reunidos, não será em nome da liberdade, mas do poder estabelecido.

A ironia disso é que as origens gregas da cultura e da política do Ocidente estão profundamente comprometidas com o diálogo e a democracia, bem como com a autonomia e a autoinstituição da sociedade. Ora, se a origem – a *arké*, para os gregos – não é apenas o que esteve no início, mas o que continuamente permanece e sustenta, podemos talvez alimentar alguma expectativa de sair do eclipse da política.

---

9. Richard Sennett, *A corrosão do caráter*, Rio de Janeiro: Record, 1982. Conferir também, do mesmo autor, *O declínio do homem público*, São Paulo: Saraiva, 1976.

Utopia, revolução, distopia e democracia
Marilena Chaui

I

Com o nome de *utopia*, nasce no século XVI um gênero literário – a narrativa sobre a sociedade perfeita e feliz – e um discurso político – a exposição sobre a sociedade justa[1]. Na busca de uma sociedade inteiramente outra e perfeita, a utopia é a visão do presente sob o modo da angústia, da crise, da injustiça, do mal, da corrupção e da rapina, do pauperismo e da fome, da força dos privilégios e das carências, ou seja, o presente como violência. É radical, buscando a liberdade e a felicidade individual e pública, graças à reconciliação entre homem e natureza, indivíduo e sociedade, sociedade e Estado, cultura e humanidade, e à restauração de valores esquecidos ou descurados como a justiça, a fraternidade e a igualdade. É a visão de uma sociedade inteiramente outra, que negue todos os aspectos da sociedade existente, isto é, instituições, leis e valores cívicos, éticos, estéticos e cognitivos, permissões e proibições, forma do poder, da propriedade, da religião, da família e das relações pessoais entre adultos, entre estes e as crianças e os idosos, e assim por diante.

Ao surgir, a utopia é uma expressão peculiar do imaginário social, não sendo um programa de ação, mas o projeto de um futuro imaginário, e o utopista está consciente do caráter prematuro e extemporâneo de suas

1. *Topos*, em grego, significa lugar. Mas o que significa utopia? Numa carta a Erasmo, Thomas More, inventor da palavra, explica que a emprega em duplo sentido: com o sentido positivo do prefixo grego *eu*, significa lugar feliz, bom lugar; mas também no sentido negativo do prefixo grego *u*, *u-tópos* é o lugar nenhum.

ideias que, por isso, não podem ser postas como um programa. Ao contrário, quando passamos ao século XIX, a utopia se torna um *projeto político* no qual o possível está inscrito na história, entendida como ciência do encadeamento necessário dos fatos e das instituições humanas. A utopia é *deduzida* de teorias sociais e científicas, sua chegada é possível porque a marcha da história e o conhecimento de suas leis universais tornam legível o progresso do qual ela é a expressão mais alta. A imanência da utopia à história conduz à ideia e à prática da *revolução social*. Agora, o utopista é aquele que apreende o desejo popular como desejo de insurreição e desenha o lugar ao qual a insurreição popular se dirige rumo ao *novo* na história, uma *nova ideia de civilização*.

É nesse contexto revolucionário que se realiza a crítica de Engels e Marx ao socialismo utópico. A utopia, dizem eles, é um pressentimento ou uma prefiguração de um saber sobre a sociedade que o marxismo resgata no plano de uma ciência da história. Ou seja, assim como da alquimia se passou à química e da astrologia à astronomia, assim também é possível passar do socialismo utópico ao socialismo científico. O socialismo utópico é uma sabedoria afetiva e parcial, expressão do imaginário dos oprimidos; em contrapartida, o socialismo científico é o amadurecimento racional do saber utópico dos dominados e o amadurecimento racional de sua prática política. Em outras palavras, o socialismo utópico ergue-se contra o sofrimento dos humilhados e oprimidos, mas o socialismo científico é o conhecimento das causas materiais (econômicas e sociais) da humilhação e da opressão, ou seja, do modo de produção capitalista, fundado na propriedade privada dos *meios sociais* de produção – e a revolução socialista será, por isso mesmo, a passagem à *propriedade social dos meios sociais de produção*; será a ação política da classe economicamente explorada rumo à sua liberação.

II

Tanto o socialismo utópico quanto o científico tinham em seu centro a ideia de revolução, pois, diferentemente da revolta e da rebelião, que visam mudanças em um ou alguns aspectos da realidade social ou política, a revolução pretende construir uma sociedade inteiramente nova destruindo aquela existente em sua totalidade.

Contra o que, exatamente, lutam os revolucionários quando afirmam que lutam contra a tirania? Afirmam dois traços que podemos considerar essenciais para a ideia de revolução: em primeiro lugar, que a luta política passa por fora dos aparelhos políticos institucionais e dos que detêm os postos governamentais; em segundo, que o *baixo* da sociedade recusa o *alto*, isto é, a naturalidade e a legitimidade do poder estabelecido, e por isso o destrói.

O pensamento revolucionário do século xviii, cuja expressão máxima foi a Revolução Francesa, tinha seu foco nas instituições políticas – no caso, a derrubada da monarquia absoluta por direito divino; em contrapartida, as ideias revolucionárias dos séculos xix e xx, isto é, as ideias dos anarquistas, socialistas utópicos e marxistas, enfatizam a dimensão social da revolução, pois a concebem a partir da exploração econômica, da desigualdade social e da exclusão política. Todavia, nos dois casos, o centro se encontra na afirmação de direitos. Examinemos, por isso, a articulação entre revolução e direitos.

Na versão da Declaração dos Direitos do Homem e do Cidadão da Revolução Francesa, os humanos são ditos portadores de direitos por natureza (direito natural) e por efeito da lei positiva (direito civil) instituída pelos próprios homens. Essa dupla afirmação é de grande envergadura porque nos permite compreender uma prática política inexistente antes da modernidade: a prática da *declaração* dos direitos. Por que é preciso declará-los?

O ato de *declarar* direitos significa, em primeiro lugar, que não é óbvio para todos os humanos o fato de serem portadores de direitos e, em segundo, que não é um fato óbvio que tais direitos devam ser reconhecidos por todos, uma vez que a existência da divisão social das classes permite supor que alguns possuem direitos e outros não. Por isso, a declaração de direitos inscreve os direitos no social e no político, afirma sua origem social e política e se apresenta como objeto que pede o *reconhecimento* de todos, exigindo o *consentimento* social e político de todos. Se universais por natureza, somente o reconhecimento e o consentimento sociopolíticos dão aos direitos a condição e a dimensão de direitos *universais*.

A prática política da declaração de direitos ocorre em ocasiões muito precisas. De fato, na modernidade, encontramos declarações de direito em situações revolucionárias: na Revolução Inglesa de 1640; na independência norte-americana; na Revolução Francesa de 1789; na Revolução Russa de 1917. Também encontramos a declaração de direitos no período posterior à Segunda Guerra Mundial, isto é, o que se seguiu ao fenômeno do totalitarismo nazista e fascista, com a Declaração Universal dos Direitos Humanos de 1948. Dessa maneira, a confirmação de que os direitos humanos se tornaram uma questão sociopolítica está no fato de que as declarações dos direitos ocorrem nos momentos de profunda transformação social e política, quando os sujeitos sociopolíticos têm consciência de criar uma sociedade nova ou defendem a sociedade existente contra a ameaça de sua extinção. Enfim, o fato de que os direitos precisem ser declarados e que sejam declarados nessas ocasiões indica que há relações profundas entre os direitos e a forma do poder.

Assim, a tirania, longe de ser encarada como resultado da ação demoníaca de um homem vicioso e perverso, aparece como política na qual os direitos naturais desapareceram, os direitos civis não se constituíram (os indivíduos são súditos e não cidadãos, permanecendo sob o arbítrio do governante e de sua força repressiva) e a regra sociopolítica é a da opressão, entendida como apropriação privada daquilo que seria público e comum a todos os membros da sociedade. Desse modo, a noção dos direitos serve de medida para avaliar os regimes políticos. Afirma-se que um regime político é livre quando nele os cidadãos agem em conformidade com a lei porque se reconhecem como origem ou como autores das leis segundo seus direitos; e será tirânico o regime político no qual os cidadãos obedecem às leis por medo dos castigos, sendo por isso tomados como escravos, uma vez que, perante o direito, é escravo aquele que vive sob o poder de um outro e realiza os desejos de outrem como se fossem os seus próprios.

No entanto, podemos indagar se isso é suficiente de um ponto de vista revolucionário. Um dos pontos mais importantes da discussão de Marx sobre a sociedade moderna encontra-se na questão do poder. Marx indaga: como se dá a passagem da relação pessoal de dominação (existente na família sob a vontade do pai e na comunidade sob a vontade do chefe) à dominação impessoal por meio do Estado e, portanto, por meio da lei e do direito? Como se explica que a relação social de exploração econômica se apresente como relação política de dominação legal, jurídica e impessoal? Como se explica que vivamos em sociedades nas quais as desigualdades econômicas, sociais, culturais e as injustiças políticas não se apresentam como desigualdades nem injustiças porque a lei e o Estado de direito afirmam que todos são livres e iguais? Como explicar que as desigualdades, a exploração e a opressão, que definem as relações sociais no plano da sociedade civil, não apareçam dessa maneira nas relações políticas definidas a partir do Estado pela lei e pelo direito? Como explicar que o direito produza a injustiça? Como explicar que o Estado funcione como aparato policial repressivo, cause medo, em vez de nos livrar do medo?

Uma das respostas de Marx às suas próprias perguntas é bastante conhecida: a sociedade capitalista, constituída pela divisão interna de classes e pela luta entre elas, requer para seu funcionamento, a fim de se recompor como sociedade, *aparecer* como indivisa, embora *seja* inteiramente dividida. A indivisão é proposta de duas maneiras. O primeiro ocultamento da divisão de classes se dá no interior da sociedade civil (isto é, dos interesses dos proprietários privados dos meios sociais de produção) pela afirmação de que há indivíduos e não classes sociais, que esses indivíduos são livres e iguais, relacionando-se por meio de contratos (pois só pode haver contrato legalmente válido quando as partes contratantes são livres e iguais); assim, a sociedade civil, isto é, o *mercado* capitalista, aparece como uma rede ou uma teia de diferenças de interesses entre indivíduos privados, unificados por contratos. O segundo ocultamento da divisão de classes se faz pelo Estado, que, por meio da lei e do direito positivo, está encarregado de garantir as relações jurídicas que regem a sociedade civil, oferecendo-se como polo de universalidade, generalidade e comunidade imaginárias. A resposta de Marx enfatiza que o Estado de direito é uma abstração, pois a igualdade e a liberdade postuladas pela sociedade civil e promulgadas pelo Estado não existem. Nessa perspectiva, os direitos do homem e do cidadão, além de ilusórios, estão a serviço da exploração e da dominação, não sendo casual, mas necessário, que o Estado se ofereça como máquina repressiva e violenta, fazendo medo aos sem poder, uma vez que o Estado e o direito nada mais são do que o poderio particular da classe dominante sobre as demais classes sociais. Por isso, ao abolir o Estado e a propriedade privada dos meios sociais de produção, a revolução comunista tornaria os direitos concretos e reais.

No entanto, é preciso reconhecer que a utopia revolucionária não instituiu a liberdade, a igualdade, a justiça e a felicidade. Em seu lugar, surgiu o totalitarismo.

Sigamos brevemente a análise do totalitarismo feita por Claude Lefort. O totalitarismo, diz ele, não é uma etapa do modo de produção capitalista – um fenômeno na superfície da economia –, não é uma ditadura burocrática, como supôs Trótski, nem um despotismo levado ao máximo, como afirma a direita liberal. O totalitarismo é uma *mutação histórica da política*. Para isso, é preciso começar colocando lado a lado duas ficções sobre a sociedade, a ficção liberal e a ficção comunista. A ficção liberal afirma uma sociedade que se ordena espontaneamente sob a livre concorrência dos proprietários privados, cabendo ao Estado fazer respeitar as regras do jogo, protegendo a propriedade privada dos meios de produção. A ficção comunista afirma uma sociedade que se ordena espontaneamente pela organização da produção econômica sob a direção dos trabalhadores. A ficção liberal e a comunista possuem um traço comum: ambas desconhecem a *sociedade política*, pois circunscrevem a realidade à esfera econômica e ficam cegas para o sistema político no qual a economia se inscreve. Eis por que liberais e comunistas concebem o Estado como simples órgão da sociedade, diferenciando-se dela para exercer funções de interesse geral, e essa concepção leva os liberais a acreditar na imagem do Estado separado da sociedade, e os comunistas, na imagem do Estado consubstancial à sociedade no qual estão figurados os interesses gerais. Essas duas ficções se transformam em fantasmagoria quando passamos ao totalitarismo. O totalitarismo é "a fantasmagoria de uma sociedade que se instituiria sem divisões, disporia do senhorio de sua organização, se relacionaria consigo mesma em todas as suas partes, habitada pelo mesmo projeto de edificação do socialismo"[2]. Marx esperava que o comunismo transformasse todo operário em homem; o totalitarismo fez com que todo homem se transformasse em operário. Por isso, nele, a sociedade deve aparecer sem divisões na imagem do Povo-Uno e o poder se materializa num indivíduo capaz de concentrar nele próprio todas as forças sociais na figura do Poder-Uno. Recusam-se a heterogeneidade social, a pluralidade de modos de vida, de comportamentos, de crenças e opiniões, costumes, gostos, ideias, para oferecer a imagem de uma sociedade em concordância e consonância consigo mesma. A isso é preciso acrescentar a imagem do inimigo como outro que não o povo ou como "inimigo do

---

2. Claude Lefort, "La logique totalitaire", in: *L'invention démocratique*, Paris: Fayard, 1981, p. 101.

povo", alteridade interna à sociedade, figura da perversão, da doença e da dissidência. Surgem a *sociedade totalitária*, cujo agente privilegiado é o Partido, e a imagem do fim da história.

III

Recomecemos. Tomemos como ponto de partida a distinção entre a política e o político, proposta certa vez por Lefort, ao distinguir entre ciência política e filosofia política.

De fato, a ciência política pensa a política como um conjunto de instituições específicas que circunscrevem uma esfera própria no interior da sociedade, distante de outras como a economia, a religião, as artes, as ciências e as técnicas. Daí vem o interesse pelas diferenças entre regimes políticos a partir da ideia de governabilidade e dos sistemas partidários e eleitorais e pelas instituições que compõem o Estado. A política é um *fato observável* recortado e analisado pelo cientista.

Em contrapartida, a filosofia política pensa o político como *práxis*, ação social e histórica cujo centro é a divisão social demarcada, desde Aristóteles, como divisão entre ricos e pobres, e, desde Maquiavel, como divisão entre os grandes – que desejam comandar e oprimir – e o povo – que deseja não ser comandado nem oprimido. O político exprime, portanto, uma formação social às voltas com a questão de sua unidade e identidade. Concebido como passagem das relações de força à lógica do poder, entendida como instituição do espaço público, a *práxis* ofereceria uma unificação e uma identidade ao social dividido. Pensar o político como lógica do poder e criação do espaço público significa pensar a ação política como criação de instituições sociais múltiplas nas quais uma sociedade se representa a si mesma, se reconhece e se oculta de si mesma, se efetua e trabalha sobre si mesma, transformando-se temporalmente.

Sob esse prisma, podemos dizer que três grandes concepções do político foram elaboradas pela modernidade: a utopia como elaboração da boa sociedade indivisa e do bom poder que a conserva; a revolução como momento decisivo em que as contradições sociais levam o Baixo da sociedade a recusar a legitimidade do Alto, contestando-o e destruindo-o, a fim de reunificar o social dividido sob a égide da igualdade; e a república democrática, que, pela criação de direitos e pela legitimidade dos conflitos, pretende que a divisão social possa exprimir-se na exigência de igualdade, justiça e liberdade.

Examinemos, portanto, a democracia.

O helenista Moses Finley descreveu o nascimento da política – a "invenção da política", escreveu ele – como um acontecimento que distinguiu para sempre Grécia e Roma em face dos grandes impérios antigos. Por que invenção? Porque gregos e romanos não dispunham de modelos, mas tiveram que inventar sua própria maneira de lidar com os conflitos e as divisões sociais.

A política foi inventada quando surgiu a figura do poder público, por meio da invenção do direito e da lei (isto é, a instituição dos tribunais) e da criação de instituições públicas de deliberação e decisão (isto é, a Assembleia, na Grécia, e o Senado, em Roma). Esse surgimento só foi possível porque o poder político foi separado de três autoridades tradicionais que, anteriormente, definiam o exercício do poder: a autoridade do poder privado ou econômico do chefe de família, de cuja vontade dependiam a vida e a morte dos membros da família; a do chefe militar, de cuja decisão dependiam a guerra e a paz; e a do chefe religioso, mediador entre os homens e os poderes divinos transcendentes. Essas figuras, nos impérios antigos, estavam unificadas numa chefia única, a do rei como pai, comandante e sacerdote. A política nasceu, portanto, quando a esfera privada da economia e da vontade pessoal, a esfera da guerra e a esfera do sagrado ou do saber foram separadas e o poder político deixou de identificar-se com o corpo místico do governante. Gregos e romanos criaram a ideia e a prática da lei como expressão de uma vontade coletiva e pública, definidora dos direitos e deveres para todos os cidadãos, impedindo que fosse confundida com a vontade pessoal de um governante. Com isso, conferiram a uma instância impessoal e coletiva o poder exclusivo do uso da força para punir crimes, reprimir revoltas e para vingar com a morte, em nome da coletividade, um delito julgado intolerável por ela. Em outras palavras, retiraram dos indivíduos o direito de fazer justiça com as próprias mãos e de vingar por si mesmos uma ofensa ou um crime. Criaram o espaço político ou espaço público – a Assembleia grega e o Senado romano —, no qual os que possuíam direitos iguais de cidadania discutiam suas opiniões, defendiam seus interesses, deliberavam em conjunto e decidiam por meio do voto, podendo, também pelo voto, revogar uma decisão tomada. Criaram a instituição do erário público ou do fundo público, isto é, dos bens e recursos que pertencem à sociedade e são por ela administrados por meio de taxas, impostos e tributos, impedindo, assim, a concentração da propriedade e da riqueza nas mãos dos dirigentes.

Quando lemos os filósofos antigos, podemos observar que definem a política como uma forma superior de vida, a vida justa. A ideia de que a política é realização da justiça exigida por Deus sustenta a teologia política medieval, na qual o governante é escolhido por uma graça divina. Podemos, assim, avaliar a imensa ruptura e subversão trazida pelo pensamento de Maquiavel. Distanciando-se dos filósofos antigos e dos teólogos cristãos, Maquiavel afirma que a política não diz respeito à justiça, e sim ao exercício do poder. Uma sociedade não é uma comunidade indivisa voltada para o bem comum. Toda sociedade, diz ele, é atravessada por uma divisão originária, pois divide-se entre o desejo dos grandes de oprimir e comandar e o desejo do povo de não ser oprimido nem comandado – os grandes são movidos pelo desejo de bens; o povo, pelo desejo de liberdade e segurança. Partindo da divisão social, para Maquiavel a política é a passagem do exercício da força e da violência à lógica do exercício do poder em vista de domar, refrear e conter o desejo dos grandes e concretizar o desejo do povo, isto é, o desejo de liberdade e de segurança.

Assim, a ideia e a prática da política como lógica do poder, a afirmação do desejo do povo de não ser oprimido nem comandado, portanto, o desejo de segurança e de liberdade nos permitem compreender o surgimento da democracia moderna como criação e garantia de direitos.

Estamos acostumados a aceitar a definição liberal da democracia enfatizada pela ciência política como regime da lei e da ordem para a garantia das liberdades individuais. Visto que o pensamento e a prática liberais identificam liberdade e competição, essa definição da democracia significa, em primeiro lugar, que a liberdade se reduz à competição econômica da chamada "livre iniciativa" e à competição política entre partidos que disputam eleições; em segundo, que há uma redução da lei à potência judiciária para limitar o poder político, defendendo a sociedade contra a tirania, pois a lei garante os governos escolhidos pela vontade da maioria; em terceiro, que há uma identificação entre a ordem e a potência dos poderes executivo e judiciário para conter os conflitos sociais, impedindo sua explicitação e seu desenvolvimento por meio da repressão;

e, em quarto lugar, é encarada pelo critério da *eficácia*, medida, no plano legislativo, pela ação dos representantes, entendidos como políticos profissionais, e, no plano do poder executivo, pela atividade de uma elite de técnicos competentes aos quais cabe a direção do Estado. A democracia é, assim, reduzida a um regime político eficaz, baseado na ideia de cidadania organizada em partidos políticos, e se manifesta no processo eleitoral de escolha dos representantes, na rotatividade dos governantes e nas soluções técnicas para os problemas econômicos e sociais. Em outras palavras, a democracia é reduzida a um conjunto de procedimentos definidos por institutos legais.

Entretanto, como enfatiza a filosofia política com a definição do político, há, na prática democrática e nas ideias democráticas, uma profundidade e uma verdade muito maiores e superiores ao que o liberalismo e a ciência política percebem e deixam perceber. Na verdade, a democracia ultrapassa a simples ideia de um regime político identificado à forma do governo, e devemos tomá-la como forma geral de uma sociedade – podemos falar em *sociedade democrática*, ou seja, é o único regime político que é também a forma social da existência coletiva. Dizemos que uma sociedade é democrática quando, além de eleições, partidos políticos, divisão dos três poderes da república, respeito à vontade da maioria e das minorias, afirma a legitimidade dos conflitos, afirma o caráter popular do poder, isto é, a soberania política pertence aos cidadãos, de tal maneira que o governante nunca se identifica com o poder, ocupado por ele por um mandato da cidadania. Sobretudo, uma sociedade é democrática quando institui algo mais profundo, que é condição do próprio regime político, ou seja, quando institui *direitos*, e essa instituição é uma criação social, de tal maneira que a atividade democrática social realiza-se como um poder social que determina, dirige, controla e modifica a ação estatal e o poder dos governantes.

A dimensão criadora própria da democracia torna-se visível quando consideramos os três grandes direitos que a definiram desde sua origem, isto é, a igualdade, a liberdade e a participação nas decisões, pois esses direitos deixam exposta a contradição que atravessa a sociedade a partir do momento em que esses direitos são declarados e considerados *universais*. A contradição consiste no fato de que, nas sociedades de classes, as declarações de direitos *afirmam mais* do que a ordem estabelecida permite e *afirmam menos* do que os direitos exigem, e essa discrepância abre uma brecha para pensarmos a dimensão democrático-revolucionária dos direitos. Em outras palavras, os direitos não são uma dádiva, e sim uma conquista. Vejamos.

A igualdade declara que, perante as leis e os costumes da sociedade política, todos os cidadãos possuem os mesmos direitos e devem ser tratados da mesma maneira. Ora, a evidência histórica nos ensina que a mera declaração do direito à igualdade não faz existirem os iguais. Seu sentido e importância encontram-se no fato de que ela abriu o campo para a *criação da igualdade* por meio das exigências e demandas dos sujeitos sociais. Por sua vez, a liberdade declara que todo cidadão tem o direito de expor em público seus interesses e suas opiniões, vê-los debatidos pelos demais e aprovados ou rejeitados pela maioria, devendo acatar a decisão tomada publicamente. Ora, aqui também, a simples declaração do direito à liberdade não a institui concretamente, mas abre o campo histórico para a *criação* desse direito pela prática política. Tanto é assim que a modernidade agiu de maneira a ampliar a ideia de liberdade: além de significar liberdade de pensamento e de expressão, o conceito também passou a significar o direito à independência para escolher o ofício, o local de moradia, o tipo de educação, o cônjuge etc. Na Revolução Francesa de 1789, as lutas políticas fizeram que um novo sentido viesse se acrescentar aos anteriores, quando se determinou que todo indivíduo é inocente até prova em contrário, que a prova deve ser estabelecida perante um tribunal e que a liberação ou punição devem ser dadas segundo a lei. A seguir, com os movimentos socialistas, acrescentou-se à liberdade o direito de lutar contra todas as formas de tirania, censura e tortura e contra todas as formas de exploração e dominação social, econômica, cultural e política. Finalmente, o mesmo se passou com o direito à *participação no poder*, que declara que todos os cidadãos têm o direito de participar das discussões e deliberações públicas, votando ou revogando decisões. O significado desse direito só se tornou explícito com as lutas democráticas modernas, que evidenciaram que nele é afirmado que, do ponto de vista político, todos os cidadãos têm competência para opinar e decidir, pois a política não é uma questão técnica (eficácia administrativa e militar) nem científica (conhecimentos especializados sobre administração e guerra), mas ação coletiva, isto é, decisão coletiva quanto aos interesses e direitos da própria sociedade.

Em suma, é possível observar que a abertura do campo dos direitos, que define a democracia, explica por que as lutas populares por igualdade e liberdade puderam ampliar os direitos políticos (ou civis) e, a partir destes, criar os direitos sociais (trabalho, moradia, saúde, transporte, educação, lazer, cultura); os direitos das chamadas "minorias" (mulheres, idosos, negros, homossexuais, crianças, índios); o direito à segurança planetária (as lutas ecológicas e contra as armas nucleares); e, hoje, o direito contra as manipulações da engenharia genética. Por seu turno, as lutas populares por participação política ampliaram os direitos civis: direito de opor-se à tirania, à censura, à tortura, direito de fiscalizar o Estado por meio de organizações da sociedade – associações, sindicatos, partidos políticos –, direito à informação pela publicidade das decisões estatais.

IV

O totalitarismo stalinista, destruindo o ideal utópico da revolução, e o totalitarismo neoliberal, destruindo a utopia democrática de criação dos direitos, nos colocam na raiz da distopia. Enquanto a utopia constrói a figura da sociedade justa, abundante, livre e feliz, a *distopia* constrói a figura da sociedade malévola, perversa e infeliz.

A distopia impõe uma inversão de sinais nos principais elementos da utopia: assim, o caráter normativo do discurso utópico é identificado com todas as formas de repressão física, psíquica, ética, política e cultural; a vontade de transparência é identificada ao olhar onivindente do poder vigilante enquanto a sociedade e o Estado são inteiramente opacos e invisíveis para os indivíduos; a legalidade é exercício puro da força e da violência; o cotidiano é monótono, inexpressivo, desprovido de sentido. A ciência e a técnica, longe de serem liberadoras, organizam-se para produzir o panóptico absoluto ou a sociedade da vigilância e da disciplina totais, agindo sobre as condições biológicas e psíquicas dos seres humanos para aviltá-los no mais profundo de seu ser e impedir todo e qualquer protesto. Brutal, o mundo novo é o coletivismo anônimo e nivelador, destruidor da liberdade e da dignidade humanas. Presente e futuro são idênticos, pois o tempo está imobilizado.

As distopias contemporâneas, particularmente as que surgem a partir do final dos anos 1970, exprimem essa situação histórica e são, como observa Gian Carlo Calcagno[3], *distopias da catástrofe*. A distopia contemporânea afirma que um espectro – a catástrofe – ronda o planeta, anunciando a ausência de salvação para a humanidade, pois está em curso a extinção biológica da espécie humana, seja por catástrofes naturais (rebeliões vegetais, animais, das águas, do clima, colisão do planeta com asteroides ou cometas, a explosão do sol como supernova), seja por catástrofes tecnológicas (guerra nuclear, química, biológica, alteração planetária da ecologia, alteração bioquímica do organismo humano, engenharia genética). Tendo alcançado o domínio sobre a matéria e sobre a vida, os poderes se preparam para a devastação generalizada e a destruição absoluta. Assim, o tema das distopias contemporâneas é o medo, ou, como diz Calcagno, "o labirinto do medo", com muitas entradas e nenhuma saída, pois chegamos ao fim da história.

As distopias têm uma dimensão crítica inegável. Por um lado, evidenciam o significado do domínio tecnoburocrático de uma racionalidade científica que opera em proveito da produtividade, destruindo as potencialidades da natureza e da vida; por outro, ao enfatizar a sociedade de vigilância, disciplina e controle, evidenciam o descompasso entre a sociedade, a ciência e a técnica e seu perigo para a espécie humana. No entanto, a dimensão crítica é soterrada pelo imaginário distópico ou pelo *fantasma da catástrofe*.

Nosso momento distópico surge com a destruição do político sob os efeitos do neoliberalismo, cujos principais traços podem ser assim resumidos: 1) pela primeira vez o capital financeiro se torna hegemônico e determina o capital produtivo, introduzindo a fragmentação, dispersão e terceirização da produção, com a substituição do modelo produtivo fordista pelo toyotista; 2) o desemprego se torna estrutural com a precarização do trabalhador e sua exclusão, tanto no mercado da força de trabalho, no qual o trabalhador é tão descartável quanto o produto, como no de consumo propriamente dito, ao qual é vedado o acesso à maioria das populações do planeta, isto é, opera por exclusão econômica e social, formando, em toda parte, centros de riqueza jamais vista ao lado de bolsões de miséria jamais vista; 3) opera por lutas e guerras, com as quais efetua a maximização dos lucros, isto é, opera por dominação e

---

3. G. C. Calcagno, "Catástrofe", *in*: Arrigo Colombo (org.), *Utopia e distopia*, Bari: Edizioni Dedalo, 1993.

extermínio e modifica a antiga ideia do imperialismo, pois não precisa da figura da colônia como ocupação política de um território, bastando agora a delimitação de um espaço e de um tempo para que um território seja ocupado militarmente e economicamente devastado para, a seguir, ser desocupado; 4) tem suas decisões tomadas em organismos supranacionais (verdadeiros detentores do poder mundial), com os quais os Estados contraem dívidas *públicas*, isto é, os cidadãos devem pagar para que seus governos cumpram as exigências desses organismos (a maioria deles, privados), os quais operam com base no segredo e interferem nas decisões de governos eleitos, os quais deixam de representar os cidadãos e passam a gerir a vontade secreta desses organismos, restaurando o princípio da "razão de Estado", que bloqueia tanto a república como a democracia, pois alarga o espaço privado e encolhe o espaço público.

O alargamento do espaço privado dos interesses de mercado e o encolhimento do espaço público das leis e dos direitos, definidores do neoliberalismo, institui a recusa da política social-democrata, que havia definido o Estado como agente econômico para regulação do mercado e agente fiscal que emprega a tributação para promover investimentos nas políticas de direitos sociais – em suma, a destinação dos fundos públicos para empresas públicas e direitos sociais. Agora, porém, o capitalismo dispensa e rejeita a presença estatal não só no mercado, mas também nas políticas sociais, de sorte que a privatização tanto de empresas quanto de serviços públicos também se tornou estrutural. Disso resulta que a ideia de direitos sociais como pressuposto e garantia dos direitos civis ou políticos tende a desaparecer, porque o que era um direito se converte num serviço privado regulado pelo mercado e, portanto, torna-se uma mercadoria a que têm acesso apenas os que têm poder aquisitivo para adquiri-la. Numa palavra, o neoliberalismo instaura em escala planetária desigualdades e exclusões econômicas, sociais, políticas e culturais jamais vistas.

Para compreendermos por que se pode falar em *totalitarismo* neoliberal, precisamos compreender o surgimento da ideia de *sociedade administrada* e da oposição entre instituição social e organização.

Como sabemos, o movimento do capital tem a peculiaridade de transformar toda e qualquer realidade em objeto *do* e *para* o capital, convertendo tudo em mercadoria, e por isso mesmo produz um sistema universal de equivalências, próprio de uma formação social baseada na troca de equivalentes ou na troca de mercadorias pela mediação de uma mercadoria universal abstrata, o dinheiro como equivalente universal. A prática contemporânea da administração parte de dois pressupostos: o de que toda dimensão da realidade social é equivalente a qualquer outra, e por esse motivo é administrável de fato e de direito, e o de que os princípios administrativos são os mesmos em toda parte, porque todas as manifestações sociais, sendo equivalentes, são regidas pelas mesmas regras. Em outras palavras, a administração é percebida e praticada segundo um conjunto de normas gerais desprovidas de conteúdo particular e que, por seu formalismo, são aplicáveis a todas as manifestações sociais.

A prática administrativa se reforça e se amplia à medida que o modo de produção capitalista entra em sua fase neoliberal contemporânea, que traz a fragmentação e a desarticulação de todas as esferas e dimensões da vida social, exigindo que se volte a articulá-las por meio da administração. A rearticulação administrada transforma uma *instituição* social numa *organização*, isto é, numa entidade isolada cujo sucesso e cuja eficácia se medem em termos da gestão de recursos e estratégias de desempenho e cuja articulação com as demais organizações se dá por meio da competição. Uma organização difere de uma instituição por definir-se por uma outra prática social[4]. De fato, enquanto uma instituição social está referida a ações articuladas às ideias de reconhecimento externo e interno, de legitimidade interna e externa, uma organização está referida ao conjunto de meios (administrativos) particulares para obtenção de um objetivo particular. Suas ações são definidas como *operações*, isto é, como estratégias que possuem um tempo e um espaço delimitados e são balizadas pelas ideias de eficácia e de sucesso no emprego de determinados meios para alcançar o objetivo particular que a define. É regida pelas ideias de gestão, planejamento, previsão, controle e êxito.

O neoliberalismo não é apenas uma mutação histórica do capitalismo com a passagem da hegemonia econômica do capital produtivo ao financeiro, mas é também uma mutação sociopolítica: *ele é a nova forma do totalitarismo*, exatamente ao se afirmar defensor da liberdade como "livre iniciativa". Por que *novo* totalitarismo? Porque em seu núcleo encontra-se

---

4. Cf. Michel Freitag em *Le naufrage de l'université et autres essays d'épistémologie politique*, Québec e Paris: Nuit blanche éditeur e Éditions La Découverte, 1995.

o princípio fundamental da formação social totalitária, qual seja, a recusa da especificidade das diferentes instituições sociais e políticas, tornadas homogêneas porque definidas não apenas como organizações, mas como um tipo determinado de organização: *a empresa* – a fábrica é uma empresa, a escola é uma empresa, o hospital é uma empresa, o centro cultural é uma empresa. Mais do que isso, define o indivíduo como capital humano ou *empresário de si mesmo*, destinado à competição mortal em todas as organizações, dominado pelo princípio universal da concorrência disfarçada sob o nome de meritocracia. Como consequência, disso decorre, de um lado, o surgimento de uma subjetividade narcisista (portanto, propensa à depressão) e, de outro, a inculcação da culpa naqueles que não vencem a competição, desencadeando ódios, ressentimentos e violências de todo tipo, particularmente contra imigrantes, migrantes, negros, índios, mendigos, LGBTQ+, destroçando a percepção de si como membro ou parte de uma classe social e destruindo formas de solidariedade.

Do ponto de vista político, o Estado deixa de ser considerado uma instituição pública regida pelos princípios e valores democráticos e passa a ser considerado uma empresa. Ocorre, assim, o encolhimento do espaço público e o alargamento do espaço privado com a transformação da política em uma questão técnico-administrativa que deve ficar nas mãos de especialistas competentes, isto é, o governante definido como *gestor*. A política neoliberal é a decisão de destinar os fundos públicos aos investimentos do capital e cortar os investimentos públicos destinados aos direitos sociais. Isso explica por que a política neoliberal se define pela eliminação de direitos econômicos, sociais e políticos garantidos pelo poder público, em proveito dos interesses privados, transformando-os em serviços definidos pela lógica do mercado, isto é, a *privatização dos direitos* transformados em serviços, privatização que aumenta todas as formas de exclusão. O coração da democracia é assim apunhalado sem remissão.

Se a política moderna nasceu como lógica do poder pela criação do espaço público à distância do espaço privado e da tirania, tendo como balizas a segurança e a liberdade dos cidadãos, esta referida a ações articuladas às ideias de reconhecimento externo e interno, de legitimidade interna e externa, podemos dizer que hoje o político está agonizante. Mas é exatamente sob esse aspecto que podemos assinalar a diferença entre distopia e utopia.

A distopia descreve um mundo intolerável, mas, ao transformá-lo em fantasma, reduz o intolerável à dimensão da ilusão. Torna-se ontologia do ilusório e, portanto, se transforma em ideologia, perde o poder crítico, ruma para o fatalismo e cai no desalento do fim da história. A utopia também parte da constatação de um mundo intolerável, mas em lugar de curvar-se a ele, trabalha para colocá-lo em tensão consigo mesmo para que dessa tensão extrema surjam contradições que possam ser trabalhadas pela práxis humana. A imobilidade distópica decorre de sua estrutura fantasmática – nela, o intolerável não é o ponto de partida, e sim o ponto de chegada. A mobilidade utópica provém de sua energia como projeto e práxis, como trabalho do pensamento, da imaginação e da vontade para destruir o intolerável – o intolerável é seu ponto de partida, e não o de chegada.

Se, como dissemos ao iniciar, a utopia é a visão do presente sob o modo da angústia, da crise, da injustiça, do mal, da corrupção e da rapina, do pauperismo e da fome, da força dos privilégios e das carências, ou seja, o presente como violência, não podemos falar no fim da utopia nas condições de nosso presente, e sim indagar: o que há de ser, hoje, o projeto humano como projeto utópico ou projeto de emancipação, justiça, liberdade e felicidade, segurança e paz, abundância, expansão de nosso ser e plena fruição do desejo?

As formas da antipolítica
Helton Adverse

Hannah Arendt costumava dizer que os romanos eram o povo mais político entre os antigos. Gostaríamos de começar este texto com eles, evocando um personagem importante da história da República romana, retratada por Tito Lívio, mas também célebre pela peça de Shakespeare e de muitos outros dramaturgos no século XVII: trata-se de Coriolano.

No segundo livro da *História romana*, de Tito Lívio, mais especificamente na série de capítulos que começa em 33 e termina em 40, Coriolano faz sua aparição. Ele é um nobre romano, pertencia "aos jovens de primeira linha", diz Lívio[1]. Esse jovem, que ambicionava a glória no campo de batalha – e assim adquirirá seu cognome, pois teve papel decisivo na tomada de Coriolus pelos romanos –, nutrido pelo mais antigo orgulho aristocrático romano, tem profunda aversão pela plebe. E, movido por essa repulsa, irá propor no Senado uma desastrosa moção que visava chantagear a plebe em um momento de penúria. O ano é 492 a.C. Após uma histórica conquista política (a instituição de seu tribunato), a plebe sofre com a carência de trigo, base da alimentação por toda a Antiguidade. A falta do produto gera a carestia, e a plebe não pode se manter a não ser que o Senado providencie – como de fato fez – a compra de mais trigo dos povos vizinhos. Ora, Coriolano enxerga nessa situação a oportunidade para humilhar a plebe e retirar-lhes os benefícios políticos recém-conquistados: sua moção propunha que se barganhasse o trigo

---

1. Tite-Live, *Histoire romaine*. Livres I à V., trad. A. Flobert, Paris: Flammarion, 1995, p. 206.

contra o tribunato. Evidentemente, a plebe se revolta e, por meio de seus tribunos, deseja julgar Coriolano por alta traição. Para arrefecer o ânimo popular, o Senado sugere o exílio de nosso personagem, o que é prontamente aceito pela plebe.

Exilado, Coriolano se unirá precisamente com os volscos, inimigos jurados dos romanos e que ele próprio havia combatido ferozmente nas mais recentes campanhas militares. Passa então a tramar, com Attius Tullius, líder dos volscos, a retomada da guerra contra Roma. Dessa vez do lado oposto do campo, Coriolano conquistará uma vitória atrás da outra, devolvendo aos inimigos do povo romano os territórios que haviam perdido nas lutas anteriores. O êxito nessa nova guerra o conduz às proximidades de Roma, onde assentará seu acampamento militar com a intenção de tomar a cidade. Os romanos, apavorados com a eminente derrocada, enviam-lhe embaixadores para negociar a paz: sem sucesso; enviam-lhe sacerdotes, na esperança de demover o irascível líder por meio da autoridade religiosa: em vão. Finalmente, são as mulheres que, em cortejo, vão visitar as guarnições dos inimigos de Roma. A cena é magnificamente descrita por Lívio:

> Quando elas chegaram ao campo, Coriolano foi avisado de que um imenso cortejo de mulheres estava lá. Insensível à autoridade do Estado na pessoa de seus representantes, à majestade, tangível e moral ao mesmo tempo, dos sacerdotes, que é vinculada a seu ofício sagrado, ele, igualmente, não foi movido pelas lágrimas das mulheres. Um de seus amigos reconheceu na multidão, pela violência de seu lamento, Veturia, de pé entre sua nora e seus netos, e disse-lhe: "Se meus olhos não me enganam, tua mãe está aí, com tua mulher e teus filhos". Incapaz de dominar a emoção que o oprimia, Coriolano se levantou e correu para abraçar sua mãe[2].

Não é difícil imaginar o que se seguiu. Sua mãe, colérica, o reprova por sua conduta anticívica, queixando-se de que não poderia imaginar que, na velhice, seria envergonhada pelo filho traidor da pátria. Essas palavras produzem efeito imediato sobre Coriolano, que prontamente

---

2. Tite-Live, *op. cit.*, p. 216.

irá levantar seu acampamento e retirar-se para longe da cidade. Segundo Tito Lívio, seu destino é incerto. Alguns dizem que morreu assassinado ao retornar à cidade dos volscos, outros dizem que morreu idoso lamentando-se do exílio[3] (Shakespeare, evidentemente, não hesitará em ater-se à primeira versão, dramatizando-a com versos memoráveis).

A razão pela qual iniciamos com Coriolano pode ser expressa sucintamente: ele é um herói antipolítico ou, como preferem alguns, podemos nele encontrar uma "subjetividade antipolítica"[4], evidenciada no próprio fracasso de seu heroísmo. Como entender esse fracasso? A chave da resposta se encontra na insensibilidade de Coriolano aos apelos da cidade, explicada pelo sentimento de ultraje que o domina. Afinal, a cidade lhe destituiu a glória ao aplicar-lhe a pena do exílio e o ressentimento que daí resulta constitui a verdadeira razão para aquilo que ele faz. Esse herói, portanto, fracassa porque é rejeitado pela cidade. Mas, no momento em que poderia recuperar sua glória, com a cidade a seus pés, ele também a rejeita. Sem a cidade, sua glória é impossível. No entanto, não podemos perder de vista que essa insensibilidade reverbera um sentimento mais profundo, o menosprezo de Coriolano pela plebe. Porém, aí também vamos encontrar novamente sua recusa da cidade, pois a plebe é uma de suas partes. Coriolano não aceita que a cidade não seja aquilo que ele deseja, isto é, um espaço reservado apenas para aqueles cujo valor ele reconhece. Nesse sentido, ele não pode concebê-la senão como um espaço limitado, sem intuir sua natureza propriamente política. Não surpreende o fato de ele apenas ceder aos apelos de sua mãe, ou seja, não propriamente uma cidadã, mas alguém que pertence ao âmbito da casa, do privado. As insígnias dos embaixadores, os paramentos dos sacerdotes, emblemas da cidade, não podem demovê-lo. Desenha-se, assim, a tragédia desse herói que anseia pelo reconhecimento, mas que aborta as condições para alcançá-lo. Coriolano é o herói contra a cidade, exemplo fulgurante de uma atitude antipolítica que vamos tentar descrever, se não de modo completo, ao menos em alguns de seus traços distintivos. Nossa

---

3. *Ibid.*, p. 217.
4. E é justamente assim que Natacha Israel, em um belo artigo sobre Corneille e Shakespeare, o caracteriza. "Corps du héros, corps politique et leur (dé)composition dans *Horace* de Corneille et *Coriolan* de Shakespeare", in: Myriam Dufour-Maître (org.), *Héros ou personnages? Le personnel du théâtre de Pierre Corneille*, Rouen: PURH, 2013.

aposta aqui é a de que tanto Coriolano como as formas da antipolítica podem ser compreendidos como parte da experiência política. Não constituem, portanto, sua negação absoluta, mas uma de suas possibilidades[5]. Referimo-nos mais precisamente às possibilidades do exercício do poder no âmbito da democracia. Ou seja, a antipolítica não corresponde à supressão da política, e sim a uma de suas formas[6].

A seguir, tentaremos mostrar a plausibilidade dessa suposição, trazendo a antipolítica para o contexto da democracia contemporânea. A referência romana, contudo, não será de todo abandonada. Como veremos, também no final deste texto ela será invocada, assim como o próprio Coriolano.

★ ★ ★

O termo "antipolítica", como costuma acontecer com os conceitos políticos, não é isento de ambiguidades, comportando sentidos opostos. Em determinada ocasião, no contexto do final da Guerra Fria, em meados dos anos 1980, o romancista húngaro George Konrad podia definir a antipolítica com as seguintes palavras: "a antipolítica é a atividade política daqueles que não querem ser políticos [profissionais] e que recusam tomar parte no poder [do Estado]"[7]. Desse ponto de vista, a antipolítica consiste em uma forma de resistência ao poder governamental, que é sempre orientado pelo interesse da classe governante. Em contrapartida, recentemente vimos o termo aparecer, sobretudo na mídia, com um sentido totalmente oposto, isto é, a antipolítica como uma atitude destrutiva, como ataque aos pressupostos fundamentais da vida em comum. Ou seja,

---

5. Em Coriolano podemos encontrar, portanto, os grandes temas da experiência política que vertebram a antipolítica: o ressentimento, a frustração e a recusa da cidade. Evidentemente, essa experiência pode produzir um efeito apenas sobre um indivíduo, afastando-o da cidade. Mas pode também fundamentar uma estratégia política que visa à tomada do poder e a modificação da cidade. Voltaremos a esse ponto no final do texto.
6. Essa proposição se apoia em dois pressupostos: o primeiro, de inspiração foucaultiana, admite que, no campo da política, a resistência ao poder apenas é possível sob a forma do poder. Em outras palavras, a resistência pode ser compreendida como uma tentativa de reorganização das relações de poder. O segundo pressuposto, de inspiração lefortiana, assume a democracia como o regime político em que a crítica de si mesmo, de seus fundamentos, é um de seus elementos estruturantes. Fazendo convergir esses dois pressupostos, poderíamos dizer que a antipolítica é uma crítica do poder que está a serviço de objetivos políticos.
7. George Konrad, "Antipolitics: A Moral Force", *in*: G. O. Thuatail; S. Dalby; P. Routledge, *The Geopolitics reader*, Londres: Routledge, 1998, p. 285.

o termo oscilou entre uma acepção revolucionária e uma reacionária. No primeiro caso, ele se refere à capacidade política inerente à sociedade e que não pode ser enquadrada pelos aparatos estatais. No segundo, a antipolítica integra o projeto destrutivo da verdadeira sociabilidade encabeçado pelas forças retrógradas que ganham terreno no campo político atual.

Mas, como buscamos aqui uma definição mais precisa, valeria a pena servirmo-nos de trabalhos acadêmicos que abordaram o tema. Eles não são muitos. Vamos recorrer a um dos mais conhecidos, publicado no final dos anos 1990. Trata-se do livro que Andreas Schedler publicou em 1997 sob o título *O fim da política? Explorações sobre a antipolítica moderna*[8]. Esse trabalho tem entre seus méritos a tentativa de propor uma conceitualização do termo. E, nessa tentativa, Schedler identifica alguns traços que nos importa reter. O principal deles é que se trata de uma *linguagem*. A antipolítica é um discurso[9] que adquire seu teor político por meio da detração política. Em outras palavras, *a antipolítica deve ser entendida como um discurso político*. Ao invés de se constituir como a negação radical dos princípios – como ocorre com os sistemas totalitários –, a antipolítica se apoia na própria experiência política e, nesse sentido, está inscrita no âmbito da política. Certamente teremos de esclarecer esse ponto. No momento, vale a pena destrinchar as modalidades desse discurso, o que faremos seguindo de perto as análises de Schedler. Feito isso, poderemos explorar algumas das formas que a antipolítica adquire na vida política atual e, mais especificamente, no contexto das sociedades democráticas.

1) A primeira modalidade de discurso antipolítico identificada por Schedler está centrada na ideia de *autorregulação*. Baseando-se na oposição entre sociedade e Estado, adota-se o pressuposto de que o espaço privado contém, de maneira inerente, os princípios de sua regulação, de modo que o poder público, situado sobretudo nas instituições estatais, aparece como um excesso ou mesmo como uma ameaça a essa sociabilidade que seria desejável eliminar. Por esse motivo, Schedler denomina esse discurso de "utopia antipolítica". E duas são, com maior frequência, as fontes de onde ela vai extrair os elementos de sua linguagem:

---

8. Andreas Schedler (ed.), *The End of Politics? Exploration into modern Antipolitics*, Londres: MacMillan Press, 1997.
9. *Ibid.*, p. 4.

Por vezes elas [as utopias antipolíticas] tomam seu cerne metafórico da biologia. Isso se aplica, por exemplo, à ideia populista de uma comunidade pré-política orgânica ameaçada, contaminada e subvertida pela política. E se aplica também ao conceito sistemático teorético de *"autopoiesis"* (autogeração), modelado de acordo com as estruturas do cérebro humano. No entanto, na época moderna, a ideia de uma ordem autorreguladora encontrou sua incorporação paradigmática na sugestiva metáfora do mercado, a mão invisível. O liberalismo clássico contém um cerne antipolítico. Podemos discernir sua feição antipolítica, por exemplo, na proposta de estabelecer uma sociedade de mercado, isto é, uma sociedade integrada por redes de troca descentralizadas. Mas motivos antipolíticos são tangíveis em outras proposições liberais ainda. Por exemplo, nas reivindicações de colocar os direitos básicos fora do domínio político, de manter a política fora da maioria das esferas da vida social e de reduzir o Estado a sua expressão mínima. A concepção de sociedade como uma máquina autopropelida e autossustentável dirigida (e mantida inteiramente) pela competição do mercado encontrou sua expressão conclusiva na convicção neoliberal de que a política *tout court* é apenas uma atividade parasitária, que busca satisfazer seus próprios interesses[10].

2) De acordo com Schedler, a segunda modalidade do discurso antipolítico consiste na negação da pluralidade ou na afirmação intransigente da homogeneidade social. Está em jogo a recusa não somente da diversidade entre os interesses dos membros de uma comunidade política, mas também da presença inevitável dos conflitos. Toda comunidade política é cindida, e o desejo de unidade, expresso pela antipolítica, corresponde ao projeto de supressão das diferenças e das formas em que elas se manifestam. Seja a ilusão perigosa do "Povo-Uno", que alimenta o populismo (e, em casos extremos, os regimes totalitários), seja o ideal da nação purgada de todos seus elementos estranhos, como vemos nas formas mais radicais do nacionalismo, ou ainda na transformação da classe trabalhadora em agente revolucionário portador da verdade universal, como vemos nas manifestações mais vulgares do marxismo, todas são estratégias que

---

10. Andreas Schedler, *op. cit.*, p. 5.

contêm "a tentação de suprimir as diferenças que ignoram, de produzir com meios violentos a unidade social que pressupõem"[11].

3) A política é o domínio da contingência. Negar esse fato em favor de uma concepção determinista, na maior parte das vezes fundamentada em uma filosofia da história, consiste em recusar o que há de essencial na política, ou seja, nossa capacidade de agir e modificar a realidade[12]. A doutrina que preconiza a completa submissão da ação política a fatores externos a ela (como o sistema econômico) pode ser denominada de "necessitarismo" e é uma das possibilidades de sustentar o discurso da antipolítica. Nunca é demais lembrar que a política implica o exercício da liberdade, e toda forma de necessitarismo resulta em uma ideologia que lhe retira essa qualidade fundamental, mas deixa em aberto a questão acerca da possibilidade de experimentar a *verdadeira* liberdade em outros domínios. E é precisamente essa abertura que está na origem da quarta e última modalidade do discurso antipolítico.

4) A experiência da liberdade política não é incompatível com o exercício do poder e da autoridade – pelo contrário: uma coisa não é possível sem a outra. Levando isso em conta, e ainda seguindo o texto de Schedler, o discurso da antipolítica pode veicular uma ideia de sociedade em que as relações entre os membros de uma comunidade política seriam inteiramente desprovidas de coerção, o que termina por resvalar na utopia da completa horizontalidade[13]. Evidentemente, isso não apaga a distinção entre poder e coerção, e Schedler está perfeitamente familiarizado com os trabalhos de Arendt, onde essa diferença é demonstrada de maneira clara. Contudo, de seu ponto de vista, parece inteiramente despropositado preconizar o advento de uma sociedade que dispense qualquer forma de autoridade. Isso significaria, na verdade, uma complacência com a ilusão pueril de que uma sociedade pode se sustentar amparada apenas na capacidade individual de seus membros para reconhecer imediatamente aquilo que conduz ao bem comum e agir de maneira conforme. No fundo, essa seria uma versão subjetivista da crença na autorregulação.

Interessa-nos reter dessas análises sobretudo o seguinte: as quatro modalidades do discurso antipolítico – a irredutibilidade da esfera pública

11. *Ibid.*, p. 6.
12. *Ibid.*, p. 8.
13. *Ibid.*, p. 9.

ante a esfera privada; a pluralidade; a indeterminação e a liberdade de ação; o exercício do poder e da autoridade – negam os elementos fundamentais da política. Aparentemente, o resultado visado por essas estratégias discursivas – ou por essas ideologias antipolíticas – é produzir a neutralização da política ou mesmo sua supressão. Mas vale a pena lembrar que esses discursos, como ainda teremos ocasião de demonstrar, pertencem ao campo político e, nessa medida, o objetivo a que visam é igualmente de natureza política. Ou seja, eles orientam práticas políticas que se manifestam publicamente como atitudes ou como posicionamentos antipolíticos. São esses posicionamentos que estamos chamando aqui de "formas da antipolítica". Poderemos agora nos aproximar dessas formas para ver como elas operam no âmbito das sociedades democráticas, sem fazer, evidentemente, uma análise pormenorizada da naturezas destas últimas. Para nós, basta assinalar que, por uma razão estrutural, a antipolítica é um fenômeno típico da democracia moderna, visto que a capacidade de abrigar e dar voz às perspectivas contraditórias – inclusive à sua própria negação – é um de seus traços definidores.

* * *

Podemos identificar ao menos cinco formas da antipolítica na atualidade: 1) a derrisão (a desqualificação da política *tout court* por meio do escárnio); 2) a espetacularização (a transformação da política em espetáculo midiático); 3) a moralização (a redução da política à moral); 4) a tecnicização (a captura da política pela tecnologia); 5) a judicialização (misto de tecnicização e moralização: a política é enquadrada pelo aparato jurídico que se fundamenta na ideia de justiça). Trataremos cada uma dessas formas superficialmente, para em seguida tentar compreendê-las à luz das modalidades do discurso da antipolítica listadas acima com o auxílio do texto de Schedler. Deve ficar claro que essa classificação está longe de ser exaustiva, sendo possível identificar muitas outras em nossa experiência política cotidiana. Além disso, essas formas não são estanques; pelo contrário, não será difícil perceber as passagens de uma a outra e suas diversas possibilidades de comunicação.

A derrisão. Trata-se de uma desqualificação geral da política, sua transformação em objeto de detração e de escárnio. O fenômeno não é novo: remonta à atitude cínica no contexto da democracia antiga. E vamos reencontrá-lo na atualidade alimentando o ceticismo político. A respeito do cinismo antigo, são luminosas as análises de Michel Foucault, que, no entanto, tem propósitos muito diferentes dos nossos. Foucault se interessa pelo cinismo como uma das formas maiores da *parresia* filosófica no contexto da vida política grega[14], ao passo que para nós cabe reter dessa "escola filosófica" apenas a atitude desafiadora ante o poder político. Como o próprio Foucault salienta, o cinismo é uma contestação radical do modo de vida da cidade, tanto no que concerne a seus costumes quanto no que diz respeito ao exercício do poder. Ora, é exatamente nessa desqualificação da política tal como é praticada na cidade em favor de uma "vida outra" e de um "mundo outro"[15] que se aloja o ímpeto antipolítico do cinismo. Logo, sua potência crítica[16] pode estar na origem de uma profunda desconfiança ante a política, que também pode adquirir o aspecto mais sereno do descrédito, na forma (já aludida) do ceticismo político. Se a derrisão, então, pode ser compreendida como um dos aspectos do cinismo, ela não extrai todos os benefícios de sua natureza crítica, visto que resulta na abdicação da ação política. Na derrisão, o poder político é simplesmente vítima de opróbrio, objeto de uma insolência que, aparentemente, não tem por finalidade nada além do regozijo com sua própria manifestação. Porém, esse contentamento não confessado com a derrisão da política pode ser experimentado se não se apoiar em uma sensibilidade moral. Nesse sentido, o cinismo político mantém laços estreitos com o moralismo (do qual falaremos adiante).

Se permanecermos ainda no registro da filosofia antiga, a derrisão parece guardar afinidades com o ceticismo. Mas, à semelhança do que ocorre com o cinismo, o ceticismo político resulta de uma profunda transformação do ceticismo clássico, quase uma de suas caricaturas, dele retendo somente o ímpeto de colocar em xeque os fundamentos da convicção que leva à ação. O ceticismo político se apresenta sob a forma da descrença em toda ação política, na medida em que esta é considerada como um instrumento sempre a serviço de algum interesse escuso. É,

---

14. Michel Foucault, "Le courage de la vérité", Cours au Collège de France, 1984, Paris: Gallimard/Seuil, 2009.
15. *Ibid.*, pp. 247-66.
16. Sobre a potência crítica do cinismo, vale a pena ler Peter Sloterdijk, *Crítica da razão cínica*. 2. ed., trad. M. Casanova e outros, São Paulo: Estação Liberdade, 2012.

assim, uma desconfiança ante as motivações e aos atores políticos, bem como em relação à sua capacidade de realizar algo que vise verdadeiramente o bem comum.

Ora, essa atitude antipolítica alimenta nos dias atuais o paradoxo com o qual temos nos deparado cada vez com mais frequência nas campanhas eleitorais: o aparecimento de um candidato *outsider* que reivindica o status de não político, facilitando, assim, a migração para o espaço político de elementos que lhe são originalmente estranhos, como ocorre sobremaneira com o chamado "capital midiático". E isso nos permite passar para a segunda forma da antipolítica.

A espetacularização. Aqui nos deparamos com um tema correlato ao amplamente investigado fenômeno da "estetização da política". Com efeito, já na década de 1930, Walter Benjamin, em seu célebre texto sobre a reprodutibilidade técnica da obra de arte, chamava a atenção para a catástrofe que adviria da estetização da política praticada pelo fascismo[17]. Justamente por ser tão volumoso o número de trabalhos produzidos a esse respeito, iremos nos contentar com uma exposição extremamente breve e pontual, recorrendo mais uma vez a Schedler, que descreve a estetização e a espetacularização nos seguintes termos:

> A antipolítica estética subverte o poder das palavras através do poder das imagens. Ela degrada a deliberação política e a tomada de decisão a meros atos de performance de bastidores e, como contramovimento, impele formas de ação teatral para o centro do palco político. Com a antipolítica estética, a esfera pública sofre a intrusão e a ocupação da lógica do teatro e do drama, do *rock and roll*, do esporte e do entretenimento, do *design* e da propaganda, das belas-artes, da televisão, da confissão religiosa, da psicoterapia e da intimidade. Com a antipolítica estética, a fachada prevalece sobre a face, a beleza sobre a verdade, o ato simbólico sobre a comunicação verbal, o truque mágico sobre a medida real, o virtual sobre o real, o ritual reconfortante sobre a perturbadora experiência de aprender, o personagem e a exibição da virtude sobre os programas, o roteiro de filme sobre o discurso escrito, o

---

17. Walter Benjamin, "A obra de arte na era de sua reprodutibilidade técnica", in: *Obras escolhidas*, trad. S. P. Rouanet, São Paulo: Brasiliense, 1985, p. 196.

dublê sobre o legislador, os símbolos da vida familiar sobre as insígnias da vida pública, os expressivos códigos das relações íntimas sobre os códigos morais da esfera pública, a expressão crível das emoções sobre o alinhamento plausível dos argumentos, a excitação com o extraordinário sobre o cinza da vida cotidiana[18].

A lista é exaustiva, mas, como o texto de Schedler foi escrito há mais de vinte anos, ficam de fora a peculiar espetacularização que conhecemos nos últimos anos, em que, no lugar do esplendor da imagem, surgem o vulgar e o grotesco, sobretudo no linguajar e no comportamento de certos homens políticos, o que é prova inequívoca de empobrecimento da esfera pública. De qualquer forma, vemos colocado em ação o mesmo mecanismo de fundo: trata-se de substituir a racionalidade crítica pela fruição estética e o juízo pelo extravasamento das paixões.

A espetacularização é, portanto, uma poderosa estratégia de dominação, que se apoia em larga medida no depauperamento da esfera política e das capacidades humanas de intervir nessa esfera. Ela é tão mais poderosa quanto mais se enfraquece na atualidade a percepção do sentido da existência coletiva. A perda de referenciais que balizem a política e que lhe restituam o significado é compensada com a aceitação de qualquer promessa de colocar o mundo nos eixos, por mais estapafúrdia que seja. Essas migalhas de sentido apenas podem satisfazer aos espíritos embrutecidos que abriram mão (ou simplesmente foram forçados a isso) da tarefa de construir os parâmetros da vida em comum.

A moralização. Esta é, sem dúvida, uma das mais antigas formas da antipolítica. Mas ela não deve ser confundida com a compreensão clássica (antiga) da política, na qual a separação entre os valores da cidade e aqueles da vida individual não podia ser estabelecida de modo claro. O fenômeno da moralização como atitude antipolítica produz uma condenação da política em termos morais. Mais do que denunciar a possível hipocrisia nessa postura, cabe trazer à luz suas verdadeiras motivações. À primeira vista, a moralização é expressão de um espírito fortemente refratário à lógica da ação política. Ao medir a política com a régua da moralidade convencional, ele amesquinha, fatalmente, a ação política, pois lhe subtrai

18. Andreas Schedler, *op. cit.*, pp. 13-4.

seu valor específico. Poucos pensadores compreenderam o problema de forma tão clara quanto Maquiavel. E poucos pensadores foram tão vilipendiados por esse mesmo motivo. Mas Maquiavel nos dá uma lição preciosa: como ele está ciente de que a ação política se desenrola no domínio do imprevisível e de que o resultado da ação será determinante para sua apreciação, ele sabe que a atitude moralizante trai seu sentido autêntico. Ao pretender subordinar a ação a princípios predeterminados, ela impede que se veja que sua grandeza se encontra no risco que ela assume quando se efetiva no espaço da mais completa indeterminação. Como dizia Hannah Arendt, uma das características fundamentais da ação é sua imprevisibilidade. Por conseguinte, somente depois de realizada será possível decidir se o curso adotado foi ou não correto.

Mas deixaríamos escapar a verdadeira natureza do moralismo se nos detivéssemos nessas considerações. É preciso ainda lembrar o que ele realmente é; se a espetacularização é uma barganha (a troca do juízo pela fruição), o moralismo é uma *chantagem*. A redução que opera o moralismo no campo da política, empobrecendo sua complexidade em favor de padrões extrapolíticos, é sempre feita visando seu próprio proveito. Transplantando arbitrariamente a ação política para o campo da moralidade, cabe ao moralista ditar suas regras e determinar quem pode ou não exercer o poder. E é por meio de seus *modus operandi* que se revela com nitidez sua pretensão política. Por isso o fenômeno da moralização encarna de maneira exemplar as táticas da antipolítica: trata-se de fazer a detração da política na forma da condenação de seus agentes para abrir caminho para aqueles que se reconhecem como únicos porta-vozes da verdade[19].

Mais uma vez, deparamo-nos com uma estratégia antipolítica que apenas pode ser politicamente eficaz se for capaz de apelar para algo

---

19. Ainda no terreno da moralização, se encontram as tão frequentes acusações de corrupção. Não estamos, em absoluto, querendo dizer com essa afirmação que desconhecemos a natureza perniciosa da corrupção política, mas não nos parece aceitável a estratégia de reduzi-la a um fenômeno moral (para a melhor compreensão do problema, é imprescindível a leitura do volume organizado por Leonardo Avritzer, Newton Bignotto, Juarez Guimarães e Heloisa Starling, *Corrupção. Ensaios e críticas*. Belo Horizonte: Editora da UFMG, 2011). Os termos em que a questão da corrupção é tratada na grande mídia (e não apenas a brasileira) costumam abrir caminho para seu tratamento moral, em vez de encetar um debate mais substancial acerca de sua presença no meio político. Ora, é precisamente essa superficialidade, irmanada com a rapidez com que são feitos os juízos condenatórios no domínio da opinião pública, que alicerça a estratégia política de usar a corrupção como arma apontada sempre contra os inimigos. Portanto, o uso deletério da corrupção não é possível sem sua moralização.

que interpela a sensibilidade comum, isto é, a experiência cotidiana da política: o fato de que a ação, por um lado, não pode ser plenamente conforme às exigências do Bem (o fim a que ela visa e o meio em que é praticada não podem ser moralmente enquadrados) e, por outro, seus resultados são simplesmente imprevisíveis, abrigando uma indeterminação radical. Como esclareceremos adiante, essa sensibilidade abre passagem para o surgimento, na cena pública, de um discurso que, pretendendo suprimir a distância entre o desejo e a realidade, enraíza a dominação no terreno da ilusão.

A tecnicização. Desde o começo da modernidade, ou seja, a partir de meados do século XVI, coincidindo com a formação do Estado moderno, a política comportará, e mesmo requererá, um processo de tecnicização. Sem o desenvolvimento de um aparato burocrático, por exemplo, não seria viável a conclusão das tarefas administrativas que o Estado assume como sendo a essência do governo. Nesse contexto, torna-se necessária a formulação de um *corpus* de conhecimento que dará suporte a essas novas práticas, como vemos no caso do surgimento, no século XVII, da estatística, assim como entre o final do século XVIII e o começo do XIX veremos aparecer a medicina social e a economia política[20]. Além disso, uma série de instituições (a polícia, os hospitais, as universidades, as forças armadas) também serão estabelecidas ou remodeladas tendo em vista a consecução dos fins governamentais.

Porém, a tecnicização como antipolítica se encontra, de certa maneira (mas não integralmente), nos antípodas das tecnologias governamentais. Estas últimas estão abertamente a serviço da dominação política, inscrevendo-se desde sempre no conjunto dos mecanismos necessários para sua implantação. A tecnicização antipolítica, por sua vez, fomenta a esperança de que o instrumental técnico (instituições e conhecimento) será capaz de suprimir a própria política, torná-la dispensável, obsoleta. Do sonho dos fisiocratas – no qual a verdade das relações econômicas deverá se sobrepor à prática governamental – às distopias da literatura do século XX (Huxley, Orwell, Bradbury, Burgess), a tecnicização coincide com o advento de uma política totalmente purificada das incertezas, em

---

20. Ver Michel Foucault, "Sécurité, territoire, population", Cours au Collège de France, 1977-1978, Paris: Gallimard/Seuil, 2004.

que as tomadas de decisões obedecem a um cálculo preciso que dispensa, em última instância, o procedimento deliberativo. O Estado maquínico não é mais propriamente um Estado, e o poder não é mais identificado com uma capacidade humana. Orientadas por um saber preciso, implementadas pelas mais científicas ferramentas, as ações não procedem mais de uma vontade coletiva, decorrendo diretamente da aplicação de regras que antecedem os acontecimentos e os determinam.

É claro que aqui descrevemos de maneira propositadamente hiperbólica a política tecnicizada. Mas nessa descrição uma verdade se revela: a tecnicização da política acalenta o desejo de sua neutralização, ou melhor, de sua superação na ocasião do advento de uma sociedade inteiramente racionalizada.

A judicialização. Sem sombra de dúvida, a judicialização da política é um dos fenômenos políticos mais amplamente estudados nas últimas décadas. Em linhas gerais, trata-se da ampliação da atuação política do poder judiciário, não necessariamente sob a forma de um "ativismo jurídico" (ou seja, pela iniciativa de seus membros), mas pela forte tendência das democracias liberais, sobretudo a partir da Segunda Guerra Mundial, a transferir para o poder judiciário as funções que o governo do Estado não é capaz de cumprir de maneira adequada ou em transformá-lo em um novo campo para a resolução dos conflitos políticos. Por um lado, os cidadãos esperam do judiciário "aquilo que não conseguiram por meio das eleições", como afirmou Pierre Rosanvallon, sendo que tal judicialização "se inscreve no quadro de um declínio da 'reatividade dos governos' em face das demandas dos cidadãos"[21]. Essa seria uma das origens da transformação do juiz em protagonista da questão social. E, nos casos de uma democracia com maior fragilidade institucional, o mesmo fenômeno pode ser descrito da seguinte maneira:

> Sem política, sem partidos ou uma vida social organizada, o cidadão volta-se para ele [o judiciário], mobilizando o arsenal de recursos criado pelo legislador a fim de lhe proporcionar vias alternativas para a defesa e eventuais conquistas de direitos. A nova arquitetura institucional adquire seu contorno mais forte com o exercício do controle da cons-

---

21. Pierre Rosanvallon, *La Contre-Démocratie. La politique à l'âge de la défiance*, Paris: Seuil, 2006, p. 22.

titucionalidade das leis e do processo eleitoral por parte do judiciário, submetendo o poder soberano às leis que ele mesmo outorgou[22].

Por outro lado, são os próprios atores políticos que deliberadamente estendem ao judiciário o campo em que travam seus combates. Esse processo foi resumido da seguinte maneira por Dieter Grimm:

> Para que o judiciário estenda seu poder a domínios antes reservados a outras forças, é preciso que ele tenha sido instituído como tal e dotado de competências que lhe permitam solucionar conflitos políticos e sociais. A decisão que emprestou autoridade ao judiciário a fim de dirimir tais conflitos não foi, na origem, tomada pelo juiz, mas pelo político. Sem a vontade do político de delegar ao juiz a sua resolução, o ativismo judiciário se encontraria privado de fundamento institucional. Com efeito, constata-se, ao longo do século xx, como resultado de decisões políticas, uma regular expansão de poderes concedidos aos juízes[23].

Não seria difícil, caso levássemos em conta a especificidade da realidade política de cada país, encontrar outros eixos do fenômeno da judicialização. Entretanto, como não é nosso objetivo examiná-lo detalhadamente (mas apenas assinalar sua presença no conjunto de nossas experiências políticas contemporâneas), gostaríamos de chamar a atenção para o fato, salientado nas duas origens indicadas para o fenômeno (frustração cívica e conflito político), de estarmos diante de um acontecimento de natureza eminentemente política – e somente nessa medida ele pode ser entendido como uma das manifestações da antipolítica.

Para compreendermos melhor esse ponto, acreditamos ser necessário destacar uma peculiaridade desse fenômeno: ele parece conter fortes doses da moralização e da tecnicização. No que concerne à primeira, é difícil ignorar a qualificação moral da figura do juiz. Afinal de contas, a ideia de "justo" comporta duas dimensões, fortemente entrelaçadas: de

---

22. Luiz Werneck Vianna, Marcelo Baumann Burgos e Paula Martins Salles, "Dezessete anos de judicialização política"., *Tempo Social*, v. 19, n. 2, 2007, p. 41.
23. Dieter Grimm *apud* Luiz Werneck Vianna, Marcelo Baumann Burgos e Paula Martins Salles, *op. cit.*, p. 41.

uma parte, está a virtude da *justiça*, que possui raízes muito profundas em nossa civilização; de outra, está a ideia do *direito*, que ganha enorme potência política a partir do aparecimento do individualismo moderno. Assim, o judiciário, ao instituir o justo, não está somente assegurando direitos, mas também restituindo uma ideia de justiça que parece ser desfigurada pelo comportamento dos agentes políticos. Como veremos logo em seguida, esse imaginário da justiça é um poderoso elemento antipolítico. No que diz respeito à tecnicização, é importante lembrar que ela se acentua na atividade judiciária exatamente a partir do momento em que o Estado conhece o processo de governamentalização. É verdade que a codificação do direito é um processo muito antigo, mas ela não conta muito quando estamos em busca das causas da criação do gigantesco aparato burocrático em que se transformou a instituição do judiciário. Por conseguinte, a técnica do judiciário está de longe de se reduzir à mera interpretação das leis por meio de uma hermenêutica elaborada ao longo dos séculos: trata-se do exercício de um poder subordinado a um conjunto de regras emaranhadas. Se isso não elimina a arbitrariedade (como, de fato, não o faz), ao menos reforça a impressão de que a vontade do juiz não é outra coisa a não ser a manifestação do sentido dessas mesmas regras (logo, ela seria despolitizada).

Para resumir, poderíamos dizer que a questão fundamental concerne à representação política do poder judiciário, isto é, de onde ele extrai sua força política. O judiciário, com é sabido, não mantém com a soberania popular a relação de representação. Porém, no imaginário político contemporâneo, ele parece capaz de assumir plenamente o encargo dessa soberania, por uma dupla via: ele subordina a política ao direito (e nisso ele confirma a natureza técnica de seu discurso) e, por outro lado, ele promete realizar um ideal de justiça (o que desvela a dimensão moral de seu poder).

★ ★ ★

Uma vez isoladas essas cinco formas de antipolítica (e está claro que elas não esgotam o leque de suas possibilidades), podemos abordá-las a partir das quatro linguagens que enumeramos no começo desta reflexão. Com esse expediente, será possível esclarecer as razões que nos levam a afirmar que estamos diante de formas da antipolítica.

Como acabamos de ver, em todas elas a negação da política ocorre por referência a elementos originalmente estranhos à política, sobretudo provenientes da moralidade e da técnica. Isso engloba, como vimos, não apenas a moralização e a tecnicização, mas também a judicialização e, em última instância, também a derrisão, que não deixa de expressar um laivo moralista. Quanto à espetacularização, o processo envolve um mecanismo mais complicado, pois consiste no entorpecimento da capacidade de julgar por meio do recurso à *aesthesis*. Portanto, ao privilegiar a sensação em lugar do juízo, a espetacularização opera uma substituição, ou melhor, uma alteração na ordem de uso das faculdades humanas colocadas em funcionamento na política. Mas como as formas da antipolítica se relacionam com as modalidades de sua linguagem (autorregulação, homogeneidade, necessitarismo, autorregulação subjetivista)?

Podemos ver que todas essas formas acolhem ou dão expressão a uma ou mais modalidades. Assim, a derrisão, a moralização, a tecnicização e a judicialização fazem apelo aos pressupostos da autorregulação, do necessitarismo e, em certa medida, ao da homogeneidade. Com efeito, adotar como critério para julgar as ações políticas os valores morais ou subordiná-las à técnica não é nada mais que introduzir no domínio político parâmetros estáveis para conter sua indeterminação (trata-se, então, de negar a contingência). Significa também acreditar que esses parâmetros são plenamente capazes de resolver todos os conflitos que possam aparecer no interior do campo social, o qual seria, no final das contas, regido por leis que poderiam ser objetivamente apreendidas (trata-se, então, de apostar na existência de uma regulação anterior à própria política). Além disso, esses parâmetros e leis corresponderiam a uma visão da comunidade política que forçosamente enfatizaria a homogeneidade de seus membros, deixando na sombra a fundamental característica da *pluralidade*. E isso por uma razão clara: a diferença entre os agentes teria de ser colocada em segundo plano quando o que está em questão é submeter a ação a regras gerais. Por sua vez, a espetacularização mantém uma relação distinta com as modalidades da linguagem da antipolítica, embora inegavelmente adote seus pressupostos. A espetacularização atua por meio do empobrecimento da esfera pública, por meio da banalização típica de um processo de massificação. Mas, se seu objetivo derradeiro é substituir a ação pela fruição, ela ataca a vida pública em seus fundamentos e, portanto, potencializa o ímpeto destrutivo que subjaz a todas as linguagens da antipolítica. Não surpreende, então, o fato de ser ela instrumento corriqueiro dos sistemas totalitários.

Essa aproximação entre as modalidades da linguagem e as formas da antipolítica permite compreender três coisas: em primeiro lugar, as formas da antipolítica podem ser consideradas *atitudes* nas quais se expressa a linguagem da antipolítica. São espécies de *cristalizações* sob a forma de comportamentos políticos; em segundo lugar (e como consequência), as formas da antipolítica, como as modalidades do discurso antipolítico, não estão fora da política, conforme vimos desde o início deste texto. Isso significa que sua tentativa de destituição do político é politicamente orientada: é imprescindível lembrar que toda justificativa do exercício do poder que mobiliza elementos extrapolíticos dá origem ao autoritarismo. A antipolítica abre, assim, uma brecha na representação do político, por onde podem passar os modos arbitrários do exercício do poder. Nesse sentido, ela opera uma redução do político porque retira dos cidadãos a possibilidade de agir livremente, alienando-os do espaço público e promovendo a concentração do poder; em terceiro lugar, essas atitudes e esses discursos encontram sua fundamentação em uma experiência política. Vamos tentar explicitar os pontos de junção entre essas três inferências.

As cinco formas de antipolítica não são exteriores às relações de poder. Ao colocar em xeque os aspectos estruturantes da vida política (indeterminação, contingência, deliberação, pluralidade, conflito), abrem passagem para a forma mais obscura de dominação política, a saber, aquela que nega sua própria natureza. A forma mais violenta de dominação é precisamente aquela que recusa sua origem política, isto é, aquela que vai firmar suas bases em um alicerce que poderíamos denominar de puramente *ideológico* (o que coincide com a rejeição dos atributos que acabamos de listar).

O que queremos enfatizar é que a atitude antipolítica, encontrando sua origem no interior da vida política, não significa uma autêntica ruptura com suas estruturas. Ela visa apenas sua modificação no espectro das relações de poder. Mais uma vez nos deparamos aqui com o personagem de Coriolano. Sua recusa da cidade como o lugar da pluralidade (vale lembrar que ele menospreza a plebe) é perfeitamente compatível com um projeto de dominação. É verdade que Coriolano não é um candidato a déspota, mas a lógica que rege seu comportamento não é de modo algum alheia a essa forma de exercício do poder correlata ao empobrecimento da vida política. E, para voltarmos à nossa época, podemos inferir que o resultado das atitudes antipolíticas é exatamente este: o amesquinhamento do espaço público que abre as portas para o autoritarismo, como já sugerimos.

E que experiência corresponde às formas da antipolítica? Responder a essa pergunta é crucial para apoiar nossa hipótese de que estamos diante de um fenômeno inerente à vida política. Sem pretender avançar em uma resposta definitiva, seria importante afirmar, de antemão, que não é possível política sem antipolítica, o que se evidencia de modo mais claro nas sociedades democráticas. Em um livro relativamente recente, Pierre Rosanvallon, inspirado nos trabalhos de Claude Lefort, identifica na democracia uma forma de atividade política que ele denomina de "contrademocracia". Em linhas gerais, ele defende a tese de que "a busca de um contrapoder, estabilizador e corretivo ao mesmo tempo, continuamente subentendeu a vida das democracias"[24]. Trata-se de uma forma de controle do poder que, ainda segundo ele, é "estruturante" na vida democrática[25]. Ora, se alargarmos essa tese, somos levados a inferir que a vida política, sobretudo em uma sociedade democrática, não pode se estruturar na plena positividade: forçosamente ela tem de conviver com aquilo que a nega ou que a coloca em questão, seja na forma da desconfiança (como preconiza Rosanvallon), seja na forma da resistência ao poder (como acreditava Michel Foucault), seja na forma da interrogação constante acerca de seus próprios fundamentos (como afirmava Claude Lefort a respeito da democracia moderna). A antipolítica se aloja exatamente nas experiências da crítica, da recusa e da negação, que somente são possíveis porque o campo da política é aberto, e a ação é inevitavelmente afetada pela indeterminação e pela contingência. Por conseguinte, não há política sem a dimensão da alteridade. Mas essa experiência da alteridade pode também resultar em sua própria negação, como ocorre nas "cristalizações" da antipolítica. Como vimos, elas manifestam o desejo de superar a indeterminação, de fechar o que é estruturalmente aberto,

---

24. Pierre Rosanvallon, *op. cit.*, pp. 18-9.
25. *Ibid.*, p. 20.

de reintroduzir a necessidade lá onde as certezas se esfumaçam na bruma da contingência. E é esse desejo que impulsiona os projetos autoritários, tornando os espíritos sensíveis e aquiescentes a todas as soluções fáceis, a todas as promessas vazias que jamais serão cumpridas, a toda violência que fere e torna anódina a força da liberdade. No entanto, lembramos novamente que a política, em uma sociedade democrática, não poderia ser o que é, não poderia, paradoxalmente, se realizar sem abrir a brecha por onde podem passar as forças que ameaçam destituí-la.

Havíamos dito que terminaríamos este texto recorrendo mais uma vez aos romanos. Ovídio, em sua obra maior, as *Metamorfoses*, relembra, no livro I, o conhecido mito de Apolo e a da ninfa Dafne, o primeiro amor desse deus. Esse amor infeliz, uma maldição que Cupido, ofendido pelo arrogante Apolo, lançou-lhe como vingança, não poderá resultar em um encontro feliz. Com a mesma intensidade que Cupido faz Apolo desejar a belíssima Dafne, faz a ninfa sentir repulsa por todo aquele que a amar. Movido pela irresistível paixão, o deus parte ao encalço da ninfa, que foge com todas as suas forças. No entanto, o deus é mais veloz, impelido pela esperança, do que a ninfa, estimulada pelo medo. Ele está prestes a alcançá-la em uma corrida delirante no bosque. A cena é descrita por Ovídio de maneira cinematográfica:

> O perseguidor, levado pelas asas do Amor, é mais rápido, recusa o cansaço, está já sobre a fugitiva, aspira-lhe o cabelo caído pelas costas. Consumidas as forças, ela empalidece. Vencida pela canseira, de tão veloz fuga, olhando as águas do Peneu, grita: "Pai, Socorro! Se é que vós, os rios, tendes algum poder divino, destrói e transforma esta aparência pela qual agradei tanto". Mal havia acabado a prece, invade-lhe os membros pesado torpor, seu elegante seio é envolvido numa fina casca, cresce-lhe a ramagem no lugar dos cabelos e os ramos no lugar dos braços. O pé, tão veloz ainda agora, fica preso qual forte raiz. A sua cabeça é copa de árvore. Só o brilho nela se mantém. E Febo ainda a ama. Pousando-lhe no tronco a mão, sente ainda o palpitar do coração sob a nova casca. E, abraçando os ramos no lugar dos membros, beija a madeira[26].

---

26. Ovídio, *Metamorfoses*, trad. Domingos Lucas Dias, São Paulo: Editora 34, 2017, p. 83.

Estaríamos inclinados a ver em Apolo e Dafne a política e a antipolítica. Mas não é essa interpretação que gostaríamos de sugerir. Valeria mais a pena, talvez, demorar os olhos na cena em que, sendo transformada a ninfa em árvore, o deus, que quase a capturava, sente ainda o coração dela bater. Esse coração que bate assinala o limite que, quando ultrapassado, fez Dafne perder finalmente a forma humana. Mas ao mesmo tempo, esse coração assinala a continuidade entre a forma anterior e a nova, o que revela o sentido autêntico da metamorfose: ela é mudança, mas não ruptura absoluta; ela anuncia a alteridade que depende substancialmente do mesmo. A antipolítica, quisemos mostrar, é um fenômeno dessa ordem. E, assim como Apolo, podemos sentir nela bater o coração da política, a forma que está em sua origem.

Apatia e desolação nas sociedades contemporâneas
Newton Bignotto

Os eventos que ficaram conhecidos como Primavera Árabe estão entre os mais relevantes no cenário político do começo do século XXI. As imagens de milhares de pessoas nas ruas, questionando regimes autoritários e corruptos, que se mantinham no poder há anos, pareciam indicar que no tempo de mutações algo novo ocorria e trazia para o centro da política pessoas que há muito não participavam de nada e sofriam as consequências da paralisia política de seus países. O mais interessante é que para muitos o que propiciara essa ressurgência da contestação era o aparecimento de novas formas de comunicação digital, que permitiam conectar quase instantaneamente milhares de pessoas. Falou-se mesmo que a própria noção de esfera pública deveria ser transformada tendo em vista que as pessoas podiam se falar instantaneamente e sem a aparente interferência do poder. A velha noção de esfera pública parecia caduca diante de movimentos que se gestavam em um tempo muito reduzido e que eram capazes de mudar a face das sociedades políticas. Por meio de mensagens era possível convocar multidões para resistir finalmente aos desmandos do poder. O WhatsApp e o Facebook reescreveriam a gramática da política fazendo da comunicação instantânea a linguagem dos novos tempos.

Não há como negar que o aparecimento e a expansão em escala planetária de meios de comunicação, antes impensáveis, alteraram de forma definitiva a maneira como concebemos as relações interpessoais e a interação com nosso meio social e político. O uso da internet fez nascer um planeta interconectado no qual é difícil esconder um acontecimento das pessoas como se fazia no passado. Com aparelhos simples de telefonia celular, é possível mandar imagens imediatamente para redes de relacionamento cada vez mais extensas. Informações sobre uma gama imensa de temas se tornaram disponíveis para parcelas cada vez maiores de usuários da rede.

Esses fenômenos provocaram ondas de otimismo e o sentimento de que a política mudava ao ritmo das transformações tecnológicas. As mutações às quais assistíamos tornavam caducas teorias e ideias das quais nos servíamos no passado para pensar as atividades públicas. No entanto, o passar dos anos trouxe também muitas dúvidas quanto ao real alcance das novas tecnologias e de seu potencial transformador da política. O Egito, país central na Primavera Árabe, depois de tempos revoltos, retornou ao mesmo ponto no qual estava antes: continua a ser governado pela mesma elite corrupta, que perdura no poder há décadas. Sua população se calou sob o peso das mesmas botas que a silenciaram por tanto tempo. O Brasil, depois dos acontecimentos que levaram um grupo importante de intelectuais a imaginar que algo novo despontava no horizonte político, vive um tempo de desmonte da cena pública raramente visto em nossa história. A internet acolhe o burburinho das redes sociais, mas a cena pública se mostra apática e desolada, mesmo quando direitos fundamentais da população são revistos e destruídos sem que tenha havido qualquer consulta aos principais interessados. Nas eleições norte-americanas a internet foi a ferramenta para a difusão em escala nunca antes vista de mentiras e falsas notícias, que tiveram um papel determinante no desenlace do processo de escolha do presidente.

Se há aspectos positivos nas transformações tecnológicas, precisamos também observar que formas clássicas de dominação passaram a se servir das mesmas ferramentas, que pareciam prometer a redenção da esfera pública. Ao lado de uma montanha de mensagens trocadas e difundidas em comunidades dos interesses mais variados, gestam-se novas formas de isolamento e solidão. A aparente potência dos meios produz a impotência das ações. Grupos de interesses vão se fechando cada vez mais em círculos homogêneos e veem sua capacidade de ação na cidade cada vez mais reduzida. Na era da hiperconectividade surgem novas formas de opressão, que os governos autoritários, com todos os seus rostos, não deixam de explorar. Elemento de inovação na política, os novos meios digitais também são os instrumentos para a criação de verdadeiros universos paralelos no interior das cidades, que não se comunicam e não são capazes de efetivamente mudar o cenário político.

O cenário do novo se parece em muito com o desenho de sociedades do passado, que se imobilizaram em suas estruturas de poder e se mostraram incapazes de enfrentar até mesmo problemas banais que infernizam o cotidiano da população, sobretudo de sua franja mais vulnerável. No Brasil, país que conhece tristes recordes de desigualdade social, mesmo políticas tímidas de combate aos aspectos mais vergonhosos do fenômeno – a fome e a miséria extrema – foram objeto de críticas acerbas por parte importante das elites. Isso levou ao abandono de ações que visavam modestamente enfrentar a face mais visível de nossa miséria social e humana.

Depois de movimentos de rua que pareciam agitar o cenário da política, o que restou foi um imobilismo envergonhado, que colocou o país de volta ao quadro de suas injustiças e de suas mazelas, que desde sempre parecem constituir o retrato mais fiel de nossa história. Esse quadro, que guarda semelhanças com o de outros países, que também foram tomados pela esperança de uma verdadeira revolução digital, não pode ser analisado e compreendido por um aparato conceitual totalizador. A história contemporânea é por demais complexa para poder ser resumida em poucos conceitos e categorias. Isso não significa, no entanto, que não possamos lançar mão de alguns construtos teóricos para iluminar aspectos importantes do funcionamento das sociedades atuais. Vamos nos utilizar de dois conceitos, herdados da tradição filosófica, que acreditamos fornecer marcos interessantes para abordar certas dimensões da vida política e de suas crises atuais. Estamos nos referindo à ideia da apatia e ao tema da desolação.

Em nossa *démarche*, no entanto, vamos prestar maior atenção ao tema da apatia, que pode ser encontrado em muitas matrizes teóricas, para lançar mão do tema da desolação em nossas últimas investigações, quando estudaremos aspectos presentes no pensamento de autores contemporâneos ligados à tradição republicana, Hannah Arendt em primeiro lugar. Nosso objetivo não é apresentar uma tipologia exaustiva do fenômeno, mas buscar apontar para algumas abordagens que podem servir de ferramenta em nosso esforço de desvendamento de aspectos centrais dos acontecimentos que mencionamos. Vamos apresentar quatro tipos de abordagem da apatia: a apatia filosófica da Antiguidade, a apatia positiva de pensadores conservadores, a busca por uma teoria da neutralidade da apatia em escritores ligados ao pensamento liberal e, por fim, os vínculos que pensadores republicanos estabelecem entre a apatia e o fenômeno da desolação, típico das sociedades totalitárias.

A APATIA FILOSÓFICA DA ANTIGUIDADE

A apatia foi um dos temas presentes em mais de uma corrente do pensamento antigo. A palavra – *apathéia* – significa o estado de alguém que mostra ausência de *pathos* em suas ações. *Pathos* é um vocábulo grego que se revestiu ao longo do tempo de significados variados, mas que em geral indica o fato de que algo foi afetado, sejam os corpos, sejam as almas[1]. Para nós interessa, sobretudo, a ideia de que os *pathe* são para alguns pensadores da época helenística "impulsos excessivos"[2], que devem ser contidos se se quiser alcançar o equilíbrio da alma.

A apatia, no sentido restrito, significa ausência de paixão, ou a capacidade de não ser afetado por nada, e faz parte do vocabulário filosófico de correntes de pensamento tão variadas quanto o cinismo, o ceticismo e o estoicismo. Uma de suas formulações mais conhecidas na Antiguidade é a de Diógenes, o cínico. Segundo Diógenes Laércio, nos cínicos a apatia se combinava com a autarquia, que era o conceito central daquela escola[3]. Viver sem depender de quase nada era o ideal de pensadores que tentaram levar essa ideia às últimas consequências, ao propor até mesmo abandonar os objetos cotidianos que trazem certo conforto material, mas afetam o desenvolvimento pleno da autarquia. A referência ao cinismo nos ajuda a ver que não basta ser indiferente às ações que nos tocam para poder dizer que estamos apáticos. A apatia é antes de tudo uma postura filosófica. Ela revela não apenas como somos afetados pelos *pathe* diversos,

---

1. F. E. Peters, *Termos filosóficos gregos. Um léxico histórico*, Lisboa: Fundação Calouste Gulbenkian, 1974, p. 183.
2. *Ibid.*, p. 186.
3. Diogène Laërce, *Vie, doctrines et sentences des philosophes ilustres*, Paris: Garnier-Flammarion, 1965, Tome II, VI, II, pp. 14-36.

que podem ser acontecimentos, experiências variadas, sofrimentos e, sobretudo, emoções, mas também como somos capazes de reagir a esses eventos e nos livrar de seus efeitos diversos.

Diógenes, o cínico, se gabava de não ser afetado por nada, mas isso não queria dizer que fosse indiferente ao mundo. Ao contrário, ele reagia aos acontecimentos e, como resume Diógenes Laércio: "Ele afirmava se opor à fortuna com sua segurança, à lei com sua natureza e à dor com sua razão"[4]. Da mesma maneira, ele não escolheu se refugiar nas montanhas e tornar-se inacessível aos outros homens, mas sim viver no meio deles sem ser afetado por suas mazelas. Nessa condição, ele não deixava de afirmar a importância da cidade e mesmo das constituições políticas. Como nos reporta Diógenes Laércio: "Ele falava ainda da lei, dizendo que não se pode governar sem ela. Sem pólis organizada, a cidade não serve para nada, nesse sentido a cidade deve ser uma pólis (comunidade política). Sem a pólis, a lei não serve para nada: assim, a lei deve estar ligada à cidade"[5]. Apesar do reconhecimento do caráter necessário da comunidade política, Diógenes preferia seguir sua razão, que poderia colocá-lo em contato com a verdadeira lei, que é a que rege o universo. Mais tarde, os estoicos romanos vão procurar refletir sobre o sentido dessas afirmações, reportando ao que fora conservado das palavras dos cínicos para expor a natureza do *pathos* e os males que os acompanham[6].

A apatia defendida pelos cínicos estava em perfeita consonância com o que eles pregavam com relação à melhor forma de vida. Essa abordagem marcou a filosofia helenística, mas teve de ser transformada pelos vários pensadores em acordo com seus sistemas de pensamentos. Para nossos propósitos, a apropriação pelos estoicos do conceito de apatia é das mais interessantes.

O estoicismo foi dentre as filosofias da era helenística a mais duradoura, tendo sua influência persistido por mais de quatro séculos. Sua figura central na Antiguidade, Zenão (333-262 a.C.), deu uma guinada na forma como a filosofia era entendida pelas escolas mais poderosas ligadas a Platão e a Aristóteles, o que certamente explica a grande difusão de

---

4. *Ibid.*, VI, II, p. 20.
5. *Ibid.*, VI, II, p. 33.
6. Cícero, "Tusculanes Disputationes", *in: Les Stoïciens,* Paris: Gallimard, 1962, Tome VI, p. 333.

suas doutrinas. Se Platão e Aristóteles haviam conduzido a metafísica à posição central de suas doutrinas, fazendo da *episteme* o ponto culminante de suas filosofias, Zenão, ao mesmo tempo que Epicuro (341-270 a.C.), soube compreender que a filosofia podia ser outra coisa além de um conhecimento abstrato do ser e implicar uma forma de vida. Em certo sentido, ele se mantinha próximo de Sócrates e abandonava a pretensão sistemática de Platão[7].

Zenão reconheceu como válida a tripartição da filosofia entre a lógica, a física e a ética. Mas, enquanto a primeira fornece uma espécie de proteção ao exercício da razão e a segunda uma estrutura básica da natureza dentro da qual a vida transcorre, a última congrega a visada das duas outras e configura a direção que deve tomar a existência. Dizendo de maneira resumida: em todos os casos há uma predominância da razão, ou do *lógos*, que deve estar presente em todas as formas de saber. Se quisermos compreender o pensamento dos estoicos em suas muitas variantes, é preciso levar em conta a centralidade do *lógos*, que faz referência tanto à razão quanto à linguagem, em todos os pensadores. Dar conta do universo do ponto de vista do *lógos* era a grande ambição dos estoicos. O estoicismo pode ser descrito como uma filosofia que manifesta confiança na razão e no fato de que o mundo inteiro é plasmado por ela. Do ponto de vista individual, isso acabaria implicando que os estoicos sempre tentavam compreender o mundo e seus acontecimentos do ponto de vista da razão, desprezando ou diminuindo o valor de tudo o que podia interferir no comportamento dos homens, como as emoções.

Como mostra Diógenes Laércio, Zenão definia a paixão da seguinte maneira: "A paixão [...] é um movimento da alma irracional e contrária à natureza, ou ainda um impulso excessivo"[8]. A paixão, ou o *pathos*, era considerada como contrária à razão e, portanto, segundo os estoicos, algo a se evitar. É verdade que havia diferenças entre as diversas concepções estoicas sobre a origem do *pathos* e de como evitá-lo. Zenão achava que as paixões nascem por causa de um juízo errado, enquanto para Crísipo a paixão era o próprio juízo errado[9]. Seja como for, é necessário dominar os

---

7. Para uma visão geral do estoicismo, ver: Brad Inwood (org.), *Os estoicos*, São Paulo: Odysseus Editora, 2006.
8. Diogène Laërce, *op. cit.*, VII, 1, pp. 87-8.
9. Giovanni Reale, *História da filosofia antiga*, São Paulo: Editora Loyola, 1994, v. III, p. 357.

arroubos da alma e refrear, pela razão, as paixões – que, para os filósofos do Pórtico, são quatro: a dor, o medo, o desejo e os prazeres[10]. Cada uma delas afasta os homens da razão e, por consequência, da natureza. Nesse movimento só pode haver sofrimento e ignorância. O outro extremo da vida é a vida do sábio.

Segundo Diógenes Laércio, para os estoicos a vida do sábio "é isenta de paixões, porque ele é inabalável". Da mesma maneira, ele é isento de vaidades e despreza a glória, cultivando a razão e buscando em tudo estar de acordo com a natureza. Como propõe Long: "O sábio é definido por sua perícia moral. Ele conhece infalivelmente o que se deve fazer em cada situação da vida e dá a todos os passos para fazê-lo no tempo justo e no modo justo"[11]. A apatia é, assim, a condição natural da sabedoria e só nela a vida virtuosa se completa. Como mostra Reale: "Como as paixões provêm diretamente do *lógos*, dado que são erros do *lógos*, é claro que não tem sentido para os estoicos moderá-las ou circunscrevê-las: como já dizia Zenão, elas devem ser destruídas, extirpadas, totalmente desenraizadas. O sábio, cuidando do *lógos* e tornando-o o mais reto possível, sequer deixará nascer no seu coração as paixões, ou as aniquilará no seu berço. Essa é a célebre apatia estoica, isto é, a anulação e ausência de qualquer paixão, que é sempre e somente perturbação da alma. A felicidade é, pois, apatia, impassibilidade"[12].

As considerações que fizemos estão longe de esgotar o sentido que a apatia tinha para as diversas correntes da filosofia helenística e menos ainda de expor a complexidade do pensamento estoico em suas muitas variantes. Elas nos ajudam a compreender que, na origem de seu uso no pensamento ocidental, a noção de apatia indicava a vontade de se viver em conformidade com a razão e evitar os excessos decorrentes da tumultuada vida da alma. Para gregos e romanos, ser apático não implicava desconhecer o que transcorria na cidade, nem mesmo negar que o homem é um animal político, mas sim tentar evitar os excessos que obscurecem o olhar racional sobre o mundo. Como afirma Diógenes Laércio, referindo-se ao pensamento de Zenão: "O sábio não deve viver no deserto, pois ele é

---

10. Diogène Laërce, *op. cit.*, VII, 1, p. 88.
11. Anthony Long, *La filosofia helenística,* Madrid: Alianza Editorial, 1984, p. 188.
12. Giovanni Reale, *op. cit.*, v. III, p. 360.

político por natureza e feito para a ação"[13]. Da mesma maneira, Sêneca, que procurou pensar a crise pela qual passava Roma e que destruíra a pólis antiga, nunca imaginou que bastava se retirar da cidade para alcançar a sabedoria. Essa seria uma forma de viver na cidade com suas mazelas, mas não uma rota de fuga para longe dos outros homens. Por isso, nele a "tranquilidade da alma" (*eutimia*) se aproximava do ideal estoico da apatia[14]. É claro que havia tensão entre propugnar a apatia e ao mesmo tempo continuar a se interessar pelas coisas da cidade. Sêneca viveu intensamente esse dilema, a ponto de sua imersão na vida da cidade acabar lhe custando caro. Mas, desde Zenão, como recorda Diógenes Laércio, o sábio não vivia afastado da cidade; "ele pode mesmo, nada o impede, tomar parte do governo, pois expulsará o vício e conduzirá as pessoas à virtude"[15].

A partir de nosso ponto de vista, é difícil pensar em uma figura pública que pudesse ocupar em nossa época o lugar do sábio estoico, ou mesmo do cínico. Em primeiro lugar, não nos é mais possível pensar que as paixões são simplesmente opostas à razão e devem ser extirpadas. A psicanálise já nos alertou para os riscos de se pensar que o ser humano pode ser reduzido à pura razão, como se o *pathos* fosse um erro a ser evitado ou anulado. O recurso ao sentido grego da apatia pode nos ajudar, entretanto, a pensar o papel negativo que as emoções podem ter na formação de movimentos de massa, que são o berço das aventuras autoritárias mais violentas de nosso tempo. Se não podemos mais apelar para a figura do sábio antigo, talvez possamos aprender a evitar o caminho dos "estultos", que na vida da pólis introduziam a desrazão e a violência.

**A APATIA DAS MASSAS E AS ELITES CONSERVADORAS:
UMA VISÃO POSITIVA DO FENÔMENO**

As considerações que fizemos até aqui designam o que caracterizamos como "apatia filosófica". É mister reconhecer, no entanto, que elas não respondem inteiramente às questões que surgem quando colocamos no centro de nossas preocupações a compreensão da dinâmica das sociedades contemporâneas de massa. O tema da sabedoria, por exemplo,

---

13. Diogène Laërce, *op. cit.*, VII, I, p. 92.
14. Paul Veyne, *Séneca y el estoicismo*, México: Fondo de Cultura Económica, 1995.
15. Diogène Laërce, *op. cit.*, VII, I, p. 91.

como algo diferente da posse do saber científico, tem pouca ressonância em nossa época, fora de alguns círculos místicos distantes da cena pública. Para continuar a construir uma tipologia teórica da apatia, é preciso prestar atenção às diferenças que nos separam das sociedades antigas, ao mesmo tempo que nos inspiramos em suas peculiaridades, para esclarecer os traços distintivos de nosso tempo. Um ponto comum às muitas teorias que na contemporaneidade se ocupam da questão da apatia é a afirmação de que se trata de um problema que aflige em maior ou menor intensidade a todas as sociedades. O problema teórico central seria o da interpretação do significado do fenômeno, de sua extensão e importância, mas não o de sua existência.

Embora não possamos falar em corrente de pensamento, nem mesmo pretender identificar como membros de uma corrente filosófica única escritores tão diversos quanto Veblen, Gaetano Mosca, Pareto e até mesmo Robert Michels[16], é possível dizer que todos eles partilham de forma mais ou menos intensa a ideia de que há uma separação entre as elites e a massa dos cidadãos, que é essencial para o bom governo das sociedades. Em um livro clássico, Veblen define o que chama de "classe ociosa" como aquela que "se acha, em grande proporção, ao abrigo da pressão daquelas exigências econômicas prevalecentes em qualquer moderna comunidade organizada altamente industrial"[17]. Ora, esse grupo destacado da sociedade não possui a mesma relação com a política que a maioria da população. Ao contrário, "cabe a esta classe determinar, em linhas gerais, qual o esquema de vida que a comunidade deve adotar como decente ou honroso; e é a sua missão preservar, por meio de preceito e exemplo, este esquema de salvação social na sua forma mais elevada".[18] A primeira função dessa "classe ociosa", no entanto, não é promover uma revolução nos campos em que sua vontade deve ser determinante, mas assegurar a conservação dos costumes e dos hábitos de toda a população, de maneira a garantir a continuidade do poder da minoria.

Em Gaetano Mosca, o aspecto elitista desse pensamento fica ainda mais evidente[19]. Em primeiro lugar, bem ao sabor de ideias que circulavam

---

16. Ver, a esse respeito, Zeev Sternhell, *Les anti-Lumières*, Paris: Gallimard, 2010.
17. Thorstein Veblen, *A teoria da classe ociosa*, São Paulo: Abril Cultural, 1980, p. 109.
18. *Ibid.*, p. 66.
19. Gaetano Mosca, *Elementi di scienza politica*, Roma-Bari: Laterza, 1953.

na primeira metade do século XX na Europa nas obras de autores como Barrés, Sorel e outros, ele denunciava a democracia parlamentar como uma impostura[20]. O poder, segundo ele, só pode ser exercido por uma minoria, capaz de agir a partir de seus interesses de maneira organizada e unitária. A forma motriz do poder das elites deve ser a organização de seu projeto de forma vertical e o uso de todos os meios para chegar aos resultados desejados. Não se trata de recorrer à força como ferramenta central de dominação, pois ao longo do tempo o uso da violência pode se tornar contraproducente, mas de manter os grupos que compõem as sociedades unidos em torno do recurso ao aparato jurídico, às ideologias e a uma administração que não deixa margem para a improvisação[21]. A ideia de organização ganha forças e se torna um tema dominante, por exemplo, no pensamento de Michels.

No tocante ao nosso tema, Pareto desenvolveu o tema das elites de uma forma mais aguda do que seus outros companheiros de caminhada. Para ele, a questão da organização da dominação era menos importante, mas ele levou ao extremo a ideia de que uma elite preparada, uma "classe eleita", deve se servir de todos os meios para garantir seu poder sobre as classes inferiores, ao mesmo tempo que deve garantir os meios para sua reprodução de forma a evitar a decadência e o desaparecimento[22]. Nesse contexto, elementos psicológicos se tornam importantes, pois podem ser usados para garantir a continuidade da dominação e a estabilidade das sociedades. O tema da importância dos mitos para assegurar o acordo das massas e sua submissão a uma visão de mundo ganha espaço no interior do pensamento conservador europeu da primeira metade do século na exata medida em que os efeitos políticos mais evidentes do aparecimento das sociedades de massa se faziam conhecer. De um lado, a Revolução Russa e as lutas sociais e políticas se tornaram mais intensas com o fortalecimento de sindicatos e partidos de esquerda. De outro, a apatia das massas surgiu como o remédio para uma agitação que, aos olhos dos pensadores conservadores, só podia significar a anarquia e a dissolução da ordem governativa. Nesse particular, Sorel teve um papel

---

20. Zeev Sternhell, *Naissance de l'idéologie fasciste*, Paris: Fayard, 1989.
21. Giovanni Busino, "Élite", in: P. Raynaud; S. Rials, *Dictionnaire de philosophie politique*, Paris: PUF, 1996, p. 200.
22. *Ibid.*, p. 201.

decisivo, não apenas pelo elogio do que chamava de violência criativa, mas, sobretudo, por ter apontado o caminho que acreditava ser o mais profícuo para construir a nova sociedade[23]. É à luz do elogio da violência criativa, que se expandiu pelo pensamento de tantos conservadores, que Sternhell afirma: "Aos olhos dos fascistas, a guerra prova o bem fundado das ideias de um Sorel, um Michels, um Pareto, um Le Bon: as massas caminham à base de mitos, de imagens e de sentimentos, elas querem obedecer e a democracia é uma simples cortina de fumaça"[24].

Como lembra Paul Veyne, referindo-se aos trabalhos de vários sociólogos, a apatia é para muitos o apanágio da própria massa, ela lhe é "natural"[25]. Nesse sentido, alguns pensam que deveria haver uma espécie de acordo mútuo entre as elites e o povo, que permitiria à primeira governar e ao povo gozar dos prazeres dos divertimentos. O traço distintivo do comportamento das massas seria a "despolitização", que Veyne define como "a aceitação envergonhada pelos cidadãos de um regime autoritário e matreiro que corrompe o povo: ele lhe oferece prazeres em troca de sua passividade"[26]. O historiador francês não poupou críticas aos que aderiram à ideia de uma passividade natural das massas. Embora seu objeto principal seja estudar a sociedade romana, é inegável que suas considerações nos ajudam a ver os limites e mesmo as falsidades das teorias que pretendem limitar a participação popular nas deliberações públicas e chegam a defender que a apatia é essencial para que uma sociedade possa sobreviver aos próprios dilemas. De forma contundente, referindo-se ao pensamento conservador de alguns dos autores que citamos, o historiador francês afirma: "Despolitização [para eles] quer dizer, de um lado, que as pessoas não se interessam pela política; de outro lado, que elas são governáveis e se deixam governar"[27].

Nessa lógica, a apatia tem um claro sentido político, mas, para os que desejam uma sociedade ordenada segundo princípios oligárquicos e mesmo fascistas, ela é um bem. A participação dos cidadãos além de esferas restritas da vida comunitária, como acontecia no começo do século XX

---

23. Zeev Sternhell, *op. cit.*, pp. 204-5.
24. *Ibid.*, p. 47.
25. Paul Veyne, *Le pain et le cirque*, Paris: Éditions du Seuil, 1976, p. 94 [Ed. bras.: *Pão e circo. Sociologia histórica de um pluralismo político*, São Paulo: Editora Unesp, 2015].
26. *Ibid.*, p. 96.
27. *Ibid.*, p. 94.

com os sindicatos e partidos revolucionários, podia ser classificada de "antinatural", uma vez que contrariava o desejo comum da maior parte dos cidadãos, que preferem a ordem à disputa pelo poder.

Em um país como o Brasil, com forte tradição autoritária e oligárquica, podemos medir o efeito da aceitação do caráter natural da apatia sobre a esfera pública. Tomando as manifestações populares de cultura e irreverência como prova da incapacidade do povo de atuar na arena política, preferindo o circo e o pão à expressão de suas vontades e desejos comuns, os arautos das "teorias das elites" pretendem transformar em marco teórico a descrição dos percalços enfrentados até aqui pela população mais pobre para fazer valer seus direitos e seus projetos de vida. Uma elite autonomeada se dispõe a governar, como se a defesa de seus interesses privados pudesse ser tida como benéfica para a totalidade da população. Em tal situação, a apatia é vista como um bem, desde que restrita às camadas populares. Nessa lógica, a indiferença diante dos acontecimentos – que nos surpreende e entristece – é não apenas natural às massas, mas necessária para o desenvolvimento do país. À luz de pensadores, como Mosca, organizar o poder central para evitar que a voz da maioria se torne audível na cena pública é uma aposta séria numa sociedade organizada e submissa ao seu destino. Assim, aos olhos desses pensadores a apatia não apenas é algo natural, mas um desiderato das sociedades de massa que não querem mergulhar na anarquia. O poder é sempre o apanágio de um pequeno grupo e apenas nessas condições pode ser exercido corretamente e em consonância com a ideia de que a sociedade ideal é aquela que se organiza em respeito à natureza e ao desejo de ordem e organização que deve imperar em um corpo político que não quer se dissolver na anarquia.

APATIA E LIBERALISMO: EM BUSCA DA NEUTRALIDADE

A tradição liberal se expandiu de tal forma na modernidade e na contemporaneidade que seria impossível encontrar um denominador comum entre todos os pensadores que costumeiramente associamos a ela. De forma genérica, podemos falar dos liberais "clássicos", como John Locke, Adam Smith e mesmo Friedrich von Hayek, e dos "modernos", que, a partir das mudanças dos paradigmas tradicionais do liberalismo, com John Stuart Mill, alcançaram com John Rawls o ápice da renovação de um pensamento multissecular[28]. Ainda que seja temerário tentar encontrar pontos concordantes entre todos os escritores associados ao liberalismo, podemos ao menos nomear alguns temas que nos ajudam a pensar o lugar que a apatia encontra no interior dos autores mencionados.

Dois temas servem de baliza para nossa investigação. O primeiro é o lugar que o indivíduo ocupa no pensamento liberal; o segundo, o papel que as instituições desempenham em seu interior. Atravessando esses dois marcadores, está o medo que os liberais têm de que um Estado forte possa impedir os indivíduos de desenvolver todas as suas potencialidades. Se as instituições são âncoras essenciais para um governo constitucional, a invasão da esfera privada e a imposição de modelos de vida a serem seguidos parecem um mal a ser evitado a todo custo.

Sem pretender oferecer uma síntese do pensamento liberal, mesmo em seus aspectos mais consensuais, vamos nos servir do pensamento de John Rawls para refletir sobre o papel da apatia no contexto de uma tradição que, em grande medida, se ancora na defesa do atomismo social e do primado das instituições sobre a vida ativa no interior do corpo político. Como seria impossível resumir o pensamento de Rawls, vamos lembrar dele alguns conceitos que nos ajudam a esclarecer a relação dos indivíduos com as instituições que devem ser a base do que o autor chama de "sociedade bem ordenada". Antes de examinar esse aspecto de seu pensamento, vale lembrar que, na apresentação de seu livro mais famoso, que ele chama de "preliminar dos princípios que devem constituir uma comunidade política livre", Rawls afirma: "Em primeiro lugar: cada pessoa deve ter um direito igual ao sistema mais vasto de liberdades de base igual para todos que seja compatível com o mesmo sistema para os outros. Em segundo lugar: as desigualdades sociais e econômicas devem ser organizadas de maneira tal que (a) nós possamos razoavelmente esperar que elas sejam vantajosas para todos e (b) que elas sejam ligadas a posições e funções abertas a todos"[29]. Esses princípios são objeto de um exame detalhado no interior de sua obra. Interessa-nos ressaltar que eles fundamentam uma concepção da vida em sociedade erigida sobre a ideia

---

28. Pierre Manent, *Les libéraux*, Paris: Gallimard, 2001.
29. John Rawls, *A Theory of Justice*, Oxford: Oxford University Press, 1973, par. 11, p. 60.

da prioridade da justiça e do direito. Isso significa que a justiça não pode ser considerada um valor dentre outros, mas sim o valor que serve de medida para os outros valores.

A prioridade da justiça implica que ela não possa ser sacrificada em nome de nenhum outro valor que transcenda os indivíduos. Na verdade, a teoria da prioridade da justiça em Rawls vai de par com a concepção "atomista" da sociedade, que tem seu fundamento último na pessoa (*self*), e não na comunidade. A pessoa é o ponto final no processo de descobrimento dos fundamentos da vida em comum, e, por isso, o pensador pode afirmar: "Pois a pessoa (*self*) é anterior aos fins que são afirmados por ela"[30]. A unidade da pessoa (*self*) implica que o sujeito humano seja soberano em sua condição de agente de escolhas que formatam o mundo no qual pretende viver. Ele decide no âmbito da vontade, sem para isso depender de um conhecimento prévio da situação na qual se encontra, mas também sem desconhecê-la inteiramente[31]. Em síntese, podemos dizer que em Rawls a primazia da justiça – a prioridade do direito, aquilo que leva à construção do que Taylor chamou de "sociedade procedimental" – e a unidade da pessoa (*self*) formam a estrutura de base de sua teoria política. No tocante à relação dos indivíduos com a noção de bem, Rawls sintetiza a questão desta maneira: "Assim, uma pessoa moral é um sujeito que possui fins que ele mesmo escolheu e, fundamentalmente, ele prefere as condições que lhe permitam construir um modo de vida que exprima da maneira a mais completa sua natureza de ser racional, livre e igual aos outros"[32].

É nesse quadro conceitual que devemos colocar o problema da unidade social e da participação na vida das instituições. Rawls inicia a análise da questão lembrando que mesmo se considerados os traços individualistas de sua teoria, os princípios da justiça como equidade devem prevalecer em qualquer situação[33]. "Assim", diz ele, "ainda que a sociedade seja concebida como uma empresa de cooperação em vista da obtenção de vantagens mútuas, ela é caracterizada ao mesmo tempo por um conflito de

---

30. *Ibid.*, p. 560.
31. *Ibid.*, p. 575.
32. *Ibid.*, p. 561.
33. *Ibid.*, p. 520.

interesses e pela identidade de interesses"[34]. Recusando aquilo que chama de "sociedade privada", na qual a simples participação em instituições é um fardo para o indivíduo, Rawls é levado a afirmar que as instituições, concebidas a partir de um conjunto tão fraco quanto possível de premissas, são o esteio de uma sociedade que, ao mesmo tempo que se baseia em princípios fundamentais de justiça, garante aos indivíduos a possibilidade de realização do modo de vida que escolheram. Os dois traços distintivos do que ele chama de "sociedade bem ordenada" são: que todos os seus membros busquem o funcionamento correto de instituições justas e que essas instituições sejam consideradas como um bem em si mesmas[35]. Nesse quadro, Rawls afirma: "Em uma sociedade bem ordenada, cada um compreende os primeiros princípios que devem determinar todo o sistema durante gerações e cada um tem o firme propósito de aderir a esses princípios em seu projeto de vida"[36].

Pensadores liberais como Rawls não fazem a defesa da despolitização e da apatia. Participar da produção das leis e respeitá-las é parte do contrato, que deve ser o fundamento de toda sociedade democrática liberal. Nesse quadro conceitual, no entanto, a apatia não deve ser temida, uma vez que cabe às instituições criadas pelos próprios cidadãos defender os valores comuns e aplicar as leis fundamentais. Desde que seja capaz de lutar por seus interesses dentro do quadro jurídico vigente, o cidadão apático não é visto como uma ameaça ao Estado de direito. A não participação nos negócios do Estado não é vista como um problema, mas de um ponto de vista neutro, desde que seja o produto da decisão livre dos atores.

Por sua vez, pensadores liberais como Benjamin Constant e Isaiah Berlin temem o elogio feito por filósofos como Rousseau à vida ativa, cujo modelo seriam os cidadãos que continuamente atuam na cena pública para influenciá-la e mesmo para transformá-la radicalmente, como ocorre nas revoluções. Para os autores liberais, as virtudes heroicas, que estariam no centro das ações dos cidadãos ativos da Antiguidade, são incompatíveis com as sociedades liberais, fundadas na defesa das liberdades

---

34. *Ibid.*, p. 521.
35. *Ibid.*, p. 527.
36. *Ibid.*, p. 528.

consubstanciadas no Estado de direito e na ausência de interferência na vida privada dos membros do corpo político. De forma resumida, poderíamos dizer que, para eles, entre a apatia respeitosa das leis e a atuação contínua e voltada ao heroísmo de alguns, eles não hesitariam em escolher a primeira, certos de que se coaduna melhor com a natureza humana e implica menor risco para os Estados livres.

O problema dessa abordagem do problema da apatia e de sua dimensão política não está em desconhecer o fenômeno, mas em deixar de lado os aspectos negativos que ele pode conter e a relação que guarda com o surgimento de sociedades autoritárias, que não hesitam em sacrificar a liberdade de ação dos cidadãos para garantir a ordem. Pensadores como Rawls têm horror aos regimes autoritários, mas não os associam diretamente à apatia de parcelas importantes da população e nem os veem como uma decorrência possível das próprias práticas políticas das sociedades liberais. Com isso, se encontram desarmados teoricamente para pensar o que ocorre na cena pública quando a ausência de ação ou a insensibilidade de parte importante da população (para conservar a significação original da palavra) são usadas para guindar ao poder atores radicais, que não têm o menor respeito por instituições que, de qualquer maneira, tornaram-se incapazes de garantir a liberdade política. À força de olhar de um ponto de vista neutro o fenômeno da apatia, eles acabam por se tornar cegos ao processo de dissolução do Estado de direito, que acompanhou e ainda acompanha em vários países a destruição de direitos e garantias constitucionais. Mais ainda, veem na solidão dos habitantes das sociedades de massa um sinal dos tempos, mas não um alerta para os riscos de nossa época.

Os pensadores liberais, que obviamente defendem o papel da liberdade na constituição das sociedades ideais, não prestam atenção ao fato de que, ao admitir que uma sociedade democrática possa ser habitada por cidadãos apáticos, abrem as portas para a corrupção dos próprios valores que defendem. Quanto mais somos empurrados para a solidão, menos somos capazes de nos ver como partes de uma comunidade e menos somos capazes de visar algo a que possamos chamar de bem comum. Se admitirmos que a busca de um bem comum é algo extremamente desejável, devemos aceitar que, nos horizontes da vida em comunidade, podemos ser confrontados com vivências nas quais desapareceu a palavra, e só resta o refúgio de uma interioridade isolada do convívio com os outros – e, por isso, impedida até mesmo de almejar algo em comum, que só pode existir onde existe uma comunidade situada no tempo e na linguagem partilhada. Entregues a nós mesmos, somos seres que lutam pela vida, mas que não podem mais ser livres nem iguais e para os quais a justiça deixou de ser um horizonte da vida em comum.

Olhando para o caso brasileiro e para os percalços atuais da cena pública, tudo se passa como se a defesa da ordem constitucional e das prerrogativas do Estado de direito não guardasse relação de dependência com a capacidade dos cidadãos de agir na cena pública. Ficar apático diante do desmantelamento das instituições é uma possibilidade aceita na crença de que a luta pela preservação da democracia se dá sempre no interior das instituições. Talvez isso explique por que tanto defensores ativos da quebra da ordem institucional quanto cientistas sociais interessados em defender os valores das sociedades liberais insistem em acreditar que as instituições estão funcionando no Brasil atual e continuarão a funcionar enquanto as regras formais do direito continuarem a ser respeitadas, ainda que apenas na aparência. Entre uma sociedade conturbada por lutas e conflitos contínuos na arena pública e uma sociedade apática, mas capaz de preservar as aparências de legalidade, eles preferem a segunda, certos de que não há vida política fora das instituições e que a apatia nada mais é do que uma característica definidora dos cidadãos consumidores das sociedades de massa.

APATIA E DESOLAÇÃO: O PONTO DE VISTA REPUBLICANO

Dentre as tradições do pensamento político, é no âmbito do republicanismo que encontramos os pensadores mais atentos aos perigos que rondam as sociedades apáticas. Desde o começo da modernidade, com os humanistas italianos do *Quattrocento*, e depois com Maquiavel, a opção pela vida ativa e a retomada de autores da Antiguidade como Cícero e Sêneca forjaram uma leitura da política na qual ela se associa estreitamente com a participação dos cidadãos na arena pública, construindo-a continuamente por meio de suas ações.

Inicialmente, a guinada do pensamento político italiano em direção aos valores republicanos cultivados desde a Antiguidade significou uma recusa clara da apatia[37]. Já vimos que autores como Sêneca procuraram encontrar uma via do meio entre a vida do sábio estoico e o cidadão ativo, mas sua atitude teve pouca influência no Renascimento. Se, ao lado de outros pensadores, ele foi lembrado e glorificado na transição em direção à modernidade, isso se deveu à sua capacidade de pensar a vida política da pólis e não às sutilizas de sua adesão ao estoicismo grego[38].

No contexto do desenvolvimento das várias matrizes do republicanismo, a apatia política sempre foi vista como algo negativo[39]. Desde Maquiavel e seu republicanismo popular, passando pelos pensadores ingleses do século XVII[40] e pelos filósofos da Revolução Francesa[41], a indiferença à cena pública foi vista como um mal. Não prestar atenção ao que ocorre a sua volta, preferir o bem privado ao bem público, aceitar o refúgio do lar contra as agruras da vida na cidade: tais atos foram pensados como perigos que cotidianamente ameaçam a sobrevivência da liberdade política. Por isso, no interior da tradição republicana não há lugar para a apatia filosófica, nem para o elogio conservador da submissão das massas ao poder, tampouco para a atitude neutra dos pensadores liberais. A apatia é uma ameaça à comunidade política e deve ser pensada como tal.

Nas sociedades contemporâneas, nas quais a apatia atinge parcelas importantes da população, essa tradição oferece um quadro amplo das mazelas que a acompanha. Partindo de uma definição aberta de seu significado, tomada emprestada da Antiguidade, podemos ver que a insensibilidade diante dos acontecimentos públicos é apenas um sintoma visível do processo de destruição da vida política. Por se tratar de um fenômeno complexo e de múltiplas faces, é preciso escolher uma delas para abordá-lo. Nosso ponto de partida será o isolamento que aos poucos domina os cidadãos de uma sociedade de massas. É claro que não se trata de dizer que a apatia é a causa do aparecimento dos regimes extremos, nem de sugerir que o isolamento é o único traço distintivo desses regimes. Há apatia

---

37. Ver, sobre o tema, Newton Bignotto, *Origens do republicanismo moderno*, Belo Horizonte: Editora da UFMG, 2001.
38. Peter Stacey, *Roman Monarchy and the Renaissance Prince*, Cambridge: Cambridge University Press, 2007.
39. Ver: Newton Bignotto (org.), *Matrizes do Republicanismo*, Belo Horizonte: Editora da UFMG, 2014.
40. Alberto Ribeiro Barros, *Republicanismo inglês. Uma teoria da liberdade*, São Paulo: Discurso Editorial, 2015.
41. Newton Bignotto, *As aventuras da virtude. As ideias republicanas na França do século XVIII*, São Paulo: Companhia das Letras, 2010.

em indivíduos solitários também nas sociedades liberais e nas sociedades monárquicas do passado. O que nos interessa é o fato de que, no processo de degradação da cena pública e de sua mistura com a cena privada, a apatia aparece como um traço inescapável e se mostra pelo rosto do isolamento dos indivíduos. É possível falar de uma democracia participativa e de uma democracia com alto grau de apatia, mas o mesmo não se pode dizer dos regimes autoritários e totalitários. Neles, a apatia e, no final do processo, a solidão dos indivíduos são traços essenciais que nos ajudam, inclusive, a identificá-los quando aparecem na história. Apatia e destruição da cena pública vão sempre juntas, sem que possamos estabelecer relações causais estritas entre elas. Ocorre, no entanto, que se é possível disfarçar o desaparecimento da arena política com o discurso a respeito do funcionamento das instituições, como fizeram os juristas nazistas[42], é impossível que os indivíduos não se sintam solitários diante do peso da opressão dos regimes extremos. Essa solidão não pode ser escondida nem mesmo dos que se lançam no movimento perpétuo que costuma caracterizar os regimes fascistas e que Arendt chamava de "ativismo"[43]. As paradas e demonstrações de força criam a ilusão do pertencimento, mas são incapazes de disfarçar o fato de que agir na cidade vai se tornando cada vez mais difícil. Em certo sentido, ao olhar os regimes totalitários compreendemos como são frágeis as convicções de pensadores liberais que acreditam ser a apatia uma escolha, dentre outras possíveis, no interior de uma sociedade política. Ser apático no momento em que a cena pública se degrada está mais próximo de uma imposição do regime do que de uma decisão voluntária. Da mesma forma, os indivíduos não escolhem a solidão; ela lhes é imposta.

Arendt oferece uma análise pertinente do processo de como os cidadãos de uma sociedade totalitária ou em via de nesta se transformar vão ficando cada vez mais solitários e apáticos. Em sua principal obra sobre o fenômeno totalitário, ela mostra que a apatia é um traço marcante dos regimes extremos. Afirma que o processo de formação dos regimes extremos transforma não apenas as instituições políticas, mas também a vida privada dos indivíduos. "Os movimentos totalitários", diz ela, "são

---

42. Olivier Jouanjan, *Justifier l'injustifiable. L'ordre du discours juridique nazi*, Paris: PUF, 2017.
43. Hannah Arendt, *Origens do totalitarismo*, São Paulo: Companhia das Letras, 1998, p. 381.

organizações maciças de indivíduos atomizados e isolados. Distinguem-se dos outros partidos e movimentos pela exigência de lealdade total, irrestrita, incondicional e inalterável de cada membro individual"[44]. Nesse novo ambiente, a ideia de uma cidadania ativa, ou mesmo de uma sociedade individualista, deixa de fazer sentido. No tocante aos indivíduos, a marca dessas sociedades é justamente o isolamento. "A principal característica do homem de massa", afirma Arendt, "não é a brutalidade nem a rudeza, mas seu isolamento e a falta de relações sociais normais"[45].

Diante desse quadro catastrófico, cabe perguntar se ainda é possível falar de ação política e de resistência ao poder num momento como o que descrevemos. Essa pergunta se colocou com frequência para os pensadores que se dedicaram a estudar os campos de concentração. Antes de abordá-la diretamente, vale dizer que ela nos interessa diante do fato de que, em períodos de crise como o que vivemos atualmente no Brasil, a primeira pergunta que surge é se ainda é possível fazer algo diante do desmantelamento das estruturas política tradicionais. Dizendo de outra maneira, a constatação da apatia de parte importante da população gera a angústia quanto ao futuro político do país e a inquietação quanto ao que podem fazer os cidadãos que se preocupam com o destino do lugar onde vivem. Como vimos, é possível responder a essa pergunta dizendo simplesmente que não há nada que deva ser feito, e isso pelas diversas razões que apontamos. No entanto, do ponto de vista da tradição republicana, essa resposta é inaceitável.

Para os pensadores republicanos, e isso vem desde a Antiguidade, agir na cidade é um valor que deve ser preservado. Se quisermos viver em formas livres de governo, não há como abandonar a condução dos negócios públicos a uma pretensa elite, seja ela aristocrática, seja ela de caráter oligárquico. No mundo contemporâneo, poderíamos compreender esse apego à participação dizendo que a liberdade política nunca será preservada por uma elite política assessorada por um grupo de especialistas membros da burocracia do Estado, ou apêndices dos grandes grupos econômicos. Viver em liberdade significa se interessar pelos negócios públicos e agir na arena pública em conformidade com esse desejo

---

44. *Ibid.*, p. 373.
45. *Ibid.*, p. 367.

de participação. Nessa ótica, o fato de que as pessoas se disponham a despender energia em festas populares – o que, diga-se, é inteiramente legítimo –, mas fiquem apáticas diante de ameaças muito concretas a seus direitos e a conquistas sociais que foram fruto de lutas intensas no passado, não pode ser olhado de forma neutra ou positiva.

Essa constatação se deve ao apego histórico dos pensadores republicanos em todas as suas matrizes e também ao fato de que, para autores como Arendt ou Claude Lefort, há uma conexão evidente entre a crescente apatia dos cidadãos e o estabelecimento dos estados totalitários. Nesse caminho, dois outros fenômenos se fazem presentes: o crescente isolamento dos habitantes do corpo político e a desolação, que alguns intérpretes do pensamento de Arendt chamam simplesmente de solidão[46]. Para alguns, pode ser que a apatia e o crescente isolamento sejam apenas sinais de que algo vai mal na cidade, mas a desolação é mais do que um indicador e nos ajuda a compreender o papel conceitual que a apatia tem nas teorias republicanas contemporâneas.

Para abordar a questão da ação possível em sociedades que assistem à destruição de suas esferas pública e privada precisamos tentar caracterizar melhor o fenômeno da apatia em sua relação com o isolamento dos cidadãos e a posterior experiência da desolação[47]. Na lógica do pensamento arendtiano, a apatia interessa no momento em que em sua esteira nasce o fenômeno do isolamento dos indivíduos, que Arendt define da seguinte maneira: "O isolamento é aquele impasse no qual os homens se veem quando a esfera política de suas vidas, onde agem em conjunto na realização de um interesse comum, é destruída"[48]. Se, como afirmamos, não é possível dizer que a apatia é o único fato que gera o isolamento dos indivíduos nas sociedades de massa, é possível afirmar, por outro lado, que no processo de formação dos regimes autoritários e totalitários a destruição da esfera pública é um marco no caminho em direção à perda da liberdade e ao desaparecimento da política. O isolamento marca o aparecimento

---

46. Roberto Raposo, tradutor para o português do livro de Arendt, prefere usar "solidão" no lugar de "desolação". De nossa parte preferimos o termo "desolação", porque ele aponta mais claramente para os vínculos da autora com o pensamento da Antiguidade, que ela mesma reivindica no momento em que analisa o problema.
47. Acompanhamos aqui as belas análises contidas em Jean-François Bossy, *La philosophie à l'épreuve d'Auschwitz*, Paris: Ellipses, 2014, pp. 79-86.
48. Hannah Arendt, *op. cit.*, p. 527.

dos regimes que Arendt chama de tirânicos, pois todo poder que pretenda evitar oposição tem de impedir que seus súditos possam trocar ideias e decidir por ações contrárias a seus propósitos. A desolação é o ponto-final do processo de desaparecimento da arena pública e consequentemente da política. De forma lapidar, Arendt afirma: "Enquanto o isolamento se refere apenas ao terreno político da vida, a desolação (solidão) se refere à vida humana como um todo"[49].

A desolação não descreve a experiência individual da solidão, que pode até ser benéfica para os indivíduos, desde que eles possam continuar a pensar e a agir segundo suas convicções e a poder partilhá-las com seus semelhantes. "O que torna a desolação (solidão) tão insuportável", afirma Arendt, "é a perda do próprio eu, que pode realizar-se quando está a sós. Mas cuja identidade só é confirmada pela companhia confiante e fidedigna dos meus iguais"[50]. Arendt foi buscar essa reflexão também no pensamento antigo. Assim como a apatia é um conceito presente em vários autores do passado, a desolação é um conceito da Antiguidade, embora o encontremos definido claramente em um número reduzido de escritores. Epiteto é sem dúvida o que melhor nos permite compreender a extensão do fenômeno e os perigos que o acompanham. Refletindo sobre o isolamento, que ele caracteriza como "o estado de um homem que não é socorrido"[51], ele mostra que o principal risco que corremos nesse processo de distanciamento e perda progressiva do contato com os outros, que Arendt chama de pluralidade, é o de nos transformarmos em seres "privados de socorro e expostos aos que querem nos fazer mal"[52].

A recuperação do tema da desolação feita por Arendt nos permite compreender um aspecto central da política contemporânea: a crescente desproteção dos indivíduos diante do avanço de métodos de domínio autoritários e totalitários. A desolação é a experiência da negação total à proteção e a redução dos homens e mulheres a um corpo que pode ser ferido e descartado. Foucault e Agamben se referiram a esse processo como "biopolítica" e assinalaram a dimensão radical do fenômeno[53].

---

49. Ibid., p. 527.
50. Ibid., p. 529.
51. Epiteto, "Entretiens", in: Les Stoïciens, Paris: Gallimard, 1962, III, 13, p. 987.
52. Ibid., III, 13, p. 987.
53. Michel Foucault, Naissance de la Biopolitique, Paris: Hautes Études/Gallimard/Seuil, 2004.

O campo de concentração seria a demonstração mais clara do ponto em que podemos chegar com a destruição progressiva da política. Como sugere Bossy[54], a melhor descrição do estado de desolação foi dada por Primo Levi em *É isto um homem?*. Diz ele:

> Imagine agora um homem privado não somente dos seres que ama, mas de sua casa, de seus hábitos, de suas roupas, de tudo enfim, literalmente de tudo o que possui: será um homem vazio, reduzido ao sofrimento e à necessidade, desprovido de todo discernimento, esquecido de toda dignidade, pois, não é raro que, quando perdemos tudo, perdemos a nós mesmos; de tal maneira que se poderá decidir sobre sua vida e morte de forma ligeira, distante de toda afinidade humana; no melhor dos casos com base em um puro juízo de utilidade[55].

De forma resumida, apresentamos até agora o caminho que nos conduz à desolação. O primeiro passo dessa caminhada infernal é a apatia que domina por vezes amplos setores da população das sociedades de massa. Na esteira do afastamento progressivo entre os membros de uma mesma comunidade política, surge o fenômeno do isolamento, que já caracteriza um avanço na destruição da arena pública, e pode se mostrar irreversível. Por fim, aparece a desolação, que transforma homens e mulheres em corpos descartáveis e disponíveis para a execução de ações mecânicas de destruição final não apenas da política, mas da vida em geral. É claro que nem toda sociedade apática se degenera em um regime totalitário, mas é preciso notar que esses regimes não surgem do nada, como se viessem de outro espaço. Eles são gestados no interior de nossa humanidade, a qual é capaz de criar com suas próprias mãos a negação de tudo o que é humano. O estado de solidão absoluta, a que chamamos de desolação, marca um ponto-final em um processo cujo primeiro sinal é a crescente apatia de membros do corpo político que se desinteressam pela política, ou são impedidos de nela ingressar, o que muitas vezes é o produto da ação concertada de partidos e grupos de interesse.

---

54. Jean-François Bossy, *op. cit.*, p. 83.
55. Primo Levi, *Se questo è un uomo*, Torino: Einaudi, 2014, p. 19 [Ed. bras.: *É isto um homem?* Rio de Janeiro: Rocco, 2013].

Num contexto tão adverso, podemos fazer a pergunta que sempre foi enunciada, desde os movimentos revolucionários do século XIX: o que fazer? Os pensadores liberais, desde Benjamin Constant, costumam acusar os republicanos de pretender trazer para o presente as referências a atos heroicos do passado e fazer deles o modelo da ação que deve ser levada a cabo na cena pública. Acreditando que pensadores como Rousseau, no século XVIII, e Arendt, no século XX, foram marcados pelo desejo de reviver as ações gloriosas dos grandes atores políticos do passado, os liberais como Berlin os acusam de passadismo ou mesmo de puro anacronismo. Ora, parece-nos implausível que observadores tão argutos da cena pública quanto foram Arendt e tantos outros autores ligados à tradição republicana pudessem acreditar que para agir nas sociedades de massa bastaria reviver o passado. Ao focar a questão da apatia, o que mostramos foi que esses autores foram os que mais atenção deram à especificidade de nossa época e apontaram para a dificuldade de se agir de forma eficaz quando as sociedades tomam o caminho da apatia em direção à desolação.

Servindo-nos de uma distinção proposta por Todorov entre as virtudes heroicas e o que ele chama de virtudes cotidianas, é possível dizer que a via escolhida pelo republicanismo contemporâneo vai em outra direção[56]. As virtudes heroicas, que conduzem homens e mulheres a praticar ações radicais de resistência mesmo quando suas vidas estão em perigo, são atos louváveis e gloriosos, mas dificilmente ajudam a pensar o que fazer quando a apatia da maioria transforma a cena política de forma definitiva. Por isso, é possível elogiar os que se revoltaram, por exemplo, no Gueto de Varsóvia, sem elevar suas ações a uma norma absoluta do comportamento humano em tempos extraordinários[57]. No outro polo, Todorov nos ajuda a ver que não há nada de errado com a escolha mais frequente dos homens e mulheres do que ele chama de "valores vitais", que colocam a sobrevivência no centro das preocupações de quem vive no espaço da desolação. No meio desses dois extremos, entre o heroísmo e a busca pela sobrevivência, é possível cultivar virtudes que podem ser praticadas mesmo no espaço absurdo dos campos de concentração. O pensador as

---

56. Tzvetan Todorov, *Face à l'extrême*, Paris: Éditions du Seuil, 1994 [Ed. bras.: *Diante do extremo*, São Paulo: Editora Unesp, 2017].
57. *Ibid.*, p. 63.

chama de "virtudes morais ordinárias"[58]. Elas se centram no reconhecimento do papel fundamental que a preservação da dignidade humana tem na resistência aos tempos. Essa "ética da dignidade" é um último refúgio antes do colapso total da vida moral e política que observamos nos campos de concentração. Ela conserva seu apelo coletivo e universal por visar o outro como parte do próprio eu. Por isso, ele é também uma "ética do cuidado" e clama pela manutenção das "atividades do espírito" que só são verdadeiramente eficazes quanto têm por referência o "eles", que pode ser universalizado como um polo de preservação do humano[59].

Pensando nas sociedades apáticas, que podem vir a ser o terreno de aparecimento das experiências radicais de destruição da alteridade, as "virtudes cotidianas" são uma saída para a ação de resistência, que vai se tornando cada vez mais difícil à medida que avança a degradação do espaço público em direção à desolação. Sem desprezar as virtudes heroicas, que sempre estiveram reservadas a uns poucos, a ação cotidiana de reconhecimento da pluralidade, como queria Arendt, ou a capacidade de cuidar dos outros como parte de um mesmo todo, são referenciais possíveis em sociedades povoadas por homens e mulheres submetidos a ações radicais de dominação. Diante dos desafios lançados pelos regimes extremos, isso pode parecer modesto, mas são ações possíveis. Ter como referência a dignidade inalienável do ser humano, nos moldes de Kant, ou cuidar do mundo como da própria casa (parafraseando novamente Arendt), são ações morais com profundo significado político. Agindo nessa direção, talvez não precisemos levar ao extremo o pessimismo das análises de Todorov. Mas, em tempos como os atuais, quando o fantasma dos regimes autoritários ronda a cena pública, talvez valha meditar sobre suas palavras: "no final do caminho da indiferença e do conformismo aparecem os campos de concentração"[60].

---

58. *Ibid.*, p. 49.
59. *Ibid.*, p. 111.
60. *Ibid.*, p. 164.

Do populismo à guerra: a queda da democracia norte-americana[1]
Jean-Pierre Dupuy

O espaço por onde minha vida circula tem a forma de um triângulo. Meu país natal é a França e é em francês que eu penso e sonho. Entretanto, há trinta anos, eu passo um terço do meu tempo na Califórnia, como professor e pesquisador da Universidade de Stanford, próximo a São Francisco: então, escrevo principalmente em inglês. E há quase cinquenta anos mantenho laços familiares estreitos com o Brasil, onde me casei e onde vivem minha filha e meu neto de oito anos. É com ele que eu falo em português. Todo ano eu percorro o triângulo de ouro: Paris, São Francisco, Rio de Janeiro-São Paulo, Paris.

Minha exposição desta noite não seria possível sem essa experiência multicultural e multilíngue. Vou falar da decomposição da democracia norte-americana, processo infernal e sonambúlico que está acontecendo sob o olhar do mundo inteiro e que pode levar à guerra. Não estamos mais em 1914 e esta guerra não acontecerá nas trincheiras, mas com ataques de bombas de hidrogênio. O pensamento político norte-americano parece petrificado diante deste cenário de pesadelo. Nos três meses de inverno que passei na Califórnia, de sete horas da manhã a meia-noite, seja nas conversas entre amigos, seja no rádio, na televisão, nos jornais e nas revistas, só havia um assunto: Donald Trump. Como se fosse um extraterrestre e não tivessem votado nele 46% dos eleitores do país. A filosofia política norte-americana não compreende e não pode compreender esse

---

1. Tradução de Ana Szapiro (professora da Universidade Federal do Rio de Janeiro-UFRJ).

fenômeno. Vou tentar mostrar aqui que o pensamento político francês está muito mais preparado para fazê-lo.

Não direi nada sobre a situação política brasileira, pelo menos não o farei diretamente. Afinal, sou apenas um convidado. Espero, entretanto, que minha apresentação possa, de algum modo, ajudar a pensar a tragédia política que o Brasil está lentamente vivendo, este país que eu amo[2].

1. A FRAGILIDADE INTRÍNSECA DA DEMOCRACIA

a. O paradoxo democrático

A filosofia política francesa que me inspira aqui nasceu da reflexão sobre o totalitarismo e, especificamente, o totalitarismo soviético. Nos anos de 1950 e de 1960, todos os intelectuais franceses, ou quase todos, eram marxistas. Em 1973, a publicação em francês do livro de Alexander Soljenítsin, *O arquipélago Gulag*, teve um impacto considerável sobre a vida intelectual e política francesa. Descobriria-se, então, que uma sociedade que pretendia encarnar o ideal democrático do governo do povo pelo povo era, na verdade, uma terrível ditadura. Haveria, nos princípios da Revolução Francesa – que tinha servido de modelo à revolução bolchevique de 1917 –, "liberdade, igualdade, fraternidade", um vício escondido? Afinal, essa Revolução Francesa, ela mesma, tinha dado à luz um monstro, o Terror de Robespierre e de Saint-Just, seguido do império napoleônico. Os intelectuais de quem falo, o historiador François Furet, os filósofos Cornelius Castoriadis e Claude Lefort, todos eles eram homens de esquerda, portanto ex-marxistas. Entretanto, eles se voltaram à leitura de autores liberais do século XIX, Benjamin Constant e Alexis de Tocqueville, que se colocavam a mesma questão. Como explicar que a tentativa de realizar a soberania absoluta de um povo sobre si mesmo pudesse chegar, paradoxalmente, a atingir o seu contrário: a mais completa alienação dessa soberania, causada pela concentração de um poder que se tornou ilimitado e arbitrário num espaço radicalmente separado do resto da sociedade? Como o ideal de liberdade pode levar ao despotismo? Como a

---

2. Escrevo estas linhas em abril de 2018, no momento em que Lula foi preso e que Trump e Kim se prepararam para encontrar-se.

teoria pura da democracia, tal como a encontramos na obra política de Jean-Jacques Rousseau, pode justificar a tirania?

Eis como, em termos admiráveis, em 1815 Benjamin Constant respondeu a essa questão:

> Quando se estabelece que a soberania do povo é ilimitada, cria-se e lança-se ao acaso para a sociedade humana um grau de poder grande demais em si mesmo, que, colocado em quaisquer mãos, se torna um mal. Este poder, quando entregue somente a um, a muitos, ou a todos, será igualmente um mal. Vocês se voltarão contra os depositários deste poder e, segundo as circunstâncias, acusarão, por sua vez, a monarquia, a aristocracia, a democracia, os governos mistos, o sistema representativo. Estarão errados: é o grau da força e não os depositários desta força que é necessário acusar. É contra a arma, e não contra o braço, que é preciso lutar. Há massas pesadas demais para a mão dos homens[3].

Em outros termos, o que a Revolução Francesa tentou fazer foi dar ao povo um poder sem limites, o poder que pertencera ao monarca absoluto. Entretanto, para os homens, esse poder ilimitado não é apreensível: ele escapa de suas mãos quando tentam alcançá-lo.

A segunda falsa promessa do ideal democrático é anunciar o advento de uma sociedade sem conflitos, em paz consigo mesma, unificada. Ao contrário, diz a filosofia política francesa de inspiração antitotalitária, a democracia é a abertura de um questionamento ilimitado sobre seus próprios fundamentos e que só pode levar ao conflito civil. O sentido da vida comum está sempre em questão. Isto que nós reconhecemos hoje como democracia foi em parte construído em oposição à democracia. Como diz Claude Lefort, a democracia é "a institucionalização do conflito".

A teoria pura da democracia tem a maior dificuldade de imaginar o lugar do poder. O modelo de Rousseau era a cidade antiga, suficientemente pequena para que todos os cidadãos (à exceção das mulheres, das crianças e dos escravos) nela se reunissem. Mas, e numa sociedade

---

3. Benjamin Constant, "Principes de politique", 1815. Ver a reedição dos escritos políticos de Constant realizada por Marcel Gauchet, *De la liberté chez les modernes*, Coll. Pluriel, Paris: Le Livre de poche, 1980, p. 270.

complexa? A sede do governo (quer dizer, o Palácio do Planalto no Brasil, a Casa Branca nos Estados Unidos, o Palácio do Eliseu na França) não é a resposta, porque, para Rousseau, o poder executivo é apenas uma "pequena sociedade dentro da grande", ele tem sua vontade particular, distinta da vontade geral. A resposta de Claude Lefort é muito paradoxal, mas é a única que convém a esse desafio que constitui o modelo democrático. O lugar do poder não está em nenhuma parte, é a condição para que ninguém dele se aproprie. Escutemos Claude Lefort:

> Incorporado no príncipe, o poder dava corpo à sociedade. [...] Com relação a este modelo se designa então o traço revolucionário e sem precedentes da democracia. *O lugar do poder se torna um lugar vazio.* Inútil insistir sobre o detalhe do dispositivo institucional. O essencial é que ele proíba aos governantes de se apropriarem, de incorporarem o poder. Seu exercício está submetido ao procedimento de uma recolocação periódica. Esta se faz ao final de uma competição regulada cujas condições são preservadas de modo permanente. [...] Vazio, inocupável – de modo que nenhum indivíduo nem nenhum grupo pode lhe ser consubstancial –, o lugar do poder se revela não representável. [...] Seria um erro julgar que o poder agora se encontra *na* sociedade, pela razão de que ele emana do sufrágio popular[4].

Rousseau nos diz que a vontade geral é inalienável? Então, dela ninguém será o detentor. Ele acrescenta que a vontade geral não poderia ser representada? Então, nada nem ninguém, nem mesmo o povo unânime, será dela o representante.

A mais bela ilustração dessa ideia difícil, nos propõe Lefort, é simplesmente o ritual central das nossas democracias, aquilo que lhes serve sempre de definição: o voto.

> Nada torna mais sensível o paradoxo da democracia do que a instituição do sufrágio universal. É precisamente no momento em que se supõe que a soberania popular se manifeste, o povo se atualizando, ex-

---

4. Claude Lefort, "La question de la démocratie", in: *Essais sur le politique*, Paris: Seuil, 1986 [Ed. bras.: *A invenção democrática*, Rio de Janeiro: Brasiliense, 1983].

pressando sua vontade, que as solidariedades sociais se desfazem, que o cidadão se vê extraído de todas as redes nas quais se desenvolve a vida social para ser *convertido em unidade de conta*. *O número se substitui à substância*[5].

O ato político essencial de uma democracia, a escolha dos governantes, se reduz a uma contagem de votos e tem, como condição de possibilidade, o desaparecimento dos laços que mantêm os diversos componentes da sociedade unidos. A formulação de Lefort convida a uma analogia, que ele mesmo não faz, entre a democracia e esse tipo de ritual que, colocando em cena a desagregação conflitual da comunidade, apresenta-se também, paradoxalmente, como um ato de colaboração social. As festas de inverno tradicionais da Europa ocidental (das Lupercais romanas ao Carnaval ibérico e daí ao Carnaval brasileiro) oferecem bons exemplos disso. No Carnaval, como mostrou Roberto da Matta, o cúmulo do holismo e o cúmulo do individualismo aparecem como um só[6]. Para o antropólogo Louis Dumont, essa é também a caracterização da filosofia política de Rousseau[7].

Em outros termos, a escolha dos governantes através do sufrágio universal seria o momento carnavalesco da democracia.

b. As paixões democráticas

Em sua obra maior de 1762, *O contrato social*, Rousseau inventou a forma pura da democracia para resolver um problema antropológico maior: como libertar o homem do mal? Ele procurou e encontrou uma solução política para uma questão metafísica. É significante que hoje essa solução nos cause horror.

Em Rousseau, o mal se denomina amor-próprio. Ele se opõe ao amor de si que caracteriza a bondade do homem no estado de natureza. No mais extraordinário texto que ele nos deixou sobre a oposição entre o

---

5. *Ibid*.
6. Ver Roberto da Matta, *Carnavais, malandros e heróis*, Rio de Janeiro: Rocco, 1997, e Jean-Pierre Dupuy, "Randonnées carnavalesques", in: *Ordres et désordres*, Paris: Seuil, 1982.
7. Louis Dumont, *Homo Aequalis*, Paris: Gallimard, 1977 [Ed. bras: *O individualismo. Uma perspectiva antropológica da ideologia moderna*, Rio de Janeiro: Rocco, 1993].

amor-próprio e o amor de si, os *Diálogos* (também conhecido sob o título *Rousseau, juiz de Jean-Jacques*), o filósofo escreve:

> As paixões primitivas, que tendem todas diretamente para a nossa felicidade, só se ocupam dos objetos que a elas se relacionam, e, tendo como seu princípio *o amor de si*, são, todas elas, amantes e ternas em sua essência; porém, quando desviadas de seu objeto por obstáculos, elas se ocupam mais em afastar o obstáculo do que em atingir o objeto, elas mudam de natureza e se tornam irascíveis e raivosas. Eis como o *amor de si*, que é um sentimento bom e absoluto, se torna *amor-próprio*; quer dizer, um sentimento relativo pelo qual se compara, que exige preferências, cujo gozo é puramente negativo e que não busca mais se satisfazer por nosso próprio bem, mas somente pelo mal do outro[8].

Concentremo-nos neste trecho impressionante: "quando desviadas de seu objeto por obstáculos, [as paixões] se ocupam mais em afastar o obstáculo do que em atingir o objeto". Como descrever melhor, por exemplo, a paixão invejosa daquele que se torna obcecado por um rival a ponto de perder de vista o objeto cobiçado? Dessa matriz saem todos os males que enchem a caixa de Pandora, a inveja, o ciúme, o ódio impotente, o ressentimento, a humilhação e o desejo de vingança.

A solução política de Rousseau é bem conhecida pelo nome de totalitarismo democrático. Trata-se de transformar o homem em cidadão graças à operação mágica do contrato social. O cidadão forma uma unidade com o corpo político; ele tem então os olhos fixados nas leis. Ora, onde estão as leis? Nos termos de Rousseau, elas estão "acima dos homens", mas são os homens que fazem as leis e eles sabem isso. Os olhares não se cruzam mais – isso é a inveja, etimologicamente (*in-vidia*), cruzamento dos olhares – e o amor-próprio é eliminado por meio de algo que se assemelha a uma lobotomia política.

Ironicamente, um século mais tarde os críticos liberais de Rousseau e da Revolução Francesa viram na democracia realizada e em seu ideal igualitário o solo no qual as paixões más crescem em abundância e que Tocqueville denominou justamente de "paixões democráticas". Na sua

---

8. *Rousseau, juge de Jean-Jacques*, primeiro diálogo, 1772.

obra maior, *A democracia na América*, ele escreve, por exemplo: "Quando as condições se tornam iguais, em consequência de uma luta prolongada entre as diferentes classes de que a velha sociedade era formada, a inveja, o ódio e o desprezo pelo vizinho, o orgulho e a confiança exagerada em si mesmo invadem, por assim dizer, o coração humano e fazem dele, por algum tempo, seu domínio[9].

A paixão democrática mais imperiosa é a paixão pela igualdade. Ela é insaciável: "[...] as paixões democráticas parecem se inflamar mais quando encontram menos alimentos. [...] é natural que o amor à igualdade cresça sem cessar com a própria igualdade; sendo satisfeito, desenvolve-se"[10], escreve Tocqueville. E essa paixão, que toma a forma da inveja, explica que a democracia pode derivar para formas "leves" de despotismo: o despotismo do Estado centralizador, no caso da França, o despotismo da opinião pública no caso da América.

O invejoso prefere destruir o que possui a correr o risco de que seu vizinho se aproveite dele. Vejamos com que sutileza Tocqueville percebe o mecanismo que conduz à centralização administrativa dos franceses:

> Este ódio imortal e cada vez mais aceso que anima os povos democráticos contra os menores privilégios favorece singularmente a concentração gradual de todos os direitos políticos nas mãos do único representante do Estado. O soberano, estando necessária e incontestavelmente acima de todos os cidadãos, não estimula a inveja de nenhum deles, e cada um crê tomar de seus iguais todas as prerrogativas que ele lhe concede[11].

É por meio de um mecanismo semelhante que Tocqueville explica aquilo que ele observa na América, a saber, a imensa pressão que a opinião pública exerce sobre a inteligência de cada um: "Nos tempos de igualdade, os homens não têm nenhuma fé uns nos outros, por causa de sua similitude; mas essa mesma similitude lhes proporciona uma confiança

---

9. Alexis de Tocqueville, *A democracia na América*, Livro II: Sentimentos e opiniões, 1ª Parte, cap. 1, São Paulo: Ed. Martins Fontes, 2000.
10. *Ibid.*, 4ª Parte, cap. 3.
11. *Ibid.*

quase ilimitada no juízo do público, porque não lhes parece verossímil que, tendo todos luzes idênticas, a verdade não se encontre na maioria"[12].

Esse despotismo leve é mais suportável que a tirania? Não para Tocqueville, que via nisso uma "nova fisionomia da servidão". Ele afirmava estar entre aqueles "que não odeiam somente o déspota, mas odeiam igualmente o despotismo", e acrescentava: "Para mim, quando sinto a mão do poder pesando em minha fronte, pouco me importa saber quem me oprime, e não estou mais disposto a enfiar a cabeça debaixo do jugo porque um milhão de braços o oferecem a mim"[13].

c. O cuidado invasivo pelas vítimas

Nos dias atuais, as paixões democráticas se inflamam de maneira mais intensa que antigamente, atiçadas por uma característica das sociedades contemporâneas que estava ausente ou pelo menos ainda era não tão conhecida no século das Luzes: a sacralização das vítimas. A universalização do cuidado pelas vítimas revela do modo mais claro possível que a civilização tornou-se apenas uma em escala planetária. Em todas as partes, é em nome de reais ou pretensas vítimas de outros que se persegue, que se mata, massacra ou mutila. Em boa lógica, é em nome das vítimas de Hiroshima que os *kamikazes* islamitas atingiram a América. O fato de que só tenhamos no nosso léxico essa palavra japonesa para designar os que cometem atentados suicidas ilustra muito o fato de essa prática terrorista não ter raízes na religião muçulmana. Foram sobretudo o Ocidente e o Japão que forneceram o modelo, ainda que sejam os grupos islamitas que hoje parecem ter reservado o quase monopólio desse método para o Oriente Próximo e outros lugares. Nessa região do mundo, os israelenses e os palestinos – que paradoxo! – "lutam para ser a vítima"[14]. Eis aqui uma perversão abominável desse cuidado pelas vítimas que, segundo Nietzsche, o mais anticristão dos filósofos, é a marca do cristianismo e da moral de escravos que essa fé deu à luz. Ao que se pode retrucar, citando

---

12. *Ibid.*, 1ª Parte, cap. 2
13. *Ibid.*
14. "Fighting to be the victim" é o título de um artigo de Jeffrey Bartholet, correspondente da revista *Newsweek* em Jerusalém, lançado em 4 de abril de 1994.

o escritor britânico católico Chesterton, que, com efeito, "o mundo moderno está cheio de ideias cristãs... que se tornaram loucas".

A influência do cristianismo é evidente no fato notável de a palavra "sacrifício" ter passado a significar exclusivamente o sacrifício de si próprio. Tanto e tão bem que nem uma semana havia se passado depois do 11 de Setembro e o antiamericanismo profundo de uma certa França intelectual se manifestou novamente e se recusou a condenar os criminosos com a justificativa de que eles tinham sacrificado suas vidas. Foi alucinante ver que a partir daquele momento a palavra "vítima" não era utilizada para designar os infelizes ocupantes das torres, mas sim os terroristas, declarados duplamente vítimas: da injustiça do mundo e da necessidade de se tornar mártires.

No entanto, pode ser que, pelo seu tamanho, os atentados do 11 de Setembro, bem como todos aqueles que os seguiram, tenham feito soar o sino da ideologia vitimária. É a hipótese otimista antecipada por Eric Gans, professor de antropologia da Universidade da Califórnia, em Los Angeles. Em outubro de 2001, ele escreve: "Do mesmo modo que o Holocausto inaugurou a era pós-moderna, tornando o ressentimento vitimário o critério principal de toda mudança política, o 11 de Setembro pôs brutalmente fim a ela, demonstrando os horrores aos quais esse tipo de ressentimento pode conduzir"[15]. E acrescenta: "O fim da ideologia vitimária significa que nós não deveríamos mais buscar a justiça? É evidente que não. Mas ele significa que daqui em diante não é mais simplesmente 'tomando partido da vítima' que se pode fazer isto".

Em uma crônica de 18 de fevereiro de 2003, o cientista político francês Roland Hureaux encontrou palavras muito corretas para falar da problemática que defrontamos:

> Muitas bobagens sobre Bin Laden e sobre a rede Al-Qaeda foram ditas. Uns [...] colocam o terrorismo na conta da pobreza: poderia se tratar da revanche dos pobres contra os ricos. Aquilo que outros justamente sublinharam é que os dirigentes da Al-Qaeda, geralmente vindos da grande burguesia árabe, [...] não são exatamente os "condenados da terra".

---

15. Eric Gans, "Window of opportunity", *Chronicles of Love and Resentment*, 20 out. 2001. Disponível em: <http://www.anthropoetics.ucla.edu/views/vw248.htm>. Acesso em: 26 jun. 2019.

Quem não consegue ver que a verdadeira motivação do terrorismo é a humilhação? Humilhação nacional ou, mais amplamente, cultural. *É possível que, contrariamente a uma opinião generalizada, os pobres perdoem facilmente os ricos por serem ricos.* Toda a retórica da guerra Norte-Sul fundada na lacuna da riqueza não se sustenta: nenhum terrorista jamais veio da África Subsaariana. *O que os "pobres" – ou os membros de uma civilização dominada – não perdoam é que os ricos os humilhem.* Os ricos que são também os poderosos. Que estes não encontrem outro argumento além da força, "eu sou mais forte que você, então eu o esmago como um mosquito e você nada pode fazer!": eis o que é insuportável. Negação absoluta da dignidade do outro. Aniquilação do parceiro não somente física, mas também moral. [...] Se os Estados Unidos, com todos os seus meios, aniquilam o Iraque, não são apenas os iraquianos [...] que se ressentirão, mas todos aqueles que, encontrando-se em situação de inferioridade, dizem a si mesmos que isto também poderia lhes acontecer ou que, simplesmente, "simpatizam" com as vítimas[16].

Quando o poderoso ou aquele que é visto como tal humilha o outro, ele o incita a se instalar na posição cômoda de vítima e então toda negociação se torna impossível. A negociação entre desiguais pressupõe que eles se vejam como iguais do ponto de vista do direito e da moral. Mas, no quadro da justiça "vitimária", moralmente, é o inferior que domina completamente o superior, como um deus vingador domina suas criaturas pecadoras. À título de compensação, o "perseguidor" é obrigado a remunerar sua "vítima" pelo ressentimento que esta experimenta, e apenas um preço infinito permitiria ao primeiro saldar sua dívida.

Para sair dessa armadilha, é preciso que se instaure um diálogo entre as partes, pois o simples fato de que estas participem do diálogo restabelece, ao menos parcialmente, a igualdade moral. Evidentemente, cabe então ao mais favorecido, ou àquele que aparece como tal diante de um olhar exterior e neutro, tomar a iniciativa do diálogo.

---

16. Roland Hureaux, "L'humiliation, terreau terroriste", *Libération*, 18 fev. 2003. Grifo meu.

2. DONALD TRUMP E O POPULISMO À MODA NORTE-AMERICANA

Eu os convido agora a dar um grande salto no tempo e no espaço para nos reencontrarmos na América de Trump. Essa América não tem nem dois anos, mas é, de fato, muito mais velha. Isso porque cometeríamos um grande erro ao pensar que Trump é uma causa, quando ele é, antes de tudo, uma consequência. Dito de outro modo, a eleição de Trump é o sintoma da avançada decomposição da democracia norte-americana.

Inicialmente convém notar que Trump foi eleito por acaso. Consideremos o modo como Claude Lefort definiu o voto: "O número se substitui à substância". Se nos fixarmos nos números, não há dúvida de que uma pequena transferência de votos de um candidato para outro em cinco ou seis Estados-chave teria mudado o resultado final de Trump para Clinton. É a definição moderna do acaso: pequenas causas que produzem grandes efeitos. Isso não é raro nos Estados Unidos e se amplia porque a eleição presidencial não se faz por meio do sufrágio universal, mas sim de um colégio eleitoral. A eleição de 2000, que dividia Bush e Gore, já vira as vozes dos eleitores se dividirem de modo quase igual, com a distância entre os candidatos então se revelando inferior à precisão dos instrumentos de medida.

Trump foi eleito de surpresa, e o mais surpreendido foi o principal interessado: ele próprio. Mas isso não nos leva a concluir que sua eleição não tenha sentido. Ela tem um sentido considerável, porque revelou um estado da sociedade norte-americana que teria ficado dissimulado caso seu adversário ganhasse.

Como já foi dito, todo debate político norte-americano atual é sobre a personalidade de Trump. Reduzir a política à psicologia não é, em geral, algo bom. Mas, no caso presente, é indispensável fazê-lo.

Falou-se muito do narcisismo de Trump, de seu desconcertante egocentrismo. Acredito tratar-se exatamente do contrário. O narcisismo, na definição de Freud, traduz um eu saturado de si mesmo. O eu de Trump é vazio. Eis por que lhe é absolutamente necessário se alimentar da admiração, da atenção, do amor dos outros para se encher, como um vampiro que se alimenta do sangue de suas vítimas. Por isso, o mais insignificante sinal de rejeição é vivido por Trump como uma humilhação intolerável, e ele não cessará de cobrar do insolente o preço de seu crime, dedicando a isso todo o seu tempo e todas as suas energias. A nosografia psiquiátrica francesa fala de narcisismo perverso; a norte-americana, de síndrome de Asperger. Amor de si? É antes ódio de si o que se deveria dizer, pensando nas palavras de Nietzsche: "Aquele que está descontente consigo mesmo está sempre pronto a se vingar: nós seremos suas vítimas"[17].

Contudo, há uma categoria mais precisa para designar a condição de Trump. Nós a encontramos: é o amor-próprio no sentido atribuído por Rousseau. A expressão é obsoleta, perdeu sua força, mas o modo como Rousseau a caracteriza se aplica maravilhosamente a Trump: o amor-próprio ocorre quando a paixão, desviada de seu objeto por um obstáculo, se ocupa mais em afastar o obstáculo do que em alcançar seu objeto. Trump fica irritado com os objetos mais insignificantes e frequentemente inexistentes – ou *"fake"* (no sentido de fabricados, inventados): o tamanho da multidão presente à sua posse, o fato de que ele ganhou também o voto popular, a presença de grampos na torre Trump em Nova York etc. O objeto não tem mais importância, a objetividade perde o sentido, só restam a raiva, a cólera, a fúria e o ciclo infernal: humilhação, ressentimento, espírito de vingança.

Nesse caso, trata-se da versão exacerbada das paixões democráticas. É o mundo de Trump, mas é também o mundo dos que votaram nele, ou seja, 40% dos eleitores norte-americanos, pobres brancos da Rust Belt (Cinturão da Ferrugem), região caracterizada por uma forte desindustrialização que vai dos Grandes Lagos ao Meio Oeste, compreendendo a Pensilvânia, a Virginia Ocidental, Ohio, Indiana, Michigan, Illinois e Wisconsin, mas também os pobres brancos das regiões rurais como Iowa e uma parte de Wisconsin. A cólera e a raiva por terem sido abandonados se manifestaram com uma força que surpreendeu os observadores mais experientes.

Aos motivos econômicos e culturais dessa raiva, é preciso acrescentar aquele que, sem dúvida, é o mais importante e danoso: o racismo, o desejo de relegar para sempre à lata de lixo da história os oito anos em que os Estados Unidos foram governados por um homem negro, Barack Obama.

Muito se falou do populismo a propósito da América de Trump. O populismo é uma categoria política mal definida, frequentemente associada

---

17. Friedrich Nietzsche, *Le Gai savoir*, parágrafo 290 [Ed. bras.: *A gaia ciência*. São Paulo: Companhia das Letras, 2012].

ao fascismo e ao stalinismo, ou seja, ela pode ser tanto de direita quanto de esquerda. Não é o conteúdo ideológico que define o populismo, é a estrutura do poder. O populismo é claramente uma das formas degenerescentes da democracia, da qual ele retém, como *slogan*, a ideia de que o poder emana do povo. Esse apelo ao povo se faz contra as elites sob o governo de um líder carismático que representa e exacerba, ao mesmo tempo, as paixões ruins.

Esse quadro se aplica muito bem à América de Trump, mas devemos precisá-lo por meio de uma característica que já mencionei: a questão do estatuto das vítimas.

Durante a campanha, Trump insultou categorias inteiras da população com grosseria e vulgaridade inauditas. E o incrível é que essas categorias não somente não se revoltaram como, em muitos casos, encontraram motivos para votar nele. É o caso das mulheres, tratadas por Trump como objetos sexuais dos quais se pode fazer o que se quiser. E posso citar muitos outros casos: os mexicanos, todos ladrões e estupradores; os muçulmanos, todos terroristas; os jornalistas, todos inimigos do povo norte-americano e produtores de *fake news*; as pessoas com incapacidades motoras, como o jornalista do *New York Times* cuja claudicância Trump parodiou cruelmente na televisão; os heróis e antigos prisioneiros de guerra, como o senador republicano John McCain; aqueles que morreram pela pátria, como o jovem Humayun Khan, de origem paquistanesa, cujos pais foram alvo dos insultos de Trump durante uma semana; todos os que têm bons modos, as pessoas polidas que respeitam os chamados tabus, como o não uso da tortura ou a determinação de não ser o primeiro a usar a arma nuclear.

Todas essas categorias compartilham um traço comum. São vacas sagradas da democracia norte-americana. Nelas não se toca sob nenhum pretexto – ou melhor, não se tocava. Essa sacralização das vítimas nos *campi* norte-americanos é o que se chama de *political correctness*. Porém, trata-se de um fenômeno muito mais geral e faz parte do que denominei anteriormente como ressentimento vitimário – o ressentimento dos que se apresentam como justiceiros e falam em nome das vítimas, reais ou supostas, da sociedade. Hillary Clinton era a quintessência da boa consciência – *self-righteousness* – puritana e o partido democrata, que a sustentava, era o campeão da *identity politics*, a defesa das minorias oprimidas.

A façanha de Trump foi que ele, o miliardário, o campeão da mentira e da corrupção, conseguiu se fazer passar por representante do verdadeiro povo, aquele (povo) que nada tem a ver, apenas como exemplo, com os homossexuais, nem com a verdade dos fatos, porque sofre com a globalização promovida por essas mesmas pretensas elites. A extrema vulgaridade do seu herói fez maravilhas! De agora em diante, tornou-se possível dizer bem alto, com violência, o que muitos sussurravam.

3. AMANHÃ, A GUERRA

A eleição de Trump é o sintoma de um mal profundo que atinge um país atormentado por seus demônios interiores. Mas ela não é apenas isso. Os Estados Unidos continuam sendo o país mais poderoso do mundo por sua economia e, sobretudo, pela sua potência militar. A presença de um indivíduo tão desequilibrado como Trump à frente desse país é uma ameaça para a paz mundial.

O presidente norte-americano é como um menino de nove anos cuja mão estaria apenas descansando sobre o botão nuclear. Ele dispõe de um brinquedo fantástico: o arsenal mais poderoso do mundo. Por que diabos ele não se serviria disso quando se achasse desafiado por esse *"Little Rocket Man"* (pequeno homem foguete), esse louco comunista que ameaça reduzir uma ou duas cidades norte-americanas a cinzas radioativas? Trump, num só golpe, poderia riscar a Coreia do Norte do mapa.

Notemos: Trump não entende nada sobre dissuasão nuclear. Ele não compreendeu que a bomba atômica só serve para uma coisa: impedir que os outros a usem. É bem verdade que talvez isso não siga a uma lógica tão simples. A infância às vezes tem bom senso: ela se espanta com o que os adultos tomam como certo. No entanto, o verão de 2017 pareceu assinalar uma mudança de direção. Chegou-se a acreditar que a escalada verbal entre Kim Jong-un e Donald Trump tivesse atingido tal altura que apenas uma troca recíproca de ataques atômicos poderia acalmar os nervos dos protagonistas, a preço de milhões de mortes. Esqueceu-se de que a Guerra Fria não desaguou num apocalipse apesar das – ou, segundo teorias, graças às – trocas de ameaças não menos extremas. "Nossos submarinos são capazes de matar cinquenta milhões de pessoas em meia hora. Nós pensamos que isso é suficiente para dissuadir qualquer adversário, seja quem for", declarava em 1986 um estrategista militar francês de quem é melhor esquecer o nome.

"Trump tem um míssil maior que o de Kim", como se diria num pátio de escola, unindo o gesto à palavra. O fato de que o rude personagem se gabasse disso mostra que ele não compreendeu nada sobre a dissuasão. Certamente o estatuto de grande potência implica a adesão à onipotência ilusória da arma atômica. Países como o Irã e a Coreia do Norte estão hoje bastante convencidos disso, e a França não fica atrás, "merecendo" com isso seu assento no Conselho permanente de segurança da ONU. Mas o tamanho da ferramenta não deveria, em princípio, ter nada a ver com o caso. Se você já pode destruir a Terra cem vezes, qual o sentido de tentar fazer mais? A dissuasão é o grande equalizador. O mais fraco também pode causar danos irreparáveis ao mais forte, como Hobbes teorizou em seu retrato fictício do Estado de natureza. Isso foi a base da doutrina francesa chamada precisamente de "dissuasão do forte pelo fraco".

É preciso reconhecer uma vez mais que Trump não é o único a não ter compreendido a lógica louca da dissuasão nuclear. Se essa lógica tivesse funcionado como se esperava, jamais teríamos assistido à demente corrida armamentista que fez com que os Estados Unidos chegassem a possuir mais de 30 mil ogivas nucleares em 1966 e a União Soviética mais de 40 mil em 1986. A ignorância e a estupidez de Trump, se há aí ignorância e estupidez, têm antecedentes gloriosos. Por que seu duo com o presidente da Coreia do Norte teve como efeito que hoje se fale de possível guerra nuclear, quando a dissuasão deixava os povos indiferentes a tal possibilidade até pouco tempo atrás? Nada havia a temer, dizia-se, pois os efeitos da bomba são tão aterrorizantes que ela jamais será utilizada.

Muitas pessoas não compreenderam em que verdadeiramente consiste a dissuasão nuclear, em particular sob sua forma pura, denominada muito justamente MAD, *Mutually Assured Destruction* (destruição mútua assegurada). Mistura paroxística de racionalidade e de loucura, MAD ("louco", em inglês) implica que cada parceiro ameace seu ou seus adversários com represálias incomensuráveis, caso eles ultrapassem uma linha que se julga fatal. O general prussiano Clausewitz sustentava que o horizonte de todo conflito humano é a ascensão a extremos até o aniquilamento *recíproco*. É isso que se promete ao inimigo para desencorajá-lo de atacar primeiro...

A única coisa que se pode dizer a respeito da dissuasão é que ela "funciona enquanto funcionar". Se ela fracassa, nada fica assegurado, contrariamente ao que proclama a sigla MAD. A vítima de um primeiro ataque executaria sua ameaça de lançar a escalada, o que, por hipótese, levaria tanto à sua perda quanto à de seu adversário e, talvez, de todo o planeta? Se ela possui a racionalidade mínima com a qual Hobbes dotava seus indivíduos no estado de natureza, a saber, o cuidado com a preservação de si, a resposta é negativa. A ameaça dissuasiva é tão enorme que não é crível. Refletindo sobre a decisão mais grave que teria de tomar como presidente, Giscard d'Estaing escreveu em suas memórias: "O que quer que aconteça, eu jamais tomarei a iniciativa de um gesto que possa conduzir ao aniquilamento da França"[18].

Tudo está ligado ao coração do verão de 2017. Os comentadores acreditaram ver em Trump um sósia de Nixon. Lembraram-se de que sob o nome de *Madman Theory* (teoria do louco), Nixon, em 1969, em plena guerra do Vietnã, tivera ideia genial de que, se fingisse estar exasperado a ponto de cometer um ato louco, os norte-vietnamitas lhe suplicariam fazer a paz imediatamente. Trump seria, então, seu imitador. Novo sinal de incompreensão geral a respeito da dissuasão nuclear: não se compreendeu que, longe de ser uma invenção de Nixon, a teoria do louco é uma parte integrante da doutrina MAD. O paradoxo que reside no cerne da teoria é o fato de a racionalidade da dissuasão repousar sobre uma ameaça que, se executada, seria o cúmulo da irracionalidade. Quando, em 1969, o presidente Nixon foi informado de que a única opção técnica para cumprir as represálias em resposta a um ataque soviético provocaria a morte de oitenta milhões de russos em algumas horas, dada a imensa potência da bomba de hidrogênio, ele ficou apavorado. Seu conselheiro de segurança nacional, Henry Kissinger, exclamou: "Como se pode, *racionalmente*, decidir matar dezenas de milhões de pessoas?"[19]. Destaco a palavra "racionalmente". Não é à ética que Kissinger se refere: que ética poderia julgar atos que excedem de forma monstruosa a escala da condição humana? Não, é à razão que ele apela. Mas essa razão corrupta é parte integrante da racionalidade da dissuasão.

18. Valéry Giscard d'Estaing, *Le pouvoir et la vie*, Paris: France Loisirs, 1991, Tomo II, p. 210.
19. Relatado por Daniel Ellsberg em seu último livro *The Doomsday Machine. Confessions of a Nuclear Planner*, New York: Bloomsbury, 2017, pp. 270.

Para jogar de modo eficaz o jogo MAD, é preciso ser capaz de sustentar dois papéis ao mesmo tempo, o seu, do estrategista racional, e aquele do absolutamente louco. Isso implica um magnífico talento para a atuação: o ator que é a uma só vez personagem e dublê. Nixon tinha esse talento, mas podemos duvidar que Trump seja capaz disso. Aí reside a importância da análise do mal que o atormenta. Trump "cola" a todo momento nas paixões que o movem. Sim, ele muda a todo instante, mas é incapaz de pensar sobre o que faz. É isso que o faz altamente perigoso.

★ ★ ★

A questão de que trato aqui não apaixona multidões. Essa questão as aborrece, e essa é a razão profunda que explica o fato de elas não terem medo. Os números são tão grandes que não dizem nada a ninguém, os raciocínios são tão complicados que mais adormecem do que excitam a imaginação. Os filósofos alemães Hannah Arendt e Günther Anders, já nos anos 1950, apontavam para a crescente lacuna entre o que somos capazes de fazer e o que somos capazes de pensar, ou simplesmente de nos representar a nós mesmos. Não compreendemos bem o que Arendt denominava "banalidade do mal"[20] e o que Anders chamava de sua "transcendência"[21], que, de fato, são a mesma coisa. Tratava-se de dizer, com metáforas aparentemente opostas, que a interioridade e a intencionalidade não têm mais importância. O mal não mais se define pelas intenções das quais os atos procedem, não há mais que "cavar" para descobri-lo, trata-se de um efeito de superfície, diz Arendt[22]. Mas também se pode dizer como Anders que, mesmo quando procede de nós, o mal se nos apresenta como se viesse de uma exterioridade insondável. Nem Kim nem Trump querem a guerra em direção à qual conduzem o mundo como sonâmbulos[23], como igualmente Kennedy e Khrushchov não a queriam durante a crise dos mísseis de Cuba. O trágico é que isso não tem nenhuma importância.

20. Hannah Arendt, *Eichmann in Jerusalem. A Report on the Banality of Evil*, London: Penguin Classics, 2006 (1963) [Ed. bras.: *Eichmann em Jerusalém. Um relato sobre a banalidade do mal*, São Paulo: Companhia das Letras, 1999].
21. Günther Anders, *Hiroshima est partout*, Paris: Seuil, 2008.
22. Hannah Arendt, "Lettre à Gershom Scholem du 24 juillet 1963", in: Hannah Arendt; Gershom Scholem, *Correspondance*, Paris: Seuil, 2012.
23. Sobre o processo que levou à guerra de 1914, ver Christopher Clark, *Les somnambules. Été 1914: comment l'Europe a marché vers la guerre*, Paris: Flammarion, 2013.

Sábado, 13 de janeiro de 2018. Os habitantes do arquipélago do Havaí foram tomados de pavor durante 38 longos minutos. Não somente estavam convencidos de que morreriam, como sentiam-se terrivelmente presos numa armadilha, incapazes de imaginar o que era preciso fazer para escapar ao horror. De manhã, às 8h10, todos aqueles que estavam no arquipélago, habitantes e turistas, receberam em seus telefones celulares um alerta: "Um míssil balístico está se dirigindo ao Havaí. Proteja-se imediatamente. Isto não é um exercício aéreo". Era inevitável aceitar o alerta como sério, porque o Havaí se situa a meio caminho entre a península coreana e a Califórnia. Na verdade, um funcionário tinha tomado uma mensagem gravada por ocasião de um exercício aéreo como um alerta real e então a transmitiu *urbi et orbi*. Tudo voltou ao normal, mas não sem deixar uma cicatriz. Três dias mais tarde, o mesmo cenário aconteceu no Japão. O arquipélago estaria prestes a ser atingido por um míssil norte-coreano. Dessa vez, cinco minutos foram suficientes para que o erro fosse corrigido.

No caso havaiano, faltou pouco para que o horror se produzisse. De fato, teria sido suficiente que o alarme viesse do comando militar para que o presidente norte-americano tivesse por volta de cinco a dez minutos para decidir lançar uma bateria de mísseis balísticos intercontinentais antes de eles serem destruídos em seus silos. Se o alarme fosse falso, poderia ter desencadeado, por engano, a Terceira Guerra Mundial, aquela que, como dizia Einstein, seria seguida da idade da pedra e de estilingues.

Encontramos aqui uma configuração interessante. De um lado, um mundo de falsas ameaças nas quais os mesmos que as proferem não estão seguros de acreditar: é o mundo da dissuasão que não emociona ninguém. Do outro, um mundo que tem nervos à flor da pele, onde falsos alarmes se multiplicam e podem desencadear a hecatombe. O paradoxo é que esse segundo mundo foi engendrado pelo primeiro.

Como disse o antigo secretário da Defesa do presidente Clinton, William Perry, a lição a tirar disso tudo é que se tornou imperativo tratar todas as ameaças e todos os alertas, qualquer que seja seu caráter excessivo, como se fossem verdadeiros[24]. Seu raciocínio é o seguinte: o principal perigo não vem das más intenções, nós compreendemos, vem do que se

---

24. William Perry, "The Terrifying Lessons of Hawaii's Botched Missile Alert", *Politico*, 15 jan. 2018.

pode denominar, por um termo genérico, como "acidente". Isso pode ser uma falta de cálculo estratégico, um contrassenso sobre uma declaração de outros, alguém que pressione por acidente o botão ou clique num link errado. Ora, o que é um falso alarme senão um acidente? Que diferença existe entre mísseis que caem de verdade sobre a Califórnia e um falso alarme que diz que os mísseis se aproximam da Califórnia, já que esse falso alarme vai provocar uma resposta imediata? Não há diferença, porque o fim da história, nos dois casos, é a destruição mutuamente assegurada.

O mundo de Trump, sabemos, é o mundo das *fake news*. Tudo é falso, aqui, até o momento em que uma bomba termonuclear explodir de verdade em algum lugar do mundo. Então, o princípio da realidade terá definitivamente vencido.

O autoritarismo e o sentido da história. Ou, então, quem tem medo de golpes democráticos[1]
Lilia Moritz Schwarcz

"Os livros de história que não tragam a verdade sobre 1964 precisam ser eliminados." Foi dessa maneira peremptória que o general da reserva Aléssio Ribeiro Souto, um dos militares que trabalha no "grupo técnico" – espécie de equipe assessora do candidato do PSL à presidência, Jair Bolsonaro, e que formula propostas de governo – definiu a "verdade" sobre um dos momentos mais conturbados e violentos de nossa história. Ele se referia ao golpe militar de 1964, que foi responsável pela abertura de um processo que ceifou os direitos dos brasileiros, além de institucionalizar a tortura. Também foi no mínimo assustador saber que o ministro e presidente do Supremo Tribunal Federal, Dias Toffoli, afirmou, na semana que passou[2], que prefere chamar de "movimento de 1964" e não de "golpe" a tomada do governo brasileiro, naquele ano, com tanques na rua e deposições ilegais de políticos.

O problema é que não há outra maneira de definir esse "movimento" senão como golpe. Afinal, ele tirou do poder um governo democraticamente eleito, e que não havia praticado qualquer ato que desobedecesse ou atentasse contra a constituição então vigente.

A definição de golpe de Estado não é uma invenção dos brasileiros; muito menos resultado de uma manipulação ideológica (e de esquerda,

---

1. Este texto toma como base duas colunas que escrevi para o jornal *Nexo* e a palestra que proferi no ciclo organizado por Adauto Novaes. Mantive, em comum acordo com o organizador, o tom da aula e das crônicas que publiquei.
2. Este texto data de 2018, antes das eleições. [N.E.]

para dizermos o termo que o militar deixa claro, mas de forma subliminar). Ele está presente em qualquer manual de ciência política. O termo é mais conhecido por sua versão francesa, *"Coup d'État"*, e em sua versão alemã, *"Staatsstreich"*. Mas, seja lá o exemplo e o modelo que se queira utilizar, ele se refere, sempre, a uma ruptura institucional repentina. Trocando em miúdos: define-se como golpe de Estado a deposição de um governo legitimamente instalado e legalmente vigente.

Portanto, interpretações à parte, não há como e por que duvidar de que o "movimento" iniciado pelos militares em 31 de março de 1964, que depôs o presidente João Goulart, tenha sido algo diferente de golpe. Não entendo os motivos de Toffoli, que dias depois alegou ter sido mal compreendido (o que não foi). Já no caso do general, a história é outra. Aliás, a "ciência" de Ribeiro Souto é também outra. Ele, que comandou, de 2006 a 2009, o CTEX (Centro Tecnológico do Exército) e foi chamado por Bolsonaro para dar as diretrizes no que se refere a políticas públicas nas áreas de ciências, educação e tecnologia, é contrário ao que chama de "ideologização do ensino", marcada, ainda segundo o militar, pela influência do italiano Antonio Gramsci.

Coerente com o que leu, e o que não leu, Ribeiro Souto usa de sua "autoridade no tema" para condenar os livros de história que tratam 1964 como um golpe. Selecionando um verbo de estima militar – "eliminar" –, pois ele inculca uma ordem de comando, o general não só alude positivamente à ideia de censura, como, na mesma entrevista, aproveita para incluir o "pacote" todo: "não existe partido dentro da escola. Ponto-final", esbravejou ele.

Vale a pena destacar a retórica do general da reserva, comum aos grupos totalitários que, quando falam, sempre discursam, além de abusar de um tom afirmativo e sem titubeios, como se existisse apenas uma verdade, a deles. Impressiona, ainda, como os livros, sobretudo os de história, parecem ameaçar esse tipo de voz de comando. Por isso, e não raro, apela-se para a censura dos mesmos, quando não para a queima em praça pública.

O exemplo mais conhecido disso é o de Adolf Hitler, que, em 1933, logo depois de sua chegada ao poder, queimou livros considerados contrários ao nazismo e que não correspondiam ao que julgava digno de narrar ao "povo ariano". Mas isso também ocorreu em muitos outros momentos da história. Foi assim com a dinastia Chin, que por volta de 213 a.C. mandou aniquilar uma grande quantidade de livros que preservassem ideias e morais consideradas perigosas. Foi assim com o faraó Akhenaton, que queimou milhares de papiros, extinguindo 75% da literatura então existente em seu reino. Foi assim também com a maior biblioteca do mundo antigo, Alexandria, que, criada em 300 a.C., possuía mais de 9 mil manuscritos. Foi assim na época da Inquisição espanhola, que fez a proeza de queimar 5 mil manuscritos árabes e livros referentes a outras religiões que não a católica. Foi assim em 1640, quando Martinho Lutero incendiou traduções da Bíblia em diferentes regiões da Alemanha. Foi assim quando a Administração de Alimentos e Medicamentos (FDA) dos Estados Unidos, uma agência reguladora de saúde pública, sumiu com obras do psicanalista Wilhelm Reich por considerá-las perigosas. Foi assim, ainda, na União Soviética, quando, a partir dos anos 1920, um número imenso de obras literárias "decadentes", do Ocidente, foram destruídas. E também durante o macartismo, na década de 1950, quando muitas bibliotecas dos Estados Unidos incineraram textos considerados contrários aos bons costumes locais. Ou no Chile, durante a ditadura de Pinochet, quando centenas de livros acabaram no fogo. No Sri Lanka, em 1981, quando se aniquilou a biblioteca pública de Jaffna, que contava com 100 mil livros raros. Na Bósnia, entre os anos de 1992 e 1995, época em que as forças sérvias liquidaram bibliotecas que contivessem obras muçulmanas. Foi sempre assim...

Como se vê, Ribeiro Souto não está sozinho quando afirma que gostaria de eliminar livros que professassem ideias diferentes das dele. Toda vez que um regime autoritário resolve abolir o conhecimento que não o reconhece como legítimo, apela para uma "outra história", que funciona como espécie de baluarte para defender os próprios interesses, logo convertidos em realidade.

No caso do nosso general, ele parece acreditar que seria preciso apenas relembrar os feitos do "movimento de 1964" – o qual, segundo ele, elevou a produção da Petrobrás de 70 para 800 mil barris ou (também segundo ele) fez o Brasil passar da 42ª economia do mundo ao patamar de oitava (sic). O general tem certeza de que só esses fatos já desautorizariam mencionar, em nossos livros de história, a palavra "golpe", e "ponto-final".

O fato é que arrolar alguns elementos por ele considerados positivos e que tiveram origem no contexto do regime militar não significa se esquecer do Estado falido que a ditadura nos legou (com uma inflação galopante) e, ainda mais, silenciar sobre o arbítrio e a ilegalidade do golpe (sim). Também não o autoriza a silenciar sobre a tortura institucional vigente no país, não mencionar a Constituição imposta em 1967, ou os 17 Atos Institucionais que tolheram os direitos dos brasileiros. Pior ainda é professar que tudo que é contrário ao que pensamos deva ser eliminado sumariamente, ou imaginar que história se faz por um exercício de vontade, atribuindo-se a ela um sentido único. Essa é uma "ideologização reversa", de lado oposto, e professada por Ribeiro Souto como se fosse a derradeira conclusão nessa área. Não é!

Talvez o que nosso especialista em "tecnologia militar" não saiba é que a palavra "história" vem do grego e significa pesquisa; a produção de conhecimento por meio da investigação. A definição foi se alterando no decorrer do tempo, mas não há quem deixe de considerar Heródoto (485 a.C.-425 a.C.) o pai da história, justamente por ele ter investigado aquilo que narrou. Porém, foi Tucídides (460 a.C.-400 a.C.) o primeiro a aplicar o chamado "método crítico", que implicava justamente o cruzamento de dados e o uso de diversas fontes contrastadas. Já Cícero (106 a.C.-43 a.C.), em sua obra *Do Orador II*, concluiu que a história é "testemunha dos tempos". A ideia de testemunhar, no sentido de trazer a verdade de seu tempo, mas não a definitiva, já estava na definição desse grande político, orador e filósofo da Antiguidade.

De lá para cá, o conceito variou muito, com os historiadores procurando definir essa arte de narrar com documentos primários, devidamente coligidos e rastreados. A história seria também uma ciência *do* e *no* tempo, uma vez que está sempre em diálogo com as novas questões e documentos que cada contexto permite apresentar. E, como essa é uma disciplina sempre em disputa, não faltaram (belas) definições sobre ela. Para Johann Wolfgang von Goethe (1749-1832), por exemplo, "escrever a história é um modo de livrar-se do passado". Até mesmo um escritor do romantismo admite que é preciso narrar o que ocorreu no passado para que, de alguma maneira, possamos nos livrar dos traumas e do que em geral preferimos esquecer. Já Marc Bloch (1886-1944), um dos fundadores da Escola dos Annales, em seu livro *Apologia da história*[3], define a disciplina

---

3. Marc Bloch, *Apologia da história ou O ofício do historiador*, Rio de Janeiro: Zahar, 2002.

como "a ciência dos homens no tempo". Em coro com ele, Lucien Febvre (1878-1956) – integrante da mesma escola, mas de outra geração – concebeu uma definição sintética e eficiente: "A história é filha de seu tempo". Com a frase, o francês mostrava como nada que o historiador escreve é definitivo, nem existe uma só verdade ou um "ponto-final". Por sua vez, o inglês Eric Hobsbawm, em seu livro *Era dos extremos*[4], definiu os historiadores como "memorialistas profissionais do que seus colegas-cidadãos desejam esquecer". Seu colega, Peter Burke, em *Variedades de história cultural*[5], apela para uma definição bem-humorada, mas não menos contundente: "Houve outrora um funcionário chamado 'Lembrete'. O título na verdade era um eufemismo para o cobrador de dívidas. A tarefa oficial era lembrar às pessoas o que elas gostariam de ter esquecido. Uma das mais importantes funções do historiador é ser um lembrete".

Portanto, a função do historiador é "deixar um lembrete" daquilo que se procura esquecer. Além do mais, diferentemente do que ajuíza o membro da equipe de Bolsonaro, o passado não vive isolado num tempo remoto e intocável. Por sinal, por mais que nosso general tenha tentado eliminar o conceito, apenas corroborou com a ideia de que nosso presente anda cheio de passado. Ou melhor, os pensadores pragmáticos do presente, como Souto Ribeiro, acabam deixando à mostra a carpintaria da sua construção, buscando fazer do passado apenas uma réplica de suas intenções e desejos.

Diferentemente do que professa o membro da equipe de aconselhamento do candidato do PSL, e como mostrou Políbio, historiador grego do século II a.C., "Desde que um homem assume atitude de historiador, tem que esquecer todas as considerações, como o amor aos amigos e o ódio aos inimigos [...] Pois, assim como os seres vivos se tornam inúteis quando privados de olhos, também a história da qual foi retirada a verdade nada mais é do que um conto sem proveito".

GOLPES E CONTRAGOLPES

De qualquer maneira, um conceito é sempre mais do que a palavra a ele associada. Uma palavra torna-se conceito quando a plenitude de um

---

4. Eric Hobsbawm, *Era dos extremos. O breve século XX – 1914-1991*, São Paulo: Companhia das Letras, 1995.
5. Peter Burke, *Variedades de história cultural*, São Paulo: Civilização Brasileira, 2000.

contexto histórico e político de significados e experiências *no* e *para* o qual uma palavra é usada pode ser nela condensada.

No entanto, se golpes de Estado podem assumir muitas formas, podem ser populares ou autoritários, podem não dizer respeito a parte significativa dos cidadãos ou apenas a um segmento determinado, o que define o conceito (ou definia) era a certeza da sua ilegalidade: o não cumprimento da regra jurídica. Ou seja, trata-se de um tipo de movimento político que atenta contra o Estado de direito de determinada nação.

Pensada dessa maneira canônica, a história do Brasil, diferentemente de como a imaginamos – "deitada eternamente em berço esplêndido", conforme verseja nosso hino nacional –, é toda feita de golpes de Estado.

A independência política de 1822, por exemplo, pode ser considerada nosso primeiro golpe de Estado. Às margens do Ipiranga, quase desacompanhado, Pedro se tornou I, e logo alterou a Constituição do país. A que tínhamos, até então, era régia e vinha de Portugal. Já o Brasil se emancipava tendo um monarca como líder, e precisava contar com um novo corpo de leis. Passávamos, pois, a um império cercado de repúblicas por todos os lados, e o golpe era aplicado "de filho para pai". Insurgindo-se contra dom João e seu país de origem, Pedro I alteraria a Constituição, sagrando-se imperador.

Vale lembrar que a primeira Constituição brasileira, a de 1824, foi "outorgada", isto é, imposta, e não livremente votada pelos parlamentares. Com mão forte, Pedro I, sentindo-se lesado pelas elites brasileiras que julgava bem representar (pelo menos até aquele momento), associa-se ao partido português, derruba o projeto da Constituição da mandioca, de 1823, e decreta a Constituição de 1824. Esta instituía, entre outros, quatro poderes distintos. O executivo, o legislativo e o judiciário, conforme o modelo consagrado de Montesquieu, mas ainda outro: o poder moderador, que tinha a capacidade de anular os outros três. Esse era de uso exclusivo do monarca, e indicava a existência de um golpe no interior do golpe. Diferentemente do fantoche imaginado pelas elites locais, era agora o soberano o novo fiel da balança política do Estado.

Ato assemelhado ocorreria em 1839, com um evento que passou para a história com o nome correto: o "Golpe da Maioridade". Pela Constituição vigente, teríamos de aguardar até que Pedro de Alcântara completasse 18 anos, e só então ele assumiria o poder, que tinha ficado vacante em 1831, desde que seu pai voltou para Portugal. Porém, diferentemente do que diz o ditado, quem foi para Portugal não perdeu o lugar. Na verdade, Pedro I queria garantir o poder ao filho, que ficara no Brasil, mas também para a filha, dona Maria da Glória, que partia com ele para a antiga metrópole, com o objetivo de se tornar rainha de Portugal. Essa é outra história; a brasileira recontaria a mística de um pequeno imperador, que com 14 anos de idade estava "maduro e bem preparado" – assim diz a ladainha pátria – para assumir a direção do país, após o conturbado período das Regências. Foi golpe, portanto, sendo a Constituição mais uma vez desrespeitada.

Na contramão de outras experiências monárquicas do continente americano – que foram mais episódicas ou caricaturais –, no caso brasileiro a realeza seria popular, estável e duradoura. Esteve vigente por quase cinquenta anos, e cairia com mais um golpe, no dia 15 de novembro de 1889. Outra vez, os termos não falham. À época, o que hoje chamamos de "Proclamação da República" foi conhecido como "Golpe da República".

Novamente, algumas elites descontentes e apartadas do jogo político tomam para si a condução dos eventos, derrubam o imperador e o mandam para o exílio. É fato que Pedro II andava isolado politicamente, e que, depois da abolição da escravidão, em 1888, perdera seus últimos esteios, os cafeicultores do Vale do Paraíba. Sobrevivia apenas por conta da sua popularidade pessoal, mas já não reinava. Caiu, e a República trataria de redigir novas leis.

A princípio tímida e titubeante, a Primeira República vingaria lentamente e tomaria corpo. De tão assentada, sofreu, ela mesma, outro golpe. Nosso primeiro presidente, Deodoro da Fonseca, pressionado por todos os lados, pede demissão em 1891, e sofre um golpe: Floriano, seu vice, assume o cargo e, em vez de convocar eleições, fica no poder. Golpe dentro do golpe.

Em finais dos anos 1920, com a queda dos preços dos nossos produtos de exportação, os grupos dirigentes acastelados na prática conhecida como "Política do café com leite" se fragilizaram. Não deram conta do golpe que eclodiu em 1930, quando foram tomados de assalto por novas elites vindas do Sul do país.

Começava então a era Getúlio Vargas. Político dos mais argutos, que só pode ser entendido no plural, tal a quantidade de golpes que praticou e sofreu. Foi o líder do Governo Provisório de 1930; em 1934 se tornou presidente da República do Governo Constitucional; foi presidente da República, eleito pela Assembleia Nacional Constituinte de 1934; e, de 1937 a 1945, presidente-ditador durante o Estado Novo, para ser eleito presidente pelo voto direto de 1951 a 1954. Ele foi muitos, sendo apenas um: com novos golpes sendo dados bem de dentro da lógica dos golpes.

Interessante pensar que o golpe de 1930 ficou em nossa história como uma revolução, assim como Vargas chamou o período anterior de "República Velha" e o seu de "Novo". "Estado Novo." Coisas da nomenclatura, que, sempre que pode, procura silenciar sobre golpes efetivamente realizados.

Getúlio se suicidou em agosto de 1954 e, como atestava sua carta-testamento, saía da vida "para entrar na história". Aí estava uma sorte radical e dramática de golpe, que alterou o curso dos acontecimentos, com o povo nas ruas, clamando e exigindo direitos.

Entre a década de 1950 e o início dos anos 1960, o Brasil conheceu novos projetos de transformação: o nacional-desenvolvimentismo, o trabalhismo radical, as Reformas de Base, dentre outros. Tal período de relativa estabilidade foi interrompido em 1964, pelo único golpe que ninguém desdiz. Foi o famoso Golpe de 1964, conhecido (paradoxalmente) como "Revolução de 64" e mais recentemente de "Movimento de 64". Por mais que exista uma dança dos nomes, o que ninguém pode duvidar é que se tratou de um golpe que roubou direitos civis e políticos dos brasileiros, interrompendo um processo democrático que se afirmava, aos trancos e barrancos, desde os anos 1950.

Iniciou-se, então, um período de ditadura civil e militar, com controle da presidência da República pelas Forças Armadas, responsável pela história de uma sucessão de Atos Institucionais que liquidaram as liberdades democráticas dos brasileiros. O regime ditatorial produziu um imenso conjunto de práticas e normas arbitrárias, mas com valor legal, destinadas a controlar a heterogeneidade da sociedade e permitir a preservação da unidade entre as diversas facções golpistas.

Só em 1988 o Brasil inaugurou uma nova Constituição e deu início ao mais recente período de consolidação democrática. E era inegável que a vida política do país estava mudando: mudava a República e mudavam seus personagens, com a multidão de brasileiros pobres, anônimos, vindos de toda parte e chegando a um mundo dos direitos. Desde a aprovação da Constituição Cidadã, a sociedade brasileira vinha apostando nesse processo, marcado por conquistas importantes: uma impressionante ampliação do catálogo de direitos; um projeto consistente de transformação da sociedade, a partir da inclusão social de milhões de brasileiros que passaram a desfrutar de novo patamar de renda e de consumo.

Mas persiste, teimosamente, um déficit republicano na raiz da nossa comunidade política. Práticas patrimoniais e clientelistas resistem no interior do sistema político e nas instituições públicas; falta uma agenda ética capaz de transformar o sistema político eleitoral e o comportamento partidário; a corrupção corre o risco de se tornar endêmica e está associada tanto ao trato inadequado do dinheiro público como ao descontrole das políticas governamentais na nossa contemporaneidade.

Não pretendo resumir a história do Brasil com um punhado de parágrafos. Apenas desejo sublinhar como nossa história foi feita de golpes. Mais ainda: como são muitos os nossos desafios. Talvez o maior deles seja o que estamos enfrentando no momento presente.

O contexto atual é de claro declínio democrático. Se em outros países o *impeachment* é considerado um recurso extremo, por conta dos riscos que esse expediente parlamentar pode trazer à democracia, no Brasil, desde a Constituição de 1988, recorremos ao procedimento duas vezes. Em 1992, o presidente Collor de Mello sofreu um processo de *impeachment*, cuja lisura e falta de oposição política acabou por fortalecer a democracia. Já no caso da presidente Dilma Rousseff, o processo encontrou um país dividido e tratou de rachá-lo ainda mais.

Nesse segundo caso, criou-se um conceito que chama a atenção pela contradição que anuncia. Refiro-me à expressão "golpe democrático". Se essa é uma prática que tem tomado forma internacionalmente, o caso brasileiro exemplifica muito bem a nova modalidade. Trata-se de seguir a norma jurídica até determinado momento, para depois escapar dela a partir de justificativas que desviam da lei.

Diante de mais esse "golpe" (nada democrático), a temperatura social e política elevada fez com que a indignação das ruas derretesse as instituições políticas, levasse a população a agir de maneira normativa, moralista e na base do linchamento. A voga é acusar e não propor soluções; encontrar um inimigo e depositar nele todo o fardo. Melhor ainda é encontrar um "outro" mais "outro" e atribuir a ele toda a "conta da crise".

Justiça não é torcida organizada e acredito que o processo que se iniciou com o *impeachment* de Dilma Rousseff tomou a forma de um "golpe dentro da regra", que acabou por destampar a tampa da democracia e acelerou a intolerância. Nesse estreito período vimos a desmoralização do executivo, do legislativo e agora do judiciário, onde atuam 11 cabeças distintas e totalmente comprometidas com o processo político. Assistimos também à troca de 29 ministérios que balançaram ao sabor da dança e dos desejos privados do nosso chefe do executivo, que bateu todos os recordes de baixa popularidade e de alta rejeição[6].

Foi também esse ambiente que deu forma a um fenômeno chamado Jair Bolsonaro, que catalisou o ódio e o transformou em programa de governo. O tempo tem passado rápido ultimamente, e o que há três anos julgávamos assegurado – uma democracia com instituições fortes e avanços consideráveis na nossa cartela de direitos – hoje soçobra feito navio sem rumo.

O novo esporte nacional parece ser assistir, de camarote, à prisão do político da vez, acreditar que justiça é mero exercício punitivo e de privação de liberdade e avalizar uma clara precedência ao direito.

No entanto, é esse mesmo direito (e me refiro não só ao judiciário, mas aos valores republicanos que pedem justiça e são de responsabilidade de todos) que tem lotado nossas prisões de negros e pobres. É também ele que vai fazendo do Brasil um país marcado por crimes domésticos, com um desfile de práticas violentas contra mulheres e crianças. Nós mesmos, que saímos em passeata por um país mais justo, é que temos assistido ao assassinato de uma geração de homens e mulheres negros, em boa parte moradores das periferias das grandes e infladas cidades brasileiras. É a mesma lógica que vai fazendo do país um grande campeão nos índices de estupros, e que prefere jogar para a vítima o ônus da culpa. É essa república que admite a violência contra homossexuais e trans, negando-lhes o direito de exercer sua opção de gênero.

VOLTANDO À "ELIMINAÇÃO" SUMÁRIA DA PALAVRA "GOLPE"

Se no caso de Dilma Rousseff vimos a consagração do modelo do "golpe democrático", no caso da equipe de Bolsonaro o uso da expressão

---

6. A autora trata, aqui, do período entre o *impeachment* e as eleições de 2018. [N.E.]

soçobrou tal qual bandeira ao vento. De um lado, é o próprio vice do PSL quem não se furta a mencionar a ideia de "autogolpe", no sentido de corrigir (se necessário) a norma jurídica, com a introdução de um novo governo não mais pautado na Constituição vigente. De outro, é ele também quem ameaça "eliminar" o conceito de "golpe de Estado" do nosso dicionário. Enfim, quando um termo precisa ser acionado de maneira tão frequente e contraditória, é porque ele incomoda, e muito.

Quem sabe faria bem a Souto Ribeiro inspirar-se um pouco nos mestres da história, que deixaram claro o que faz e o que não faz um bom profissional. Ou então nos professores de ciência política que nos ensinaram que é a ilegalidade que define um "golpe de Estado".

A atitude do general, conselheiro de Jair Bolsonaro, me fez lembrar o conto "Um general na biblioteca", de Italo Calvino. Nele, o escritor italiano narra um estranho episódio que ocorrera na Panduria, "nação ilustre, onde uma suspeita insinuou-se um dia nas mentes dos oficiais superiores: a de que os livros contivessem opiniões contrárias ao prestígio militar".

Pois bem. A partir de uma série de investigações militares, percebeu-se que esse hábito tão difundido, "de considerar os generais como gente que também pode se enganar e organizar desastres, e as guerras como algo às vezes diferente das radiosas cavalgadas para destinos gloriosos", era partilhado por grande quantidade de livros, modernos e antigos, pandurianos e estrangeiros. Diante de tal constatação, o Estado-Maior não teve outro remédio senão nomear uma comissão de inquérito para examinar a maior biblioteca local. Todos os estudiosos que costumavam frequentar a biblioteca foram sumariamente retirados, a não ser o senhor Crispino, um velho bibliotecário local.

Todavia, como os militares não eram muito versados "em matéria bibliográfica", tiveram de recorrer a Crispino, enquanto procuravam desenvolver seu trabalho de censura. E, se os primeiros relatórios saíram fáceis, os demais mostraram-se complicados: "A floresta de livros ao invés de ser desbastada, parecia ficar cada vez mais emaranhada". Um livro levava a outro, os raciocínios se tornavam "mais históricos, filosóficos e econômicos", e daí nasciam "debates intelectuais" por horas a fio.

Depois do general e dos tenentes, seria a vez de os soldados serem contaminados por essa "mania leitora que assolou toda a tropa". O resultado é que durante as longas semanas invernais os militares não emitiram qualquer documento. Por isso mesmo, quando o comando supremo, cansado de esperar, ordenou a conclusão da investigação, e a apresentação do relatório, obteve o que queria, mas não como queria. Em vez de uma lista de obras censuradas, apareceu "uma espécie de compêndio da história da humanidade, das origens aos nossos dias, no qual todas as ideias para os bem-pensantes de Panduria eram criticadas, as classes dirigentes denunciadas [...] e o povo exaltado como vítima heroica das guerras e políticas equivocadas".

A assembleia dos generais de Panduria empalideceu, falou-se de degradação. Depois, temendo-se escândalo maior, o general e os quatro tenentes foram mandados para a reserva, por causa de "um grave esgotamento nervoso contraído no serviço". Fim da história, mas não tanto. Até hoje, vestidos à paisana, encapotados para não congelar, os militares destituídos são "vistos entrando na velha biblioteca, onde esperava por eles o senhor Crispino com seus livros".

Livros guardam memórias, perturbam, excitam e revolucionam a nossa imaginação. O general da reserva, Souto Ribeiro, não há de ter o mesmo destino que seus colegas da Panduria. Que pena... Agora que começou a pontificar, parece ter gostado desse lugar. Aliás, esse parece ser um estilo dos correligionários do psl: falar grosso, discursar alto, sem pesquisar ou ponderar.

Prefiro ficar do lado dos grandes historiadores, dos generais da Panduria e bem longe da "equipe técnica" do psl, que parece um bom espelho difusor do projeto de Jair Bolsonaro para a cultura e a educação. A prática e a exaltação da censura e do cerceamento de direitos, arduamente derrotados por nós brasileiros, há trinta anos. Sempre há um bom provérbio para auxiliar na tarefa de finalizar um texto como esse, cujo tema está longe de se encontrar esgotado: "antes só que mal-acompanhados". E me permitam mais um, que se refere aos membros da equipe de Jair Bolsonaro: "Diga-me com quem andas, que te direi quem és!".

★ ★ ★

P.S.: Terminei este ensaio antes de ter ciência dos resultados do segundo turno das eleições de 2018. Um vento conservador percorreu o Brasil no primeiro turno, quando os brasileiros votaram nos candidatos do executivo e do legislativo. Em resposta, procurou-se igualar, sob a pecha do "radicalismo", os dois partidos que concorrem à presidência. Mas penso que é (passada a) hora de separar o joio do trigo. Se PSL e PT representam dois polos da política, no entanto, como mostra meu texto, não há comparação entre o compromisso com a democracia que professa Fernando Haddad e o total descompromisso de Jair Bolsonaro e os membros de sua equipe.

Despotismo democrático e descivilização
Marcelo Jasmin

*Para Eduardo Jardim,
que me ensinou a filosofia e a amizade.*

1. DEMOCRACIA E CIVILIZAÇÃO

Neste texto, pretendo buscar possíveis convergências entre alguns aspectos de duas figuras da imaginação sociológica dos séculos XIX e XX: o "despotismo democrático" de Alexis de Tocqueville, o aristocrata francês que fez a extraordinária análise sobre a novidade representada pela democracia norte-americana na década de 1830; e a "descivilização", termo cunhado pelo sociólogo judeu-alemão Norbert Elias em trabalho de interpretação sobre o nazismo nas décadas de 1930 e 1940 na Alemanha. Vou sublinhar apenas aspectos e fragmentos dessas duas figuras que, por sua complexidade, exigiriam análises bem mais detidas do que estas que aqui posso fazer.

Ambas as figuras foram elaboradas em tempos de mudança e de incerteza. Em 1835, ao publicar o primeiro volume de *A democracia na América*, Tocqueville declarou que o mundo estável de seus pais – o mundo da aristocracia do Antigo Regime – já ficara para trás, sem que o mundo novo que emergia então – e que ele chamou de "democracia", como uma nova forma de *sociedade*, e não como a forma de *governo* já conhecida – ainda não mostrara a sua face com clareza.

Norbert Elias, que publicou sua obra-prima, *O processo civilizador*, em 1939, ano da eclosão da Segunda Guerra Mundial na Europa, buscou compreender o sentido da história europeia, que naquele momento se encontrava na iminência de sua falência. Para Elias, que saiu da Alemanha com a ascensão do nazismo ao poder, em 1933, a longa história da civilização parecia estar em risco, e o futuro era incerto, obscuro, temerário, para dizer o mínimo.

Penso que vivemos hoje, no Brasil e em boa parte do mundo, a desconfiança de que a democracia vem perdendo sua legitimidade como o governo do povo e para o povo, e que parte dessa desconfiança tem origem na crescente desigualdade econômica e social que põe na berlinda a forma de sociedade igualitária. Penso também, a partir do que temos vivido, do que lemos e ouvimos na mídia, na fala de intelectuais, do que vemos nas expressões mais difusas do sentimento, que o século XXI vive uma inaudita crise civilizatória.

É verdade que a *crítica* da democracia como um regime de governo é bastante antiga, tanto à esquerda – que criticou a igualdade de direitos como uma falácia na sociedade de classes em que o poder político disfarça a presença de um comitê executivo da burguesia – como à direita – em que a democracia foi concebida como uma fórmula de legitimação do governo das elites mascarada de governo do povo eleito pelo povo[1]. Mas quero abordar uma *descrença* mais recente. Essa descrença pode ser mais bem compreendida, pelo menos no Brasil, se lembrarmos a história dos últimos cinquenta anos, em que o uso do termo "democracia" trazia consigo a esperança de uma capacidade *curativa* para muitos males, a começar, obviamente, pelo próprio autoritarismo, pela tortura e pelos desaparecimentos e assassinatos políticos. Tratava-se, em fins de 1970 e início de 1980, de um conceito de *expectativa*, de uma palavra *mobilizadora*, associada a um horizonte de futuro melhor. Penso que, ao compararmos o que temos hoje com aquele horizonte tão recente, podemos falar de uma *nova crise* da democracia, que no Brasil se apresenta de modo amplo e multifacetado, como crise de *legitimidade*, com o esfacelamento da autoridade e a mixórdia institucionalizada dos que parecem governar para si; crise de *representação*, com um distanciamento aparentemente inédito entre representantes e representados; e crise

---

1. A crítica marxista é mais conhecida. À direita, poderíamos nos referir, por exemplo, a Gaetano Mosca (1896). "A classe política", in: Umberto Cerroni (ed.), *O pensamento político*, Lisboa: Estampa, v. VII, 1978.

ética de desconfiança geral acerca do poder político corrompido em seus tentáculos[2].

Também se assiste a algo semelhante em outras partes do mundo, especialmente quando se associa a desconfiança em relação à representação com a desigualdade econômica que se ampliou velozmente nas últimas décadas, produzindo distanciamentos sociais que ameaçam aquele mínimo de igualdade necessário para o funcionamento da democracia.

Por sua vez, a *crítica* da civilização também não é nova. Há muito se denunciou a civilização como a *máscara* da dominação europeia ou ocidental sobre o resto do mundo. A crítica política, mas também historiográfica, se torna mais visível quando se observa o que foi feito, ao longo do tempo, em nome da civilização – a expansão colonial e imperialista, o genocídio de populações autóctones pelo mundo, a destruição impiedosa do meio ambiente tanto pela exploração capitalista quanto pela comunista, o menosprezo pelas culturas diferentes, a corrupção de elites locais para a garantia dos interesses da dominação, a escravidão etc. A história da civilização é também a história da barbárie, dos crimes contra a humanidade, perpetrados não por "bárbaros" inimigos do Ocidente, mas por membros e governos das nações tidas como as mais civilizadas no planeta.

Mas também há uma *nova crise* da civilização. E ela se expressa com frequência na noção diariamente presente de que há certas coisas que julgávamos pertencentes ao passado, "ultrapassadas", como costumamos dizer, mas que "de repente" ganharam uma grande atualidade. Há um sentimento de extemporaneidade, expresso por uma retórica do retrocesso, uma indignação com a presença contemporânea de fatos que até há pouco julgávamos enterrados no passado e identificados com ele – especialmente a emergência de uma direita xenófoba, militarista, preconceituosa e racista, com seus defensores da violência física e mesmo armada para a resolução de conflitos políticos. No Brasil, assistimos ao ensaio de um coro que reivindica o retorno da ditadura militar. Coisas que

---

2. Mesmo se compararmos o atual sentimento com o da última década, podemos aprender traços desse fenômeno. Ver, por exemplo, a pesquisa aplicada pelo INCT – Instituto da Democracia e da Democratização da Comunicação – em março de 2018, que mostra que a "satisfação com a democracia" recebeu 19,4% de respostas positivas ("satisfeito" ou "muito satisfeito"), contra 38,9% em 2014, 44,4% em 2010, 42,7% em 2006 e 30,3% em 2002. Leonardo Avritzer, "O estudo da democracia e a questão dos valores democráticos". Disponível em: <https://blogs.oglobo.globo.com/ciencia-matematica/post/o-estudo-da-democracia-e-questao-dos-valores-democraticos.html>. Acesso em: 25 jun. 2019.

julgávamos deixadas para trás, superadas pela civilidade mais básica, que fora conquistada historicamente e a grande custo, estão de novo presentes, incluindo-se proposições políticas fundadas em convicções religiosas que não podem se justificar a partir da realidade compartilhada intersubjetivamente, e cujo paroxismo talvez esteja no retorno do neonazismo na própria Alemanha.

Exemplo notório desse choque com um suposto "retorno do passado" foi a eleição de Donald Trump, com sua legião de supremacistas e defensores da violência, inclusive armada, para a resolução de conflitos – na verdade para a imposição de sua vontade –, que se apresentou para muitos de nós como um acontecimento impensável. A cada passo do então candidato Trump, ouvia-se um coro difuso de que daquele ponto da campanha eleitoral ele não passaria, que não era plausível que viesse a se eleger.

Porém, como nos lembra o historiador Timothy Snyder – historiador dos campos de concentração e autor do recente livro *Sobre a tirania* –, esse mecanismo mental coletivo de lidar com o avanço do não crível, negando a ele a sua possibilidade de continuar avançando, é conhecido e já havia acompanhado a emergência, a difusão e a consolidação do poder nazista na Alemanha dos anos 1930[3]. A cada avanço real do que parecia bárbaro, ainda que se admitisse o equívoco passado e agora revelado de afirmar que aquilo não seria possível, negava-se, ao mesmo tempo, a possibilidade de que novo avanço na direção da barbárie acontecesse. E assim chegou-se à Segunda Guerra Mundial, aos campos de extermínio e à solução final. O incrível aconteceu lá, em 1933, como tem acontecido aqui, no século XXI.

Por vezes me parece que essa incredulidade tem origem na visão de que a história é um processo geral da humanidade que avança em certa direção mais ou menos previsível, mais ou menos racional. Trata-se de um otimismo antropológico de origem iluminista, de cunho generoso e progressista, mas que revela seus limites ao se confrontar com o mundo contemporâneo, ainda que possa ser apreciado como moralmente superior. Desde a eclosão da Primeira Guerra Mundial, o século XX já demonstrara que a perspectiva civilizatória deveria no mínimo

---

3. Timothy Snyder, *On Tyranny. Twenty Lessons From The Twentieth Century*, New York: Tim Duggan Books, 2017.

ser relativizada, questionada em sua consistência ou, pelo menos, em sua crença de que o futuro seria, necessariamente, luminoso quando comparado à barbárie da história pregressa. As duas guerras mundiais, os genocídios, os campos de trabalho forçado e de extermínio humano em larga escala, os bombardeios aéreos indiscriminados das populações civis pelos dois lados da guerra, a explosão das bombas atômicas nas cidades de Hiroshima e Nagasaki são eventos que não só colocaram em xeque o pretenso avanço moral da humanidade como lançaram uma luz contrária sobre a versão idílica do progresso no Ocidente. Se ficara clara a superioridade militar e da eficácia tecnológica da ciência desenvolvida no Ocidente, o mesmo não se podia dizer do caráter moral de sua civilização.

Todavia, apesar das tantas demonstrações em contrário, permaneceu ativo um certo inconsciente progressista de longa duração que continua a se chocar com as manifestações diárias da violência e da iniquidade humanas.

Também por isso me interessam Tocqueville e Norbert Elias. Ambos descreveram processos históricos de constituição do mundo moderno, atribuindo-lhes sentido – ora como democracia, ora como civilização – e buscando afastar-se das armadilhas metafísicas das filosofias da história que supuseram que, posto em marcha certo padrão considerado progressista, um futuro melhor estaria assegurado pela própria passagem do tempo. Ambos descreveram processos de longa duração, portadores de um sentido e de uma direção que configuraram os seus respectivos presentes, a sua contemporaneidade, mas que não traziam consigo a necessidade de sua continuação para o futuro. O fato de que certos processos históricos aconteceram e de que apreciamos os seus resultados positivamente não pode se confundir com a certeza, e nem mesmo com a presunção, de que o que virá depois se dará na mesma direção ou será ainda melhor. Pode piorar, e muito.

2. PROCESSOS HISTÓRICOS, DEMOCRACIA E CIVILIZAÇÃO NA MODERNIDADE OCIDENTAL

Como Tocqueville e Elias conceberam o processo histórico que constituiu os seus respectivos presentes?

"Revolução democrática", como sabem os leitores de *A democracia na América*, foi o termo criado por Tocqueville para nomear o longo processo de igualação progressiva das condições sociais entre nobres e plebeus que, segundo ele, se desenvolveu entre os séculos XI e XIX no que ele chamou "o universo cristão" e que parecia continuar a produzir efeitos no presente e no futuro mais próximo que se podia vislumbrar. Tal revolução começara na Europa do século XI, quando, no momento em que a Igreja católica ampliava seu poder político, ela recrutava membros para o clero em várias camadas sociais, abrindo, assim, um caminho de ascensão social para plebeus e mesmo para os pobres. Para traçar essa visão histórica, Tocqueville reuniu um conjunto abrangente de fatos, de histórias (assim no plural), como podemos ler na "Introdução" da *Democracia*[4].

Essas histórias estão listadas ali porque apontam para um mesmo resultado: a derrocada progressiva da exclusividade dos critérios do nascimento e da posse feudal de terras para a definição das elites governantes e o aparecimento de inúmeras formas de ascensão social dos plebeus e de igualação de condições de vida. Os temas mais tradicionais da economia e da política estão presentes ali: a transformação da riqueza, o fim do direito de primogenitura que fragmenta a propriedade feudal, a emergência da riqueza móvel, o jogo das alianças entre monarcas e burgueses para enfraquecer o poder dos nobres, o ingresso das comunas nos Estados Gerais franceses em 1304, a instituição dos exércitos permanentes da coroa etc. E também estão referidos os clássicos motivos da ascensão social pela via da cultura, da ciência e das artes, a invenção da imprensa, que permitiu a quebra dos monopólios nobres e eclesiásticos do saber, a expansão das Luzes, o desenvolvimento do protestantismo, que seria mais igualitário na relação com a divindade do que o catolicismo hierárquico tradicional etc.

No entanto, sempre me chamaram a atenção certas histórias "menores" da revolução democrática: a da *invenção das armas de fogo*, que "equaliza" – a partir de 1328, segundo Tocqueville – "o vilão nu ao nobre coberto

---

[4]. As referências a Alexis de Tocqueville (1835-1840) são feitas basicamente a partir da leitura da obra *A democracia na América*, trad. Neil Ribeiro de Souza. 2. ed., Belo Horizonte, Itatiaia, São Paulo: Edusp, 1977. Desenvolvi de modo mais sistemático minhas reflexões sobre a revolução democrática tocquevilliana em Marcelo Gantus Jasmin (1997), *Alexis de Tocqueville. A historiografia como ciência da política*. 2. ed. Belo Horizonte: Editora da UFMG/IUPERJ, 2005.

de ferro" e que chega ao nosso cotidiano na banalização do assassinato e do uso das armas por meninos no enfrentamento cotidiano das agruras de nossas cidades; a da *invenção do estribo*, que torna o cavalgar acessível a qualquer ser humano, e que representa o início do fim do domínio militar da cavalaria medieval; e da *invenção dos correios nacionais*, que viabilizou a comunicação entre os indivíduos e entre as regiões de maneira inteiramente nova, dispensando o serviço particular dos mensageiros e dos pombos-correios, até então privilégio e monopólio de ricos e nobres. É a invenção que se prolonga em nossos *e-mails*, *twiters* e mensagens no Facebook, em toda essa parafernália comunicativa que prolifera no mundo virtual de modo inusitado a partir do final do século xx e que traz e leva, instantaneamente, a informação entre os vários pontos do globo.

Note-se, portanto, que ao nomear a revolução democrática como o sentido contemporâneo do tempo no universo cristão, Tocqueville não aponta um fim para *a história*. Também não postula um futuro promissor para o mundo democrático e igualitário. Sua história tem um horizonte curto, próximo, e nos fala antes de uma espécie de presente alargado que parece que perdurará imutável enquanto não se produzirem, e forem salientes, princípios antagônicos fortes, capazes de rivalizar com o motor da democracia. Diferentemente, portanto, de boa parte das filosofias históricas do seu século e do anterior, a revolução democrática tocquevilliana opera ao mesmo tempo para o bem e para o mal, numa dialética sem síntese que só a ação humana, aqui e ali, pode resolver. A história trouxe a igualdade ao Ocidente com a força própria da providência divina, inquebrantável, irresistível, e trouxe consigo o dilema entre a liberdade e a servidão. A partir da descoberta da revolução democrática de Tocqueville, "a humanidade só tem uma escolha [...]: democracia com liberdade ou barbárie" e essa escolha "só depende da ação política de cada cidadão"[5]. Abre-se o espaço próprio da política.

★ ★ ★

E para Elias? Para ele, o processo civilizador é um fato observável, que se desenvolveu entre os séculos xv e xix pelo menos, que não foi

---

5. Célia N. Galvão Quirino, *Dos infortúnios da igualdade ao gozo da liberdade. Uma análise do pensamento de Alexis de Tocqueville*, São Paulo: Discurso Editorial, 2001, p. 208.

planejado por ninguém nem possui uma racionalidade intrínseca ou necessária inscrita na própria história ou na natureza humana. É produto de uma miríade de processos sociais que resultam em uma mesma direção. Mas, uma vez postos em movimento simultâneo, tais processos acabam por se reforçar mutuamente, configurando a direção "civilizadora".

É nesse sentido que se pode afirmar uma "ordem" para o desenvolvimento histórico do Ocidente moderno, que não se confunde com a *ordem da História* como um todo. Para Elias, essa "ordem nem é 'racional' – se por 'racional' entendemos que ela resultaria intencionalmente da deliberação e do propósito de pessoas isoladas –, nem 'irracional' – se por 'irracional' queremos dizer que tenha surgido de maneira incompreensível"[6].

Mas qual seria o conteúdo disso que se chama, ali, de civilização? A resposta é bastante complexa, pois envolve resultados múltiplos de processos heterogêneos, embora convergentes, uma verdadeira "polifonia da história"[7]. Entretanto, podemos arriscar a afirmação de que se trata de uma transformação estrutural da sociedade que passa pela diversificação de suas funções sociais, produzindo ao mesmo tempo o monopólio dos meios da violência física no Estado e uma crescente interdependência entre os indivíduos e as cadeias de ação aí existentes. Um aspecto de enorme relevância para nós é o fato de esse processo implicar uma progressiva transformação na "estrutura da personalidade" e na "constituição afetiva dos indivíduos" modernos. A transformação que se observa é notada na progressiva transferência da coação social e institucional externa sobre as pulsões individuais consideradas prejudiciais à vida pacífica em sociedade para uma crescente autocontenção dos indivíduos, os quais desenvolvem "o hábito de prever consequências a longo prazo", e adquirem um "aparato [...] de autocontrole individual [...] mais diferenciado, complexo e estável"[8]. Resultado especialmente notável dessa transformação é a troca da violência física como meio de resolução de conflitos, ou de fazer valer a vontade de alguém, por um conjunto de regras sociais que exigem do indivíduo inicialmente um cálculo, e posteriormente um hábito de se conduzir de acordo com o que dele se espera na convivência social,

---

6. Norbert Elias, *O processo civilizador*, v. 2, "Formação do Estado e civilização", trad. Ruy Jungmann, Rio de Janeiro: Jorge Zahar Ed., 1993, p. 194.
7. *Ibid.*, p. 70.
8. *Ibid.*, p. 197.

fortalecendo o âmbito das instituições civis como lócus privilegiado para a definição das contendas. Para Elias,

> [...] os seres humanos estão [neste processo civilizador] se tornando mais complexos e internamente divididos de uma maneira muito específica. Todo homem [neste contexto], por assim dizer, enfrenta a si mesmo. Ele "disfarça as paixões", "rejeita o que quer o coração" e "age contra os seus sentimentos". O prazer ou a inclinação do momento são contidos pela previsão de consequências desagradáveis, se forem atendidos. E é este, na verdade, o mesmo mecanismo através do qual os adultos – sejam eles os pais ou outras pessoas – instilam um "superego" estável nas crianças. A paixão momentânea e os impulsos afetivos são, por assim dizer, reprimidos e dominados pela previsão de aborrecimentos posteriores, pelo medo de uma dor futura, até que, pela força do hábito, esse medo finalmente contenha o comportamento e as inclinações proibidos, mesmo que nenhuma outra pessoa esteja fisicamente presente[9].

Do ponto de vista da narrativa tradicional da história europeia, a expressão paradigmática dessa mudança se apreende na passagem da sociedade de cavaleiros para a de corte: os *cavaleiros* se tornam *cortesãos*. É um aprendizado longo, cujos princípios podemos apreender nos livros de etiqueta e de educação das crianças – como os famosos textos de Erasmo de Roterdã sobre *Os meninos* e *A civilidade pueril*, de cerca de 1530 –, passando pelo desaparecimento do uso cotidiano de armas letais nos espaços públicos, pela moderação das pulsões, racionalização e psicologização das condutas, constituindo-se, no processo, o que Freud chamou "superego". Para Elias, o superego – assim como o ego e o id – não são partes constitutivas da psique a-histórica, mas uma diferenciação, uma complexificação interna da personalidade que se constitui historicamente. Na avaliação dele, Freud teria tomado um resultado histórico do processo civilizador do Ocidente como dado estrutural, atemporal e universal da psique humana.

---

9. *Ibid.*, p. 227.

Não me interessa discutir aqui a justeza ou não da teoria da psique histórica de Elias ou sua avaliação acerca da diferença estrutural das personalidades de "civilizados" e "primitivos" que, certamente, é objeto de críticas agudas de boa parte da antropologia cultural. Na tentativa de compreender a teoria do autor, noto que a referida diferenciação e complexificação interna acompanham um movimento de "pacificação" das condutas e de áreas abrangentes da vida social, levando a violência física para a marginalidade da convivência pública, e a crescente interdependência entre indivíduos e funções sociais que alteram a maneira de ver o outro. O *outro* deixa de ser o estrangeiro ou apenas meio e objeto de realização do meu desejo e prazer, como Elias imagina que ocorria nas sociedades mais "primitivas", e passa a ser visto como membro de uma cadeia de relações da qual cada um depende para viver.

★ ★ ★

Portanto, nas teorias de Tocqueville e de Elias, temos dois processos históricos com estruturas semelhantes, cada um deles levando a humanidade ocidental a pontos distintos de seu desenvolvimento: ora a democracia, ora a civilização. É verdade que há vários pontos de contato entre essas duas imagens, especialmente a noção comum aos dois de que a passagem da sociedade aristocrática feudal para o mundo moderno implica uma progressiva moderação das paixões e o desenvolvimento do cálculo das consequências da ação. Poderíamos mesmo dizer que, em ambos os casos, assistimos à destruição daqueles mundos heterogêneos da experiência de nobres e plebeus, daquela heterogeneidade característica da desigualdade hierárquica da vida aristocrática, ao passo que acompanhamos a constituição do que poderíamos chamar propriamente de um *mundo comum* aos indivíduos modernos, ainda que persistam desigualdades sociais, econômicas e culturais.

3. DESPOTISMO DEMOCRÁTICO E DESCIVILIZAÇÃO

Há, no entanto, distinções relevantes sobre aquilo que se pode fazer a partir da compreensão desses dois processos. Para Tocqueville, o horizonte de expectativas de um futuro imediato está claramente ocupado pela continuidade do processo de igualação das condições sociais. Quando perscruta o futuro próximo, o que ele vê é mais democracia, mais igualdade de condições, entre nobres e plebeus, entre homens e mulheres e mesmo entre ricos e pobres. Nesse horizonte histórico de curto prazo se encontra o socialismo nascente compreendido como uma das expressões possíveis da continuidade da revolução democrática multissecular.

Nesse sentido, ao reivindicar "uma nova ciência política para um mundo inteiramente novo", Tocqueville acredita ter onde fundamentar sua política presente: justamente no desenvolvimento da igualdade. Qualquer que seja a conformação do poder político nessa nova forma de sociedade igualitária, ela só existirá se for compatível com o desenvolvimento continuado da democracia. A franquia do voto, por exemplo, tende a se ampliar e incorporar camadas cada vez mais vastas da população. Os direitos de homens e mulheres serão cada vez mais iguais. A escravidão terá de ser abolida, seja pela negociação, seja pela guerra civil. Mas uma sociedade igualitária pode ser livre ou servil, a depender da forma de suas instituições políticas e do espírito de seus cidadãos.

É aqui que se elabora a estranha figura do "despotismo democrático" que ocupa alguns capítulos finais de *A democracia na América*. Tocqueville imagina que, em condições de crescente igualdade, os indivíduos não só se pensam e se sentem como iguais, como tendem a agir de modo independente uns dos outros e também das estruturas tradicionais da autoridade. Comportam-se de acordo com suas próprias convicções acerca do que é certo ou errado, do que devem ou não fazer, dado que não há na superfície cada vez mais plana da igualdade moderna nenhuma saliência visível que se afirme como autoridade superior a que se deva obediência, exceto a maioria das vontades iguais. Mas a maioria das vontades, aferida regularmente pelas eleições, não implica necessariamente uma vontade ética ou politicamente superior, em especial se na sociedade individualista os cidadãos cuidarem cada vez mais de si mesmos e abandonarem o espaço público e aquele *mundo comum* criado pela igualdade e que viabilizou a discussão das questões que dizem respeito a todos. O mundo moderno do trabalho, no qual cada um agora precisa estar ativo na garantia de sua sobrevivência, opera como o *óikos*, a casa privada, onde prevalece o interesse em si e naqueles mais próximos, como a família ou os amigos. E, se a experiência social se restringe ao interior dos muros dessas sociedades fragmentadas e sem conexão entre si, os habitantes desse mundo perdem a capacidade de pensar considerando-se em conjunto com os outros, os que são diferentes, os que não fazem parte da mesma família, da mesma turma ou da mesma classe social. O isolamento dos indivíduos em pequenas sociedades pouco comunicantes entre si resulta na progressiva incapacidade de lidar com a coisa pública, pois o que se perde é justamente o *mundo comum*. Cada qual cultiva opiniões que não se confrontam com outras senão aquelas muito próximas e vai se tornando estrangeiro dentro de sua própria sociedade. Estrangeiros entre si: é nisso que podem se transformar os cidadãos que habitam essa projeção tocquevilliana das tendências da igualdade moderna.

Mesmo que haja eleições livres para a escolha dos representantes, se está perdido o vínculo entre os representados, está perdida a coisa pública, a vida comum. Os interesses se autonomizam, e a uns pouco importa aquilo que importa aos demais. Desprovidos de virtudes cívicas, os indivíduos se distanciam do bem comum e passam a tratar seus representantes como mandatários de seus interesses exclusivos a despeito de tudo. O *outro* é aquele que não importa, como o estrangeiro "clássico" que ou é estranho, e não se tem com ele nenhum vínculo de proximidade, ou é inimigo, e interessa a sua eliminação. O que Tocqueville nomeia pelo estranho nome de "despotismo democrático" é uma sociedade de iguais, em que todos são livres para fazer o que quiserem no interior dos muros da privacidade, que são livres para votar e serem votados, para eleger os seus representantes, mas que perderam toda a capacidade de lidar com os demais, de ouvir, respeitar e discutir as demandas alheias que não são as suas, de reconhecer que qualquer que seja a sua vontade ela depende da existência comum com os demais, pois habitamos um mesmo ecúmeno, um mesmo tempo, uma mesma cidade.

★ ★ ★

No caso de Elias, não parece razoável derivar uma projeção para o futuro a partir do processo civilizador. Do ponto de vista existencial, Elias conheceu a Primeira Guerra Mundial e a ascensão do nazismo, com seu antissemitismo e sua ação violenta, de modo que o futuro já lhe aparecia como opaco, se não como ameaçador. Contudo, a teoria da história de Elias não estabelece um horizonte de expectativas definido em relação à civilização. Integram sua concepção histórica as noções de contingência e de reversibilidade dos processos sociais, mesmo após a consolidação de um sentido de longa duração. A direção histórica, sendo resultado de processos contingentes, pode ser alterada a qualquer momento, se dadas certas condições.

Em seu livro *Os alemães*, publicado postumamente em 1992, Elias buscou compreender como pode acontecer "a ascensão do nacional-socialismo e, por consequência, também a guerra, os campos de concentração e o desmembramento da Alemanha *ante bellum* em dois Estados"[10]. Observando o quadro mais abrangente das mazelas do século XX, o sociólogo se pergunta se estaríamos assistindo ao "princípio do fim do movimento civilizador europeu" ou a "sua continuação num novo nível". O exame dessa questão exigiria a distinção entre, por um lado, um "processo de rebarbarização"[11], compreendido como uma reversão da tendência secular à civilidade, e, por outro, a emergência de "violento[s] surto[s] descivilizador[es]"[12]. No primeiro caso, estaríamos assistindo ao fim histórico da longa direção civilizadora; no segundo, a episódios produzidos pela própria civilização, ou como reação a ela, mas desviantes de suas tendências continuadas de pacificação. Em ambos os casos, a suspensão ou a dissolução dos mecanismos de autocontrole que teriam caracterizado a profunda e arraigada "transformação civilizadora da estrutura inteira da personalidade" estaria na origem da recente banalização da violência na vida social e contribuiria para a "informalização" daquelas regras de conduta que, entre os séculos XV e XIX, teriam garantido uma convivência social progressivamente pacífica na vida europeia até a Primeira Guerra Mundial, em 1914[13].

---

10. Norbert Elias (1992), *Os alemães. A luta pelo poder e a evolução do habitus nos séculos XIX e XX.*, trad. Álvaro Cabral, Rio de Janeiro: Jorge Zahar, 1997, p. 15.
11. *Ibid.*, p. 47.
12. *Ibid*, p. 15; p. 27.
13. É comum ouvirmos de defensores de teorias da evolução que a tendência histórica é a da redução sistemática da violência física na convivência da espécie humana. É possível que os dados apresentados estatisticamente acerca do número proporcional de mortos por esse meio estejam corretos, configurando-se uma tendência de longo prazo. Mas cabe perguntar se não se despreza aí o fato fundamental de que, especialmente após o século XVII europeu, o recurso à violência física para a resolução de conflitos tornou-se um problema filosófico, ético e político e foi rejeitado culturalmente como inadequado à civilização moderna. É nesse sentido que se pode afirmar que é "recente" a banalização desse recurso à violência na história ocidental moderna, que aparece com novas justificativas entre o fim do século XIX e o início do XX.

Se, para Elias, respostas bem-fundamentadas a tais indagações demandariam um período mais longo de observação do que os últimos cem anos, a sensação contemporânea nesse mesmo período, ainda mais aguçada neste início de século XXI, é de que atravessamos tempos sombrios, marcados pela ameaça constante da guerra, da destruição, do terrorismo, do crescimento de desigualdades e conflitos violentos de toda ordem.

Aqui se apresenta a figura eliasiana da "descivilização". Embora Elias tenha formulado o termo, não chegou a desenvolver uma teoria do fenômeno, fosse ele eventual ou estrutural. Mas alguns de seus seguidores, a exemplo de Jonathan Fletcher, num livro intitulado *Violência e civilização*, de 1997, vêm trabalhando para elaborar o tema deixado pelo mestre e caracterizar os processos descivilizadores[14]. Para Fletcher, há três critérios principais para a aferição desses processos, inferidos logicamente pela inversão das tendências apontadas por Elias acerca do processo civilizador: 1) a mudança no equilíbrio entre as restrições exógenas, impostas por outrem, às pulsões violentas e à autocontenção, em favor das primeiras – a ordem atual parece exigir progressivamente mais violência institucional, dada a menor adesão voluntária dos indivíduos ao sistema pela via do autocontrole; 2) o desenvolvimento de comportamentos e sentimentos que não se conformam àquele padrão de autocontrole supostamente mais equilibrado, estável e diferenciado; 3) a retração do escopo de identificação mútua entre os grupos constituintes da sociedade contemporânea.

Segundo a mesma análise, esses três traços principais teriam maior probabilidade de ocorrer em sociedades que assistem: a) ao decréscimo do controle estatal do monopólio da violência; b) à fragmentação dos laços sociais comuns e à redução das cadeias de interdependência; c) ao aumento dos níveis de medo, insegurança, perigo e imprevisibilidade; d) ao ressurgimento da violência na esfera pública; e) ao crescimento da desigualdade e à intensificação de tensões na balança de poder entre os grupos constituintes da sociedade; f) à redução da distância entre os padrões de conduta de adultos e crianças; g) a uma expressão mais livre de agressividade e a um aumento na crueldade; h) à ocorrência simultânea do aumento de formas de pensamento que possuem conteúdos altamente

---

14. Jonathan Fletcher, *Violence and Civilization. An Introduction to the Work of Norbert Elias*, Cambridge (UK): Polity Press, 1997.

fantasiosos e do decréscimo das formas de pensar comprometidas com a "congruência de realidade" dos conceitos[15].

Não sei se é isso o que estamos vivendo, mas penso que, ao ler essas linhas do desenvolvimento do conceito de descivilização, encontro familiaridade com a situação existencial contemporânea em diversas regiões do planeta. O aumento da desigualdade e da violência urbana, a imprevisibilidade dos comportamentos de cidadãos e de representantes, o aumento dos níveis de medo e de perigo, o desmonte de redes de relações públicas de discussão e sua substituição por mecanismos de afirmação exclusiva de opiniões, o descuido com a coisa pública e a indiferença crescente com as necessidades dos outros, assim como a intensificação de versões fantasiosas do que acontece na história e na realidade comum sem a verificação intersubjetiva como seu critério de verdade, todos esses parecem ser fenômenos presentes hoje entre nós.

4. IDIOTIA

Eu gostaria de terminar evocando uma possibilidade de fazer confluir as reflexões sobre o despotismo democrático e a descivilização. O que mais incomoda Tocqueville é a perda das relações propriamente políticas entre os indivíduos, a perda do mundo público que acompanha a busca exclusiva do autointeresse, sem consideração pelo que é comum ou pelo cuidado com o outro. É um processo de ensimesmamento, de voltar-se para si, de ignorar ou recusar o outro, de não o reconhecer. Para Elias, a autocontenção que caracteriza o processo civilizador exige a consideração previdente dos resultados da ação individual, das suas consequências não só para si, mas também para a cadeia de interdependências dentro da qual vivem os indivíduos. Faz parte da transformação da estrutura psicológica que constitui a civilização uma relação com o outro que não passa pela violência ou pela desconsideração. Se não me engano, é plausível afirmar que tanto a democracia não despótica quanto a civilização exigiriam a aproximação com uma dimensão *republicana* atualizada da política, no sentido das tradições da consideração acerca do bem comum, do cuidado com o público e com os outros. Em ambos os casos, o ensimesmamento

---

15. *Ibid.*, especialmente a última seção do Capítulo 4.

do indivíduo e sua dificuldade de reconhecer o outro como portador dos mesmos direitos e de necessidades legítimas aparece como condição negativa, como sinal de despotismo ou de barbárie. Tanto o individualismo radical do despotismo democrático como a fissura no autocontrole civilizado implicam formas de corrupção da alma ou da psique, cujas consequências são funestas para o bem comum e para a pacificação.

Concluo, de forma um pouco surpreendente para mim mesmo, que nestas preocupações habita algo muito antigo, anunciado pelo pensamento dos pré-socráticos. Em Heráclito já encontramos referência ao fechar-se em si mesmo como uma corrupção "bárbara" da alma humana que se recusa em partilhar da razão comum, preferindo antes atender aos próprios sentidos. Ainda que haja um *lógos* comum, a alma bárbara – ou os escravos, que ali parecem ser equivalentes – continua a viver "com um pensamento próprio". Mergulhados no *idion*, o radical da idiossincrasia e da idiotia, do ensimesmamento, da surdez à razão comum, é como se dormissem e vivessem em seus sonhos. Diz Heráclito: "Para os acordados, há um mundo uno e comum (*ena kai koinon kosmon*). Mas, entre aqueles que dormem, cada um se desvia para o seu próprio mundo (*eis idion*)"[16]. Nas palavras do professor de filosofia grega Jean-François Mattéi, eles "mergulham assim insensivelmente no *idion*, o campo fechado do particular onde se compraz a alma humana, ou ainda, no sentido grego do termo, na *idiotia* daquele que permanece cego e surdo à razão comum"[17].

Heráclito, como sabemos, está em busca de um *lógos* universal que há muito abandonamos no mundo moderno. Mas podemos reler contemporaneamente sua intuição de que o pensar e o diálogo exigem apoiar-se num *mundo comum* que não é mais da ordem de uma lei divina, mas da pactuação, no conflito entre os muitos no mundo político, da república.

Como nos ensinava o saudoso Leandro Konder, em 2009:

> Quando duas pessoas querem dialogar, duas condições prévias são imprescindíveis: 1) que elas sejam indivíduos diferentes, e 2) que elas tenham alguma coisa em comum.

---

16. Apud Jean-François Mattéi (1999), *A barbárie interior. Ensaio sobre o i-mundo moderno*, trad. Isabel Maria Loureiro, São Paulo: Editora Unesp, 2002, p. 94.
17. Jean-François Mattéi (1999), *A barbárie interior*, op. cit., pp. 93-4.

Se não houver nenhuma diferença significativa, se as duas disserem exatamente a mesma coisa, cada uma delas repetindo o que a outra acabou de dizer, teremos não um diálogo, mas um monólogo a duas vozes.
Por outro lado, se os dois parceiros do diálogo forem tão completamente diferentes que não tenham sequer um ponto de encontro e nem mesmo consigam falar a mesma língua, o diálogo se torna inviável[18].

É notório que estamos numa encruzilhada bastante difícil para o pensamento democrático e para os que querem escapar da barbárie. Não havendo solução fácil no horizonte, comecemos pelo que nos ensinou a experiência milenar da melhor tradição da vida pública: pelo respeito e pelo reconhecimento do outro, pela ação pública na consideração do bem comum, pelo limite à *húbris* do autointeresse e da idiotia por meio da medida do cuidado do mundo comum.

---

18. Leandro Konder, "O 'idion' e o 'idiotes'". Disponível em: <http://agostodosdeuses.blogspot.com.br/2009/09/o-idion-e-o-idiotes-leandro-konder.html>. Acesso em: 26 jun. 2019.

Hannah Arendt e o sentido positivo da política
Pedro Duarte

> *O próprio Ser é político.*
> Gilles Deleuze

No começo do século XIX, Thomas Jefferson, um dos pais fundadores da política nos Estados Unidos, estava perto da morte. Na correspondência com seu amigo John Adams, ele especulou sobre o que haveria após a vida. Não escondia seu desejo "que nos encontremos depois em congresso, com nossos amigos e colegas, e possamos receber com eles o selo de aprovação: muito bem, bons e fiéis servidores públicos"[1]. O desconcertante em sua carta é a ideia de que o paraíso é a política. Tudo o que Jefferson queria era mais do mesmo: conversa e deliberação, convívio e decisão, mundo e ação. Política, para ele, não era apenas um negócio ou uma profissão, mas um modo de estar mais vivo na vida, já que, além ou aquém dos partidos e das disputas, estava esse curioso encontro em congresso, esse estar com nossos amigos e colegas no serviço público. Jefferson, por experiência própria, e não só em teoria, sabia que o fundamento da política é o simples estar com. Estar com os colegas. Estar com os outros.

Ser já é *ser com*. Foi o que, filosoficamente, percebeu Martin Heidegger na famosa obra *Ser e tempo*, de 1927. Ali, não falava de política, e quando teve de se defrontar concretamente com os assuntos públicos

---

1. Thomas Jefferson *apud* Hannah Arendt, *Ação e a busca da felicidade*, Rio de Janeiro: Bazar do Tempo, 2018, p. 126.

e assumir uma posição, foi desastroso: alinhou-se com Hitler e com o nacional-socialismo alemão na década de 1930. Contudo, sua sagacidade filosófica foi capaz de explicitar que a nossa existência, agora e desde sempre, é com os outros – ou seja, que ser é *ser com*. Nisso, apontava o próprio fundamento ontológico da política, isto é, aquilo que a torna parte de nosso próprio modo de ser. Ser já é ser com, então não há como ser sem estar em relação. Não há como ser sem ser politicamente, pois a política deriva do caráter relacional do existir, de que nunca somos só em nós mesmos, não somos seres fechados em si, mas abertos, em contato.

Mundo é, sempre, mundo compartilhado. Só metaforicamente faz sentido falar em *meu* mundo ou *seu* mundo. Pois mundo é, por definição, aquilo que nós temos em comum, é aquilo que define nosso ser *em relação com*. Nossa presença é copresença. "Mundo é sempre mundo compartilhado com os outros"[2], defende Heidegger. O problema é que, para ele, a consequência disso era que tenderíamos a então nos compreender apenas a partir da generalidade dos outros, a partir do que os outros querem, dizem, fazem. Em suma, permaneceríamos em um âmbito impessoal da existência social. Em nosso cotidiano, acabaríamos sob a tutela dos outros no que pensamos e em como agimos. Não sou mais eu que penso e ajo: pensa-se assim e age-se assim. Tudo tende ao médio, ao medíocre. É o que, no fim do século XIX, Nietzsche já chamava de instinto de rebanho. Sendo com os outros, eu acabo me dispensando de ser alguém. Não há exceção, só regra impessoal.

Isso fez Heidegger dar contornos decisivos ao momento em que, na existência, o impessoal é rompido. Para ele, esse era o momento da angústia, uma disposição pela qual estranhamos a tutela dos outros, uma tonalidade afetiva pela qual tudo que garantia familiaridade desaparece, um humor pelo qual a existência perde sua garantia socialmente estabelecida. Não sabemos mais o que é o mundo nem o que somos nós mesmos em meio à angústia. Esta, ao contrário do medo, não tem um objeto definido. Ela nos tira o chão, e não achamos mais sob nossos pés o fundamento impessoal – caímos num abismo. É o abismo pelo qual temos a chance, porém, de nos tornar próprios e pessoais, de nos singularizarmos. Quando nos damos conta de que estamos nos perdendo de qualquer

---

2. Martin Heidegger, *Ser e tempo – Parte I*, Petrópolis: Vozes, 1998, p. 170.

pessoalidade ao "ser com os outros", ficamos desamparados, mas também desafiados a finalmente enfrentar o mistério que é ser. Torna-te aquele que tu és – eis o desafio aberto pelo abandono do impessoal. O mundo não é mais o conjunto de sentidos assegurados pelo qual, sem nem me perguntar, eu já sabia como me orientar. O mundo é uma questão.

Quando Heidegger preparava *Ser e tempo*, na década de 1920, estava entre suas alunas uma jovem particularmente brilhante. Era Hannah Arendt, com quem ele viria a experimentar um grande e conturbado amor. Muitos anos mais tarde, ela – que era judia e precisou fugir da Europa após a ascensão de Hitler ao poder, em 1933, assentando-se nos Estados Unidos na década de 1940 – escreveu um livro que pretendia dedicar ao seu antigo mestre, mas desistiu. Chamava-se *A condição humana* e versava sobre seu assunto predileto, a política. Nessa dedicatória – que se encontra nos arquivos da autora – podemos ler: "ao amigo íntimo, a quem permaneci fiel e ao mesmo tempo não permaneci, e ambos em meio ao amor"[3]. O conteúdo dessas palavras explica que Heidegger, embora enunciasse a condição de compreensão do fenômeno da política que é ser com os outros, exigindo assim fidelidade, por outro lado, teria acabado por perder sua descoberta ao caracterizar esse âmbito público como impróprio e impessoal, exigindo infidelidade de sua ex-aluna para pensar a política. Como afirmaria Jean-Luc Nancy, já nos anos 1980, tratava-se de pensar "a comunidade do ser – e não o ser da comunidade"[4].

Em *Ser e tempo*, Heidegger caracterizava o ser com os outros pela linguagem do falatório, que não cessa de emitir e postar, mas pouco diz; pela curiosidade, que é a fofoca superficial sem qualquer verdade; e pela ambiguidade, que deixa tudo na indiferença dispersa. Esse é o cotidiano do ser com os outros, no qual ninguém é alguém, no qual todos são neutralizados pela dita opinião pública ou pelo senso comum. Esse é o âmbito da publicidade, isto é, da sociedade. Hannah Arendt, por sua vez, caracterizaria esse ser – com e junto aos outros – de forma radicalmente diferente em *A condição humana*, de 1958: nós aparecemos revelando, de uma forma própria, quem somos em uma teia de relações. Provavelmente, ela nunca o teria feito sem antes compreender a existência a partir

---

3. Hannah Arendt, *Hannah Arendt – Martin Heidegger: correspondência 1925-1975*, Rio de Janeiro: Relume Dumará, 2001, p. 247.
4. Jean-Luc Nancy, *A comunidade inoperada*, Rio de Janeiro: 7Letras, 2018, p. 131.

de Heidegger. Contudo, se apenas permanecesse fiel a ele, tampouco chegaria a essa caracterização positiva da política. Ela precisou ser fiel e infiel, sendo ambas as coisas com amor. Precisou disso para se aproximar da experiência política tal como Thomas Jefferson a descreveu naquela carta a John Adams, e que dificilmente seria um bom exemplo da forma pela qual Heidegger caracterizara o ser com os outros. Em suma, se Heidegger já percebera o fundamento ontológico da política na experiência de ser com, não conseguiu caracterizar aquilo que ali seria fundado adequadamente, priorizando, enfim, a singularização como forma própria de ser sobre a convivência plural, já que esta seria sempre vítima da homogeneização social.

Nessa medida, a despeito de toda a sua originalidade, Heidegger continuou refém do preconceito metafísico que, desde os gregos antigos, opôs a filosofia à política. Na história ocidental, em geral a existência política plural foi concebida de uma forma negativa. Para Platão, o povo, ignorante, deveria ser governado pelo filósofo que sabe a verdade. Segundo Hobbes, os homens, violentos, precisariam abdicar da plenitude de sua liberdade para viver em paz. Caóticas, as ações humanas careceriam do sentido geral do tempo para ganhar ordem, dizia Hegel. O rei-filósofo na Antiguidade, o contrato social na modernidade ou a história universal no iluminismo foram operadores conceituais do pensamento político, que, porém, demonstravam que seu objeto era entendido como um problema, com um valor negativo. Faltariam à nossa existência política significado e controle.

Não por acaso, o que há em comum nas ideias do rei-filósofo, do contrato social e da história universal, é a razão, precisamente o que a política não teria, e daí a sua negatividade. Era a irracionalidade da plebe o que faria dela ignorante, temerária e caótica. Do ponto de vista especificamente político, portanto, Heidegger, ainda que a seu modo, opôs mais uma vez, assim como tal tradição, uma compreensão inautêntica, imprópria e impessoal, que teríamos no âmbito público junto com os outros, a uma compreensão autêntica, própria e pessoal, que alcançaríamos pelo estranhamento daquele âmbito em um processo solitário de singularização. Com isso, foi como se ele perdesse a abertura que seu próprio pensamento promovera para uma consideração nova e diferente da política. Felizmente, porém, sua aluna Hannah Arendt estava atenta para aproveitá-la e tomar outra direção.

★ ★ ★

O ponto de partida do pensamento de Hannah Arendt não foi uma teoria, e sim a experiência histórica que viveu e que depois chamou de totalitarismo, cobrindo tanto o nazismo de Hitler quanto o bolchevismo de Stálin. Essa tese, que juntava regimes aparentemente opostos, um de direita e outro de esquerda, era polêmica à época. Ela é confirmada pela consideração que Arendt fez do episódio da Revolução Húngara. O levante imprevisível do povo, no país do Leste Europeu, agia contra a opressão da União Soviética. Era um testemunho da resistência à ideologia e ao terror que o imperialismo comunista impunha. Sua derrota em nada diminuiu sua grandeza. Os mortos, o luto e as manifestações nas ruas atestavam a memória do que nem comunistas nem anticomunistas previam: um levante surpreendentemente conjunto pela liberdade, só pela liberdade – e por nada além dela. Nas primeiras palavras do ensaio de Hannah Arendt sobre a Revolução Húngara, sentimos sua emoção.

> No momento em que escrevo este texto, um ano se passou desde que as chamas da Revolução Húngara iluminaram, por longos doze dias, a imensa paisagem do totalitarismo do pós-Guerra. Esse foi um verdadeiro acontecimento, cuja estatura não dependerá de sua vitória ou derrota: sua grandeza está assegurada pela tragédia que representou. Pois quem poderia se esquecer da procissão silenciosa de mulheres trajadas de preto pelas ruas da Budapeste ocupada pelos russos, em luto público por seus mortos, no último gesto político da revolução? E quem poderia duvidar da solidez dessa memória quando, um ano após a revolução, o povo derrotado e aterrorizado ainda possuía força suficiente em si para agir honrando em público, mais uma vez, a morte de sua liberdade, ao evitar, espontânea e unanimemente, todos os lugares de entretenimento público, como teatros, cinemas, cafés e restaurantes[5]?

Liberdade, para Hannah Arendt, é a razão de ser da política, a qual não se reduz, portanto, às instituições ou ao funcionamento representativo. O que chamara sua atenção na "revolução espontânea" – conforme a expressão de Rosa Luxemburgo – ocorrida na Hungria, era exatamente

---

5. Hannah Arendt, *Ação e a busca da felicidade*, op. cit., p. 23.

o fato de que ela nem sequer dependeu da organização tradicional de partidos ou da que se lhe opõe: conspirações, golpes, propaganda. Ou seja, ali apareceu o que todos – liberais e conservadores – tinham descartado historicamente como um sonho nobre ou romântico: a ação política em comum e inesperada. Livre. Não houve líderes nem foi um movimento centralizado.

De modo geral, porém, a liberdade como razão de ser da política teria sido pouco pensada por nossa tradição e pouco experimentada em nossa história. Filósofos costumaram priorizar a contemplação metafísica sobre a ação política, como fez Platão, ou então a singularização existencial sobre a convivência plural, como fez Heidegger. Por vezes, parece até que a política foi menos um problema filosófico do que um problema para os filósofos, em nossa tradição, tal a sua dificuldade de acolher e compreender a liberdade pública. No século xx, essa dificuldade estaria presente tanto em doutrinas socialistas quanto em liberais. Nas duas, a política é subordinada a um objetivo externo a si: ou a satisfação da necessidade social, ou a garantia da liberdade privada individual – que inspiraram muitos governos.

Nem a preocupação socialista nem a liberal são desimportantes, é claro. Só que Hannah Arendt acusava ambas de ficarem aquém da especificidade do fenômeno político. Nesse ponto, sua reflexão é ainda hoje uma perspectiva interessante diante da polarização dualista problemática que dominou a vida pública, como se houvesse um embate moral simplório entre bem e mal, o certo e o errado. Na política, para ela não importariam unidade totalitária ou dualidade moralista. Importa a pluralidade. O um e o dois precisam dar lugar ao muitos. Esses muitos devem aparecer sem que, para tanto, percam-se suas singularidades, ou seja, quem é cada um. Por isso, a política é como uma mesa, algo que nos junta e separa, evitando que nos isolemos uns dos outros, como nas tiranias, mas também uma fusão de uns com os outros, como no totalitarismo. Essa pluralidade da política – que, como o ser, dá unidade a tudo e separa cada coisa – é o que as tradições socialista e liberal raramente veem.

No caso do socialismo, a dificuldade é que a ênfase das ações em geral é posta na satisfação da necessidade, a exemplo da fome. Esquece-se aí da liberdade. Assim, Hannah Arendt distingue a necessidade social da liberdade política. Pois um regime de governo poderia solucionar a fome, manter um sistema de saúde e acabar com a criminalidade, atendendo às necessidades do povo, e nem por isso dar a ele liberdade de tomar parte nas decisões relativas ao mundo comum[6].

Do outro lado, contudo, os liberais enfatizam basicamente os interesses privados, como se ali é que os seres humanos se realizassem. Nisso, esquecem que mundo público não é apenas o que existe para garantir a liberdade, mas tem um sentido em si. É nele que podemos, ao invés de ser governados, governar a nós mesmos. E o que seria a liberdade, senão isso? O mercado diz respeito a um lado da vida, o privado. Só a ele. Daí que, ainda hoje, mal entendemos a expressão de Alexis de Tocqueville, autor querido de Hannah Arendt: "felicidade pública". Para nós, isso soa como uma contradição, pois só concebemos a felicidade privada. Para Hannah Arendt, contudo, a política não era o mal necessário para evitar a guerra de todos contra todos. Era a possibilidade de felicidade na convivência mundana com os outros.

Historicamente, porém, a urgência com que a ordem da necessidade se impôs foi um obstáculo para colocar a questão da liberdade. Hannah Arendt compara, sob esse aspecto, a Revolução Francesa à norte-americana. No caso da França, a pobreza e a fome seriam ainda tão grandes que a energia foi voltada para resolver esses problemas, o que resultou em uma prioridade do social sobre o político. No caso norte-americano, necessidades sociais estavam solucionadas. Foi possível trazer a liberdade política ao primeiro plano e fazer disso o espírito da fundação do país.

> Onde homens vivem em condições verdadeiramente miseráveis, essa paixão pela liberdade é desconhecida. E, se precisamos de provas adicionais da ausência de tais condições nas colônias, da "adorável igualdade" na América, onde, como disse Jefferson, "o indivíduo mais ostensivamente miserável" estava melhor do que 19 dos 20 milhões de habitantes da França, precisamos apenas lembrar que John Adams atribuiu esse amor pela liberdade a "pobres e ricos, elevados e baixos, ignorantes e instruídos".

---

6. Recentemente, no Twitter, uma rede de televisão brasileira fez a enquete "Você seria a favor de um golpe militar para frear uma escala (sic) de criminalidade?", obtendo 44% de votos a favor e 56% de votos contrários. Isso ilustra bem o ponto aqui discutido. É quase como se se perguntasse: vocês aceitam abdicar da política para que se resolva um problema social? Ou seja, nós poderíamos perguntar: há um sentido em si na política?

Esta é a principal e talvez única razão pela qual os princípios que inspiraram os homens das primeiras revoluções foram triunfalmente vitoriosos na América e fracassaram tragicamente na França[7].

Se consideramos a história do Brasil, pense-se na abolição da escravidão e como um contingente populacional gigantesco – majoritariamente negro – foi deixado à sua própria sorte, sem qualquer amparo. Diante do problema social da pobreza e de necessidades básicas, como colocar o problema das liberdades políticas? Eis aí um nó da situação nacional até hoje difícil de desatar, especialmente por faltar em nós capacidade de assumir uma responsabilidade coletiva por tal situação, o que nada tem a ver com assumir uma culpa: a primeira é coisa política, a segunda é coisa moral. Hannah Arendt esclarecia que "devo ser considerado responsável por algo que não fiz, e a razão para minha responsabilidade deve ser o fato de eu pertencer a um grupo, coletivo, o que nenhum ato voluntário pode dissolver", ao contrário da culpa, inclusive legal, que demanda minha participação direta[8]. Não sou culpado pela escravidão no Brasil, evidentemente, mas sou responsável pela perpetuação de suas consequências. Pois não é o eu que está aí em jogo, mas sim o mundo. E eu sou parte do mundo, parte política do mundo. Minha amiga Marcia Sá Cavalcante Schuback – tradutora de *Ser e tempo* em português – certa vez me falou que responsabilidade era abrir mão de privilégios. Parece-me que ela tinha em mente algo semelhante ao que Hannah Arendt pensava sobre o assunto.

★ ★ ★

Na perspectiva de Hannah Arendt, portanto, nem a tradição que confia no poder central do Estado, nem a tradição liberal que aposta na dinâmica do mercado são preparadas para corresponder a desafios que a política suscita, inclusive aqueles que envolvem a responsabilidade coletiva, e não apenas moral. Por isso, as duas doutrinas podem ser tolerantes com o autoritarismo. O que interessa a elas não é o espírito republicano democrático, e sim satisfazer as necessidades sociais ou garantir os interesses individuais. Nos dois casos, a política é um meio, e não um fim.

---

7. Hannah Arendt, "'Freedom to be free'", in: *Thinking Without a Banister*, Nova York: Schoken Books, 2018, p. 370.
8. Hannah Arendt, *Reponsabilidade e julgamento*, São Paulo: Companhia das Letras, 2004, p. 217.

Nos dois casos, a política é instrumentalizada. Nossa dificuldade, aqui, é que a globalização do capital nos ensinou a entender tudo como bens a consumir, e o comum que partilhamos não é bem, nem é consumível: não é meu, não é seu. Não é de ninguém em particular. Não temos nada em comum a não ser a própria comunidade. Hannah Arendt achava que aí poderia se buscar a felicidade.

Por isso, a política não se reduz à representação partidária, como a organizamos no Ocidente moderno. Hannah Arendt tinha simpatia pelos conselhos formados nas revoluções, onde deliberações eram feitas pelas próprias pessoas envolvidas, experimento assemelhado à democracia direta. Ela aludiu a isso como o tesouro perdido das revoluções, distinto de seu destino posterior, que no mais das vezes corrompe a liberdade e se enrijece autoritariamente. Diante da crise de hoje, no Brasil e no mundo, do princípio da representação institucional, é bom lembrar de outras formas de governo: *townhalls*, *Räte* ou sovietes – autogestão.

Isso se explicaria porque, enquanto no sistema partidário o poder é delegado aos que nos representam, os conselhos mantêm o poder com o próprio povo. Não é uma experiência fácil, mas atende à exigência de que pensemos e ajamos por nós mesmos. Trata-se de um tema caro a Hannah Arendt, desde que ela cunhara, nos anos 1960, o conceito de "banalidade do mal" para designar homens como Adolf Eichmann que, havendo participado do sistema nazista, respondiam às acusações recebidas afirmando que durante aquele período apenas cumpriam ordens: atribuíam a uma instância superior – o chefe, o governo, as leis – a orientação sobre suas condutas, abdicando de pensar por si e da responsabilidade por suas ações. Nenhuma ordem ou lei, para Hannah Arendt, nos dispensa de pensar ou de agir.

Vale dizer que, também por isso, Hannah Arendt mostrou simpatia pelo princípio da desobediência civil. Nele, enraíza-se a possibilidade política, sem violência, de resistir às leis das quais discordamos. Isso é relevante pois, ensina a história, leis são frequentemente injustas: escravidão, crimes como os de Eichmann, *apartheid* e racismos foram legais. Desobedecer pode ser decisivo em nossas ações. Nossa responsabilidade com o mundo não se limita ao que é legal, ela é existencial. Isso explica a estima de Hannah Arendt por movimentos de direitos civis nos Estados Unidos, embora a violência que depois adveio a tenha decepcionado. Para ela, a violência é o limite da política, na medida em que corta a palavra, a conversa.

Essa conversa, que Thomas Jefferson tinha em mente ao se referir aos encontros com colegas em congresso nos Estados Unidos, é a condição de possibilidade da política. É ela, contudo, que se encontra esgarçada entre nós, especialmente por tentarmos definir esse "nós" em contraposição a algum "eles". Esse é o elemento fascista das comunidades. O desafio filosófico e político é achar uma comunidade na qual o que temos em comum é não ter nada em comum, na qual partilhamos a própria partilha, e não alguma coisa partilhada[9]. Na falta disso que Karl Jaspers, amigo e orientador de Hannah Arendt, chamou de "chão comum"[10], abdica-se do convívio no dissenso para forçar a coerção ao consenso.

Nesse contexto, o perdão do passado e a promessa de futuro se tornam decisivos para regenerar a teia de relações que liga os homens em meio às mutações de um presente que, no mais das vezes, parece opô-los e polarizá-los, a despeito de toda a retórica da conexão alimentada pelo avanço tecnológico. Essa teia é constituída por atos, mas também pela linguagem, que se encontra, contudo, ameaçada pelo tecnicismo e pela demagogia. Dependemos dela para a conversa entre iguais que manifestam suas diferenças em palavras, seguindo o esforço do que Kant chamou de pensamento alargado, pelo qual nos colocamos no lugar do outro, evitando o fanatismo. Como me chamou a atenção o amigo Eduardo Jardim, que me ensinou Hannah Arendt, esse seria o sentido da literatura para o escritor Amós Oz:

> Durante muitos anos, tenho acordado às quatro horas da manhã. Uma caminhada antes do amanhecer põe muitas coisas em sua proporção correta. [Depois] volto para casa, ainda antes do nascer do sol, preparo uma xícara de café, sento à minha escrivaninha e começo a me fazer perguntas. Não pergunto a que ponto está chegando o mundo, ou qual será o caminho certo a seguir. Eu me pergunto: "E se eu fosse ele? E se eu fosse ela? O que sentiria, desejaria, temeria e esperaria? De que teria vergonha, esperando que ninguém jamais soubesse?" Meu trabalho consiste em me pôr no lugar de outras pessoas[11].

---

9. Marcia Sá Cavalcante Schuback *apud* Jean-Luc Nancy, *A comunidade inoperada*, Rio de Janeiro: 7Letras, 2018, p. 18.
10. Karl Jaspers, *A questão da culpa*, São Paulo: Todavia, 2018.
11. Amós Oz, *Como curar um fanático*, São Paulo: Companhia das Letras, 2016, p. 6.

Esquerda/direita[1]
Jean-Luc Nancy

1

É muito interessante esse mínimo acidente da história que fez com que se postassem à direita ou à esquerda da tribuna presidencial os grupos ou as famílias políticas que o mundo inteiro designa hoje dessa maneira. Interessante em sua contingência, que parece ter estendido às regiões da vida coletiva o que não é senão uma propriedade dissimétrica do corpo humano, no qual as mãos não se sobrepõem e onde o coração geralmente fica à esquerda e o fígado à direita. Há certamente filiações entre a anatomia simbólica e a disparidade do espaço, quando nele se põe um tema; melhor, quando próprio o espaço é considerado como um tema. É uma questão conhecida e bastante documentada. Ela nunca deixou de sugerir possibilidades aos cosmofísicos de nosso tempo.

O que precede não pretende ser uma iguaria de aperitivo. Do mesmo modo que o que vem adiante e o que vem atrás, o vertical e o horizontal, o próximo e o distante são noções carregadas de implicações, valores e desdobramentos consideráveis, o aparentemente mais modesto "esquerda-direita" talvez contenha mais que aquilo que seus 220 anos de seu uso político nos habituaram a pensar.

Parmênides acreditava saber que no útero os meninos estão à esquerda e as meninas à direita, e a palavra latina *sinister*, esquerda, produziu a palavra "sinistro" tal como a conhecemos. Os áugures etruscos

---

1. Tradução de Paulo Neves.

observavam se os pássaros atravessavam seu *templum* da direita para a esquerda ou vice-versa. No tarô, só se deve tirar uma carta com a mão esquerda. Todas as formas de observância cultuais ou culturais, todas as noções, fantasias e obsessões que o par "direita-esquerda" veicula são de uma grande riqueza.

É possível que essa ampla genealogia não seja alheia à origem contingente de sua acepção política. Quando os membros da Assembleia Constituinte francesa, em 11 de setembro de 1789, tiveram de se pronunciar sobre o ponto decisivo de outorgar ao Rei um direito de *veto* – direito cujo sentido e alcance é fácil de compreender –, os partidários do veto se agruparam do lado direito do estrado presidencial, os outros à esquerda. Com raras exceções, a Nobreza e o Clero ficaram à direita, o Terceiro Estado à esquerda (talvez o costume dos agrupamentos na Câmara dos Comuns britânica tenha tido um papel nessa lateralidade).

O desenrolar da Revolução homologou a tipologia assim inaugurada e lhe abriu uma carreira mundial.

Ora, o fato de achar-se à direita de uma pessoa importante possui há muito um valor simbólico. Esse traço pode ser assinalado desde a Bíblia até os protocolos dos banquetes. Pode ser que outras culturas o invertam, mas eu ficaria espantado – no caso de uma comprovação futura – se houvesse culturas sem nenhum traço simbólico do par "direita/esquerda".

2

No entanto, o objeto aqui em questão não é esse simbolismo nem sua efetividade nos corpos de muitos animais ou em outros fenômenos. Existe uma considerável literatura, tanto científica quanto especulativa, sobre o assunto. Trata-se de perguntar como se produziu esse destino bastante significativo que ultrapassou em muito o de outras metáforas ou metonímias (como *bistro* em russo – rápido! –, que passou a designar o bistrô francês, ou como a palavra esquimó *anorak*, que se metamorfoseou em "blusão com capuz", sem falar de todos os anglicismos). Não vamos considerar os valores, políticos também, de cores como vermelho, branco, castanho ou verde. Pois, ainda que "um vermelho" pudesse significar nos anos 1920 "um comunista", isso tinha a ver com uma lógica bem distinta, e muito antiga, a das insígnias, dos brasões etc., e com o conjunto de valores e papéis que as cores sempre desempenharam nas sociedades.

Trata-se de considerar, simplesmente, que o par significante da lateralidade – direita / esquerda – conseguiu praticamente sozinho se tornar um conceito perfeitamente independente de seus outros valores. É verdade que lembrei o privilégio que há muito parece ter, se ouso dizer, enobrecido a "direita", e que pôde desempenhar seu papel.

Uma coisa é certa: tudo se passa num plano. Não há terceira dimensão, a não ser a do trono do rei e a da sala da presidência. E a questão colocada é precisamente saber se restará ao rei uma preeminência real. A partilha entre direita e esquerda se passa primeiro no chão. Pode-se ver aí o emblema do que está em jogo: o chão, esse chão sobre o qual todos pousam seus pés, sem montarias, sem posição de dominação nem, inversamente, de esconderijo onde se fazer esquecer, no chão que pela primeira vez se torna aquele que todos pisam. E num chão onde a gente se desloca não para o trabalho ou para o prazer, mas para se agrupar, para afirmar que está do mesmo lado.

O que, então, é um lado? É uma face, um aspecto de um objeto que tem mais de um lado (deixemos aos topólogos e aos físicos os objetos unidimensionais). Este, no caso, tem duas faces, a direita e a esquerda. Dado que os objetos bidimensionais são raros na natureza, como eles surgem? Surgem pela supressão de uma terceira dimensão, a elevação, e com ela, pode-se dizer, a supressão das outras faces ou aspectos que o adiante e o atrás geralmente formam ou podem formar.

O objeto *direita/esquerda* em estado puro não pode ser completado, enriquecido, fecundado por nenhuma outra espécie de propriedade. Uma sequoia, uma minhoca, um *Homo sapiens* podem ser grandes, pequenos, volumosos, malformados, isso não afeta sua *direita/esquerda*. O que afeta, como dissemos, é a presença de um tema tal que determina uma direita e uma esquerda; por exemplo, o sentido do curso de um rio determina sua margem direita e sua margem esquerda.

Um barco possui uma direita e uma esquerda. Isso se compreende bem, já que ele é feito para avançar por sua proa. Mas os homens da tripulação não estão todos voltados, num mesmo momento, para a mesma direção e, para evitar os enganos, inventou-se que a palavra BATERIA, escrita em letras grandes na parte de trás do convés, daria as únicas indicações confiáveis do ponto de vista dos lados: "bombordo" e "estibordo" (em francês, *"bâbord"* e *"tribord"*; em inglês, *"port"* e *"starboard"*; em alemão, *"Backbord"* e *"Steuerbord"* etc.).

3

A conquista marítima do mundo a partir da Europa foi um processo de navegação regulado por direções, dadas ou pressentidas: buscando uma outra passagem rumo à Ásia, a possibilidade de terras novas etc. Ela prosseguia, de outra forma, o que haviam sido as conquistas imperiais no Extremo Oriente, a conquista da bacia mediterrânea por Roma, que por sua vez foi também conquistada e desmembrada.

Tratava-se então de territórios: que um império nunca veja o sol se pôr em suas terras ou que um baronato tenha a extensão de quatro cantões, o importante é que haja território, circunscrição e, portanto, obediência à autoridade que reina sobre esse território. A importância do território se deve à sua extensão, sem dúvida, mas essa extensão mesma, e os esforços para aumentá-la, valem antes de tudo, e de maneira *eminente* (para retomar um termo de direito antigo), por sua correlação em todos os pontos a uma autoridade dada, seja qual for sua origem (mito, conquista, juramento de fidelidade, na maioria das vezes tudo isso ao mesmo tempo).

Mas eis que em 1789 um esquema novo se manifesta: não o território (que certamente não desaparece, mas vai se tornar bastante complexo e imaterial), não o solo com suas fertilidades, suas vantagens estratégicas e todos os seus cultivos ancestrais. Não o solo do "país", que é lugar de pertencimento e valorização, mas sim o "país", que se considera antes de tudo como população: em dado momento, o que os costumes feudais estipulavam como pertencimento e fidelidade a um determinado príncipe se transformou, passando a prevalecer a ideia de uma "nação", de um "povo nacional", que no fundo só tinha pertencimento e fidelidade a si mesmo.

Com essa nação, cria-se um espaço puro no interior do qual não se encontram lugares, costumes, técnicas, mas unicamente *posições* acerca desse pertencimento e dessa fidelidade a si mesmo. As pessoas são de direita ou de esquerda em relação à mesma coisa: digamos, o "bem" da nação. Em regime de feudalidade não se pode senão divergir ou se opor em relação àquele de quem se é vassalo.

Ora, simplificando muito, como às vezes é preciso fazer, pode-se dizer que à direita se encontraram os que aderiam inteiramente ao modelo do território provido de sua autoridade. A "direita" permaneceu até agora fiel àquilo que a qualificava como o "lado honorífico". Quaisquer que tenham sido as razões disso, certamente muito interessantes de conhecer – práticas, mágicas, simbólicas dessa ou daquela vantagem reconhecida à direita –, o que nos importa aqui é a filiação – fortuita ou não – da posição mais honorável à posição, desta vez no sentido de "julgamento", segundo a qual há, de fato ou pela graça, por natureza ou por sobrenatureza, o mais e o menos honorável.

A direita, de qualquer espécie que seja, não se vincula primeiramente ao poder e à ordem. Ela o faz porque seu próprio pensamento é estruturado por uma ordem imponente (natural, religiosa, pouco importa) que se impõe *por si mesma*. A direita não é apenas aquela que quer a ordem, a segurança e o respeito tanto das leis como dos costumes. Ela o quer porque só isso responde à verdade fundamental, cosmológica, ontológica ou teológica, segundo a qual esse território está aí, esse povo está aí, os animais, as plantas e todo um saber imemorial da proveniência ou da necessidade deles.

Poderíamos dizer: a direita implica uma metafísica – ou, se quiserem, uma mitologia, uma ideologia – de algo dado, absoluta e primordialmente dado, e em relação ao qual essencialmente nada ou muito pouco pode ser mudado. A esquerda implica o inverso: que isso pode e deve ser mudado.

(Parêntese: deixo de lado aqui a democracia grega, que por certo já contém elementos importantes do deslocamento que procuro indicar; também Roma, República ou Império. Pois, do ponto de vista que nos ocupa, não existe aí nada de semelhante à partição direita/esquerda, mesmo nas revoltas de escravos – que muitos impérios conheceram – ou nos conflitos em Roma entre plebe e patriciado.)

Em resumo, até 1789 houve todos os confrontos possíveis, e os mais terríveis, entre grupos, povos, entre povos ou seio deles, entre as legitimidades recebidas e as dominações legitimadas. Mas nunca se tratou de afirmar que qualquer legitimidade devia proceder do "povo", isto é, de pessoas reunidas até então por um pertencimento e uma fidelidade, e *que agora devem precisamente responder por sua legitimidade.*

(Mais um parêntese: Atenas e Roma tinham em seu ser político uma "religião civil", isto é, a observância de uma espécie de arquilegitimidade que não podia ser posta em questão. Quanto à cristandade, se por um lado o sistema feudal, vindo de outra parte, soube incorporar a obediência cristã, por outro ele foi desfeito pela edificação do Estado moderno, isto é, justamente aquele que não admite nada acima dele.)

4

Houve então em 1789 – para guardar essa data simbólica – uma cisão absolutamente nova: lá onde a legitimidade, e, portanto, a autoridade, eram sempre referidas a um para além, tornou-se exigível que elas fossem fundadas aqui mesmo. A "direita" se tornou o nome genérico de todas as formas de reservar um "para além" (se necessário chamado de "natureza"); a "esquerda", o nome genérico de todas as formas de buscar um fundamento "aqui mesmo". Mas, nessa designação, tanto uma como a outra não têm outro referente senão o "lado". Obviamente, cada lado propõe uma justificação muito distinta da lateralidade, mas o que não deixa de chamar a atenção é que o léxico *direita/esquerda* conserva por si só essa distribuição.

Não é estranha tal cisão, quando se pensa que ela só ocorreu após três milhões de anos de existência humana? Durante todo esse tempo, sempre houve maneiras de definir, configurar e governar a coletividade, mas nunca foi concebido que uma coletividade se forme por si mesma sem nenhum princípio superior, nem que a coletividade possa tendencialmente se considerar como a de todos os homens. Ora, que uma coletividade se forme e se tome por norma, de um lado, e que ela seja, de outro, tendencialmente ordenada à humanidade inteira, eis aí, talvez, o conteúdo mínimo do que se chama *esquerda*.

É preciso aqui retificar nossa ótica costumeira: vemos 1789 como uma liberação realizada, quando devemos aprender a vê-la como o surgimento – após maturação – de uma condição antropológica inteiramente nova. No fundo, essa condição é a que Marx formulou: o homem é o produtor de sua própria existência social. O que também quer dizer: a sociedade é a condição da existência humana e é também sua finalidade. Lá onde havia unidades discretas – indivíduos, se quiserem – de início ordenadas a uma linhagem, a um território, a uma autoridade, a uma sacralidade, ali, de certa maneira, esse indivíduo (esse "qualquer um") é metamorfoseado num átomo da molécula social da qual ele é ao mesmo tempo produto e produtor, agente e paciente, parte e todo.

Isso não é alheio, obviamente, ao fato de que esse mesmo homem e essa mesma sociedade são os que no mesmo momento, entre os séculos xv e xvii, inventaram a autoprodução como regime geral de civilização: por um lado, toda a ciência moderna como autoprodução de modelos calculáveis (por exemplo, não recebo mais o brilho da luz, construo sua constituição e sua velocidade); por outro, a riqueza que tem seu princípio não na acumulação, mas no investimento pelo qual ela produz mais riqueza. Com essas duas ferramentas se engendra propriamente a técnica: inventa-se como produzir uma energia outra que não dada (água, vento, corpo humano e animal), como a do vapor, a fim de obter máquinas que não são apenas mais potentes, portanto mais produtivas, mas que também abrem o caminho a outras formas de energia – portanto, de produção.

5

Não se dá bastante atenção ao fato de que revolução política e revolução industrial e econômica são a mesma coisa: produzir em vez de reproduzir o dado. Produzir, portanto, o não dado, o novo absoluto.

O que separa profundamente a direita da esquerda é que a primeira, diante do nascimento da Produção absoluta, se apressa em transferir a ela os caracteres do "dado" (exceto no caso de alguns retardados da aristocracia). Desta vez, os doadores não precisam mais ser deuses, mas a natureza trabalhada pelo engenho do homem: este dá a si mesmo os meios de produção. Ou seja, ele é o autoprodutor por excelência, é a Produção mesma. Hino à ciência, à indústria e à moeda fiduciária.

Essas indicações sumárias poderiam ser desdobradas e especificadas num contexto mais contemporâneo (basta pensar na questão das energias renováveis ou não, na do controle das operações financeiras, em suma, em nosso cotidiano). O importante aqui é fazer a seguinte constatação: enquanto desde o início a direita relacionou a produção a um dado natural, muitas vezes sob caução sobrenatural (Deus abençoa a produtividade do homem, mesmo se ele não a confunde com o segredo de sua alma), a esquerda, ao contrário, acreditou de boa-fé – e tanto mais quando se afastou de Deus – que a humanidade era produtora de si mesma, tirava de si os meios para produzir uma existência nova.

Eis por que até agora ao menos um critério absoluto separa a direita da esquerda: o da justiça. Pois a direita pensa a justiça como se fosse dada – não perfeita, certamente, mas disponível e aperfeiçoável. Ela é dada nas condições que a natureza e a sociedade tornam possíveis. Por essa razão, de maneira perfeitamente lógica, uma grande parte das lutas por justiça econômica e social de dois séculos para cá consistiu e consiste ainda em exigir que o *necessário* (em rendimento, em moradia, em educação etc.) seja determinado em função do *possível* oferecido pela produção: se é possível alojar, cuidar, instruir de determinada maneira, então isso deve ser feito. Nessa direção, vão todas as atitudes "progressistas", "sociais", "humanistas" (e aí esquerda e direita às vezes não se distinguem muito bem).

6

Contudo, há outra possibilidade na mutação antropológica de que falamos. E talvez mais que uma possibilidade: uma exigência. A saber: que a justiça consiste em permitir a todos e a cada um (a todos por cada um e reciprocamente) ser ou tornar-se efetivamente o produtor de sua própria existência. Ao se interrogar sobre o valor do trabalho e sobre a porção desse valor (a "mais-valia"), Marx não tinha outra coisa em vista senão isto: o produtor produz mais que o produzido, ele mesmo se produz como homem. E, reciprocamente, ser homem é produzir-se como tal. Nesse sentido, Marx designava perfeitamente o ponto de mutação: o homem não depende de nenhum dado (como tampouco a totalidade do universo).

No entanto, o homem não é um produto, e menos ainda se é ele o produtor. Pode-se aqui insistir nessa contradição, ou pode-se perguntar se não foi precisamente o modelo do produtor e do autoprodutor (dinheiro, técnica – técnicas do dinheiro e financiamento das técnicas) que colocou a esquerda em dificuldade. Pois, com a URSS, foi tentada uma sociedade da autoprodução, portanto da autoprodução de um homem, que devia ser inteiramente isto: um produtor em seu justo lugar. Mas essa sociedade, por um lado, reconstituía sorrateiramente enormes desigualdades; por outro – fenômeno ligado ao precedente –, ela separava profundamente a sociedade de outra realidade, que era o consórcio militar, policial e político, cujo único objetivo era ser uma potência mundial. Certamente não é falso que Mao Tsé-tung tenha querido evitar esse risco ao forçar, sob o nome de "revolução cultural", uma mistura de todos naquilo que deveria (auto)produzir uma sociedade verdadeiramente outra, justa porque todos e cada um seriam nela subsumidos num "povo" novo.

Mais aí também, e sem falar nas violências que esse processo desencadeou, tratava-se de produzir, de produzir o produtor e, em suma, a própria produção, enquanto verdade da humanidade.

Fascismo e nazismo criaram uma versão um pouco diferente disso, na qual a produção é antes substituída por uma regeneração. Em vez de afirmar uma espécie de puro surgimento da potência produtora, remonta-se a uma força geradora. O gesto da direita sempre tem a ver com uma doação anterior, uma origem, uma predisposição. O gesto da esquerda interroga o futuro e, sobretudo, não admite nada de adquirido.

7

Nada de adquirido à esquerda; à direita, ao contrário, o essencial é adquirido, o fundamento, o princípio. Mas também a esquerda continuava, de uma dupla maneira, tributária de um adquirido: por um lado, a ordem antiga devia ser suprimida; por outro, a produção ou a invenção do *homem* (ou mesmo do próprio *mundo*) implicava pelo menos um esboço, um esquema do que estava por surgir.

No que se refere à supressão da ordem antiga, ela foi e continua sendo pensada como a supressão de todas as dependências. Por isso, os grandes lemas da esquerda foram *liberdade, emancipação, fim da alienação*. A eles se liga imediatamente a *igualdade*, sem a qual a própria ideia de humanidade e de coletividade não teria sentido. Mas o caminho para a igualdade passa pela emancipação (retenhamos essa palavra, seguidamente retomada, ainda hoje, nos discursos de esquerda). A ideia da emancipação tem a vantagem de acentuar o fato de que se trata de sair de um estado de tutela, de dependência (em Roma era um ato jurídico pelo qual um senhor podia tirar o escravo de sua servidão e torná-lo livre). Percebe-se facilmente a importância dessa ideia quando se pensa em todos os movimentos das "nacionalidades" no século XIX, depois em todas as independências das ex-colônias, e também se lembrarmos de todas as emancipações da arte, dos costumes, dos pensamentos que marcaram o século XX.

Por aí também se chega, no século XX, ao que poderíamos chamar de dominação ideológica da emancipação. Pois, de maneira bastante paradoxal, a emancipação pode funcionar tanto contra as opressões políticas e econômicas quanto em favor de um individualismo consumista cujo quadro é bem conhecido. Uma vez destituídos os tiranos ou os senhores tais como eram identificados claramente em 1789, outros senhorios e outras tiranias, não menos poderosos, tomaram seu lugar.

A esquerda descobre que realizou as emancipações mais evidentes, as que procediam de realidades dadas, como a Igreja e como a exploração explícita do trabalho. Mas ela as vê retornar precisamente ali onde colocava sua esperança: em muitos outros "ópios do povo" – dos quais faz parte inclusive a retomada incessante do hino à emancipação (a "democracia", os "direitos do homem") – e nos recursos inesgotáveis que o capitalismo e a técnica, juntos, encontram para fazer aumentar o rendimento dos recursos, alguns dos quais são ditos "humanos".

Que se pense numa criança condenada, na Índia, a um trabalho estafante e mal-remunerado, ou então num funcionário médio, na França, pressionado por um *management* cada vez mais tenso: em ambos os casos, isso pode levar ao suicídio, e em cada um a existência se define como pura desesperança.

8

"Desesperança" e "confusão" são palavras que descrevem hoje a tonalidade da esquerda, que ainda gostaria de ser dominante, mas que, pelas razões que apontei, pressente não mais o ser.

Mas, dessas razões, sobressai um argumento muito forte – não para relançar ou renovar a esquerda, como vem sendo feito há dois séculos, mas para colocar esta simples questão: se não se trata apenas de "emancipar" um "homem", cuja forma julgamos discernir, e se não se trata apenas de identificar esse "homem" com produto de uma autoprodução, então de que se trata?

Talvez de pensar de outro modo que não segundo o "homem". "O humanismo não pensa suficientemente a *humanitas* do homem", escreve Heidegger, e Levinas pede "um humanismo do outro homem". Deleuze falava de "devir mulher, animal, imperceptível". Derrida afirma: "O homem é desde sempre seu próprio fim, isto é, o fim de seu próprio". É daí que parte o caminho que é preciso abrir agora.

9

O que falta aos pensamentos do homem, a despeito de todas as justezas que eles contêm – aos chamados "humanismos" (ditos, com mais frequência, no singular, na certeza de saber o que é o "homem") –, é compreender que a mutação moderna antropológica e metafísica é a mutação que remete o homem inteiramente a si mesmo e, além do mais, que lhe remete a totalidade do mundo ou dos mundos.

Não que o homem seja algum poder dado ao qual cabe submeter-se ou confiar-se: ele já provou claramente sua capacidade de destruir, de humilhar, de reduzir à fome, de esmagar toda existência, humana ou não, que não atenda ao *management* sempre mais tenso dessa produção, a qual não pretende senão – com constrangimento e má consciência – ser a produção de algo como uma "felicidade humana" ou um "homem total".

Mas é justamente assim que o homem é remetido a si mesmo: aparece-lhe enfim, de maneira absolutamente clara, que nem uma "salvação" no além nem a produção de uma totalidade final podem representar o sentido de uma existência que só faz sentido enquanto existe, e que as existências, as de todos os entes do mundo, coexistem: somente na coexistência dessas existências reside o sentido do mundo. Não há outro sentido.

O homem é aquele ente do qual, a partir de agora, estando todas as outras possibilidades de sentido abolidas ou voltadas a gesticulações arcaicas (quer se trate de "espiritualidades", de "ascetismos" ou de "heroísmos"), seu sentido se torna integralmente sua existência, e o sentido do mundo inteiro se torna sua existência – animal, vegetal, mineral, sideral.

Foi o que compreendeu Pascal, graças a sua sensibilidade muito viva da mutação já em curso. Ele disse: "O homem ultrapassa infinitamente o homem". Isso quer dizer: o homem não é nem a criatura de Deus nem sua própria criação (se posso glosar Pascal dessa maneira). Ele é o infinito em ato ou, se quiserem, é a expressão ou a testemunha desse infinito em ato que chamamos "o mundo" ou mesmo "os mundos", isto é, do fato elementar e vertiginoso de que há o que há e de que estamos aí.

Poder-se-ia dizer: a direita remete a ordens, a dados e a coerções sob as quais podemos jogar um ou outro jogo da produção – na verdade, reprodução das coerções até o esgotamento do jogo, autoprodução da riqueza e da técnica até revelar que o infinito, nesse caso, é substituído pelo indefinido, pelo nunca suficientemente acabado, pela necessidade de ter necessidades cuidadosamente articuladas com a manutenção cínica da pobreza, da aflição do que falta enquanto aquém da necessidade.

A esquerda é realmente o que é quando compreende que a direita recusa considerar que estamos aí, que o mundo está aí, afirmando, ao contrário, que há coerções naturais ou sobrenaturais e que, ao utilizá-las da melhor maneira possível, é possível jogar o jogo de uma emancipação que não é a dos homens, mas a dos mecanismos da produção indefinida.

A esquerda é realmente o que ela é quando diz: *estamos aí, o mundo está aí*, não há outro dado senão essa espacialidade do "nós estamos". "Esquerda" quer dizer, então – como quis dizer no início sem o saber: estamos aí, o mundo está aí, nada mais é dado. Em certo sentido, não há emancipação a buscar porque não há dominação dada – o que não quer dizer que não haja tudo o que sabemos de tirania, de arbitrariedade, de exploração, mas sim que nada disso está fundado em qualquer necessidade que seja. Pois não há nada por necessidade: o fato de o mundo existir e de nele existir o homem não é uma necessidade. É uma chance, um risco, o jogo dos dados lançados por uma criança, como diziam os gregos. Mesmo para as teologias – e talvez sobretudo para elas –, a existência (a criação) do mundo não é e não pode ser uma necessidade, sob pena de se negarem como teologia.

10

Portanto, é somente com a condição de não reconhecer nenhum dado nem necessidade nenhuma, e ao mesmo tempo com a condição de renunciar a uma produção do homem e do mundo, que a esquerda pode assumir seu sentido de origem: o lado do que não dá nem segurança nem fundamento. O lado do mundo que se descobre simplesmente como seu próprio sentido, nem produtível nem apropriável, mas "ultrapassando infinitamente" tudo o que nos representamos como "sentido".

Evidentemente, acharão que estamos muito longe da questão "direita/esquerda" e que tudo se evapora em brumas metafísicas. Mas é exatamente aí que está o ponto: a divisão direita/esquerda não foi simplesmente o ponto de partida de uma nova política nem de uma nova sociedade, uma nova moral etc. Ela exprimiu uma realidade bem mais profunda, não um progresso ou um recuo da história, mas a abertura de uma outra história, uma que não procede de algum germe dado e que não tem fruto necessário, mas que entrega o mundo – cosmos, natureza, forças e formas – inteiramente à responsabilidade do homem na condição de ser indeterminado, indefinido, capaz tanto de transformar tudo em produto e em "valor agregado" quanto de ultrapassar infinitamente a si mesmo para além de todo produto e de todo valor, num ofuscamento de sentido.

Por pouco prática e realista que pareça, esta é a verdade: ou a "esquerda" começa por se preocupar com o "sentido", ou não haverá nem esquerda nem direita, mas variações sobre o tema da produção que acaba por ser produção do nada. Pois o sentido jamais produziu: ele acontece, ele passa, ele se ultrapassa. E ele não se ultrapassa entre direita e esquerda, indiferentemente; não, ele abre a diferença dos dois lados, a partir do que é preciso orientar-se e, portanto, escolher.

PÓS-ESCRITO

Este texto foi escrito em 2011, para a revista italiana *Micromega*, onde foi publicado. Cinco anos mais tarde, se me pareceu importante apresentá-lo na revista francesa *Lignes*, é porque o considero ainda atual, pelo menos de uma atualidade longa – cujo futuro permanece obscuro, mas por ora ainda aberto, possível, até exigível. Em contrapartida, o movimento desses cinco anos consistiu justamente em tornar mais densa a obscuridade que acabo de mencionar. A fórmula "nem esquerda nem direita", essa velha fórmula fascista e com frequência também "apolítica" (como se esse termo tivesse outro sentido que não de direita!), alçou-se à condição de palavra de ordem política honorável ou supostamente assim. Mas ela é tão dificilmente honorável que é criticada mesmo à direita, onde alguns se apressam a objetar, ao caráter duvidoso ou lastimoso do "nem... nem", afirmações de ultrapassagem ou de sublimação das diferenças em nome de uma suposta unidade nacional.

Após ler meu texto e ao se referir ao tema daquele número da revista, Mathilde Girard sugeriu que "esquerda/direita" pudesse ressoar como "impossível/possível". Concordo inteiramente: é uma forma de nomear o que eu tentava dizer, opondo as coerções dadas – e aceitas ao preço do sentido – à exigência de uma justiça – ainda que reguladora, mas permanecendo imperativa.

A justiça – a que Derrida diz "indesconstrutível" – é exigência impossível ou do impossível no sentido preciso de que não depende do possível. Fazer justiça a alguém (a uma "pessoa" ou a uma "singularidade") ou a um grupo (um "povo" ou uma "classe") não pressupõe que se possa apresentar os dados identificados do que lhe cabe. Isso fica evidente tão logo se reflete sobre a questão do ou dos critérios desse "cabe": cabe ao quê? Ao mérito, ao trabalho, à existência? E a quem? Ao cidadão, ao homem, ao existente? Mas como determinar a significação desses termos?

É totalmente ilusório pensar em contentar-se com significações aceitáveis, médias ou oriundas de um debate público. Há hoje, de Habermas a Sandel, um chamamento sempre recomeçado a esse "debate público". Tal proposição desconhece completamente o fato de que a opinião está de antemão submetida às significações mais estabelecidas ou às mais confusas. Eis por que um pensamento político (e uma ação política) – para usar essa palavra cuja significação é duvidosa – deve ser primeiramente filosófico, e a própria filosofia está exposta ao "para além do ser" de Platão – portanto, ao para além de todo sentido dado, reconhecível e apropriável. E nisso a filosofia não cria nada: ela tenta fazer falar o que se trama silenciosamente, obscuramente, nos movimentos profundos da história.

A esquerda não é mais que o gesto que mantém aberto não um ideal utópico, mas a justiça enquanto exigência irreprimível de guardar *o sentido do sentido*: nem uma felicidade nem uma harmonia, mas um valor incalculável – improdutível e improdutivo. Pode-se dizer que isso foi traído? Sim, se considerarmos que os direitos do homem sempre foram os dos proprietários, dos cidadãos ou daqueles de tal categoria legitimada por um poder discricionário, e nunca os dos humanos existentes (considerados também em suas conexões com todas as outras formas de existência). É indubitável que sempre houve manobra e desvio de um movimento, de uma energia. Mas, ao mesmo tempo, o que tornou possível a traição foi a manutenção da obscuridade ou do nevoeiro sobre o que deve ser a exigência de justiça, ou seja: de que maneira ela não depende nem do dado nem do possível (que precede sempre o dado). E isso pertence à lógica não só da acumulação ou do açambarcamento e da dominação, mas também à lógica da produção e da autoprodução da humanidade.

Talvez hoje comecemos a perceber que naquilo que produzimos e nos autoproduzimos está nossa dependência exponencial para com... a própria produção. Não apenas a propriedade dos meios de produção, mas a criação de seus fins – que não podem deixar de retroagir sobre os meios. Pois agora só há fins indefinidamente possíveis e jamais essa "finalidade sem fim" que, no entanto, é o que caracteriza a humanidade, quando não o mundo inteiro.

Sobretudo – sim, mais que tudo! –, a esquerda deve saber que um pensamento do possível é contrário à sua verdade mais profunda. E que um pensamento do impossível não é um sonho vazio ou um vaticínio irresponsável: é a pedra de toque e a alavanca decisiva. Ao dizer que a democracia só era possível para um povo de deuses, Rousseau nos confiava o impossível. Talvez ele confiasse mais no homem do que parecia dizer.

Decadência e niilismo
Oswaldo Giacoia Junior

Ao perguntar-se pela outra margem da política, o filósofo Adauto Novaes parece ter-se deparado com o insólito cenário de um estado de exceção generalizado. Com efeito, Novaes chama a atenção para "o surgimento de um mundo que fragmenta a vida social, cultural e política", no qual "tudo vira opinião", o que torna muito difícil "discernir o verdadeiro do falso. Isso se expressa de maneira mais visível nas redes sociais: tudo é verdade e falsa verdade, tudo é *news* e *fake news!*"[1].

Numa atmosfera como essa, medra o apolistismo generalizado – tão próprio de nossos dias –, assim como um pesado desalento, um sentimento de frustração e desencanto causado pelo estreitamento de horizontes para a cultura, pela perda de confiança em princípios e ideais que até então orientaram nossas vidas, pelo embotamento de nossas expectativas em relação à política, um cansaço que nos faz desesperar de sonhos e projetos de realização pessoal e coletiva. É a dimensão do sentido que parece ter-se desvanecido para nós, atormenta-nos a suspeita de ter caminhado em vão em busca de fins e metas, numa jornada que ao final nos trouxe apenas indiferença e cinismo. Situação análoga àquela figurada por Kafka em seus contos e romances, uma condição em que a lei absorve de tal modo a vida que chega a fundir-se com ela, impregnando corpos e gestos, tornando-se indiscernível da vida que ela deveria regular.

1. Ver p. 13 deste livro.

Não se trata apenas do império onipresente da burocracia, da administração e do controle integral pela lei de todos os espaços da vida, da extensão capilar do poder sobre todos os filamentos da sociedade. Tanto ou mais impressionante que isso é que, em tais circunstâncias, já não se pode mais diferenciar entre certo e errado, justo e injusto, vício e virtude, honestidade e vileza; se desapareceu a distância entre a lei e a vida, juízes e autoridades superiores tornam-se tão venais e abjetos quanto os corruptos funcionários subalternos, tão degradados como suas amantes, ou os simples habitantes da aldeia que circunda o castelo onde se instalam os soberanos. Giorgio Agamben identifica em tais situações uma característica essencial da vida em estado de exceção, aquela em que a generalidade abstrata da lei torna-se idêntica ao ínfimo caso concreto, a regra idêntica à exceção, a verdade idêntica à falsidade, a justiça à injustiça, a obediência à transgressão.

Nessa existência pantanosa, na qual todos são ao mesmo tempo culpados e condenados pela lei, carrascos e vítimas, acusadores e condenados, juízes e funcionários circulam pateticamente por uma zona cinzenta de indiferenciação, onde nunca se pode chegar a qualquer distinção inequívoca. A tais condições aplica-se com propriedade o termo estado de "exceção", pois nesse universo a lei se encontra inteiramente fora de seus gonzos, tendo sido ultrapassados todos os limites tradicionais. E, como a lei se origina e se nutre de relações de domínio e sujeição, a pervasão integral da vida pela lei cria também as condições para a realização ilimitada do arbítrio incondicionado, já que o domínio da lei não encontra mais qualquer limite. Tais estados caracterizam quase sempre períodos históricos de autoritarismo, nos quais tende a vir à tona justamente a face escura da lei, o lado sombrio e discricionário do arbítrio, imperioso e letal, o monopólio da violência legitimada na decisão soberana, que revela a promiscuidade entre a lei e o sangue, a regra e a exceção.

Nesse horizonte, os valores éticos até então vinculantes se esvaziam, se embaralham e se confundem, permanecendo válidos, mas numa espécie de vigência espectral, desprovidos de força e capacidade de coesão, razão pela qual tendem a aparecer como sinais de agonia e decomposição. "Mas valores são", como escreve Nietzsche, "pontos de vista de condições de conservação e crescimento para formações vitais complexas, de duração relativa, no interior do devir"[2]. As tábuas de valores constituem, pois, o núcleo do patrimônio simbólico das complexas formações de poder nas quais a vida se organiza na forma das sociedades históricas que conhecemos (*komplexe Gebilde von relativer Dauer des Lebens innerhalb des Werdens*). Valores são marcos normativos, princípios de síntese e integração, que orientam a vida em comum e determinam a ordem vigente; portanto, eles fazem parte do conjunto das suas condições gerais de conservação de existência, de incremento das suas forças.

Em momentos de crise e instabilidade, enfraquecem-se os elementos que garantiam a coesão entre o acervo simbólico dessa sociedade, o horizonte praxeológico de seu *ethos*, e os modos concretos e habituais do cotidiano de sua vida. Trata-se de uma desestabilização inevitável, e que Nietzsche descreveu numa formulação pregnante: "valor", escreve o filósofo, "é essencialmente o ponto de vista para o crescimento ou a diminuição desses centros de domínio em formações complexas de redes de poder"[3].

As sociedades históricas que conhecemos constituem justamente essas complexas formações de domínio de duração relativa. Em seu vir-a-ser e desenvolvimento histórico, nada tem a eterna permanência do Ser, tal como pensada por Parmênides; ao contrário, nessas sociedades vigora a instabilidade, tanto das condições de intensificação e incremento, quanto daquelas de fenecimento e declínio. Em tempos de perempção, perde sua higidez e sua evidência de fundo o conjunto mínimo das crenças básicas, que necessariamente subjazem aos modos de pensar, sentir e querer vigentes nas diferentes esferas da vida social, que até então se organizavam em referência a padrões de julgamento e orientação; parâmetros que outra coisa não eram senão a incorporação de tais valores. Estes proviam, ao mesmo tempo, as referências identitárias herdadas do passado, os alicerces de segurança no presente e as diretrizes seguras de futuro para a vida política conformada nos marcos de seu enquadramento normativo.

2. Friedrich Nietzsche, Fragmento inédito n. 11 [73], de novembro de 1887 – março de 1888, in: *Sämtliche Werke. KritischeStudienausgabe* (KSA), ed. G. Colli und M. Montinari. Berlin, New York, München: de Gruyter, DTV, 1980, v. 13, pp. 36 ss. Não havendo indicação em contrário, as traduções são de minha autoria.

3. "('multiplicidades', em todo caso; mas a 'unidade' não existe, em absoluto, na natureza do devir). – Um Quantum de poder, um vir-a-ser, na medida em que nada aí tem o caráter do 'Ser'." Friedrich Nietzsche, *op. cit.*, v. 13, pp. 36 ss.

Ora, podemos compreender tal estado de exceção à luz desses elementos, e com recurso à situação que Nietzsche caracterizou como a ascensão do niilismo. Considero o conceito de niilismo como um dos legados teóricos mais preciosos e atuais da filosofia de Nietzsche. Não pretendo apresentar aqui um comentário exaustivo nem uma exegese integral dos diferenciados elementos que compõem o conceito de niilismo em Nietzsche. Meu propósito consiste, antes, em fazer uso do que deles se conserva vivo e ativo, e que pode nos nutrir intelectualmente em tempos de penúria do espírito, num mundo em que exceção virou regra. Pois, a meu ver, as condições que Nietzsche descreveu para o niilismo europeu são, em sua natureza, muito similares às nossas.

Comecemos pelo diagnóstico nietzschiano, de acordo com o qual o niilismo, como a exceção, é um estado normal. O significado de niilismo é que nele faltam orientação e meta, falta uma resposta à pergunta pelo sentido. E não porque inexistam fins e valores, mas porque estes entraram no *regime da falta e exaustão*. Característico desse regime da falta é que sua penumbra não permite discernir entre abundância e pobreza, repleção e carência. Em correspondência com isso, o niilismo é o resultado duradouro do processo de esgotamento e desvalorização de referências cardinais no processo civilizatório de uma sociedade ou, em âmbito mais geral, de uma cultura. Por causa disso, a ele corresponde um sentimento aflitivo de que todo processo transcorreu "em vão", de que valores e distinções fundamentais perderam sua validade e necessidade, e, com isso, sua capacidade de orientação.

O niilismo obedece a uma lógica paradoxal; ele é expressão de uma necessidade, ou antes, o niilismo é, para Nietzsche, a lógica da decadência. "Por que é, pois, doravante necessária a ascensão do niilismo? Porque são nossos próprios valores de até aqui que nele extraem sua última conclusão: porque o niilismo é a lógica, pensada até o fim, de nossos grandes valores e ideais"[4]. Para Nietzsche, é primeiramente necessário vivenciar, fazer a experiência do niilismo completo, para descobrir qual era propriamente o *valor de tais valores*. Tal descoberta constitui, por sua vez, um dos aspectos mais importantes e atuais da crítica nietzschiana da cultura.

---

4. Friedrich Nietzsche, Fragmento inédito n. 11 [411], de novembro de 1887 – março de 1888, in: *Sämtliche Werke*, op. cit., v. 13, pp. 189 ss.

Isso porque a ascensão do niilismo gera as condições de emergência para um acontecimento epocal: aquele no qual o valor dos valores que até então orientaram nossas vidas revelam-se como princípios de dissolução, seu centro abriga um vazio, o espectro sinistro do Nada. Este *Nihils* se anuncia como o substrato imponderável de nossos valores e avaliações, por detrás dos quais, na base dos quais, *nada* subsiste; na experiência do niilismo, eles se mostram como formas de expressão justamente desse Nada. Essa descoberta constitui o epicentro da crise de valores que marca nosso tempo; não é exagerado afirmar que nossa própria existência é também sintoma dessa crise, do tornar-se consciente desse Nada subjacente aos nossos ideais e formas de valoração.

É por esse panorama de decadência, anunciado pela filosofia de Nietzsche, que ainda transitamos hoje. "O que eu narro é a história dos próximos dois séculos [...] Descrevo aquilo que vem: a *ascensão do niilismo*. Essa história já pode agora ser narrada, pois a própria necessidade acha-se aqui em obra. O futuro já fala em centenas de sinais; esse destino anuncia-se por toda parte; para essa música do futuro, toda as orelhas já estão esticadas"[5]. Nietzsche considerava-se, então, como

> [...] como um filósofo e ermitão por instinto, que encontrou sua vantagem em estar do lado de fora, na paciência e no retardamento, no retraimento, como um espírito ousado e experimentador, que já uma vez se perdeu em cada labirinto do futuro, como um espírito de pássaro profético, que olha para trás quando narra aquilo que virá: como o primeiro niilista perfeito da Europa, que, contudo, já viveu em si mesmo até o fim o próprio niilismo – que tem o niilismo atrás de si, debaixo de si, fora de si...[6]

E se, para Nietzsche, essa experiência é catastrófica, ela o é mais ainda para nós. A força operante na catástrofe é o que o filósofo indica como *a autorrefrencialidade do niilismo, sua autoimplicação* – e esse é justamente o ensinamento que hoje em dia mais nos diz respeito, que dá a pensar e é digno de ser pensado: por ser o niilismo constitutivo de nossa realidade

5. Ibid.
6. Ibid.

histórica e de nós mesmos, nós não podemos superá-lo; só podemos nos confrontar com ele a partir de um perigoso mergulho em sua profundidade abissal. "Os filósofos e moralistas se enganam a si mesmos, crendo sair da *décadence* ao fazer-lhe guerra. Sair dela está fora de suas forças: o que elegem como meio, como salvação, é apenas mais uma expressão da *décadence* – eles mudam sua expressão, mas não a eliminam"[7]. Aquilo que, no espírito dessa transcrição, vale para os filósofos e moralistas, vale também para nós como princípio.

Para compreender esse processo, é necessário ingressar pela reflexão no âmbito próprio em que seus elementos essenciais se manifestam. Nele, torna-se possível compreender o sentido emergente na realização dos ideais que se implantaram no limiar da modernidade cultural e política, o sentido dos principais valores e ideais mobilizados no programa do Esclarecimento, tanto em sua vertente ético-política, quanto na técnico-científica.

Uma frase atribuída a Francis Bacon enuncia o sentido profundo do acontecimento e de seus desdobramentos. Ela contém *in nuce* aquilo que, na aurora do Esclarecimento, principiava então a se firmar como figura do mundo: "We can only conquer nature by first obeying her" (Só podemos conquistar a natureza se primeiro a obedecermos)[8]. Na *Instauratio Magna*, Bacon traça o programa a ser obedecido pelo movimento das Luzes: no essencial, ele consiste na restauração da relação natural entre a realidade e o espírito humano, relação danificada pelos falsos ídolos que distorcem o entendimento. Pois, segundo ele, o intelecto impinge a si mesmo danos e prejuízos imensuráveis, quando, por desconhecimento da realidade, deixa de aproveitar adequadamente os métodos e recursos que ele mesmo possui[9].

A restauração dessa relação tem por meta o domínio do homem sobre a natureza, o que é também o alvo da ciência, uma vez que, para Bacon,

---

7. Friedrich Nietzsche, *Crepúsculo dos ídolos. O problema de Sócrates*, n. II. Trad. Paulo César de Souza. São Paulo: Companhia das Letras, 2006, p. 22. Num outro fragmento inédito (n°14 [86]), lemos: "os métodos de cura psicológicos, morais, não alteram o curso da *décadence*, eles não a detêm, eles são fisiologicamente *nulos*. Compreensão da *grande nulidade* dessas pretensas 'reações'." F. Nietzsche, *op. cit.*, KSA, v. 13, p. 264.
8. Cf. R. B. Perry, "Prophecy of Francis Bacon, 1560-1910;- maio 1910". In: *Popular Science*, v. 1. n. 76, p. 495.
9. Cf. "Instauratio Magna", in: Francis Bacon, *Opere filosofiche*. Ed. Enrico De Mas, Bari: Editore Laterza, 1965, p. 213.

saber e poder são idênticos: pois, onde não se conhece a causa, não se pode também prever, gerar ou produzir o efeito que dela deve seguir-se. Saber é prever, antever para prover. Para dominar a natureza, é necessário obedecê-la; e aquilo que na observação mostra-se como causa, na repetição torna-se a regra[10].

Nessa mesma época, no continente europeu, do outro lado da ilha onde vivia Francis Bacon, René Descartes formulava, nos termos do racionalismo que lhe era próprio, o lema e a divisa da Ilustração: uma nova filosofia deve substituir a esterilidade meramente especulativa da escolástica, uma filosofia capaz de oferecer à humanidade algo de prático e útil, pela qual, "conhecendo a força e as ações do fogo, da água, do ar, dos astros, dos céus e de todos os corpos que nos cercam, tão distintamente como conhecemos os diversos misteres de nossos artífices, poderíamos empregá-los da mesma forma em todos os usos para os quais são próprios, e assim nos tornar como que senhores e possuidores da natureza"[11].

No ápice de sua realização, esse ideal produziu a sonhada emancipação e liberdade do homem, entendido como sujeito genérico. Mas, ao mesmo tempo, realizou-se a dimensão da obediência, sob a forma da sujeição completa à legalidade da natureza da qual o homem pretendia tornar-se senhor e possuidor. Com efeito, a profecia de Bacon se cumpriu historicamente: a extensão universal da racionalidade lógica, a potencial abrangência intergaláctica de seu domínio, que hoje se esboça, completa o desencantamento do mundo, que é seu sucedâneo necessário; mas ela também absorve novamente, sob a legalidade do naturalismo, tanto o homem quanto o mundo ao seu redor. Trata-se agora, porém, de uma natureza "desnaturalizada", racionalmente controlável, planejável e disponível, concebida em termos de uma mecânica, que alcança também as profundezas da psique/mente humana.

É nesse âmbito metafísico que podemos compreender o essencial da técnica e da máquina, pois é nele que o homem se distancia da natureza, para dominá-la, no mesmo gesto pelo qual a ela se submete – a máquina e os equipamentos técnicos são tanto instrumentos de dominação quanto

---

10. "Novum Organum", I, 3, in: Francis Bacon, Opere filosofiche, op. cit., p. 257.
11. René Descartes, Discurso do método, trad. J. Guinsburg e Bento Prado Jr. Coleção Os Pensadores, 3. ed., São Paulo: Abril Cultural, 1983, p. 63.

de assujeitamento. É por meio da técnica e da máquina que o homem submete a seus interesses as forças da natureza e se torna disponível às suas operações, mas, no curso desse processo de humanização da natureza, a cibernética penetra a interioridade humana sob a forma do cálculo e da logística, de modo que a sonhada ascendência se converte em sujeição, automação e reificação, a qual toma conta tanto de sujeito quanto de seu objeto, tanto do homem quanto da natureza exterior.

Nesse encontro entre a humanidade plenamente emancipada e a potência fáustica da tecnociência – uma autonomia que parecia colocar o homem inteiramente fora das leis da natureza, firmando-o como sujeito de absoluta autodeterminação –, realiza-se também a confluência entre um intelecto abstrato, formal e funcionalista e a configuração mecânica do universo infinito. Esse fenômeno vem à luz, por exemplo, na identificação da mente com o *computer cortical do cérebro* humano, do pensamento com o processamento algorítmico de informações. Esse é propriamente o sentido metafísico do Maquinal e do Maquínico, nos quais tanto o homem como a natureza foram "desnaturalizados" por um poder do homem sobre si mesmo e sobre o mundo, alcançado graças à ciência e à técnica, que paradoxalmente acaba por perder o controle sobre sua própria e dinâmica.

Com esse paradoxo, e no espaço deixado vazio na atualização das virtualidades contidas na racionalidade lógica preconizada pelo movimento das Luzes, desvela-se o niilismo. Com ele, apagam-se as diferenças até então vigentes, e o ser humano se converte ao mesmo tempo em agente e paciente de seu saber e de suas ações, em autor e personagem de sua própria história. É no vácuo dessa indistinção que a humanidade pode fazer a experiência do *nihilum* como solo originário de seus valores e ideais.

Curiosamente, foi para uma refinada percepção oriental que se abriu a lúcida consciência das agruras de nossa forma contemporânea de vida. A respeito dela, escreve o pensador zen-budista Keiji Nishitani:

> A relação na qual o domínio pelo homem das leis da natureza, que foi produzida pelo domínio das leis naturais sobre o agir e o viver dos homens, é revertida novamente, numa camada mais profunda, numa relação na qual de novo as leis da natureza conquistam o domínio sobre o homem, que até então tinha dominado sobre elas. Isto não é nada mais

do que a tão falada tendência à "mecanização" do homem, à perda da natureza humana. É desnecessário dizer que esta situação constitui um fator fundamental da chamada crise da cultura[12].

Na era da "escalada planetária" da tecnociência, o homem e o universo, os corpos e as mentes, a matéria e o movimento são objetivamente assumidos na racionalidade dos sistemas, funções e processos, do cômputo e do cálculo logístico. E assim, ao se realizarem, os ideais do Iluminismo manifestam sua ambivalência constitutiva, pois é sob o impacto do desenvolvimento científico e tecnológico que a conquista da autonomia é contrabalançada pela perda irreversível de atributos essenciais que até então definiram a humanidade. O domínio da natureza pela razão humana tornou-se idêntico à submissão total às leis naturais, a libertação das amarras impostas pela ignorância, pela superstição e a sujeição arcaica – o homem como subjetividade absoluta e como senhor dos elementos –, tem sua contrapartida em sua completa reificação – tanto no plano interno da psicologia quanto no plano externo das leis econômicas e dos sistemas sociopolíticos, inteiramente colonizados pelas tecnociências. Prova disso é o descompasso entre o progresso atual da ciência e da técnica e o desenvolvimento ético-moral do homem contemporâneo.

Entre nós, o filósofo José Arthur Giannotti também descreve esse processo em termos de alienação e fetiche, recorrendo justamente à figura do fundador da sociologia como ciência:

> O exemplo do que eu estou querendo dizer já está no próprio Comte. De um lado, temos uma das melhores análises de como funciona o método científico, que termina no quê? Na invenção de uma nova ciência, a sociologia, cuja tarefa seria regenerar todo o conhecimento científico. Na hora em que o comtismo vem com essa ideia de regeneração, com a ideia de uma política científica e se prostra diante das imagens de Clotilde de Veau, aí, obviamente, o mesmo movimento que levou a aprofundar o conhecimento científico termina numa alienação, numa religião, no fetiche da ciência. Em outras palavras, eu diria o seguinte:

---

12. Keiji Nishitani, *Was ist Religion*, trad. Dora Fischer-Barnicol. 2. ed. Franfurt/M: InselVerlag, 1986, p. 154.

é muito difícil separar os dois processos. Tenho impressão de que a alienação da ciência é cotidiana[13].

A racionalização da vida e do cosmos se realiza, então, como uma potência com profundo domínio sobre a vida interior do homem e sobre o plano de suas relações com o mundo e com os outros homens, num processo que conduz a uma situação-limite: o sujeito moderno, que empreende a racionalização completa de seu ser e de seu agir, e experimenta, ao mesmo tempo, a iminência de seu domínio sobre o cosmos, toma consciência da perempção irreversível de todos os alicerces, do abismo de todos os fundamentos, da derrocada de toda certeza definitiva, de toda verdade absoluta. Dissipada a ilusão pela qual acreditava situar-se fora e além das leis da natureza, o sujeito toma consciência do fato bruto de sua existência, encerrada no horizonte temporal de uma vida desprovida de sentido prévio, lançada no vazio de uma liberdade de ser-para-a-morte, que constitui o único atributo essencial de sua existência contingente. O resultado dessa experiência epocal encontra sua expressão filosófica tanto no existencialismo de Sartre quanto na analítica da finitude de Heidegger. E, em ambos os casos, a constatação de que a existência precede a essência, abisma essa existência no vazio e no Nada, no absurdo da vida e da história, do homem reduzido à inevitabilidade de suas escolhas e projetos.

Assim, à preconizada "morte de Deus" corresponde tanto uma perspectiva de autodeterminação da humanidade quanto uma perda irreversível de seus predicados distintivos. Essa ambivalência torna o nosso tempo cada vez mais parecido com o mundo dos últimos homens, que Nietzsche tinha anunciado no prefácio a *Assim falou Zaratustra*: nós nos tornamos efetivamente os inventores de uma felicidade medíocre e degradada, aquela sujeição compulsiva ao consumo, na qual não podemos mais diferenciar entre miséria e ventura, fortuna e infortúnio, liberdade e servidão, poder e impotência. É nesse contexto que são gestadas as bases para uma concepção mecânica da psicologia humana, assim como das relações sociais, concepção que se espraia da interioridade psíquica do indivíduo para a psicologia social e para as formas de vida política

---

13. José Arthur Giannotti, "Jogando na margem", *Pesquisa Fapesp*, jul. 2003, p. 88.

em geral, numa perda cada vez mais pronunciada de humanidade e uma fixação do sujeito no plano ilimitado de seus apetites e desejos.

"Essa racionalização valia, desde a era do Esclarecimento, como progresso da humanidade; sim, ela até hoje ainda continua sendo entendida desse modo. De fato, porém, emerge paulatinamente sobre o fundo dessa vida racionalizada uma vida que é precedente a toda racionalização – a vida nua (*das nackte Leben*) de um ser humano cujo ser fundamenta-se no *nihilum*. Este se abre sobre um plano inacessível a qualquer racionalização"[14]. Ao universalizar-se, a racionalização do universo permite trazer à tona a vida nua em sua contingência bruta, esse fundo pré-reflexivo opaco e impermeável a toda racionalização.

Talvez seja por isso que Nietzsche tenha denominado o niilismo de "o mais ominoso dos hóspedes", pois que a perda de humanidade se mostra justamente no apogeu de sua aparente realização. No seio dessa crise, vivemos a experiência do Nada no qual se abismam nossas vidas. É, portanto, sobre esse pano de fundo pré-teórico, constituído de um modo de ser e de viver que se mostra cada vez mais poderosamente irracional, que, paradoxalmente, tem lugar a progressiva e inexorável racionalização da vida humana, tanto na cidade quanto na casa, num processo conduzido por sujeitos individuais e coletivos submetidos à ilimitação dos próprios apetites, compulsivamente obedientes à avidez irrefreável de seus desejos, numa desesperada tentativa de firmar-se sobre o sem fundo de seu *nihilum*.

É por essa razão que a contrapartida da racionalização integral da sociedade é dada por uma concentração do sujeito apenas na avidez de sua ganância, numa condição que se espraia para todos os quadrantes do espectro político: nos sistemas considerados socialistas, verifica-se uma tendência ao totalitarismo, conduzindo à mecanização de instituições e pessoas. Nas democracias ditas liberais, a liberdade individual tende a ser convertida na promoção de subjetividades narcísicas, reduzidas à passividade e orientadas pela cobiça.

Talvez tenha sido em virtude dessa impossibilidade de distinção, na penumbra da exceção que se tornou regra, que Heidegger pôde detectar, numa variação política de seu conceito de *Gestell*, justamente na atual

---

14. Keiji Nishitani, *op. cit.*, p. 156.

obsessão por segurança e defesa, uma *identidade metafísica* entre a guerra e a paz, entre fartura e carência, previdência e periclitação, mesmo em formas de governo aparentemente opostas e heterogêneas:

> A ameaça ao ser humano provém do que constitui o próprio domínio incondicionado de um manejo seguro de todas as medidas de proteção e defesa; a ameaça que vem inexoravelmente pressagiada, e ao mesmo tempo repelida como aparência [*Schein*], contém o anúncio daquilo que o homem moderno, que calcula e administra a metafísica até seu acabamento, não pode jamais experimentar. Isso não é experienciável para ele, e não porque se encontre demasiado distante, para além de seus âmbitos costumeiros, mas porque o anúncio está tão próximo [*nahe*] dele que o homem que pensa na segurança [*Sicherung*] já terá continuamente saltado por cima dessa proximidade de sua essência oculta [*verborgenes Wessen*]... O "Comunismo" [*Kommunismus*] é a constituição metafísica do Povo [*metaphysische Verfassung der Völker*] na última fase de realização completa da Modernidade [*Neuzeit*], que já se dá no fato de que, já em seu próprio começo, a Modernidade teve de colocar sua essência, ainda que de maneira velada, no Poder [*Macht*]. A partir de uma perspectiva política, isso ocorre na história da humanidade no Estado inglês [*englischen Staates*][15].

As citações acima foram extraídas de textos redigidos entre 1938 e 1940. O teor delas se aproxima daquele das anotações recentemente vindas a lume com os volumes publicados dos *Schwarze Hefte*. Por sua atualidade, elas ainda têm muito a nos dizer, pois hoje, sob o influxo do niilismo em estágio avançado, tomamos consciência do que nos estava

---

15. Martin Heidegger, "Das Ende der Neuzeit in der Geschichte des Seyns". In: *Gesamtausgabe, Band 69: Die Geschichte des Seyns*. Frankfurt/M: Vittorio Klostermann, 1998, pp. 207 ss. No mesmo texto, pode-se ler: "Este estado [o Estado inglês], pensado em sua essência, prescindindo das formas atuais de governo, das formas sociais ou de credo religioso, é a mesma coisa que o Estado [*Staat*] da União das Repúblicas Soviéticas [*Sowjetrepubliken*], com a única diferença de que lá um gigantesco disfarce [*Verstellung*] sob a aparência de moralidade e educação do povo torna inócuo e evidente todo desdobramento da violência, enquanto que aqui a 'consciência' moderna [*neuzeitliche 'Bewusstsein'*] desvela-se de modo mais impiedoso em sua própria essência de poder, ainda que não sem fazer apelo à felicidade do povo [*Völkerbeglückung*]. A forma cristã-burguesa do 'bolchevismo' inglês [*bürgerlich-christliche Form des englischen 'Bolschewismus'*] é a mais perigosa. Sem sua aniquilação [*Vernichtung*], a Modernidade continuará a se manter (ou pelo menos retarda-se sua completa realização) [*Vollendung*]".

reservado ao longo do caminho no qual penhoramos nossa essência, ainda que de maneira velada, em valores como ter, poder, dominar, estocar, dispor e utilizar.

Sob tal vértice, podemos interpretar também a atual crise política, em particular a da democracia representativa. Como sabemos, a invenção do governo representativo constitui o apanágio da modernidade política, seu estado de maturidade longamente anelada e enfim conquistada. A respeito desse ideal e desse princípio, são ilustrativos os testemunhos icônicos de Kant e de Hegel:

> A ideia de uma constituição em consonância com o direito natural dos homens, a saber, que os que obedecem à lei devem ao mesmo tempo, na sua união, ser legisladores, está subjacente a todas as formas políticas, e o Estado que, concebido em conformidade com ele, graças a puros conceitos racionais, se chama um ideal platônico (*respublica noumenon*), não é uma quimera vazia, mas a norma eterna para toda a constituição civil em geral, e afasta toda a guerra. Uma sociedade civil organizada em conformidade com ela é a sua representação, segundo leis de liberdade, mediante um exemplo na experiência (*respublica phaenomenon*) e só pode conseguir-se penosamente após múltiplas hostilidades e guerras; mas a sua constituição, uma vez adquirida em grande escala, qualifica-se como a melhor entre todas para manter afastada a guerra, destruidora de todo o bem; é, portanto, um dever ingressar nela; mas provisoriamente (porque isso não ocorrerá tão cedo) é dever dos monarcas, embora reinem autocraticamente, governar, no entanto, de modo republicano (não democrático), *i.e.*, tratar o povo segundo princípios conformes ao espírito das leis de liberdade (como um povo de matura razão a si mesmo as prescreveria), se bem que quanto à letra não seja consultado acerca da sua aquiescência[16].

Hegel, por sua vez, interpreta a representação como uma etapa na marcha do espírito do mundo. A representação não é uma descoberta de indivíduos, uma concepção científica que teria sido conquistada como

---

16. Immanuel Kant, *O conflito das faculdades* (A 155, 156), trad. Artur Morão, Covilhã: Universidade da Beira Interior, 2006, pp. 111 ss.

resultado de um estudo deliberado; é uma instituição que constitui um princípio da opinião pública e faz parte da sã razão humana.

> Esse *sistema da representação* é o sistema de todos os novos estados europeus. Ele não existia nas florestas da Germânia, mas ele veio à luz a partir delas; ele determina uma época na história universal. O contexto de formação do mundo conduziu o gênero humano do despotismo oriental e do domínio de uma república sobre o mundo, e a partir da degeneração desta última, a um meio-termo entre ambos, e os alemães são o povo a partir do qual nasceu essa terceira e universal figura do espírito do mundo[17].

Ora, a crise da representação constitui um dos desdobramentos da crise da racionalidade lógica, um dos aspectos mais preocupantes na transição da democracia representativa, tal como conhecida até hoje – uma democracia de partidos –, para a chamada pós-democracia, ou mesmo para a *audience democracy* – aquela nova variante da democracia parlamentar e partidária, caracterizada por partidos de campanha, líderes produzidos pelos meios de comunicação de massa, eleitores permanentemente conectados a monitores, meios assertivos e indutores, e governança generalizada pautada pelo paradigma da racionalidade mercantil.

Daí vem o privilégio de uma dimensão quase exclusivamente estética da política, com hegemonia da imagem, da sensação, da reiteração da novidade sensacional, da espetacularização permanente, com atrofia do escrutínio crítico, da penetração analítica e do discurso argumentativo[18]. Trata-se da política própria de uma sociedade de atores, em que os representantes são *media experts*, grandes performáticos sobre palcos globais, cujo público é formado por eleitores manipulados por pesquisas de opinião, transformados em consumidores – e que, por estarem colocados em situação de passividade, limitam-se unicamente a reagir a estímulos processados pela mídia. No fundo, são todos consumidos e utilizados num megaempreendimento universal de fabricação tecnoindustrial da vida.

---

17. G. W. F. Hegel, "Die Verfassung Deutschlands". In: *Frühe Schriften* 1. 2. ed. Eva Moldenhauer und Karl Markus Michel (Eds.). Frankfurt am Main: Suhrkamp Verlag, 1990, p. 533.
18. Cf. Bernard Manin, *Principes du gouvernement representative*, Paris: Flammarion, 2010.

Para se manter firme à beira desse abismo, é necessária muita coragem. Afinal, "quem combate monstruosidades deve cuidar para que também ele não se torne um monstro. E se você olhar longamente para um abismo, o abismo também olha para dentro de você"[19]. Por isso, são raros aqueles maduros o suficiente para olhar por muito tempo para dentro do abismo, para encarar o que, então, *propriamente se sabe, ou se vem a saber...* O que existe de sinistro no niilismo – aquilo que mais interessa para nós hoje –, é justamente sua autorreferencialidade e autoimplicação, pois isso mostra que o niilismo e a decadência *não podem ser superados*, nós não podemos nos curar deles, pois que neles estamos implicados até a medula:

> Só tardiamente tem-se a coragem para aquilo que propriamente [*eigentlich*] se sabe. Que eu, no fundo, tenho sido niilista até agora, isso eu só o confessei para mim mesmo há pouco tempo: a energia, a temeridade [*Nonchalance*] com os quais segui avante como niilista enganaram-me sobre esse fato fundamental [*Grundtatsache*]. Quando alguém se coloca frente a frente com uma meta, então parece impossível que "a ausência de meta em si" seja o nosso principal artigo de fé [*Glaubensgrundsatz*][20].

Desse modo, Nietzsche associa ao niilismo a própria meta e finalidade de seu trabalho, a saber, a reconstituição genealógica da ascensão do niilismo. Pois tratar o niilismo como objeto de saber, objetivá-lo, já é uma forma de perdê-lo – e esta operação de objetivação ocorre no interior do próprio niilismo. Assim, transformados em objeto de conhecimento, o Nada e o niilismo já não assustam nem angustiam, já não desestabilizam o solo sobre o qual firmamos os pés, pois foram domesticados e neutralizados em sua potência disruptiva. Ao se transformar em objeto de conhecimento, Nada e niilismo, como tais, desaparecem de vista, uma vez que a autorrefencialidade do niilismo desmente, em sua própria operação cognitiva, o resultado a que ela mesma chegou: ao estabilizar-se como algo conhecido, seu aparente objeto é despojado de sua natureza própria.

É por essa razão que se impõe, inexorável, a seguinte pergunta: à sombra do niilismo extremo e devastador – que exibe a mais abjeta decadência

---

19. F. Nietzsche, "Máximas e interlúdios, 146", in: *Além do bem e do mal*. Trad. Paulo César de Souza, São Paulo: Companhia das Letras, 2005, p. 70.
20. F. Nietzsche, Fragmento inédito n. 9 [123], do outono de 1887, in: KSA, *op. cit.* v. 12, p. 45.

da realidade política que vivemos –, é possível ainda uma superação, uma cura da decadência? Ou estamos condenados a sempre escolher, como pseudofármacos, justamente o que mais aprofunda e torna irreversível a decadência – por exemplo, a nostalgia do absoluto perempto, em suas mais distintas variações e disfarces.

Avulta nesse cenário a relevância de outra observação incisiva de Adauto Novaes: ao vincular o tema das mutações à outra margem da política, ele considera oportuno recordar as considerações de Robert Musil: "Não se deve querer curar a decadência". Isto é, vivemos em um novo mundo no qual os velhos valores, sentimentos e ideais políticos já estão decadentes. Não devemos, por isso, recorrer a noções imemoriais, que já não dão conta da nova realidade, como conclui Valéry:

> Introduzimos poderes, inventamos meios, criamos hábitos diferentes e inteiramente imprevistos. Anulamos valores, dissociamos ideias, arruinamos sentimentos que pareciam indestrutíveis por haverem resistido a vinte séculos de vicissitudes, e temos, para exprimir um tão novo estado de coisas, apenas noções imemoriais. Como aconselha Hegel, a filosofia deve ser a primeira a saudar a aparição dessa nova era[21].

Uma filosofia que, sem defesas e sem rancor, assume essa problemática e sofrida postura de vir ao encontro daquilo que ainda apenas se anuncia, sem deleitar-se na autopiedade e no ressentimento, é uma filosofia da saúde recuperada, tal como a consideram Nietzsche e Valéry. O primeiro, aliás, percebe o niilismo atuante desde os primórdios de nossa civilização: "Todos os antigos ideais são ideais hostis à vida (nascidos da *décadence* e determinantes da *décadence*, ainda que muito disfarçados no glorioso enfeite domingueiro da moral)"[22]. Seria talvez necessário levar a impiedade até o ponto do reconhecimento de que já os filósofos gregos, de Sócrates em diante, foram doentes; que todas as religiões niilistas foram sistematizações simbólicas de patologias sob uma nomenclatura religioso-moral; sim, que o niilismo instalado no âmago de todo "ideal ascético [foi] até agora o único sentido" que se ofereceu para o absurdo

---

21. Adauto Novaes, *Mutações: dissonâncias do progresso*. São Paulo: Edições Sesc São Paulo, 2019, p. 21.
22. F. Nietzsche, Fragmento inédito n. 11 [149], de novembro de 1887 – março de 1888; In: KSA, *op. cit.*, v. 13, p. 71.

da existência humana. Portanto, na era de sua ascensão, a tarefa necessária e urgente é fazer sua ἀνάμνησις [*anamnésis*], isto é, trazer de novo à memória o histórico de seus sintomas. Pois então descobrimos que o niilismo "foi até agora o único sentido; [e que] qualquer sentido é melhor do que nenhum"[23].

A esse respeito, Werner Stegmaier comenta: "O Nada niilista de Nietzsche abre-se, então, sempre lá onde algo em que por fim tentamos nos agarrar, subtrai-se à objetivação, onde ele não se deixa pensar nem expressar, senão que permanece pura e simples incerteza, que desperta angústia. Isso é experienciado como angustiante desorientação"[24] – uma angústia da qual a maioria de nós se esforça por fugir, por dela não querer saber nada.

Ora, nós nos encontramos precisamente em meio a esse processo – portanto em angustiada desorientação, para a qual, no entanto, é necessária a suprema coragem, e não o desalento. É necessário, antes de tudo, o pensamento, em diálogo com a história e com a tradição – isso justamente num tempo em que, ao que parece, foi eliminada a própria possibilidade do pensamento, à sombra do acontecimento que Heidegger descreveu como o "armazenamento uniforme de informações", preparado e ajustado com vistas à incontornável utilização programada que, tomando o lugar do pensamento, impõe-se como indispensável para uma humanidade tecnologicamente planejada, controlada e dirigida.

Decerto essa é uma perspectiva que desconcerta e angustia, como reconheceu o mesmo Heidegger: "Permanece a questão [de se saber] se, então, também o pensamento termina no empresariamento da informação [*Informationsgetriebe*], ou se está determinado para ele um regresso [*Unter-gang in den Schutz*] protetor por intermédio de sua proveniência, dele mesmo ocultada. Essa questão remete agora o pensamento para uma região aquém de pessimismo e otimismo"[25].

Mas nem por isso fica paralisada e entorpecida a (inútil) potência do pensamento e da crítica, pois é justamente neles que encontramos forças

---

23. *Idem*, Fragmento inédito n. 14 [13], da primavera de 1888; In: KSA, *op. cit.*, v. 13, p. 223; de Nietzsche, ver também *Genealogia da Moral* III, 28. Trad. Paulo César de Souza. São Paulo: Companhia das Letras, 1998, p. 149.
24. Werner Stegmaier, *OrientierungimNihilismus – Luhmann meets Nietzsche*. Berlin/Boston: Walter de Gruyter, 2016, pp. 32 ss.
25. Martin Heidegger, *Wegmarken. Vorbemerkung*. Frankfurt/M: Vittorio Klostermann, 1978, p. 10.

para tornar a respirar livremente, mesmo sob o céu de chumbo do niilismo; eles nos proíbem a tentação do desalento e da autodemissão, vedam-nos a rota de fuga que busca consolo na autocompaixão e na resignação lamurienta. Tomar consciência da inexorabilidade de nossa condição, sempre necessariamente problemática e precária, nos faz despertar do delírio infantil de onipotência, sem nos lançar nos braços da indiferença e do cinismo:

> A crítica por Nietzsche do niilismo repete necessariamente as estruturas criticadas, mas não o faz tão ingenuamente. Ela demonstra explicitamente como essa crítica se emaranha necessariamente nessas estruturas idealistas, e conclui que o reconhecimento dessa inevitabilidade é um ponto além do qual não se pode prosseguir: "que sentido teria *nosso* inteiro ser, se não fosse esse, que em nós a vontade de verdade torna-se consciência de si como um *problema?*"[26].

É certo que por vezes encontramos em Nietzsche passagens que induzem ao desespero: "A *Degenerescência*: primeiro princípio [*Grundsatz*]: o que até agora foi visto como *causas da degeneração* são suas *consequências*. Mas também o que se considera como *meio de cura* contra a degeneração são apenas *paliativos* contra certos efeitos da mesma: os 'curados' [*Geheilten*] são um tipo dos *degenerados*"[27]. E, no entanto, Nietzsche insiste também ser necessário combater a decadência quando a ameaça se espraia sobre humanidade como um todo, em seu conjunto. E, na medida em que essa perspectiva é deslocada para o proscênio do pensamento, Nietzsche faz uma guerra sem quartel à moral dominante, um combate que chega ao paroxismo contra a hegemonia de um *ethos* que empreende justamente o processo de rebaixamento de valor da humanidade: "Não resta nenhum outro meio de resgatar de novo a honra da filosofia: primeiramente temos de enforcar os moralistas... Transvaloração de todos os valores: isso será dispendioso, eu o prometo"[28]. Afinal, o que está em jogo é uma nova modalidade de degeneração global do homem, que é possível

---

26. Paul van Tongeren, "Nietzsche's Challenging Diagnosis". In: Yulia V. Sineokaya; Ekaterina A. Poljakova, *Friedrich Nietzsche. Legacy and Prospects*. Moscow: LRC Publishing House, 2017, p. 205.
27. F. Nietzsche, Fragmento inédito n. 14 [74], da primavera de 1888. In: KSA, *op. cit.*, v. 13, p. 255.
28. *Idem*, Fragmento inédito n. 23 [3], de outubro de 1888. In: KSA, *op. cit.*, v. 13, pp. 602 ss.

e iminente – disso não há dúvida! E "quem já refletiu nessa possibilidade até o fim, conhece um nojo a mais que os outros homens – e também, talvez, uma nova tarefa!..."[29].

Qual é, no entanto, o sentido dessa tarefa, se o niilismo e a decadência, em sua autorreferencialidade, suprimem suas próprias descobertas e desconstroem o terreno debaixo de nossos pés? O que fazer, quando se descobre a inverdade de toda pretensão à verdade, a imoralidade de toda exigência moral universal? "Essa pode ser uma louca e estranha tarefa, mas é uma *tarefa* – quem o negaria? Por que a escolhemos, essa tarefa? Ou, perguntando de outro modo: 'Por que conhecimento, afinal'? Todos nos perguntarão isso. E nós, premidos desse modo, nós, que já nos fizemos mil vezes a mesma pergunta, jamais encontraremos resposta melhor que..."[30]. A frase é concluída com reticências, acaba sem terminar.

Não encontramos uma resposta melhor do que reticências. Ora, reticências são reservas, silêncio eloquente, signos de recolhimento e meditação. Reticências são os sinais de uma existência provisória ou póstuma, que é própria do filósofo. Mas talvez hoje compartilhemos nós também essa existência de interregno – pois que estamos todos implicados no experimento que, conscientemente ou não, fazemos conosco mesmos no aqui e no agora. Nietzsche é o pensador que vê nessa existência experimental uma dignidade própria de nosso tempo.

> Construir novamente as leis da vida e do agir – para essa tarefa nossas ciências da fisiologia, da medicina, da sociedade e da solidão não se acham ainda suficientemente seguras de si: e somente delas podemos extrair as pedras fundamentais para novos ideais (se não os próprios ideais mesmos). De modo que levamos uma existência *provisória* ou uma existência *póstuma*, conforme o gosto e o talento, e o melhor que fazemos, nesse interregno, é ser o máximo possível nossos próprios *reges* e fundar pequenos *Estados experimentais*. Nós somos experimentos: e também queremos sê-lo[31]!

---

29. Idem, "Aforismo 203". In: *Além do bem e do mal, op. cit.*, p. 92.
30. Ibid., "Aforismo 230", pp. 124 ss.
31. F. Nietzsche, "Aforismo 453". In: *Aurora*. Trad. Paulo César de Souza. São Paulo: Companhia das Letras, 2004, p. 234.

Essa é a tarefa que escolhemos para nós, por mais louca e estranha que possa parecer ou ser. Tentar pensar uma nova definição do homem, a partir das grandes mutações provocadas pela ciência e pela biotecnologia, o que exige uma nova relação com a política.

O físico e filósofo Luiz Alberto Oliveira considera que o homem caminha em direção ao inevitável *Homo civilis* (ou *Homo sapiens* 2.0). Como pensar a democracia na sua relação com o que o físico chama de "evolução da Evolução", isto é, o "aparecimento – ou antes, a produção – de um novo estágio da Vida?"[32]

Num momento de crise como o que hoje atravessamos, urge retomar – sempre recorrendo ao diálogo com a história e a tradição cultural – o debate sobre os aspectos éticos, políticos e históricos dessa transição autogerada para uma condição neo-humana. Essa é uma maneira digna de combater a desesperança, assumir sem rancor a inevitabilidade de uma existência experimental, em sua instabilidade e incerteza. *Mutações – A outra margem da política* quer ser também um desses estados experimentais, um antídoto contra a atual tendência passiva ao apolitismo irresponsável. Afinal, o ciclo foi gestado num observatório cujo nome é justamente *Artepensamento*.

---

32. Ver p. 27.

Ser o proprietário de sua própria pessoa: em direção a um conceito de liberdade como heteronomia sem servidão
Vladimir Safatle

> *Ó amigos, não mais esses sons.*
> SCHILLER

O que deve ser pensado aqui é esta coisa inconcebível ou incognoscível, uma liberdade que não seria mais o poder de um sujeito, uma liberdade sem autonomia, uma heteronomia sem servidão, em suma, algo como uma decisão passiva. Seria necessário, para isso, repensar os filosofemas da decisão e do par fundador da atividade e da passividade, assim como da potência e do ato[1].

Trata-se aqui de aceitar então o desafio proposto por Jacques Derrida em *Voyous: deux essais sur la raison*, e pensar isto que apareceria a nós como inconcebível e incognoscível, a saber, uma liberdade sem autonomia, uma heteronomia sem servidão. Isso é inconcebível, pois essas dissociações (liberdade sem autonomia, heteronomia sem servidão) parecem inicialmente a expressão simples de uma aporia. Entendemos de maneira quase natural a liberdade como uma capacidade de autodeterminação que se expressaria de forma preferencial por meio da força de legislar a si mesmo, de dar para si mesmo sua própria lei, em uma chave que nos remete inicialmente a Rousseau, para quem "a obediência à lei que uma pessoa prescreveu para si mesma é liberdade"[2]. Nesse sentido, ser movido por

---

1. Jacques Derrida, *Voyous: deux essais sur la raison*. Paris: Galillée, 2003, p. 210.
2. Jean-Jacques Rousseau, *Du contrat social*. Paris: Gallimard, Bibliothèque de la Pléiade, 1964, p. 365. Sobre

uma causalidade externa, heterônoma, aparece para nós como a figura elementar da submissão, pois seria expressão do não estar sob a jurisdição de si mesmo.

Esse filosofema protojurídico não tem realidade apenas moral. Ele é, ao mesmo tempo, central para a concepção do que entendemos por emancipação política. Nossas lutas políticas parecem guiadas pela tentativa de realização social da autonomia, pela realização potencial de uma emancipação que se realiza como força de autodeterminação em condições de vida comum. Mesmo que tal emancipação seja o espaço socialmente garantido para a multiplicação de formas de vida singulares, tais singularidades partilhariam um atributo fundamental, a saber, elas seriam a expressão diferida de uma autonomia em ato que poderia fundar uma experiência coletiva marcada pela liberdade potencial, pela assunção da própria voz ou, ainda, pela assunção daquilo que há de próprio na voz.

No entanto, talvez devamos nos questionar se tal concepção hegemônica de liberdade, longe de ser uma ideia reguladora fundamental para a definição do horizonte normativo das lutas sociais, não seria a expressão mesma de um bloqueio e da dependência de um conjunto tácito, não tematizado, de pressuposições que esvaziam a capacidade de transformação de nossas ações políticas. Conjunto este que deve ser exposto e questionado caso queiramos construir um horizonte efetivo de transformações sociais. Pois é possível que a paralisia atual em relação a tais transformações seja também resultado de uma rede de dependências em relação a horizontes normativos não problematizados e, à sua maneira, partilhados pelas próprias formas de vida que gostaríamos de transformar. Não se trata simplesmente de afirmar que a paralisia política atual é fruto de um mero equívoco conceitual, como se fosse o caso de corrigir nossos conceitos para que tal paralisia seja suspensa. Na verdade, trata-se de expor a maneira como somos radicalmente dependentes de formas de vida contra as quais aparentemente nós nos batemos. Produzir estranhamento naquilo que nos parece natural, criando uma des-identificação generalizada em relação a pressupostos naturalizados, sempre foi uma operação decisiva para a reorientação da ação e para a

a formação do conceito de autonomia, ver Jerome B. Schneewind, *A invenção da autonomia*. São Leopoldo: Editora Unisinos, 2001.

abertura em direção a novas configurações da práxis. A práxis só poderá se reorientar quando ela nascer de um horizonte geral de destituição em relação às coordenadas metafísicas que orientam e conformam tacitamente nossos desejos de transformação. E possivelmente a mais forte de todas essas coordenadas metafísicas se encontre na naturalização de certo conceito de liberdade.

DEMOCRACIA E IPSEIDADE

Partamos então das articulações propostas por Derrida. No início de seu livro, que é uma reflexão política sobre a democracia e seus impasses contemporâneos, Derrida parte de uma estratégia precisa: se quisermos entender o que está em jogo nas possibilidades inerentes à democracia, devemos tentar compreender que tipo de *krátos*, de força, de domínio, ela implica. Há um exercício da força que é próprio à democracia. Que força é esta e, principalmente, o que ela é capaz de produzir, qual sua plasticidade, qual é sua gramática própria?

Notemos o que essa estratégia pode nos abrir. Conhecemos diagnósticos sócio-históricos que afirmam ser nossa democracia atual uma *democracia sem demos*[3]. Nesse sentido, a reflexão sobre o conceito de *demos*, a recuperação do povo como categoria política central em sua força de deliberação, seriam a condição para a reconstrução da democracia. As múltiplas estratégias de fortalecimento das modalidades de insurgência do povo aparecem assim como condição necessária para certa forma de revitalização de nossas aspirações democráticas[4]. No entanto, se quisermos abrir a experiência democrática a uma superação de seus limites atuais e permitir o advento de novos sujeitos políticos, podemos nos perguntar se a estratégia correta não deveria focar em outro conceito, a saber, o de *krátos*. Pois se trata de perguntar se a verdadeira questão não se encontra em saber qual sujeito ocupará os espaços de deliberação e decisão, se a aristocracia ou o povo, se a soberania concentrada na mão de um ou de

---

3. Ver, por exemplo, Wendy Brown, *Undoing the Demos: Neoliberalism's Stealth Revolution*. New York: Zone Books, 2017. Para uma visão contrária, ver Catherine Colliot-Thélène, *La démocratie sans demos*. Paris: PUF, 2011
4. Nesse sentido, um modelo maior é a recuperação da categoria de povo feita por Ernesto Laclau em *A razão populista*. São Paulo: Três Estrelas, 2015.

muitos. Trata-se de perguntar se uma revitalização da democracia não nos exigiria modificar radicalmente o que entendemos por "exercício do poder", o que significa exercer a força.

Essas questões não são apenas relativas ao campo da filosofia política, como inicialmente poderia parecer. Não falamos apenas de formas de governo quando nos perguntamos sobre que tipo de força é pressuposta pela "força do povo" que seria própria à democracia. Na verdade, falamos de modos de constituição de agentes que querem ser socialmente reconhecidos como sujeitos. Todo sujeito é dotado de uma agência, e essa agência pressupõe, por sua vez, alguma forma de força, uma dinâmica específica de decisão e exercício cuja configuração deve ser objeto de análise. A democracia implica, em seu horizonte normativo, certa forma de agente e de agência – mas que tipo de agente é esse? Qual é o sujeito da democracia e, principalmente, quais são suas pressuposições metafísicas naturalizadas? Como será possível criticá-lo e reconstituí-lo?

Essas questões ganham importância em um contexto histórico como o nosso, no qual se amplia o ceticismo em relação à democracia. É possível dizer que, à sua maneira, o texto de Derrida, escrito há mais de dez anos, é uma elaboração sobre tal ceticismo. Deveríamos, pois, nos perguntar se todas as formas de ceticismo em relação à democracia são iguais. São todas elas formas de regressão social vinculadas ao medo, às frustrações e ao ressentimento em relação às transformações sociais e aos impasses econômicos inerentes ao desenvolvimento do que costumamos chamar de sociedades democráticas? Ou algumas delas são autocríticas que visam liberar a democracia de pressuposições metafísicas que seriam a verdadeira fonte de seus limites atuais, pressupostos estes que se perpetuam principalmente em sua versão liberal? Defender a democracia não seria atualmente possível apenas à condição de sermos capazes de criticar as pressuposições metafísicas que ela naturaliza? Essa é, de fato, a verdadeira estratégia de Derrida.

A resposta a tais questões passa pela compreensão de que a força do *demos* na democracia foi até agora indissociável de uma *ipse*. Trata-se de um *krátos* que é manifestação de uma *ipse*, de uma potência de realizar a condição de ser si mesmo. Poderíamos mesmo sugerir como definição: *a democracia procura aparecer como o espaço social de manifestação da força de ser si mesmo*. Sua racionalidade se baseia na crença de que sujeitos partilham um desejo fundamental: o desejo de dotar-se da força de ser si mesmos. O que, na verdade, é apenas o começo do problema, e não sua solução. Lembremos esta colocação astuta de Derrida: "Por 'ipseidade', eu subentendo pois algum 'eu posso' ou ao menos o poder que *se dá a si mesmo sua própria lei*, sua força de lei, sua representação de si, o coletivo soberano e reapropriador de si na simultaneidade da assembleia ou do estar em assembleia, do estar-junto, do 'viver junto', como se diz também"[5].

Ipseidade, ser si mesmo, aparece aqui em uma declinação bastante significativa. Ela aparece indissociável da capacidade de dar a si mesmo sua própria lei, de representar-se a si mesmo e de estar em assembleia na condição de quem conserva para si sua própria força. Isso pressupõe uma identidade fundamental entre a lei e o caso, entre a representação e o representado, entre o estar junto e o estar em seu próprio domínio. Tal identidade tem uma origem, a sobreposição não tematizada entre um fundamento metafísico e um exercício político.

Tentemos entender melhor este ponto. Insistir que a democracia é o espaço social de manifestação da força de ser si mesmo significa entre outras coisas que, por mais que uma sociedade democrática seja uma sociedade antagônica, caracterizada pelo reconhecimento da produtividade de conflitos sociais, acreditamos normalmente que a multiplicidade das perspectivas pode se incorporar em um *demos*, em um povo, nem que seja expulsando parte da população da condição de povo. Essa multiplicidade pode se incorporar em um *demos*, porque o desdobramento da multiplicidade é a expressão de uma força que nunca sai de si. Em democracia, *o povo é o nome deste movimento de atualizar o que nunca sai de si mesmo*, de colocar em assembleia o que conserva sua própria determinação.

É verdade que encontraremos estratégias distintas, como as que animam, por exemplo, Claude Lefort. Pois Lefort insistirá, ao contrário, na necessidade de impedir a sobreposição imediata entre poder e povo, a fim de preservar a dinâmica social antagônica própria à democracia. Isso implicará a suspensão da centralidade dos processos de incorporação do poder. Daí uma afirmação como esta: "A legitimidade do poder funda-se sobre o povo; mas a imagem da soberania popular se junta à de um lugar

---

5. Jacques Derrida, *op. cit.*, p. 30. Para uma concepção distinta de ipseidade, ver Bento Prado, Jr., *Ipseitas*. Belo Horizonte: Autêntica, 2017.

vazio, impossível de ser ocupado, de tal modo que os que exercem a autoridade pública não poderiam pretender apropriar-se dele. A democracia alia esses dois princípios aparentemente contraditórios: um, que o poder emana do povo; outro, que esse poder não é de ninguém"[6].

No entanto, se nesse caso o povo aparece como entidade indefinível a fim de preservar o antagonismo do social, tal caráter indeterminado é pago com a ficção de um poder como lugar vazio que deveria preservar as condições formais de uma gramática social dos conflitos a ser partilhada por todos. Nesse sentido, se a unidade não aparece na substancialidade imanente da vontade popular, ela aparece como legitimação pressuposta pela aceitação da natureza procedural da democracia atualmente posta[7]. Ou seja, o lugar do poder é vazio porque ele está já preenchido em sua dimensão simbólica. O vazio imaginário é apenas a explicitação de que o poder é solidário à crença na força do simbólico, ou seja, à crença na capacidade regulatória de uma gramática social de conflitos não problemática.

De qualquer forma, o ponto central a ser sublinhado aqui se refere às múltiplas maneiras de compreender como os conflitos sociais aparecem na condição de modos de desdobramento de uma força convergente própria a sociedades que agem de forma imanente, como se tais sociedades fossem ao mesmo tempo causa e efeito, origem e produção. Lembremos, por exemplo, Tocqueville falando da América como uma sociedade democrática por excelência:

> Há países em que um poder, de certa forma exterior ao corpo social, atua sobre ele e força-o a caminhar em certo sentido. Outros há em que a força é dividida, situando-se ao mesmo tempo na sociedade e fora dela. Nada parecido se vê nos Estados Unidos; lá a sociedade age por si e sobre si mesma. Só há força em seu seio; quase não se encontra ninguém que ouse conceber e, sobretudo, exprimir a ideia de buscá-la em outra parte[8].

---

6. Claude Lefort, *A invenção democrática*. São Paulo: Brasiliense, 1984, p. 76.
7. Para uma análise mais detalhada deste ponto, remeto ao primeiro capítulo de Vladimir Safatle, *O circuito dos afetos*. Belo Horizonte: Autêntica, 2016.
8. Alexis de Tocqueville, *A democracia na América*, vol. 1. São Paulo: Martins Fontes, 1998, p. 68.

A colocação de Tocqueville é interessante por definir a democracia como um corpo político marcado por certa univocidade potencial imanente, univocidade que se manifesta e se atualiza a partir de uma multiplicidade de vozes. Univocidade que garante a adesão às decisões, mesmo quando elas vão contra a vontade de grupos e classes específicas.

Notemos, porém, como há sempre um exercício de soberania na afirmação de si mesmo. Afirmar si mesmo não é apenas uma constatação, mas é uma produção performativa que exige certa autoridade e força reconhecida. E é necessário força porque a afirmação de si mesmo é também uma capacidade de exclusão, e ela não saberia ser de outra forma. Só é possível para mim ser minha própria causa se não houver nada que me retire da legislação de mim mesmo, nada que me coloque fora da jurisdição de mim mesmo, de meu próprio domínio. O exercício dessa ipseidade é uma soberania porque, como lembrará Derrida, será indissociável da constituição de formas de imunidade, de autoimunidade[9]. Pois o poder que é uma *ipse* não saberia se afirmar sem se imunizar, principalmente contra o que é involuntário, inconsciente, insubmisso a leis, contingente e que, por isso, só pode aparecer como um atentado potencial à liberdade. Essas figuras do involuntário, do inconsciente, do contingente, não são apenas alteridades, elas são a potencialidade de um *nomos* outro, expressões de outra ordem. Uma ordem que não se configura sob a forma da vontade, da consciência, da necessidade. Por isso, elas são a manifestação de uma heteronomia que coloca em questão o que entendemos por agência, por atividade. Elas quebram a força que aparece como "minha".

Assim, essa força democrática, que será também uma luta pela imunidade, uma decisão de imunizar-se, funda-se na defesa de que aquele que age o faz para desdobrar seu próprio domínio, e não é por acaso que *ipse*, como bem mostrou Benveniste, está associado a uma série relacionada ao poder, à possessão, à propriedade, à autoridade do senhor. Benveniste tenta explicar o porquê disso: "em várias línguas, 'o mestre' é designado pelo mesmo

---

[9]. Para um desenvolvimento extenso desse paradigma imunitário, ver Roberto Esposito, *Imunitas: protezione e negazione della vita*. Turim: Einaudi, 2002.

termo que 'si mesmo'"[10], seguindo o desdobramento de *potis*, do sânscrito. Isso lhe permite mostrar como identidade e domínio estão sempre relacionados. O que é *ipse* está disponível na condição de possibilidade integral de uso, porque é expressão da minha habilidade de dispor de mim mesmo.

Pode parecer que temos aqui alguma forma de anacronismo, pois não é difícil perceber como essa ipseidade da qual fala Derrida é constituída a partir de uma noção de autonomia que, afinal, é moderna. Noção vinculada à capacidade de dar a si mesmo sua própria lei, constituindo assim um campo de autolegislação e autogoverno que tem, por sua vez, a força de autodeterminação. Pois a autonomia moderna realiza a ideia de que minha determinação será expressão da liberdade quando ela for o resultado de uma autolegislação. Assim, mesmo quando normalmente nos engajamos na crítica das dinâmicas de alienação social, parece-nos que a crítica não poderia abandonar a afirmação possível de uma autolegislação potencial, de uma autonomia por vir.

No entanto, podemos inverter a análise e nos perguntar se a noção moderna de autonomia não se constituiu sobre pressuposições metafísicas mais profundas e originárias. Perguntemos: o que a noção de autolegislação deve necessariamente pressupor, o que em sua instauração perpetua um modo de ser cujas raízes nos levam para fora da modernidade, para uma, como dizia Adorno, "pré-história da subjetividade moderna"? Isso porque a colocação de Derrida a respeito de uma liberdade sem autonomia é sua maneira de lembrar que nada adianta criticar o paradigma jurídico implicado na própria noção de "autolegislação" se, ao fim e ao cabo, nossa crítica for guiada por pressuposições maiores, que ainda são intrínsecas à própria noção de autonomia. De nada adianta, por exemplo, lembrar que autolegislação implica instauração da noção de si próprio, por meio do exercício de uma jurisdição com sua noção de universalidade e incondicionalidade que exigem a internalização de dispositivos disciplinares de conformação de si à forma do sujeito de direitos, se eu não conseguir me mover para fora do que tal jurisdição pressupõe.

É nesse sentido que seria importante chamar a atenção para o fato de a autolegislação e o autogoverno (processos simétricos nesse contexto)

---

10. Émile Benveniste, *Vocabulaire de termes indo-européens*, volume I. Paris: Les Éditions de Minuit, 1969, p. 90.

estarem necessariamente fundados em um princípio muito mais decisivo e prenhe de consequências, a saber, a noção de autopertencimento[11]. Conhecemos uma multiplicidade de estratégias filosóficas distintas que pensarão a liberdade como um forma precisa de autopertencimento (por exemplo, os estoicos e sua noção de *oikeiôsis*, os cínicos e sua noção de *autarkeia*, Spinoza e sua noção claramente jurídica de *sui iuris*, Kant e seus conceitos de *mündigkeit* e *selbst-bestimmung*). Poderíamos utilizar uma estratégia de leitura que irá explorar as distinções evidentes entre tais concepções, mostrando, inclusive, como elas produzirão diferentes formas de vida. Mas poderíamos também insistir que essa diferença, que essa dispersão ainda conserva um princípio comum que define certa limitação, que faz tal campo de diferenças girar em torno de uma dificuldade comum e aparentemente insuperável. Dificuldade aparentemente insuperável ao menos para nós, leitores de tais experiências de pensamento às voltas com as possibilidades históricas inerentes às sociedades capitalistas contemporâneas. Pois a questão fundamental aqui será: quais são as formas sociais atuais que configuram e definem as possibilidades de realização de demandas de autopertencimento? Para nós, o que significa ler e tentar recuperar formas diversas de autopertencimento como modelo de realização da liberdade?

Se aceitarmos que a liberdade não pode ser compreendida apenas como um exercício de expressão individual, mas que ela é, na verdade, um modo de relação social, então será importante nos perguntarmos como certos conceitos filosóficos vinculados à estruturação normativa da noção de liberdade podem ser significados atualmente. Isso dá à atividade filosófica um caráter estratégico que é constitutivo de sua natureza histórica. Há situações históricas nas quais certos conceitos não podem mais ser postos, isso se quisermos conservar o potencial de emancipação que eles um dia foram capazes de expressar. Há certas coisas das quais não podemos mais falar, se quisermos realizá-las. É possível que tal pressuposição valha para as múltiplas e diversas formas de liberdade como autopertencimento.

---

11. Sobre o conceito de autopertencimento, ver sobretudo Gerald Cohen, *Self-ownership, Freedom and Equality*. Cambridge: Cambridge University Press, 1995. Ou, para uma visão libertária do problema, ver Robert Nozick, *Anarchy, State and Utopia*. Nova York: Basic Books, 1974.

AUTONOMIA E PERTENCIMENTO DE SI

Voltemos então por um instante àquilo que poderíamos chamar de "concepção hegemônica de autonomia". Atualmente, aceitaríamos sem maiores problemas que uma das características fundamentais dos sujeitos reconhecidos como dotados de autonomia moral é exatamente o autopertencimento. Para ser o legislador de mim mesmo, para ser o enunciador da lei que expressa minha liberdade, é necessário que essa lei seja minha. Se ela fosse, por exemplo, lei de um Outro que internalizei, lei que se impôs a mim por meio de coação, ela seria expressão de minha servidão, não de minha liberdade. Quando a lei se exerce, seu exercício implica a constituição de um espaço no qual eu não posso me perder, um espaço no qual eu não pertenço a ninguém, a não ser a mim mesmo. Por isso, Kant, por exemplo, insistia que a causalidade presente na ação autônoma é uma causalidade através da liberdade (*Kausalität durch Freiheit*)[12]. Essa liberdade é outra maneira de dizer que há uma espécie de mesmidade implicada no exercício da autonomia. Liberdade como autonomia não é apenas se afirmar para além da causalidade da natureza e das disposições mecanicistas que aparentemente submeteriam tudo o que é objeto, tudo o que é coisa. Liberdade como autonomia é estar em possessão de si mesmo, em possessão de meus atos, de minhas razões para agir.

Normalmente, associamos autonomia a uma capacidade fundamental de autorreflexão. Dizemos então que um sujeito autônomo é alguém capaz de tomar a si mesmo como objeto de inspeção e reflexão. Mas lembremos que a partir do ato de tomar a si mesmo por objeto de autorreflexão eu exercito a possessão de mim mesmo. Pois, por meio da autorreflexão, eu objetifico o que em mim é ainda afetado por uma causalidade externa. Objetifico no sentido de "dispor diante de mim", de tomar possessão de algo por colocá-lo diante de mim. No mesmo movimento, tomo distância do que me coloca fora de meu próprio domínio e afirmo o primado de decisões enunciadas em um espaço no qual se exerce uma relação sem distâncias de mim mesmo. Nesse espaço sem distância, eu experimento o que o "eu" significa, para além de sua realidade puramente psicológica.

---

12. Immanuel Kant, *Crítica da razão prática*. Petrópolis: Vozes, 2004.

É neste ponto que gostaria de introduzir o argumento central deste texto, a saber, tal noção de autonomia tem como pressuposição maior não apenas as relações de autopertencimento, não apenas a autoidentidade, mas o direito natural da propriedade de si. Não é apenas como dotado de autopertencimento, mas como proprietário de si mesmo que o sujeito autônomo age e afirma sua liberdade. Pois, nas condições históricas atuais, não é possível insistir em uma forma de pertencimento que não seja expressa sob o regime da propriedade. No interior de nossas sociedades capitalistas, todas as formas de pertencimento e de possessão foram colonizadas por uma forma geral expressa nas relações de propriedade. Não seria possível a uma reflexão própria à filosofia política ignorar tal situação. Não seria possível ignorar que existe algo como uma força metafísica do capitalismo, ou seja, um modo de conformação das possibilidades gerais de existência e de relação. Essa é a consequência necessária de uma pressuposição histórico-materialista de nossas formas de pensar.

De fato, a definição da liberdade como propriedade de si é uma das origens históricas da noção moderna de autonomia. Todos conhecemos a afirmação de Locke no *Segundo Tratado do Governo*, de 1689.

> Embora a terra e todas as criaturas inferiores sejam comuns a todos os homens, ainda assim todo homem tem a *propriedade* em sua própria *pessoa*. A este ninguém tem direito algum, a não ser ele próprio. Pode-se dizer que o *trabalho* do seu corpo e a *obra* de suas mãos são propriamente seus. Tudo o que ele retire do estado que a natureza providenciou e lá deixou fica misturado ao seu trabalho, justando-se a algo que lhe pertence e, por isto, fazendo dele sua *propriedade*[13].

Ou seja, a propriedade individual do que aparece previamente como um bem comum (a terra e todas as criaturas inferiores) é baseada no fato de o trabalho ser, ao mesmo tempo, uma expressão de si e forma de possessão. O trabalho aparece aqui como a produção do que é próprio a mim, do que é a confirmação especular de minha própria determinação. Como o burguês que tem dentro de sua casa objetos que contam a história de sua pessoa, de suas pequenas idiossincrasias, viagens exóticas

---

13. John Locke, *Second Treatise of Government*, Cambridge: Cambridge University Press, 1988, p. 340.

e memórias, a consciência que trabalha parece querer transformar a natureza em uma grande *home* decorada por objetos que são a expressão de sua própria história. Pois *propriedade é, acima de tudo, um afeto*: o afeto da segurança das coisas que estão completamente submetidas ao meu domínio. Essa sobreposição entre expressão e possessão pode ocorrer porque na forma da autodeterminação, o campo de nossa *ipse* é imediatamente a expressão de relações de propriedade. Eu sou sujeito porque tenho a propriedade de minha própria pessoa.

Décadas antes de Locke, essa propriedade de minha própria pessoa aparecera, de forma explícita, no liberalismo inglês do século XVII e em suas lutas políticas. Dentre tantos exemplos possíveis, lembremos da maneira com que Richard Overton inicia, em 1646, seu panfleto *An arrow against all tyrants and tyrany*, peça maior da batalha dos Levellers, movimento considerado como um dos primeiros a apresentar a consciência emergente do radicalismo democrático:

> Para todo indivíduo na natureza, é dada uma propriedade individual por natureza que não pode ser invadida ou usurpada por ninguém. Para todos, na medida em que é si mesmo, haverá a propriedade de si, senão ele não poderia ser si mesmo; e a esse respeito nenhum terceiro pode privá-lo sem uma violação manifesta e uma afronta ao princípio básico da natureza e das regras de equidade e justiça entre homens. Meu e teu só podem existir dessa forma. Nenhum homem tem poder sobre meus direitos e liberdade, e não tenho poder sobre direitos e liberdade de homem nenhum. Posso ser apenas um indivíduo, gozar de mim mesmo e da propriedade de mim mesmo, mas não tenho o direito de ser mais do que mim mesmo; se faço isso, entro e invado os direitos de outro homem, o que não tenho direito de fazer. Pelo nascimento natural, todos os homens são iguais e identicamente nascidos para gozar da propriedade, da liberdade, e, como somos entregues por Deus, por intermédio da natureza, neste mundo, todos têm uma liberdade inata, natural, e propriedade – como está escrito nas tábuas do coração de todos os homens[14].

---

14. Richard Overton, *An arrow against all tyrants*. Disponível em: <http://www.constitution.org/lev/eng_lev_05.htm>. Acesso em: 6 jul. 2019.

As colocações aqui são exemplares. Na aurora do conceito moderno de democracia, Overton proclama a liberdade como reconhecimento de uma relação de propriedade da qual não posso ser privado, da qual nenhum poder pode me alienar. Daí a noção da propriedade de si como um direito natural. Esse direito natural deve fundamentar a institucionalidade da vida social, garantindo um espaço no qual a ação social é pensada como o exercício das demandas de reconhecimento da minha condição de proprietário. Como MacPherson afirmou: "o indivíduo não tem apenas a propriedade em sua própria pessoa e capacidade, uma propriedade no sentido de um direito a usufruir e usá-la e excluir outros deste usufruto. Na verdade, é esta propriedade, esta exclusão dos outros que faz de um homem um ser humano"[15].

Essa maneira de afirmar a experiência da liberdade não poderia deixar de sentir as consequências de um paradoxo, pois relações de propriedade são, normalmente, relações entre pessoas e coisas, ou seja, elas são exatamente o contrário do que entendemos por relações capazes de produzir a afirmação da condição de sujeitos. Relações de propriedade pressupõem essa distinção fundamental entre o que se submete a um direito de uso (coisas) e o que não se submete (pessoa)[16]. Por isso, elas são *dissimétricas e baseadas em submissão*, o proprietário tem direito de uso sobre sua propriedade. O que é propriedade está em relação de dependência existencial em relação a seu proprietário. Ou seja, a causalidade de uma propriedade lhe é necessariamente exterior. Ela se encontra na vontade de seu proprietário. No entanto, por estar no interior do domínio de seu proprietário, a propriedade tem uma peculiar identidade ao seu proprietário. Por ser propriedade, o que lhe ocorre, ocorre imediatamente também ao proprietário.

Ninguém melhor que Hegel, em sua dialética do senhor e do escravo, demonstrou como havia uma reversibilidade contínua na relação aparentemente dissimétrica entre propriedade e proprietário[17]. Hegel lembrará que o uso da propriedade implica, necessariamente, transformação do próprio proprietário, dependência do próprio proprietário (senhor) em

---

15. C. R. MacPherson, *The Theory of Possessive Individualism. Hobbes to Locke*. New York: Oxford University Press, 1962, p. 142.
16. Ver, a este respeito: Roberto Esposito, *Le persone e le cose*. Roma: Einaudi, 2014.
17. Cf. G. W. F. Hegel, *Fenomenologia do espírito*, Petrópolis: Vozes, 1992, capítulo IV.

relação à propriedade (escravo), em relação ao modo de existência da propriedade. Como o gozo do sujeito proprietário depende da propriedade e de seu modo de existência, é impossível que esse modo de existência não passe necessariamente ao sujeito.

Hegel pode lembrar dessa reversibilidade porque, ao menos em sua *Fenomenologia do espírito*, as relações de propriedade não aparecem apenas como relações de uso, mas como relações de desejo. Eu não apenas uso propriedades, eu desejo o que se reduz à condição de propriedade, e essa é a base do processo de alienação inerente a toda noção de propriedade de si. Meu desejo se submete à forma da propriedade, meu ser se determina no interior de um campo de propriedades. Eu me determino a partir daquilo que se conforma à condição de propriedade. Dessa forma, desejar como um senhor de escravo é definir o escravo como o modo de existência do meu desejo, é vincular minha expressão ao que se dispõe integralmente, ao que se define de forma unidimensional, ao que não pode escapar de minha possessão, mas que apenas confirma meu domínio, minha narrativa sobre mim mesmo. Isso traz consequências maiores quando falamos de uma relação de ipseidade, pois o conceito de propriedade de si impede que a liberdade seja distinta de um procedimento de autorreificação.

A tese que gostaria de defender aqui é que tal noção de propriedade de si não é apenas uma construção ideológica que à sua maneira sublima as condições de reprodução material da sociedade capitalista de livre mercado em ascensão. Se me servi inicialmente das considerações de Derrida, foi para insistir na tese da liberdade como propriedade de si ser também a realização possível de uma premissa metafísica que se enraíza em nossas elaborações mais originárias sobre si mesmo e autopertencimento. No entanto, a partir do momento em que tal noção de liberdade como propriedade de si emerge, todas as outras formas de autopertencimento ficam impossibilitadas. Pois ela tem a seu favor a força dos processos de reprodução material da vida e de sua colonização extensiva das possibilidades imanentes à experiência social.

É neste ponto que devemos retomar a colocação inicial de Derrida, a fim de defender simplesmente não ser mais possível pensar a liberdade como autonomia, nos restando a tarefa maior de compreender o que pode ser uma liberdade como heteronomia sem servidão. Mas há também de se insistir que esse horizonte metafísico faz da democracia, ou ao menos fez dela até hoje, a afirmação do primado das relações de propriedade, da constituição da agência social como expressão da propriedade de si. Em suma, *a democracia foi até agora a afirmação do ser proprietário de si mesmo.* Ela foi até agora a defesa da integridade da pessoa como proprietária de si.

Mesmo quando a democracia liberal foi criticada do ponto de vista da defesa dos bens comuns, tal crítica foi feita normalmente em nome de outra forma de propriedade, de outra forma de possessão, a saber, a propriedade coletiva[18]. Raros foram os momentos nos quais tal crítica foi feita em nome da possibilidade de circulação do que é impróprio, do que não é configurado como propriedade. Isso demonstra como boa parte de nosso esforço crítico permaneceu no mesmo horizonte normativo que fundamenta o que gostaríamos de criticar. O que não poderia ser diferente, já que mesmo o horizonte crítico da democracia foi dependente da força normativa do conceito de autonomia, ainda que tal autonomia fosse baseada na noção de intencionalidade coletiva[19].

UMA DEFINIÇÃO DA LIBERDADE COMO HETERONOMIA SEM SERVIDÃO

Tentemos, pois, descrever, ao menos de forma geral, o que poderíamos entender como heteronomia sem servidão. Há várias maneiras de introduzir essa questão vinculada à consciência historicamente crescente de um potencial moral e político fundamental presente na defesa de uma agência causada pelo que não se deixa determinar como o que me é próprio.

Gostaria de começar sugerindo uma definição operacional sobre o que é uma heteronomia *como* servidão. As relações de heteronomia são vivenciadas como servidão quando elas expressam a submissão de minha vontade à vontade de um Outro. Nessa condição, e apenas nessa condição, a heteronomia é uma forma de alienação, já que é apenas nessa condição que o exercício da força é pensado como realização de uma dominação. Mas há situações nas quais me ponho em relação com aquilo

---

18. Para um modelo de crítica baseado na despossessão, ver Giorgio Agamben, *Altíssima pobreza: regras monásticas e formas de vida*, São Paulo: Boitempo, 2014.
19. Ver, a respeito da noção de intencionalidade coletiva, Michael Tomasello, *A Natural History of Human Thinking*, Cambridge, MA: Harvard University Press, 2014.

que, mesmo não me sendo próprio, mesmo não se definindo a partir do exercício das potencialidades da minha pessoa, também não é vontade de um Outro[20]. Isso implica capacidade de se relacionar àquilo que, no Outro, o despossui de si mesmo, recusando a forma geral da vontade, ou seja, aquilo que despossui não só a mim, mas também ao Outro. Deixo-me afetar por algo que me move como uma força heterônoma e que, ao mesmo tempo, é profundamente desprovido de lugar no Outro, algo que desampara a mim e ao Outro. Assim, constitui-se uma relação que não pode ser descrita como servidão, e que é paradoxalmente uma forma de liberdade.

Pode-se estranhar falar em liberdade nesse contexto. Mas comecemos por perguntar: tudo o que causa minhas ações de forma involuntária, tudo o que quebra a jurisdição das leis que um dia pareci dar para mim mesmo é, de fato, um atentado à minha liberdade? Não haveria entre nós uma concepção de liberdade para a qual sou livre quando sou capaz de me abrir àquilo que não controlo completamente, àquilo que não se submete à lei que tomei por minha? Essa outra concepção não dirá que liberdade é autonomia. Ela dirá que liberdade é saber que há sempre uma alteridade profunda que me afeta, e que por isso minhas ações nunca são completamente minhas. Pensar assim nos deixaria mais aptos a ouvir aquilo que nos atravessa sem nunca adquirir a forma de nós mesmos. Em afirmação de Judith Butler, essa é minha maneira de compreender o que está em jogo. Para ela, no interior de vínculos sociais,

> Nós somos despossuídos de nós mesmos em virtude de alguma forma de contato com outro, em virtude de sermos movidos e mesmo surpreendidos ou desconcertados por este encontro com a alteridade. A experiência em si não é simplesmente episódica, mas pode e deve revelar uma base de relacionalidade – nós não simplesmente movemos nós mesmos, mas somos movidos por aquilo que está fora de nós, por outros, mas também por todo "fora" que resida em nós[21].

---

20. Em Lacan, o modelo dessa implicação é dado pela relação entre sujeito e objeto causa do desejo. Para tanto, ver Jacques Lacan, *Le séminaire VIII: Le transfert*, Paris: Seuil, 2000.
21. Judith Butler; Athena Athanasiou, *Dispossession: The Performative in The Political*, Cambridge: Polity Press, 2013, p. 3.

Ou seja, entrar em relação não é apenas confirmar-se em suas propriedades supostas, mas despossuir-se a si mesmo por se abrir a algo o afeta vindo de uma exterioridade. Tal despossessão expõe minha vulnerabilidade estrutural aos encontros, assim como a opacidade a mim mesmo daquilo que me leva a vincular-me a outros que me despossuem e me descontrolam. Por isso, a relacionalidade própria à condição humana não pode ser compreendida como garantia de cooperação. Mesmo que a despossessão possa aparecer também como expressão máxima de uma vulnerabilidade produzida pela insegurança social e civil a ser politicamente combatida com todas as nossas forças, já que produção de um não ser social, isso não eliminaria a necessidade de uma política capaz de quebrar a substancialização do "individualismo possessivo" a partir da afirmação da produtividade de situações de heteronomia sem servidão.

Dessa forma, devemos dizer que, em uma democracia efetiva, uma democracia ainda por vir, os agentes estarão em contínua despossessão de si por serem capazes de implicar-se com aquilo que desconstitui o sistema de determinação da pessoa e de suas propriedades. A democracia efetiva não é a afirmação da propriedade de si. Ela é a emergência de sujeitos políticos desprovidos de relação de propriedade, mesmo de propriedade de si. Mas essa despossessão de propriedades é a condição para que eles encarnem processos que retiram continuamente os indivíduos de suas identidades supostas, criando um campo de implicação genérica. Há uma plasticidade social no interior da democracia efetiva que ainda não conhecemos, pois isso nos exigiria afetos políticos diferentes daqueles que nos orientam atualmente.

UMA OUTRA ORDEM DAS COISAS

Tentemos entender melhor o que significa dizer que, em uma democracia efetiva, os sujeitos estarão de contínua despossessão de si. Uma forma de pensar tal problema passa pela tentativa de compreender o que pode ser um *krátos* que não seria mais a expressão da afirmação proprietária da autoidentidade. Um *krátos* que, por isso, não poderia mais ser pensado como a expressão do exercício associativo de indivíduos em defesa de seus sistemas de interesses ou da capacidade de deliberação comum própria a indivíduos associados. Pensemos esse *krátos* em três níveis de relações sociais, a saber: as relações aos objetos, as relações aos sujeitos e as relações a si.

O primeiro desses níveis, as relações aos objetos, é normalmente o mais negligenciado quando é questão de reflexões a respeito das dinâmicas de emancipação. Isso porque estamos profundamente colonizados pela ideia de que o trabalho produz o direito de possessão. Aquilo em que eu trabalho é meu. Um povo, como um sujeito político coletivo, como um trabalhador coletivo, deveria também aparecer como o proprietário dos objetos nos quais ele trabalha. Seguindo tal esquema, a emancipação social só poderia ser compreendida como o ato de tomar possessão dos objetos cuja fonte de existência são o meu trabalho ou o trabalho do povo do qual faço parte.

Ou seja, "coisas" aparece aqui como o que está a serviço de "pessoas", como o que pode ser submetido a uma relação de propriedade personalizada. Vemos uma forma de emancipação que não escapa da generalização das relações de propriedade e de usufruto conectado à propriedade. Nesse sentido, podemos dizer que apenas em uma sociedade de proprietários, em uma sociedade na qual o estatuto fundamental de membro se confunde com o estatuto de proprietário, podem existir "coisas". Em sociedades nas quais "pessoas" são livres, o preço a pagar por tal liberdade é que as "coisas" estejam sujeitas à servidão. Assim, se São Tomás afirmava que "pessoa" era o domínio no interior do qual a razão podia expressar o domínio de seus próprios atos, como o autor de seus próprios atos, é porque, para nós, as coisas não agem, elas são ativadas por nós.

No entanto, podemos perguntar se o verdadeiro conceito de emancipação social seria não exatamente a noção de uma sociedade de sujeitos livres, mas sim de uma sociedade de sujeitos e coisas livres. Pois é possível que a emancipação das coisas seja a primeira condição para a emancipação dos sujeitos, o que nos obrigaria a aceitar a existência de um *krátos* que vem das coisas, que é a afecção das coisas em sujeitos a partir de uma dimensão involuntária e externa.

Por outro lado, falar de emancipação das coisas significa que, longe de ser instrumentos de afirmação das relações de possessão, as coisas podem aparecer como o que nos causa e como o que age em nós sem estar vinculado à vontade de uma pessoa, à deliberação de uma consciência. Um pouco como essas obras de arte que nos afetam sem serem a expressão da deliberação de uma pessoa. Elas não são apenas a sedimentação dos circuitos de histórias que as compõem, são também a força de seus corpos, de seus materiais, dos caminhos de suas materialidades, de sua "vida própria". Um *krátos* liberado da metafísica da propriedade seria o reconhecimento da força das coisas em nós, em nossas ações. O exercício de tal *krátos* pode ser a condição para uma sociedade na qual objetos nos afetam em sua impropriedade e inapropriação. Estamos falando de uma sociedade na qual objetos seriam inapropriáveis, na qual eles não seriam nem propriedade individual nem propriedade coletiva, mas a expressão de que vivemos em um circuito de objetos que nos afetam e não nos são próprios. Uma sociedade democrática seria aquela na qual as coisas não existem mais na forma do que poderia ser possuído. Nenhuma reconstituição da biopolítica que nos governa pode se realizar sem começar pela destituição da centralidade das relações de propriedade na definição da vida social.

Isso interfere na própria noção do que entendemos por "sujeito", pois sujeitos teriam as marcas dos objetos que os afetam e que eles portam. Os sujeitos trariam um núcleo do objeto em si mesmos, o que modifica radicalmente o que entendemos por "si mesmo". Essa emergência de novos sujeitos políticos é inseparável da emergência de um sujeito descentrado, sujeitos descentrados pelo que aparece a eles como involuntário, não consensual e opaco, como um objeto. Tal descentramento nos obriga a repensar os paradigmas da decisão e da deliberação como cálculo de meios e fins que nos acompanha desde Aristóteles.

Por outro lado, um *krátos* não mais conectado à força de permanecer idêntico a si mesmo seria o exercício de agir a partir do que nos despossui. Isso significa agir a partir do que desconstitui nossa formação como povo. Pois essa força não constitui uma identidade coletiva, nem uma interdependência baseada na solidariedade necessária diante do reconhecimento de nossa vulnerabilidade. Esse modelo baseado na cooperação de sujeitos autônomos ainda é muito dependente de um modelo de agência fundado no domínio de si, no domínio disciplinar de si por uma consciência definida como sistema de interesses.

Mas a política pode se tornar o espaço da desconstituição de identidade e da emergência de um comum que não é apenas a extensão ilimitada do potencial das relações humanas. Política como a integração do que até então fora compreendido como não humano, como coisa. Lembremos, por exemplo, como o jovem Marx falava sobre uma conexão multilateral à natureza, de um metabolismo entre humano e natureza que poderia liberá-la da condição de mero objeto, abrindo a experiência social a formas diferentes de pensar a dialética entre natureza e história[22]. Lembremos como a Revolução Francesa trouxe a recomposição das relações entre razão e loucura[23], chegando mesmo a fazer com que essas "coisas" que eram os escravos haitianos fossem elevados à condição de verdadeiros enunciadores dos ideais revolucionários contra as tropas napoleônicas. Todos esses exemplos mostram como há uma biopolítica que um outro *krátos* libera de seus laços disciplinares.

Para concluir, seria necessário levar em conta o fato de tais proposições soarem muito genéricas para alguns. Mas há de se argumentar que isso não é um problema. Adorno costumava dizer que a antecipação da forma de uma sociedade reconciliada era um atentado contra a própria reconciliação. Pois os sujeitos mutilados que somos não podem imaginar o que é a liberdade social sem se servir de modelos de organização próprios à situação de guerra civil na qual vivemos em nossas lutas cotidianas de classe, em nossas lutas cotidianas contra a violência próprias às nossas democracias liberais. Calar-se diante do que pode ser o governo de outro *krátos* não é impotência, mas confiança na força plástica da política e de sua multiplicidade local. A teoria pode nos levar a acreditar que temos o desejo e a capacidade de fazer muito mais do que fizemos até agora. Ela pode nos dizer que não fomos ainda muito longe com nossa negação, mas não pode antecipar o que recusa toda projeção. Porque a teoria se abre diante do que apenas a prática emancipada em seus contextos locais pode produzir.

---

22. Cf. Karl Marx, *Manifesto econômico-filosófico*, São Paulo: Boitempo, 2007.
23. Ver Michel Foucault, *Histoire de la folie*, Paris: Gallimard, 1961, e sua discussão a respeito de Pinel.

Podemos mudar a direção da sociedade?[1]
Eugène Enriquez

Todas as múltiplas análises de nossas sociedades modernas, por mais variadas e contraditórias que sejam, concordam num ponto essencial: ninguém sabe mais como dirigi-las, como dar-lhes um novo impulso, pois elas não só se tornaram cada vez mais complexas, como também, e sobretudo, tornaram-se mais "explodidas". Assim elas se comprazem no anúncio de uma catástrofe a um prazo mais ou menos curto. São "sociedades" que mal merecem esse nome, pois dão mostras de um vínculo social totalmente frouxo, e cada um, em vez de trabalhar para restaurá-las, parece contribuir apenas para sua total destruição.

É possível propor um diagnóstico simples e de conjunto sobre nossas sociedades, que resuma, talvez arbitrariamente, o pensamento dos diversos comentadores. São sociedades de consumo, do espetáculo, do efêmero e da velocidade, do indivíduo que deve sempre se ultrapassar e do crescimento constante das desigualdades. Sociedades em que os progressos tecnológicos são impressionantes, em que a revolução digital arrasta tudo em sua passagem, sociedades da medida, da "quantofrenia" (Pitirim Sorokin), em que somente os primeiros são reconhecidos, e os demais são tratados como "ajudados", aproveitadores ou preguiçosos. Sociedades, portanto, em que somente são apreciados os "primeiros da fila", os que se destacam, os ricos, cultos, limpos, sobretudo de "raça branca", enquanto os demais formam o *vulgum pecus* [literalmente, o "gado comum"],

1. Tradução de Paulo Neves.

com o qual não se sabe o que fazer senão vigiar. Sociedades expostas ao aquecimento climático, que têm consciência disso, mas são incapazes de tomar as medidas indispensáveis para evitar uma catástrofe anunciada. Sociedades que não permitem a um número imenso de pessoas viver decentemente, e que as conduzem à emigração para terras imaginadas como ricas e acolhedoras, mas que na realidade têm medo e se fecham diante dessa chamada "invasão". Em suma, tipos de sociedade que não satisfazem verdadeiramente a ninguém, em que cada um exprime seus temores do futuro e propõe as soluções mais diversas, sem que a maior parte dessas medidas possa ser colocada em ação.

Diagnóstico sombrio, soluções variadas – difíceis ou impossíveis de aplicar –, tudo concorre para passar sobre nossas sociedades a imagem de um navio sem leme e sem capitão, e que acabará um dia como o Titanic.

A. VALOR DO DIAGNÓSTICO

Ainda que tal diagnóstico, muito resumido e esquemático, seja compartilhado pela maioria, isso não significa que seja exato. Aliás, alguns "futurólogos" emitem uma análise diametralmente oposta e nos anunciam, como o faziam no passado comunistas convictos, "amanhãs que cantam". Não nos deteremos nessas análises minoritárias, que parecem minimizar os problemas e que, para todos os efeitos, não consideram o "vivido" da maioria dos cidadãos.

Voltemos, pois, aos diagnósticos "catastróficos" que nos fazem crer que "tudo era melhor antes", como afirma Michel Serres, com humor. Ora, nada é mais falso. Mesmo se deixarmos de lado os livros de Serres, que alguns consideram de um grande otimismo (embora Serres escreva que o presente e o futuro próximo estão cheios de promessas, é possível que o futuro longínquo seja "pior" do que se pensa), basta voltar os olhos sobre o final do século XIX ou o começo da Segunda Guerra Mundial para se convencer de que o passado nunca teve nada de glorioso. A Revolução Francesa não foi um "jantar de gala", e muito menos o foram a reação termidoriana e a tomada do poder por Napoleão. O século XIX foi o das guerras napoleônicas, da reação das potências aliadas e do esmagamento, na Europa, dos desejos de liberdade de 1848; o século dos "trabalhos forçados industriais", da luta pelo reconhecimento dos sindicatos e de um salário decente; depois veio a "carnificina" de 1914 a 1918, antes daquela provocada pelo nazismo e pelo fascismo.

Na verdade, todas as épocas precedentes foram mais ou menos perturbadas. As sociedades sempre foram "aproximativas", como muito bem observa Georges Balandier; nenhum de nós gostaria de reviver o final do século XIX, a Grande Guerra, o período nazista ou a maneira como funcionavam, na América do Sul, sociedades estritamente não igualitárias.

Em suma, viver em sociedade sempre foi difícil para todos aqueles que não são grandes atores pertencentes à esfera do poder. Mas as sociedades humanas sempre acreditaram (desde que começaram a desejar a mudança, isto é, desde que verdadeiramente entraram na "história" e quiseram fazer a história ao invés de sofrê-la passivamente ou de considerá-la, como a definiam pensadores contrarrevolucionários como De Maistre ou De Bonald, um simples produto da "Providência") que haviam criado as condições para um progresso indefinido, que o antigo fora revogado de uma vez por todas, que as sociedades e os seres humanos eram e seriam sempre passíveis de ser aperfeiçoados.

Ora, agora sabemos que essa crença é errônea. As sociedades acreditam construir instituições sólidas, mas estas podem se desfazer rapidamente, logo não restando mais que um "monte de areia". O antigo nunca desaparece, a história nos ensina isso. O que um dia foi vivido permanece como um "vestígio", como um "fantasma" que quer recomeçar a viver. Assim, mesmo se não acreditamos mais em Júpiter, políticos ainda hoje se definem como jupiterianos. Presidentes se comportam como monarcas. O passado é sempre operante, e tanto mais quando se acredita tê-lo feito desaparecer totalmente. Foi o que a psicanálise demonstrou no nível da psique, enquanto a sociologia sublinhava a força da memória coletiva, uma memória não imobilizada, que, ao contrário, continuamente se renova ao longo das gerações.

A memória individual (transmitida pela família ou ainda funcionando de maneira inconsciente) e a memória coletiva se fundem, se apoiam ou se contradizem em cada indivíduo. Isso torna particularmente difícil a qualquer governante tentar manejar a memória coletiva, promovê-la, transformá-la em um "mito vital" que irrigue os pensamentos e os atos de cada um. Ela se opõe a qualquer mudança brutal, a qualquer horizonte novo. Naturalmente, isso não significa que as sociedades sejam imóveis.

Ao contrário, como mostraremos adiante, não há "sociedade totalmente imóvel" que conserve a mesma "mentalidade primitiva" (nos termos de Lucien Lévy-Bruhl) de suas origens. Toda sociedade está em perpétua mudança, mas às vezes esta é tão lenta, tão insidiosa e impalpável, que os homens pensam que o tempo parou. A mudança, então, é quase imperceptível, e se torna facilmente assimilável, aceitável.

Não é esse o caso das sociedades atuais, que não querem senão reformas, progresso, inventividade, criatividade, com frequência desorientando as pessoas, que tendem a sentir saudade dos tempos passados, transformados em algo como uma "idade de ouro".

Sabemos bem que essa imagem é falsa, embelezada, mas ela permite a cada um ligar-se a representações antigas que têm um poder apaziguador. As sociedades evoluem, embora mantendo elementos dos tempos antigos, mas não conseguem transformar os indivíduos. Já há muitos anos, grandes pensadores – citemos em primeiro lugar Cornelius Castoriadis – vêm pregando a transformação de nossas sociedades em sociedades autônomas compostas de sujeitos autônomos, isto é, que saibam produzir suas próprias leis e suas próprias normas. Essa aspiração não se limitou a alguns teóricos talentosos. Ao contrário, nossas sociedades individualistas, que tentaram fazer de cada sujeito um ídolo para si mesmo (cada um sentindo-se possuidor de um "ego grandioso" e não querendo separar-se dele ou imaginar-lhe limites), creem na possibilidade de que o indivíduo possa "desenvolver-se", "superar-se", realizar-se". Cada um se vê, portanto, como alguém aperfeiçoável. Tratar-se-ia apenas de encontrar as técnicas necessárias (da ginástica à meditação transcendental, passando pelos métodos mais diversos propostos pelas revistas) para efetivamente "desabrochar" e tornar-se de fato o que "a gente é profundamente".

Há um sério problema aí. Nem todo mundo é feito para ser "um vencedor", alguém que se supera, que ama as experiências mais diversas e mais inovadoras que vão transformá-lo e ajudá-lo a modificar o mundo. A maioria das pessoas gosta de sua tranquilidade, e, se não tem medo de experiências, aprecia apenas as que lhe dão prazer sem muito investimento. Os indivíduos "individualistas" se amam. Amam a imagem de si e amam os outros, contanto que estes os reconheçam, os apreciem, os incensem. Não estão prontos a se transformar radicalmente e a "enfrentar de pé o abismo", como convida Castoriadis. Ou seja, as pessoas são dificilmente aperfeiçoáveis. E nossas sociedades contemporâneas têm seus lotes de bipolares, apáticos, masoquistas, sádicos, paranoicos, *borderlines* e drogados de todo tipo. Nossos concidadãos não são mais apaixonantes do que foram seus pais. E, se não mostram os mesmos déficits, as mesmas anomalias, as mesmas doenças (assim, o "neurótico" de Freud tende a desaparecer em proveito do "depressivo"), não são melhores nem piores que seus antecessores.

Feito esse giro de horizonte, é possível afirmar que nossas sociedades contemporâneas, embora apresentem características novas em relação às antigas, não são *a priori* melhores nem piores que as anteriores. Se elas nos causam medo, é por conter perigos que antes eram desconhecidos. E que convém identificar: a possibilidade de destruição progressiva do planeta, ligada ao aquecimento climático, à invasão do lixo e dos pesticidas, à poluição das terras e dos mares; o desenvolvimento da inteligência artificial, que alimenta o medo de que toda decisão seja tomada por algoritmos cujos elementos constitutivos não conhecemos; o temor de que um dia robôs e *softwares* tomem realmente o poder (processo que, aliás, já começou); o crescimento das profissões (ou melhor, dos *jobs*) cujo interesse ninguém vê e que empobrecem a vida dos que as praticam (os *bullshit jobs*); as relações humanas entre pessoas referindo-se a sexos cada vez menos precisos (heterossexuais, homossexuais gays e lésbicas, transexuais, personalidade *queer* etc.), tornando-as mais frágeis e às vezes mais violentas. Nascem interrogações sobre a sexualidade de cada um, sobre a maneira de assumi-la, sobre o tipo de relação que ela permite ou impede. Cada um se vê interrogado sobre o que é, sobre o que esperam de si. E, como as interrogações são numerosas e variáveis, ninguém sabe mais exatamente qual pode ou deve ser seu comportamento esperado, e se está pronto para responder a uma demanda social, ou, ao contrário, a suas próprias exigências internas. Nem todos os aspectos de nossas sociedades que alimentam novos medos são sentidos por todos. Por exemplo, se todo mundo atualmente compreende o que é e pode ser a ecologia, poucos ainda são capazes de levar em conta pesquisas ecológicas para guiar seu comportamento pessoal. Outro exemplo: se todos (que têm um trabalho, que gostam de trabalhar) recusam um mundo em que o trabalho é sem interesse, nada impede que os que se encontram nessa situação e a sofrem sejam capazes, mesmo assim, de se devotar a suas atividades, pois estão impregnados pela consciência do valor que o trabalho possui em nossas sociedades.

Em suma, o conjunto das pessoas não sabe mais verdadeiramente como se conduzir. Pois, se todos têm temores, nada impede que nossas sociedades continuem a se assemelhar ao que eram antes; a maioria das pessoas tem consciência dos perigos, mas continua agindo como se nada houvesse. Os indivíduos se apaixonam por futebol, assistem à televisão, vão ao cinema, fazem passeios, caminhadas, saem de férias e tiram fotos... como antes. Os partidos políticos tendem cada vez mais a endurecer suas opiniões e, se estão no poder, a manifestar sua intolerância com relação aos outros. Muito pouca gente pensa que talvez esteja vivendo "os últimos dias da humanidade" (Karl Kraus). E, convenhamos, felizmente! Caso contrário, seria o pânico. Precedemos em alguns meses ou alguns anos a catástrofe provável anunciada por boa parte dos analistas. Tentemos lucidamente ver o que é possível pensar e fazer.

B. UM DESVIO INDISPENSÁVEL: AS OBRAS DE MAQUIAVEL E DE MONTAIGNE

Por que escolher, para guiar nossa reflexão, dois pensadores certamente importantes, mas contemporâneos da Renascença, um mundo muito afastado do nosso, e que em princípio não parecem ajudar a ler o mundo atual e alimentar nossa ação? Simplesmente porque eles viveram em tempos violentos (talvez tão violentos quanto o nosso), porque foram obrigados, considerando suas posições ou suas ambições, a intervir na tormenta sem ter muitas referências (ainda que fossem grandes leitores dos historiadores e pensadores romanos), conscientes das disputas e dos riscos pessoais que corriam.

Maquiavel e Montaigne são nossos "próximos" e julgamos que as obras e a vida deles podem nos ajudar a explorar o que se passa com nossas sociedades e os indivíduos que as povoam, naturalmente sem dar respostas prontas e definitivas – que, na verdade, não seriam mais que obstáculos ao pensamento.

Completaremos essa evocação com uma referência mais próxima de nós, a perspectiva psicossociológica nascida do cruzamento entre pensadores "utópicos" do século XIX e psicólogos e sociólogos, principalmente norte-americanos, ingleses e franceses. Veremos se aquilo que a perspectiva psicossociológica nos permite descobrir pode se aliar ou não às reflexões tiradas de um estudo relativamente rápido das obras de Maquiavel e Montaigne.

Por ora, concentremo-nos nesses dois autores. Em primeiro lugar Maquiavel, o mais antigo.

Poucos autores foram comentados de maneira tão contraditória quanto Maquiavel. Se, para alguns, ele se assemelha ao diabo – é um "apóstolo do mal", como vemos em Leo Strauss –, pois dá lições aos poderosos para que possam exercer seu poder como o desejam, outros, como Rousseau, o veem como um verdadeiro republicano que exalta um povo que "sabe o que não quer: deixar-se dominar". Outros, como Quentin Skinner (um dos melhores especialistas recentes em Maquiavel), insistem sobretudo na lucidez do florentino, que lhe permite compreender tanto a sede de poder dos príncipes quanto o desejo de liberdade do povo.

Maquiavel não escreve um livro para definir o que deveria ser um bom poder. Ele zomba dos escritores que "imaginaram repúblicas e monarquias que nunca foram vistas ou conhecidas como verdadeiras". Não quer ser um comerciante de ilusão e um criador de utopia. Vivendo na Itália, em Florença, numa república real que pode se entregar a um profeta (certamente indefeso, o que causará sua perdição) como Savonarola, o qual, noutro momento, aceita o jugo dos Médici, que tentam continuamente obter o favor dos franceses (pois a França era então uma verdadeira potência, diferentemente de Florença), Maquiavel vai buscar descrever o que se passa exatamente tanto com o príncipe que tomou o poder quanto com o povo que deve sustentá-lo ou suportá-lo.

Ele escreve em uma época que os modernos chamaram de "momento maquiaveliano". Para Patrick Boucheron, historiador atual, "deve-se entender por momento maquiaveliano essa indeterminação dos tempos quando um ideal republicano se confronta com sua própria impotência, com o desgaste das palavras e a opacidade da representação, o que hoje chamam de 'fadiga democrática'". Trata-se de uma época mais que perturbada, uma época de violências extremas que culminará num acontecimento que abalou toda a cristandade: o "saque de Roma", em 1527.

Para tentar dizer algo de novo, para "tomar um caminho que ninguém antes dele pisou", para rasgar a cortina das aparências, Maquiavel perceberia que um principado só é respeitado se estiver armado ou se puder dar alguma coisa a seu interlocutor (caso contrário, não valerá nada), que ele deve ser defendido por seus próprios cidadãos, e não por mercenários, que o povo é realmente capaz, mesmo que de modo geral seja ignorante, que ele é capaz de ver as coisas de longe e conhece bem o que o oprime e lhe causa horror.

Maquiavel sabe também que um príncipe não pode ser muito generoso, que ele deve aprender "a não ser bom", a eliminar (como Rômulo fez com Remo) o que o impede de fundar aquilo que pretende, que não deve ter outro objeto ou outros empreendimentos senão a guerra e as instituições e a ciência da guerra (assim, se Pisa não quer ser subalterna a Florença, deve-se obrigá-la, "seja por um cerco ou pela fome, seja por um assalto, atacando com a artilharia suas muralhas"). Também deve saber desembaraçar-se dos subordinados que abusarem da repressão e assim prejudicarem a imagem de justo do príncipe. O essencial é que Maquiavel percebe claramente o antagonismo profundo entre o povo e o príncipe, pois cada um conhece bem a natureza do outro. Ele escreve: "A crueldade da multidão se dirige contra aqueles que suspeita quererem usurpar o bem geral; a crueldade do príncipe persegue todos os que considera inimigos do seu bem particular". Essa oposição é central, é como a da plebe e dos patrícios em Roma. Mas foi graças àquela oposição que Roma pôde durar e dominar o mundo antigo. Portanto, um príncipe deve sempre conhecer bem o que o povo quer e o povo deve compreender como funciona o príncipe. Não há unidade, há somente um confronto contínuo, cada um limitando o poder do outro. O príncipe não é bom nem mau. Ele persegue seus objetivos, e o povo consciente tem como motor de sua ação o amor à justiça. Essa divisão fundamental vai contra todas as utopias, mas reflete bem o que é uma república: dois poderes centrais e uma limitação necessária de um poder pelo outro.

Merleau-Ponty afirma: "Maquiavel não ignorou os valores. Ele os viu, vivos, ruidosos como uma obra em construção, ligados a certas ações históricas", e soube "afastar num mesmo gesto a esperança e o desespero".

Abordemos agora nosso outro guia, Montaigne. Ele é mais recente. Maquiavel morre em 1529, e portanto jamais poderia conhecer Montaigne, que nasce em 1533. O primeiro é o contemporâneo do Renascimento e de seu esplendor, assim como das terríveis guerras da época.

Montaigne vai se confrontar com as consequências da conquista do Novo Mundo e terá de enfrentar as guerras religiosas. Ambos viveram em tempos agitados. Mas, enquanto Maquiavel sempre desejou ter funções oficiais e influenciar a vida de sua sociedade, Montaigne, embora tenha aceitado o cargo de prefeito de Bordeaux, não quis ocupá-lo uma segunda vez e sempre estabeleceu uma barreira entre si mesmo e sua função. Conforme escreve, "o prefeito e Montaigne sempre foram dois, numa separação bem clara".

Assim, sua "mensagem" vai ser muito diferente, e sua notoriedade será menor, porém mais positiva que a de Maquiavel.

À primeira vista, tudo os opõe. Se Maquiavel quer ensinar a lição ao "Príncipe" ou analisar o papel da plebe em Roma, situando-se como um homem "douto" e sério, Montaigne tem sobretudo a vontade de conhecer a si mesmo: ele sabe que não sabe grande coisa (seu lema é *que sais-je?* [que sei eu?]). Gosta de se divertir e mostrar desenvoltura. Tem o gosto da conversação e pode mudar de opinião quando outro o convence de estar errado (salvo nas vezes em que a conversação, contra sua vontade, pode se transformar em duelo), pois nem sempre tem certeza do que pensa. Se gosta das mulheres, como Maquiavel, fala delas de maneira bem mais gentil e sutil. Se, na maior parte das circunstâncias, é capaz de tomar posições claras, pois admira a franqueza, nunca está disposto, como sublinha Antoine Compagnon, "a sacrificar a moral privada em favor da razão de Estado". Permanece um homem cheio de contradições, as quais ele não tenta resolver, mas o fazem refletir constantemente. Aliás, ao lermos diferentes comentadores de Montaigne, ficamos impressionados com as imagens extremamente variadas que nos oferecem desse homem que sempre buscou aprofundar seu modo de funcionamento psíquico, moral e social. Maquiavel sempre nos causa um pouco de medo. Já Montaigne é visto como um ser sutil, amistoso, com quem se quer passar um longo momento junto, pois nos parece sempre próximo no brilho furta-cor de sua existência.

Seria estéril continuar a colocá-los em oposição, pois são dois autores que se bastam a si mesmos, nenhum tendo influenciado o outro. Dito isso, não foi inútil evocar suas diferenças, pois são essas diferenças que nos ajudaram a lê-los e a tomá-los como guias de viagem.

O que Montaigne pode oferecer para o nosso propósito? Primeiramente, certa leveza. Ele nos faz compreender que a vida social não é e não pode ser a totalidade da vida de um homem. De uma só vez, compreendemos melhor os indivíduos que se colocam problemas sobre a maneira de se ligar à vida da Cidade, que se recusam a tomar posição por um partido, a ser militantes. Compreendemos suas hesitações, suas nuances, suas maneiras de pesar o pró e o contra, de gostar de discussões francas, mas aguçadas, com colegas e amigos que também refletem sobre seus engajamentos.

Ao dizer "que sei eu?", ao pregar uma educação de "cabeças bem-feitas", e não de "cabeças bem cheias", amante da conversação e da controvérsia que passava o tempo a "descobrir a si mesmo" (o que certamente não teria feito, se não fosse a ferida terrível que representou para ele a morte do seu amigo La Boétie), ao aprofundar sua solidão, indo apenas em direção à "ciência que o instrua a morrer bem e a viver bem" e sem uma fé cristã muito forte, Montaigne nos ensina que nada neste mundo deve ceder ao reinado, que alguns querem instaurar, da velocidade, do pensamento positivo, da busca da felicidade a qualquer preço. Ele diz, de certo modo, para não sermos "egos grandiosos" (ou pelo menos para não termos essa tentação), paranoicos, masoquistas, sádicos, apáticos, *borderlines* etc. De fato, se soubermos refletir sobre a morte, que é "a extremidade da vida" (e não o "objetivo da vida", como pensava Montaigne no início de sua reflexão), se "as belas vidas são, como para ele, as que se afastam do modelo comum e humano, com ordem, mas sem milagre e sem extravagância", se, a seu exemplo, nos contentarmos em viver "uma vida apenas escusável e de usufruir o mundo", poderemos então ocupar um lugar neste mundo, fazendo bem aquilo que temos de fazer, isto é, interrogando-nos sobre nós mesmos e estabelecendo relações com os outros. Relações que nos permitam evoluir e também ajudar os outros a evoluir. Seguindo essa linha, também devemos preferir os momentos nos quais queremos e buscamos aqueles em que simplesmente estamos (como diz Montaigne, "sem esperança e sem desejo nada vale a pena"), ter o prazer de ler, fazer amizades, viver amores de forma intensa, a cada vez movidos e mexidos no mais profundo do ser, sempre surpreendidos e exaltados pelo que nos acontece. Poderemos cumprir assim o papel que escolhemos representar em nossa sociedade, mas, como Montaigne, sem nos identificar com ele e sem nos transformar por conveniência dele.

Uma última palavra sobre Montaigne, e talvez a mais essencial. Ele representa para nós um modelo de liberdade intelectual e moral. Foi um homem sem pretensões, que conhecia seus defeitos, seus limites, suas possibilidades, continuamente mutável e, em realidade, sempre o mesmo, capaz até o último dia de amar e de se entusiasmar. É o que provam estas magníficas frases [sobre uma jovem escritora que ele conheceu no fim da vida]: "Tive prazer de publicar em vários lugares a esperança que sinto por Marie de Gournay, minha filha por aliança e certamente bem mais amada por mim do que pelo pai, como uma das melhores partes do meu ser. Não tenho olhos senão para ela no mundo". Que entusiasmo para um homem perto da morte, que tem trinta anos mais que aquela a quem dirige esse elogio! Que força de vida! Pensamos que todo leitor de Montaigne se sente mais jovem e mais amado na vida ao lê-lo.

C. A PERSPECTIVA PSICOSSOCIOLÓGICA TAL COMO A ENTENDEMOS

1. Ela põe em ligação a conduta individual e coletiva com a vida psíquica e o campo social

O termo "psicossociologia" mostra bem que, para tentar compreender as condutas humanas, é necessário levar em conta tanto a vida psíquica individual e coletiva quanto os processos considerados principalmente como sociais e econômicos. É uma maneira de explorar o que Marcel Mauss chamava de "fenômeno social total", e que preferimos chamar de "fenômeno psicossocial total". Assim, vemos que pulsões, desejos, fantasmas e projeções intervêm no campo social.

2. Ela se atribui apenas tarefas e objetivos atingíveis

Nisso ela não é revolucionária. Ela julga que todas as revoluções acabaram mal. Mas escuta atentamente as palavras daqueles que na maior parte do tempo não têm o direito à palavra, seja qual for seu sexo, "raça" e nível social, e que devem poder intervir na vida da Cidade. A psicossociologia é essencialmente *anti-hierárquica, antiburocrática, antitecnocrática*.

Mas nem por isso é reformista. Ela considera que o estado de não mudança não existe. Trata-se, portanto, de aceitar que o mundo, ainda mais atualmente, se encontra num estado *normal* de perpétua mudança, e de estar preparado para antecipar, acompanhar, prolongar, contradizer ou combater as mudanças espontâneas ou programadas que se apresentam todo dia aos nossos olhos.

O psicossociólogo, que não é mais inteligente que outro especialista, tem uma vantagem: sabe que os "fatos" não existem como tais, mas são construídos, que as pessoas lutam para tentar fazer admitir suas opiniões dando-lhes um caráter de verdade, e que, portanto, ele deve se proteger "tanto da direita quanto da esquerda". Deve tentar libertar os grupos com os quais trabalha das "exclusões" sempre mortíferas que os animam em maior ou menor grau, e ajudá-los a analisar suas crenças e suas convicções. Deve ser um "despertador", isto é, alguém que, como Montaigne, pede a si mesmo e aos outros para se curvar ao jugo de uma análise constante e exigente daquilo em que acreditam, daquilo que os motiva, daquilo que pode fazê-los felizes ou, ao contrário, tristes. Tal ação permite que as pessoas se livrem de suas "paixões tristes" (como diria Spinoza) e cheguem a um grau maior de lucidez e de liberdade.

3. O psicossociólogo é movido por uma "ética da finitude"

São conhecidos três tipos de ética: a da convicção (Kant), a da responsabilidade (Weber), e a da discussão (Habermas).

Na ética da convicção, o homem decide empreender uma ação de acordo com suas convicções, sem se preocupar com as consequências da ação, que podem ser nocivas. Os grandes chefes de Estado são com frequência indivíduos que têm a coragem de suas convicções, boas ou más (conforme Maquiavel).

Na ética da responsabilidade, o indivíduo só pratica atos após ter considerado todas as consequências possíveis destes, e só escolhe empreender a ação que tiver as melhores consequências. Mas, como mostrou Herbert Simon, sua racionalidade é sempre limitada e ele pode ter esquecido uma das consequências.

Na ética da discussão, cada um dos membros interessados por um problema deve poder discutir e argumentar com seus colegas para chegar a uma decisão que tenha a adesão de todos. No entanto, isso pressupõe que as pessoas já sejam democratas que consideram os outros como parceiros, e não como adversários ou inimigos.

O psicossociólogo, guiado por uma "ética da finitude", comporta-se de outro modo. Ele pode ter convicções, mas é capaz de interrogá-las. Ele se interessa pelas consequências possíveis de sua ação, mas sabe que só pode pôr em prática uma racionalidade limitada, e sabe de antemão que podem se produzir consequências inesperadas. Se for um partidário da livre discussão, sabe também que num grupo nem todos jogam o mesmo jogo, que alguns tentarão manipular a discussão em seu favor e que muitas decisões terão compromisso de pouco valor.

Portanto, ele tem convicções, mas se interroga; procura ser racional, mas conhece os limites de seus julgamentos; tem confiança nos parceiros, mas presta atenção para não ser trapaceado. Além disso, conhece a força de seu inconsciente, que pode fazê-lo realizar atos nos quais jamais teria pensado. Daí vem a ética da finitude, que considera a aceitação da impotência, a tomada de consciência dos limites, a conivência de cada um com a morte que traz em si e que ele pode projetar sobre os outros. Quando o sujeito se situa ao mesmo tempo como portador de vida e de morte, como egoísta e altruísta, como ser de razão e de paixão, como alguém que pensa sozinho e com os outros, ele será capaz de sublimação, isto é, de buscar a si mesmo nos outros e o outro em si mesmo, numa busca permanente de verdade para si e para outrem. O psicossociólogo se coloca em perigo, ele confia, como deve fazer um psicanalista, que só "quem não tem medo de se rasgar" é capaz de agir na maior lucidez. Assim, não tendo muito receio de se perder, pode reencontrar a si mesmo e aos outros.

4. Essa concepção da postura e da ação do psicossociólogo se concilia com a concepção que ele tem do ser humano

Para ele, como para Walter Benjamin, cada homem é "um ser histórico", qualquer que seja o lugar que ocupe no tabuleiro social. Situado muito alto, poderá talvez exercer uma enorme influência; situado muito baixo, só poderá "mover as coisas" com dificuldade e o apoio de muitos outros. Mas, para todos os efeitos, é capaz de influir sobre o curso dos acontecimentos, para o melhor ou para o pior. Ninguém é inocente, todo mundo é o autor mais ou menos anônimo de "momentos de civilização, assim como de momentos de barbárie", como afirma Benjamin.

Essa transformação não toma a forma de uma revolução ou de uma série de reformas. Ela acontece *todos os dias*, muitas vezes secretamente, em todas as ações cotidianas de luta pela melhora das condições de trabalho ou de remuneração, de criação de novas relações sociais e afetivas com o cônjuge, assim como com os filhos, os vizinhos, as pessoas que encontramos. Essa transmutação se dá diariamente nos menores gestos, por meio das palavras mais simples, ou então não acontece. Não há "grande festa" ou "greve geral" que ponha abaixo os poderosos. Há a vontade diária de renovar, no seu nível e dentro do possível, a realidade psicossocial.

Esse papel imanente de cada indivíduo de situar-se como *criador de história* ainda é pouco reconhecido pelas pessoas, pois se trata de um fardo duro de carregar. Ele significa que cada um é em alguma medida responsável pelo que lhe acontece e pelo que acontece na cena social. Isso não quer dizer que tal indivíduo esteja liberado dos determinismos sociais, como acreditavam alguns pensadores liberais extremistas. Ao contrário, o *criador de história* deve compreender o mundo no qual está engajado e deve examinar o que é possível fazer – no seu nível, sozinho ou com outros – para que se possa chegar a essa mutação. Se ele deve se conhecer cada vez melhor, deve também ser capaz, com outros, de uma análise social aprofundada que lhe permita precisar sua zona de liberdade e sua zona de luta. Caso contrário, ou se acreditará todo-poderoso (é o que ensina a ideologia atual de "realização" e de "superação" contínua de si mesmo) ou se sentirá esmagado, entregando-se à derrota.

D. OS CAMINHOS POSSÍVEIS DA NOVIDADE

É preciso olhar os homens tais como são: nem anjos nem animais. É o que nos ensinam, de maneiras diferentes, Maquiavel, Montaigne e a psicossociologia, que jamais quiseram dar uma imagem positiva e embelezada dos homens e puderam pensar o que nunca tinha sido pensado antes deles, modificando totalmente a visão de seus contemporâneos e também (ou em outro momento) refletindo e pensando como "qualquer um". Os homens são aptos ao heroísmo ou à covardia mais nociva, abertos a outrem ou capazes de matar seu vizinho (ver os *pogroms* na Polônia durante a Segunda Guerra Mundial ou os massacres de Ruanda). São feitos de amor e ódio (foi o que Empédocles, num passado distante, percebeu), são animais selvagens e animais políticos (Aristóteles). Em suma, cada homem é uma mistura mais ou menos louca, pois não tem, como os animais, instinto para guiá-lo (Castoriadis). Há apenas pulsões, fantasmas, representações que o levam a criar obras artísticas de grande beleza ou a inventar o inferno na terra (os campos de concentração, a morte racional). É com esse ser curioso, totalmente contraditório, louco e genial, razoável e apaixonado, que ama e odeia, que temos de lidar diariamente. Maquiavel não quis embelezá-lo e fez bem. Montaigne expôs como ele poderia se aperfeiçoar e teve razão. Ambos (e também a psicossociologia) nos mostraram que o homem é um ser *totalmente imprevisível*. E é por isso que, desde Platão, todo mundo se pergunta como governá-lo e educá-lo e, desde Freud, como analisá-lo e compreendê-lo. Mas todos os bons autores e os que conhecem bem seu ofício sabem que governar, educar, psicanalisar (e, pode-se acrescentar, intervir psicossociologicamente para ajudá-lo a evoluir) são "tarefas impossíveis", isto é, tarefas em que os resultados esperados nunca estão à altura dos esforços despendidos.

Assim, não devemos ter esperança demais no futuro, é o que Maquiavel nos fez compreender bem: nem esperança nem desespero, pois essas duas atitudes levam a impasses. Devemos simplesmente experimentar, inventar, retomar a tarefa cem vezes se for necessário, sabendo que os resultados de nossas ações serão sempre "aproximativos". Certamente seria uma ambição desmesurada enumerar todas as ações possíveis. Para isso seria necessário um livro, e mesmo assim ele não nos satisfaria. Mas fornecer algumas pistas de trabalho é algo bem-vindo. Ei-las aqui, numa ordem que talvez não seja lógica, mas que nos parece relativamente pertinente.

1) *Esse ser imprevisível* deve ser colocado em condições nas quais a) de um lado, terá uma visão mais *complexa* da sociedade; b) de outro, poderá *se interrogar*, trabalhar sobre si mesmo como Montaigne nos convidou a fazer.

Uma visão mais complexa e mais justa da sociedade: toda educação e formação permanente deverá ter por objetivo "cabeças bem-feitas", isto é, capazes de analisar os "determinismos" sociais e mostrar as zonas de ação individual e coletiva. Assim, cada um, tendo as "boas informações" e estando habituado a lê-las, isto é, compreendendo a que elas se referem, o que elas podem significar, não se entregará facilmente às *fake news*, à propaganda, ao doutrinamento. Esse trabalho de "crítica" das ilusões, das ideias prontas, das convicções sem raízes, favorecerá maior liberdade de cada um nas escolhas políticas e econômicas que se apresentam.

Para isso, uma formação em grupo de discussão, animado por um condutor neutro que permita aos participantes se exprimir e mostrar suas concordâncias e discordâncias, parece indispensável. Aliás, numerosas associações fazem esse trabalho, que possibilita a cada um desalienar-se um pouco, entrando em formas de comunicação nas quais suas ideias são ao mesmo tempo respeitadas e contestadas, assim como as dos outros.

Por outro lado, a partir de um trabalho sobre si mesmo, cada um conhecerá seus gostos, suas aptidões, explorará seus limites, desenvolverá as paixões que lhe dão alegria, sentirá prazer em ser ele mesmo, na complexidade de sua relação com os outros. Passará a lutar contra a apatia, o hábito e a repetição. Poderá quem sabe um dia tornar-se um *dichter*, um "poeta", capaz de nomear bem as coisas e de tomar o partido da vida. Em todo caso, poderá sentir-se um exótico[2], ou seja, alguém que aprecia o diverso no mundo e em si mesmo.

2) Uma vez habituado a interrogar-se e a ser interrogado pelos outros, ele poderá se reconhecer como um homem que tem o direito de se exprimir e de desempenhar um papel importante na dinâmica social. Poderá então colocar em questão (mas não em pedaços) a revolução digital em andamento, lutar para que as decisões importantes não sejam tomadas por algoritmos sobre os quais não se tem poder algum, perguntar-se se deve ser um homem da organização, um ser adaptado que se curva às decisões da empresa ou do grupo de que faz parte, um indivíduo totalmente devotado ao trabalho e que só pensa em superar-se, sempre buscando a felicidade e por isso sem atingi-la jamais, pois a busca da felicidade é um engodo, uma armadilha; ou então, ao contrário, um ser autônomo capaz de uma "crítica social" e de uma análise transgressiva e inovadora.

3) Se conseguir se livrar das identificações mortíferas nas organizações de que faz parte, ele poderá experimentar seu desejo de liberdade como *confiança* [*reliance*]. Seu desejo de liberdade será saber estabelecer, como fez Montaigne, uma diferença entre as funções que ocupa e o que

---

2. Um *exote*, conforme o termo francês criado por Victor Segalen. [N.T.]

ele é enquanto ser humano. Não aderir totalmente ao seu trabalho é mostrar leveza, disponibilidade, amor pela aventura, é não ser apenas um *Homo economicus* ou um *Homo sapiens*, mas poder simultaneamente ser um *Homo demens, ludens, aestheticus, viator, eroticus*, isto é, um ser completo. Certamente ele saberá que ninguém abriga tantas personalidades diferentes dentro de si, mas poderá escolher o que quiser ser no momento em que decidir.

4) Essa variedade interior lhe abre as portas da espécie humana, permite-lhe compreender os outros povos, as civilizações longínquas, sentir-se próximo deles, reconhecê-los como "próximos". Quem sabe poderá um dia dizer, como Montesquieu: "Se eu soubesse que algo me foi proveitoso mas prejudicial à minha família, eu o expulsaria do meu espírito; se soubesse algo que foi proveitoso à minha família e prejudicial à minha nação, eu logo o esqueceria; se soubesse algo que foi proveitoso à minha nação e prejudicial à Europa, ou, melhor ainda, se soubesse algo que foi proveitoso à Europa e prejudicial ao resto da humanidade, eu o consideraria como um crime". Ele pensará, como diria a psicanalista Nathalie Zaltzman, que uma psicanálise "bem-sucedida" é a que leva o analisando a sentir que faz parte da espécie humana e a contribuir para o seu florescimento.

5) Essa abertura aos outros é também uma abertura à beleza do mundo e ao desejo de participar dessa beleza. O ser humano sente o desejo de ser criativo, inventivo, e não conforme. Sua inventividade pode se exprimir em qualquer domínio. Ele escreverá, cantará, dançará, fará descobertas. Fará o que considera o melhor. Ele aprendeu, e desta vez definitivamente, que é um sujeito psíquico e social e, como tal, que não deve ser o "duplo" de ninguém, repetindo o que os outros fazem como os "carneiros de Panurgo" de Rabelais, incapaz de ter um pensamento, uma ideia, uma ação original.

6) A partir disso, tudo é possível. Esse homem compreendeu ou tenta compreender o mundo em que vive, procura, sozinho – ou, melhor ainda, com outros – decifrá-lo, o que lhe permite tomar distância do que não aprecia. Torna-se um homem livre, autônomo, que sabe, como diz Castoriadis, "enfrentar de pé o abismo", capaz de resistir às injunções da "multidão solitária" (David Riesman), da "maioria compacta" (Henrik Ibsen), apto a ter projetos para si mesmo e para outros. Assim, o veremos

ocupar-se de associações caritativas, colocar suas capacidades a serviço dos que vivem em dificuldade, interessar-se por tudo que pode ajudar o desenvolvimento do mundo, o fim da pobreza e das desigualdades.

7) Esse sujeito autônomo não pode existir sozinho, ele tem necessidade dos outros, sobretudo de instituições novas em que a força instituinte, inovadora, está sempre presente. Assim, se tais instituições (políticas, artísticas etc.) não existem, ele tentará com outros criá-las, promovê-las, mas sem cair na ilusão de que encontrou enfim "o lugar e a fórmula" (Arthur Rimbaud). Continuará seu trabalho de análise individual e social com elas, pois sabe agora que "nada jamais está ganho para o homem" (Aragon) e que também ele pode, um dia, realizar atos nefastos que lhe causem horror.

8) O trabalho nunca estará terminado porque os "poderosos" estão sempre aí, impedindo que a maioria das pessoas se desenvolva, realize o que deseja, satisfaça sua fome. Maquiavel tem razão: os poderosos não querem que a plebe venha a "apoderar-se de seus bens" e farão tudo para impedi-lo.

Portanto, será preciso continuar lutando todos os dias para fazer admitir que cada um tem o direito e o dever de tornar-se o que quer ser, e não o que os outros querem que ele seja. Mas, a não ser em casos trágicos, essa luta não será uma "luta de morte", como aquela evocada por Hegel, mas uma oposição firme, sólida, que oporá aos poderosos a força mais sutil daqueles que os antigos chamavam "a plebe", da qual todos fazemos parte em maior ou menor grau, e que nos define como seres morais e sociais providos, como dizia Spinoza, "da potência de agir".

Representação política e sua crise: um ponto de vista da filosofia política
Renato Lessa

A REPRESENTAÇÃO E SEU (DES)ENCONTRO COM A DEMOCRACIA

No léxico político contemporâneo, *democracia* e *representação* parecem pertencer a um mesmo campo semântico. Com efeito, sem qualquer dificuldade de ordem conceitual, cidadãos de repúblicas realmente existentes podem propugnar por mais *democracia* a partir da exigência de maior qualidade no exercício da *representação*. Não sendo, com certeza, a única modalidade de exigência ao alcance dos cidadãos, não se pode dizer que ela seja de todo infrequente. De qualquer modo, ao menos tem sido possível exprimir adesão à democracia por meio da linguagem da representação. Hanna Pitkin, em seu texto clássico *The Concept of Representation*, indicou a forte pregnância do tema para os tempos modernos: "Nos tempos modernos, quase todo mundo quer ser governado por representantes... todo grupo político ou causa deseja representação... todo governo alega ser representativo"[1].

Mesmo observadores profissionais da política, por conforto nominalista ou por crença, utilizam de modo corrente a expressão *democracia representativa* para designar as formas políticas e institucionais que se generalizaram sobre mais da metade do globo durante o século xx. Nesse amálgama, *democracia* e *representação* aparecem como partes de um nexo necessário e de uma grande convergência.

---

1. Cf. Hanna Pitkin, *The Concept of Representation*, Berkeley: University of California Press, 1972, p. 2.

No entanto, nem sempre foi assim. Houve momentos na história do pensamento político – e na história da política propriamente dita – nos quais os campos semânticos das duas ideias mencionadas, assim com suas implicações existenciais, foram cuidadosamente distinguidos. Lembrar tais episódios não visa tanto exortar o leitor a aderir de modo nostálgico a projetos de refundação democrática, com base em uma improvável re-helenização da política, quanto indicar o caráter artificial, sensível ao engenho humano e, portanto, mutante – e, no limite, perecível – da associação teórica e prática entre *democracia* e *representação*. Se é verdade que a democracia não nasceu representativa, a representação, por sua vez, não veio ao mundo como expressão natural da democracia. A convergência entre ambos os princípios só foi possível em sociedades nas quais a pressão democrática – no sentido espinosiano e tocquevilliano do termo – foi canalizada na direção de instituições e práticas representativas.

Ainda que o termo não tenha sido de sua lavra, James Madison (século XVIII) pode ser hoje apresentado como um dos inventores daquilo que seguimos nomeando de modo um tanto impróprio como *democracia representativa*[2]. Segundo ele, havia uma clara distinção conceitual entre o que deveria ser uma *república moderna* e o que seria uma *república democrática* à antiga. Tal diferença se daria pela presença, no desenho moderno de república que ele propôs, daquilo que designou como o *esquema da representação*[3]. A *democracia*, ao contrário, poderia ser definida como uma "sociedade formada por um pequeno número de cidadãos que se unem e administram pessoalmente o governo"[4]. Algo distinto, pois, da *república*, caracterizada, segundo ele, pela "delegação do governo a um pequeno número de cidadãos eleitos pelos demais"[5]. A história dos significados possíveis da expressão *democracia representativa* diz, pois, do trajeto percorrido entre a primeira concepção – "cidadãos que administram pesso-

---

2. Devemos a expressão a Thomas Paine, para quem a representação não se constitui como meio para barrar a ameaça democrática, e sim como possibilidade de alargamento da própria democracia. Em seu contexto imediato, e no do século XIX, Paine foi um perdedor. De qualquer forma, seus textos são úteis para quem pretende avaliar o estado da representação a partir das interpelações que a pressão democratizante acaba por se lhe impor. Ver, em especial, Thomas Paine, *Political Writings* (ed. Bruce Kuklick), Cambridge: Cambridge University Press, 1989.
3. Para a apresentação original do argumento, ver James Madison, "Federalista # 10", in: *Os artigos federalistas, 1787-1788*, Rio de Janeiro: Nova Fronteira, 1993.
4. *Ibid.*
5. *Ibid.*

almente o governo" – e a segunda – o governo de "um pequeno número de cidadãos eleitos".

A partir do artifício da representação, a operação daquilo que o próprio Madison definiu como um *filtro* que institui uma não transitividade entre o universo dos cidadãos em estado bruto e o domínio da decisão legislativa. Ao defender o mecanismo, James Madison, mais do que se distanciar teoricamente dos fundamentos da democracia clássica, preocupava-se com a dispersão de concepções alternativas no próprio contexto norte-americano de fins do século XVIII, marcadas por forte componente libertário e, por assim dizer, acrático. Nos tempos que antecederam à Convenção da Filadélfia, predominara o que alguns analistas denominam como "política de liberdade", marcada por resoluta desconfiança com relação a qualquer ideia de governo não submetido a controle popular direto[6]. O próprio Madison, no "Federalista # 63", reflete a respeito dos "abusos da liberdade", a seu juízo tão nefastos quanto os "abusos do poder"[7].

Na formulação madisoniana, a representação age como mecanismo alternativo a outras modalidades de organização institucional, tais como o acesso direto do público às decisões e à feitura de leis, a escolha por sorteio e, o que é evidente, a monarquia hereditária. A crença de Madison na virtude da representação e de seu filtro residia na expectativa de que instituições representativas, ao mesmo tempo que fundam a autoridade necessária para que o governo governe, garantem que o exercício da representação se oriente para o bem público. Segundo ele, tratava-se de escolher homens cuja sabedoria lhes permitiria discernir o interesse público, algo impossível em cenário no qual a potência da soberania se apresentaria dispersa e de modo isonômico entre todos os cidadãos, que a exerceriam de modo direto.

A concepção desenvolvida por Madison esteve longe de adquirir adesão consensual. Em meio ao debate entre federalistas e antifederalistas que se seguiu à Independência norte-americana, vozes distintas também se fizeram ouvir. Foi o caso de Brutus, um dos expoentes do segundo

---

6. Para uma útil e vívida reconstituição do debate pré-constitucional norte-americano, ver o excelente ensaio de Isaac Kramnick, na Apresentação aos *Federalist Papers*, incluído na edição brasileira *Os artigos federalistas, 1787-1788, op. cit.* Ver, ainda, o ótimo artigo de Gordon Wood, "The Origins of the Constitution", In: *This Constitution: A Bicentennial Chronicle*, # 15, Summer, 1987.

7. Cf. James Madison, "Federalista # 63", in: *Os artigos federalistas, 1787-1788, op. cit.*

daqueles grupos, fincado no campo da "política de liberdade", que assim se referiu ao tema da representação: o "próprio termo 'representação' implica que a pessoa ou o corpo escolhido para esse fim deve assemelhar-se àqueles que o escolhem – uma representação do povo da América, se ela é autêntica, deve ser como o povo"[8].

Não se trata, no caso de Brutus, de propugnar pela necessidade de um filtro, que acabaria por atribuir a uma aristocracia – homens de virtude e discernimento – o exercício da representação. Ao contrário, o máximo de mimetismo aparece como principal virtude a ser buscada. O debate a respeito dos significados da representação, daí em diante, nunca mais poderia desconhecer a polarização entre as duas concepções aqui indicadas. Mas, na verdade, é possível retroceder no tempo e detectar o quanto a antinomia entre as imagens de *filtro* e de *mimesis* estiveram presentes no processo de invenção da representação política.

Tanto a concepção de James Madison como a de Brutus já possuíam, no século XVIII, uma história e, por assim ser, puderam encontrar alguma inspiração na tradição precedente de elaboração dos princípios da representação. A defesa antifederalista de uma representação mimeticamente correspondente à vontade dos representados pode ser encontrada, por exemplo, em figuras como Richard Overton, um dos mais destacados líderes dos "niveladores", uma espécie de ala esquerda nos conturbados anos que, na Inglaterra, antecederam a Revolução Gloriosa, no século XVII[9]. Em 1647, nos célebres Putney Debates, Overton, diante da perspectiva de uso tirânico do poder por parte do Parlamento Longo (1640-1660) – que, por sua vez, se opunha ao uso tirânico do poder por parte do rei –, anuncia aos membros daquele corpo: "Nós somos seus diretores, e vocês são nossos agentes"[10].

---

8. Cf. H. J. Storing, *The Complete Anti-Federalist*, v. II, apud Diogo Pires Aurelio, *Representação política: textos clássicos*, Lisboa: Livros Horizonte, 2009.
9. Para uma útil introdução ao universo dos niveladores, ver G. Aylmer (Ed.), *The Levellers in the English Revolution*, London: Thames and Hudson, 1975.
10. Cf. Richard Overton, *An Appeale From the Degenerate Representative Body* (Londres, 1647) apud Mónica Brito Vieira e David Runciman, *Representation*, London: Polity Press, 2008, p. 22. Também é interessante notar que o uso feito por adeptos da *rational choice* dos termos *agent* e *principal* nada tem a ver com os usos originários praticados pelos revolucionários igualitaristas da Revolução Inglesa. O uso contemporâneo asséptico de ambos os termos não faz justiça à atmosfera de politização e conflito social presente na linguagem dos niveladores.

A par da defesa do sufrágio masculino generalizado, o argumento nivelador subordinava a ideia de representação a um movimento mais profundo de democratização geral da sociedade. Como bem indicou Christopher Hill, em livro clássico, os niveladores – e outros movimentos radicais a eles contemporâneos – visavam virar o mundo de ponta-cabeça[11]. Em outros termos, tratava-se de fazer da base da sociedade a sede da soberania e, a partir dessa inversão radical, reconfigurar o mapa político e institucional. O Parlamento, em luta aberta contra o poder real, e na chave introduzida pelos niveladores, só poderia ser pensado como expressão direta e mimética de algo que lhe era exterior e, sobretudo, anterior. Qualquer descontinuidade entre a vontade do *autor* e o comportamento do *ator* aparece, em tal perspectiva, como usurpação tirânica. Ainda que derrotados, há um mérito inequívoco na intervenção dos niveladores: o da defesa de uma associação necessária entre pressão democratizante e exercício da representação[12].

Como já foi indicado, quando imaginou o "esquema da representação", Madison tinha em mente algo bem diferente. Se a imagem mimética do *espelho* pode ser aplicada aos argumentos de Overton e Brutus, a de *filtro* adequa-se à perfeição ao esquema do pensador norte-americano. Da mesma forma que seus oponentes, sua inovação possui uma história e pode recolher em certa tradição sinais de confirmação.

Em um movimento na direção de algo ainda mais remoto, a distinção proposta por Madison entre representados e representantes remonta à inovação introduzida por Tertuliano (155-230 d.C.), teólogo romano e um dos primeiros apologistas cristãos, pela qual o uso do termo *repraesentare* passou a denotar um nexo entre coisas distintas. O caráter remoto da referência não possui aqui qualquer pretensão de antiquarismo, mas tão somente a de indicar a extrema fertilidade, digamos, civilizatória de uma inovação intelectual[13]. Não é o caso de proceder aqui a uma história

---

11. Ver o excelente e incontornável livro de Christopher Hill, *The World Turned Upside Down*, Harmondsworth: Penguin Books, 1971. Para uma visão geral do debate político durante a Revolução Inglesa, igualmente obrigatório é o livro de Perez Zagorin, *A History of Political Thought in the English Revolution*. London: Routledge & Kegan Paul, 1954.
12. A solução inglesa, encaminhada a partir da Revolução Gloriosa (1688), implicou a associação entre *representação política* e *oligarquização*. Durante cerca de dois séculos, tal associação apareceu como natural para os defensores do que viria a ser designado como *governo representativo*.
13. A aproximação entre os universos teológico e político no tratamento do tema da representação pode ser vista, ainda, como algo que se aproxima do juízo de Carl Schmitt, segundo o qual os conceitos

da ideia e dos princípios práticos da representação[14]. Pretende-se apenas apontar algumas marcas que estarão sempre presentes no debate a respeito do tema.

Em pleno debate teológico, no contexto do pensamento cristão em seus primeiros movimentos, apresenta-se a ideia de *uma relação entre entidades que não se assemelham*, tal como aparece na discussão a respeito da Trindade, na qual o Filho é definido como *persona* representativa (*representat*) do Pai. O mesmo nexo misterioso, não redutível aos mecanismos da semelhança e da contiguidade, é estabelecido entre o corpo de Cristo e o pão, na última ceia. O que há de interessante nessa ideia de representação é a presença de um *nexo especial*, não redutível à observação a olho nu de algum cenário no qual, de modo explícito, algo se faz representar por meio de uma passagem desprovida de opacidade. Esse seria o caso, por exemplo, da procuração jurídica pela qual alguém age em meu nome, segundo algo previamente prescrito. Ou mesmo de uma representação pictórica mimética em que a visão direta da coisa representada é a própria condição de inteligibilidade de sua cópia. Ambas as modalidades – jurídica ou estética – aparecem como inteligíveis do ponto de vista de uma terceira parte, que ocuparia a posição de observador do nexo e da adequação entre a fonte original e sua projeção artificial.

Na representação por diferença, algo de desigual se passa e faz com que *aquilo que se representa* apareça de forma a um só tempo distinta e atribuidora de significados retrospectivos *naquilo que o representa*. Há mesmo aqui a suposição implícita de um abismo, no qual o que se faz representar dissolve-se em algo misterioso, para aparecer, ao fim do processo, constituído por sua representação. Nesse sentido, a representação – como *transfiguração* e *reapresentação* – aparece como condição de presença. É o que transparece em belo exemplo retirado de um discurso de William Hakewell, membro do parlamento inglês, ainda nos tempos de Elizabeth I: "Precisamos estabelecer o respeito por nossas pessoas, e estendê-lo a outras pessoas, e as afeições por quem falamos: eles falam por nós. Se o

---

fundamentais no âmbito da filosofia política podem ser percebidos como secularizações de concepções teológicas. Para o argumento original, ver Carl Schmitt, *Political Theology I: Four Chapters on the Concept of Sovereignty*, Cambridge, MA: The MIT Press, 1988.

14. Para um tratamento histórico e analítico do tema da representação, remeto novamente o leitor ao recente e ótimo livro de Mónica Brito Vieira e David Runciman, *Representation*, op. cit.

assunto discutido tocar os pobres, então me considere um homem pobre. Aquele que fala às vezes deve ser um advogado, às vezes um pintor, às vezes um comerciante, às vezes um artífice"[15].

Mesmo se levarmos em conta o fato de que, em tempos elisabetanos, o que se designava por parlamento pouco tinha a ver com os significados contemporâneos do termo, há no exemplo de Hakewell dois aspectos que se apresentarão de modo forte no processo futuro de definição e consolidação da representação política.

O primeiro deles se refere à já mencionada presença de uma ideia de representação por diferença, a ela se acrescentando, contudo, uma clara *dimensão ficcional*. O exercício da representação é de natureza hipotética: há mesmo aqui a enunciação de um imperativo que, como tal, deve partir de uma suposição não empiricamente fundada. É o que transparece na belíssima sentença, antes mencionada: *"If the matter which is spoken touchet the poor, then think me a poor man"*. É essa exigência de que o autor do discurso seja tomado como um *homem pobre*, não sendo ele de modo algum um deles, que introduz o aspecto ficcional mencionado. Por tal exigência também se manifestam claramente os mecanismos da transfiguração e da reapresentação.

Contudo, há outro aspecto crucial presente no fragmento do discurso de Hakewell, que estará inscrito nos debates posteriores a respeito do tema da representação. Trata-se da pretensão de *universalidade* do exercício da representação. Pobres, pintores, comerciantes, artífices e mesmo advogados não estavam incluídos nas franquias eleitorais. Não obstante, o exercício da representação os inclui como sujeitos passíveis de ser representados, mesmo que não tenham a prerrogativa de indicar os agentes dotados de funções representativas. Apesar de oligárquica, do ponto de vista de sua extração empírica e sociológica, a representação é ali pensada como forma de repor no parlamento a nação inteira. Menos de um século mais tarde, os niveladores procurarão extrair consequências democratizantes dessa pretensão à universalidade: se o parlamento é a transfiguração da nação, o sufrágio não pode ser menos do que generalizado.

---

15. Cf. Sir Edmond D'Ewes, *The Journals of All Parliaments during the Reign of Queen Elizabeth* (Londres, 1682, p. 667), *apud* Mónica Brito Vieira e David Runciman, *op. cit.*, p. 19.

Eis, portanto, um componente alucinatório, que nunca mais irá se desgarrar da ideia de representação: crer que algo que, por meio de um nexo especial, se apresenta como efeito que a um só tempo resulta e distingue-se daquilo que lhe dá origem. Em grande medida, e em claro contraponto, a defesa de um padrão representativo fundado no *modo da presença* – a exemplo de Overton e Brutus – indica uma vontade de suprimir tal componente alucinatório.

Caberá a Thomas Hobbes, ainda no confuso século XVII, fixar a questão da representação em bases distintas daquelas sustentadas pela tradição mimética. Um de seus problemas é a suposição da existência indisputada de um ator, cuja constituição independe e antecede aquilo que podemos designar como *o fato da representação*. Em certa medida, Hobbes acrescenta à história um componente acessório de mistério: é justamente o nexo misterioso que faz derivar do autor um ator distinto que constitui o mistério originário de toda comunidade política. É o representante que constitui o representado como pessoa coletiva, como um agregado que "produz" representação. Algo totalmente contraintuitivo, mas assim mesmo pleno de sentido[16].

Em outros termos, o *povo político* – distinto de uma multidão dispersa – é algo que se forma no ato ficcional originário que constitui a própria soberania. Não se trata ali de constituir apenas o soberano, mas, pela via da criação deste último, o que se institui é uma unidade política real. A passagem de um agregado demográfico bruto para um conjunto de autores que se fazem representar pressupõe a presença de mecanismos que determinam esta última pessoa artificial. Nesse sentido, o soberano que resulta do artifício do contrato é tão artificial quanto as pessoas que o instituem. Não são mais partes naturais, mas sujeitos constituídos de um grande artifício. A clareza dos termos de Hobbes merece transcrição:

"Uma multidão de homens se torna uma pessoa quando ela é por um homem, ou por uma pessoa, representada... Pois é a unidade do representante, e não a dos representados, que produz a Pessoa Única"[17].

---

16. Mistério também em Burke: o ato individual e empírico da escolha eleitoral dissolve-se na totalização de um eleitorado abstrato e numérico que jamais poderá se constituir como contraponto real para o exercício do representante. Há aqui inclusive uma impossibilidade lógica, que anda ao par com outra, de natureza ontológica.
17. Cf. Thomas Hobbes, *Leviathan, or The Matter, Forme, & Power of a Common-Wealth Ecclesiasticall and Civil* (ed. Richard Tuck), Cambridge: Cambridge University Press, 1996, p. 114.

Os termos da reflexão de Hobbes nos obrigam a levar a sério a ideia de que a instituição do próprio corpo político se trata de um artifício. É um *animal artificial* que está a ser criado, e esse ato é condição necessária para a instituição do experimento social e político. Por ser artificial, tal animal só poderá ter sua gênese configurada a partir da operação de atos ficcionais básicos e originários. Tais atos, do ponto de vista de Hobbes, estão contidos nas ficções que instituem a Pessoa Única – *One Person* – como sucedâneo artificial da multidão, assim como as *personas* dos representantes e dos representados. No que diz respeito ao corpo político, ele é instituído pelo próprio arranjo do qual é o ponto de partida – como sua causa eficiente[18].

A representação política, portanto, não depende da extensão do número de representados, mas da presença de um *nexo especial* entre estes e seus representantes. É essa a razão pela qual, independentemente da extensão dos direitos de sufrágio, o núcleo duro da ideia de representação permanece posto. A natureza do nexo permanece, a despeito dos termos da franquia eleitoral. Portanto, argumentos pela extensão ou a redução da franquia são de natureza política e contingente, não incidindo sobre a natureza mesma do artifício da representação.

Concluo esta seção com uma alguns comentários:

1. O tema da representação está presente, de modo compulsório, no próprio ato ficcional de instituição de um domínio público. Não importando qual seja a forma adotada, sociedades se representam como um corpo não natural e dotado de identidade. O ato ficcional inicial, mais do que fundamental, é necessário, e Hobbes foi o primeiro a apresentá-lo como tal. Sem tal ato, as coletividades humanas não ultrapassariam uma dimensão puramente natural e demográfica. O próprio *demos* ateniense, por exemplo, embora não estruturado segundo princípios representativos modernos, configura o modo pelo qual a sociedade ateniense se representa a si mesma como corpo político. Em tal representação, os cidadãos, pelo princípio da isonomia, constituem-se como um *demos* dotado da prerrogativa do exercício direto da potência política coletiva. Portanto, há que distinguir a ideia de *representação*, como condição originária de

---

18. Para um ótimo tratamento do tema da representação em Hobbes, ver o excelente livro de Lucien Jaume, *Hobbes et l'Etat representatif moderne*, Paris: Presses Universitaires de France, 1986.

instituição da sociedade política, da de *representação política* – ou de *governo representativo* –, uma de suas modalidades possíveis e contingentes.

2. Chamemos de *forma representação* um modo particular de constituição de uma experiência compartilhada do social, fundada nos mecanismos do governo representativo. Tais mecanismos podem ser descritos com ênfase em seus aspectos oligárquicos, derivados tanto de razões sociológicas como de fatores macropolíticos (por exemplo, extensão do direito de voto). Em sociedades marcadas por forte pressão democratizante, os aspectos inerentemente oligárquicos do modelo convivem com a necessária extensão do acesso à representação. Tais experimentos dão azo à expressão *democracia representativa*.

3. Contudo, há algo de inerente à *forma representação* que a qualifica para a tarefa de abrigar institucionalmente a crescente pressão democratizante. Trata-se de uma inerência que lhe permite configurar um *demos* composto por eleitores, com a consequente naturalização do voto e das rotinas eleitorais como forma e espaço, igualmente naturalizadas, de participação pública. Em outros termos, o que pretendo sugerir é que a vitória da *forma representação* sobre modalidades presenciais – diretas ou participativas – de configuração do *demos* não pode ser atribuída apenas a inclinações oligárquicas ou demofóbicas. Tais orientações, por certo, sempre estiveram presentes e operativas no longo (des)encontro entre democracia e representação. Um mínimo de realismo exige o reconhecimento de sua presença na configuração das assim designadas sociedades democráticas. Mas há que considerar uma característica própria e inerente do ardil – se assim pudermos denominá-lo: a da *pretensão à universalidade*.

4. Tal pretensão, como já dissemos, resulta de uma ficção, e não poderia deixar de sê-lo. Mesmo que o corpo do povo não se faça presente por meio da generalização empírica do direito à representação, os representantes falam por todos e legislam para todos. Há um "como se" na base do arranjo, condição para que o mesmo possa ser apresentado como um artifício. É essa ficção que opera como fundamento tanto da teoria da representação esposada por Hakewell, no século XVI, como na clássica defesa, feita por Edmund Burke, da independência do detentor do mandato com relação a pressões particularistas. No primeiro caso, aristocratas falam por todos; no segundo, a consciência do representante configura o interesse público.

5. A pretensão à universalidade, por ardilosa e inautêntica que seja, faz da representação uma ficção cujas consequências podem ser universalizáveis. Com efeito, à universalização hipotética, praticada por aristocratas altruístas, a tradição democrática – via niveladores, antifederalistas e seus sucessores – pode apresentar como alternativa uma universalização histórica e imperativa. A princípio, a presença de uma forma universalizável foi fundamental para a sua generalização prática. Essa é a vantagem funcional da *forma representação* diante de modalidades de constituição de espaços políticos fundados no modo da presença. Tal modo tem como aspecto inerente o fato de, por recusar a universalização hipotética, fixar-se na imediaticidade dos seus efeitos. Isso significa que tal modo de representação do espaço público, não fundado nos termos da *forma representação*, possui caráter local, restrito aos envolvidos na ocasião participativa. É o preço a se pagar pela recusa em aceitar o ato ficcional inscrito na pretensão à universalidade, em troca da busca de imediaticidade.

6. O caráter universalizável da *forma representação* fez com que toda extensão do direito de eleger representantes, no sentido da inclusão de todos os adultos, exercesse sobre a sociedade um efeito de vinculação a um espaço comum. Para o estabelecimento desse tipo de vínculo, o filtro de Madison, que pode ser descrito como um deflator de uma energia participativa originária, cumpriu papel decisivo. Ao mesmo tempo que institui uma distinção entre representados e representantes, reconhece uma jurisdição ampliada e supralocal, ainda que suas bases sejam de natureza paroquial. O voto, nesse enquadramento, pode ser percebido como um *mínimo de energia cívica comum* necessário para pôr o mecanismo em operação. É essa ideia de um *mínimo comum*, por oposição a máximos particularistas e locais, que faz do modelo algo de generalizável, ao mesmo tempo que dá conteúdo real a sua pretensão de universalização.

7. A pretensão à universalização traz consigo a sensibilidade para o tema da variabilidade da opinião. Esse é, por excelência, o tema de John Stuart Mill: como garantir a universalidade da representação e, ao fazê-lo, garantir a expressão de múltiplas vozes, com especial atenção às condições de expressão de minorias[19]. O tema, como se depreende com

---

19. Cf. John Stuart Mill, *On Liberty*, New York: Norton, 1975 [1859, 1. ed.] e *Considerações sobre o Governo Representativo*, Brasília: Editora da UnB, 1980 [1861, 1. ed.].

facilidade, é crucial e esteve na raiz das primeiras defesas de sistemas eleitorais proporcionais. Mas, mesmo em países que acabaram por adotar modelos majoritários, houve preocupação em criar mecanismos para garantir alguma dissonância, por meio de garantias mínimas a oposições. Não se trata, contudo, de considerar distinções entre majoritaristas e proporcionalistas, mas de sustentar que a *forma representação*, ao contrário de formas sustentadas no modo da presença, não produz resultados necessariamente majoritaristas. Em outros termos, o modo da presença – evocado em experimentos deliberativos e de participação direta – possui, além de características locais, um forte componente majoritário. É certo que tal componente pode ser encontrado em corpos políticos que resultam da forma representação, sobretudo se organizados segundo procedimentos majoritários e não proporcionais. No entanto, parece ser inerente ao modo da presença a associação entre participação genuína e não mediada e decisão majoritária.

8. A ficção da universalidade e da distinção não abole o *fato da demanda por presença*. Não se trata, pois, de um debate doutrinário, entre adeptos da "democracia direta" e da "democracia representativa". A democratização está associada a processos fundamentais de expressão do *demos*, e não a formas institucionais específicas. O encontro da pressão democratizante com a preexistência de instituições representativas constituiu um animal artificial com duas facetas, a democratização da representação e a da captura institucional da democracia por parte da representação. Como resultado, temos um experimento específico, o da chamada "democracia representativa", ou do *governo representativo com base eleitoral alargada*.

9. O experimento é afetado por uma tensão, que lhe é constitutiva, entre um *exterior* – que aparece sob a forma de exigência de presença – e um *interior* – sustentado nas ficções da universalização e da distinção. Se o interior é a causa formal do experimento, sua substância reside em seu exterior. Por mais bem-sucedida que seja, a ficção da universalização e da distinção é incapaz de eliminar tal tensão. Portanto, a *forma representação* é coextensiva às razões que fazem com que a consideremos em crise. Em outros termos, tal forma, por resultar da tensão mencionada, não pode ser reduzida a termos doutrinários que a suponham dotada de fatores de estabilidade ontológica. Não há como confundir regularidade institucional com estabilidade ontológica. O risco, ao fazê-lo, é ter da

"democracia representativa" uma concepção a um só tempo institucionalista e doutrinária.

A qualidade do experimento não depende de suas características intrínsecas, mas do modo pelo qual – e da intensidade pela qual – ele é afetado por seu exterior. São as exigências de presença – por mais localistas e majoritaristas que sejam – que podem qualificar as pretensões de universalidade e distinção. Há, por certo, dialética na coisa. Mas não se trata de nada surpreendente para uma história que tem um mistério em seu ponto de partida.

A democracia ante o desafio das tecnologias digitais[1]
Frédéric Gros

A democracia é uma noção muito antiga e que já recebeu na história várias definições importantes. De Platão a Rousseau, de Spinoza a Tocqueville, o conceito de democracia se enriqueceu e se complicou enormemente através dos séculos. Mas o problema que eu gostaria de colocar é mais atual. Trata-se de compreender e de avaliar os desafios democráticos representados por algumas novas tecnologias. Algumas expressões passaram a fazer parte do debate intelectual. Fala-se hoje de "democracia digital", de "democracia eletrônica", de *"e*-democracia" e ainda de "ciberdemocracia" ou de "cibercidadão". De fato, desde algumas décadas, a internet vem modificando nossa maneira de fazer política e essas transformações concernem tanto aos cidadãos e aos homens políticos quanto à organização da ação política. Não vou me ater apenas à internet, falarei também de problemas colocados por outras tecnologias, como os telefones celulares, cartões bancários, localizadores GPS ou *chips* RFID (identificação por radiofrequência). Quando trabalhamos, quando nos comunicamos, quando fazemos compras, quando nos deslocamos, a cada instante utilizamos essas novas tecnologias – digo "nós", mas certamente nos referimos a uma parte limitada da humanidade, pois a grande maioria dos pobres não dispõe nem de computador nem de cartão bancário. Mesmo assim, é preciso constatar que a democratização dessas tecnologias ocorre em grande velocidade.

---

[1]. Tradução de Paulo Neves.

Acrescento que este texto não é o de um *expert* técnico, de um especialista nessas novas tecnologias. No entanto, há problemas técnicos muito sérios sobre os quais o legislador deve e deverá refletir. De fato, as modalidades técnicas de funcionamento desses novos objetos são complexas. Mas o que eu quero interrogar, a partir da filosofia, é o impacto político dessas novas tecnologias e, sobretudo, sua relação com a democracia. Essas novas técnicas representam uma oportunidade ou uma ameaça para a democracia? Suscitam uma forma de democracia que nada teria a ver com as formas antigas? Essas são questões que hoje devem ser colocadas.

Para dar alguns elementos de resposta, procederei em dois tempos. No primeiro, eu gostaria de expor o resultado de uma série de pesquisas sobre a ideia de segurança ao longo das épocas, procurando essencialmente compreender em que medida as novas tecnologias de segurança podem representar um risco para a democracia. No segundo, falarei mais precisamente sobre o uso atual da internet para mostrar de que maneira, por meio das redes sociais, dos *blogs*, da consulta de *sites* de informação, dos fóruns, mas também de novos procedimentos administrativos, a nossa relação com o Estado e também a nossa relação com a cultura foram transformadas, e tentarei do mesmo modo avaliar se esse uso da internet representa uma oportunidade ou um risco para a democracia.

Quero dizer aqui que o conjunto desses questionamentos é ainda informe. Desde os anos 1980, pelo menos, foram escritos centenas de livros e milhares de artigos sobre tais problemas, e é difícil referir-se a eles, porque a reflexão sobre esses temas é ao mesmo tempo recente e abundante, sendo ainda difícil fazer a triagem entre as análises sérias e as polêmicas superficiais; mas também porque as próprias tecnologias não cessam de evoluir e as práticas dos internautas não param de se reinventar a cada dia. Trata-se, pois, de diagnosticar uma situação muito movediça, o que representa um desafio, mas um desafio que deve ser enfrentado, porque as questões políticas em jogo são formidáveis, ao mesmo tempo enormes, arrebatadoras e assustadoras.

Antes de expor os dois pontos anunciados (técnicas de segurança, de um lado, e usos da internet, de outro), talvez seja útil nos colocarmos de acordo, em poucas palavras, sobre o conceito de democracia. Evidentemente não se trata de fazer uma apresentação completa da ideia de democracia. Simplesmente podemos lembrar aqui, de maneira muito sumária, que por "democracia" se entendem na maioria das vezes duas coisas: de um lado, certa forma determinada de organização do poder; de outro, certo número de valores. A democracia é um regime político, mas também um ideal. Com efeito, chama-se "democracia" um regime político que dá ao povo a possibilidade de eleger livremente seus representantes, que garante aos indivíduos certo número de direitos fundamentais e cujas decisões são o objeto de um debate contraditório. Em segundo lugar, chamam-se "democráticos" alguns valores como a liberdade e a igualdade, mas também a pluralidade e a tolerância. Evidentemente, essas considerações são muito abstratas, aparecendo em todos os discursos genéricos sobre a democracia, mas devemos sublinhar o fato de que durante séculos colocou-se a questão da compatibilidade entre todos esses elementos: será que uma democracia representativa é realmente democrática, considerando-se que os cidadãos apenas têm o poder de eleger representantes que podem traí-los tão logo eleitos? Será que a igualdade, quando significa um conformismo reconfortante, não representa às vezes uma ameaça à liberdade? Será que a tolerância e a liberdade de expressão devem se estender até aos inimigos da democracia? Essas questões, como se sabe, são multisseculares, a ponto de alguns pensadores políticos considerarem que a própria vida da democracia é estar em crise, querendo com isso dizer que não há democracia autêntica sem crítica às disfunções da democracia.

Começarei, então, por colocar o problema das técnicas atuais da segurança. Lembro aqui que existem na história quatro grandes problematizações da segurança. Durante toda a Antiguidade, designou-se pelo termo latino *"securitas"* (o equivalente grego era a palavra *ataraxia*) uma tranquilidade da alma, uma serenidade do espírito. A segurança designava então um estado de alma, uma disposição subjetiva, uma calma interior. Servia também para caracterizar um estado do mundo, um estado no qual todas as fontes de temor teriam desaparecido, porque o mundo teria voltado a uma fase de harmonia definitiva, de reconciliação geral, paz absoluta, desaparecimento de todos os sofrimentos. Reconhecemos nesse estado do mundo a crença "milenarista" sustentada por alguns Pais da Igreja, e que consistia em anunciar que o Juízo Final seria precedido de um período de mil anos de felicidade e segurança perfeitas, durante o qual a humanidade conheceria na Terra uma idade de ouro. Esse anúncio foi transmitido ao longo de toda a Idade Média, dando ensejo a movimentos sociais importantes. A modernidade ocidental fez valer um terceiro sentido da segurança, mais decisivo, no qual o Estado desempenha um papel fundamental. Desse sentido, somos ainda herdeiros em grande medida. Pode-se dizer que "o Estado é a segurança". O Estado aparece ao mesmo tempo como o ator principal e o objeto privilegiado da segurança. Essa segurança estatal se manifesta em três dimensões: jurídica, policial e militar. Dizer que "o Estado é a segurança" é dizer que ele garante os direitos fundamentais dos cidadãos (segurança jurídica), que ele mantém a ordem pública (segurança policial) e que ele preserva a integridade das fronteiras (segurança militar). De algumas décadas para cá, constata-se a eclosão de algumas expressões novas que abrangem domínios de ação não necessariamente cobertos pelo Estado, como a segurança alimentar, a segurança sanitária, a segurança humana, a biossegurança, a segurança energética, a segurança informática, a segurança afetiva etc. Um novo paradigma da segurança se manifesta agora como controle dos fluxos, os quais podem ser muito diferentes, a exemplo de dados informáticos, populações, mercadorias. Esse controle dos fluxos é facilitado por certo número de técnicas que podem também representar ameaças para a democracia. É sobre esse ponto que eu gostaria de insistir agora.

Em 1989, Deleuze, num artigo famoso, anunciava que as sociedades disciplinares passavam a ser sociedades de controle. Parece-me que essa passagem é facilitada pelas novas tecnologias. Contudo, não penso que as novas tecnologias anunciem a instalação de um novo totalitarismo em que as profecias de George Orwell, em seu célebre romance *1984*, seriam realizadas. Em *Vigiar e punir*[2], Foucault estuda, a partir dos escritos de Bentham, o que ele chama o modelo panóptico, que considera como característica das sociedades disciplinares. Trata-se de um dispositivo técnico circular que permite a um indivíduo, colocado numa torre central e estando ele mesmo invisível, vigiar o que fazem os indivíduos em celas atravessadas pela luz e dispostas na circunferência de um círculo. A ideia é impor às populações um comportamento determinado pela simples hipótese de uma vigilância contínua. Ora, não creio que, com essas novas técnicas de segurança que vou descrever, estejamos diante de um

---

2. Michel Foucault, *Surveiller et punir*, Paris: Gallimard, 1975.

panoptismo generalizado. Discordo aqui de certo número de livros e artigos que denunciam um novo totalitarismo, sustentado pelas tecnologias digitais de controle. Como tentarei mostrar, parece-me que essas novas formas de controle são reticulares, participativas, privatizadas, enquanto a vigilância disciplinar era hierárquica, não recíproca e, pelo menos em sua versão orwelliana, amplamente a serviço de um Estado que impunha sua ideologia.

Podemos partir agora de alguns objetos ou práticas técnicas, como os *chips* RFID, os localizadores GPS, as câmeras de videovigilância (chamadas na França câmeras de "videoproteção", para serem mais bem-aceitas) ou o cruzamento de dados informáticos. Direi, para começar, que nesse caso se tratam amplamente de técnicas de "rastreabilidade". Durante muito tempo, os grandes símbolos da segurança foram estruturas de sequestro: as muralhas em volta das cidades, os muros da prisão, as fronteiras. Hoje, a segurança se declina antes em termos de "rastreabilidade": acompanhar movimentos, seguir processos, identificar deslocamentos.

O caso dos *chips* RFID é interessante: são minúsculos componentes eletrônicos providos de uma antena, que podem ser escaneados a distância e fazem aparecer no aparelho leitor uma série de informações relativas ao portador do *chip*. Eles têm usos e suportes múltiplos. Colocados num documento de identidade, podem fornecer informações sobre uma pessoa. Colados numa mercadoria sob a forma de etiquetas eletrônicas, podem fornecer características sobre a composição ou a proveniência do objeto. Os localizadores GPS, que podem se apresentar sob a forma de minúsculos dispositivos, possuem outras funcionalidades. Permitem aos pais ansiosos saber a cada momento onde se encontra seu filho, mas também aos patrões controlar os deslocamentos de seus empregados. Quanto às técnicas de cruzamento de dados, trata-se simplesmente de poder recompor no tempo os atos e gestos de um indivíduo, interrogando as bases de dados de diferentes atores privados: os provedores de acesso à internet, as operadoras de telefonia, os bancos, as companhias de transporte aéreo ou outros. Com efeito, verifica-se que a maioria dos atos que marcam nossa existência (trabalhar, comunicar, comprar, deslocar-se) utiliza aparelhos eletrônicos e deixa traços em arquivos que podem ser recuperados.

Como se vê, a utilização desses novos objetos é múltipla. Mas logo se compreende que essas técnicas de segurança permitem responder, a propósito dos indivíduos, a três grandes perguntas: quem é quem? (técnicas de identificação); quem está onde? (técnicas de localização); quem faz o quê? (técnica de cruzamento de dados).

As vantagens dessas técnicas são prodigiosas: luta contra a fraude, contra a imitação de objetos de luxo ou contra a falsificação de identidades. Graças a essas técnicas, suspeitos podem ser inocentados. Graças a elas, a segurança sanitária é reforçada por meio de uma rastreabilidade dos alimentos, do produtor até o consumidor. Elas permitem um incremento em velocidade e em certeza dos processos de verificação do estoque de mercadorias ou da identidade das pessoas. Esses reconhecimentos automáticos e a distância possibilitam, enfim, maior fluidez. Assim, esse controle eletrônico compreende três dimensões essenciais: a seleção, a fluidez e, principalmente, a transparência. A virtude da transparência é compreendida, de maneira corrente, como o fato de levar ao conhecimento do público, por exemplo, o patrimônio de um político, seus ativos, suas amizades, a fim de prevenir as colisões de interesse ou as tentações de corrupção. A transparência política é uma relação com o povo considerado como soberano: impede que lhe sejam ocultados elementos que, por sua dimensão pública, lhe pertencem. Ela se baseia num *direito de saber*. A transparência digital, inerente aos processos de controle, define outra coisa. Não um direito de saber fundado num caráter público, mas uma acessibilidade indefinida de dados muito mais privados ou confidenciais. Fala-se aqui de transparência dos dados digitais, no sentido de que são perpetuamente atualizáveis: basta extraí-los do arquivo para torná-los visíveis. Nossos atos mais anódinos, cotidianos (comunicar, trabalhar, comprar, deslocar-nos) deixam, como foi dito, traços em arquivos, em *sites*, traços impossíveis de apagar que permanecem virtual e indefinidamente reiteráveis, recuperáveis e divulgáveis a todos, traços acessíveis na tela, transformada em palco de exposição planetário. Esse princípio de transparência faz do indivíduo contemporâneo um ser indefinidamente recapitulável.

★ ★ ★

Eu gostaria agora de passar a um segundo problema, aquele mais específico da relação entre internet e democracia. Se as novas técnicas de controle parecerem de imediato representar uma ameaça para a democracia (em nome de um direito ao anonimato e à intimidade), os usos da internet também suscitaram desde o início esperanças imensas no sentido de representarem um reforço inédito da democracia. Também aí me parece que é preciso encontrar uma posição matizada.

É verdade que o desenvolvimento dos meios de comunicação muitas vezes representou uma oportunidade para a democracia. De fato, a democracia se alimenta do debate público, uma vez que, por um lado, ela dá o poder ao povo e, por outro, ela considera que as decisões devem ser fruto de discussões contraditórias. O desenvolvimento da imprensa, do rádio e da televisão representa um reforço da democracia. A imprensa permitiu uma difusão maior de informações e uma tribuna – para a exposição de novas ideias ou a denúncia de escândalos políticos – mais ampla que o livro. O rádio permitiu maior rapidez da informação que podia ser dada em tempo real. Ele escapava mais facilmente à censura que a imprensa. A televisão permitiu, enfim, uma visualização dos acontecimentos que pôde parecer, por um momento, menos enganadora que as simples resenhas escritas ou orais, que dependiam da crença na palavra dos jornalistas. Pôde-se acreditar, por um momento, que a internet representaria uma síntese desses três meios de comunicação, já que nela se podia encontrar ao mesmo tempo o texto, o som e a imagem. Mas parece que a ruptura é bem mais profunda. Na verdade, a internet abriu um novo espaço, um novo mundo.

De fato, observa-se que, com a imprensa, o rádio e a televisão, o cidadão permanece passivo. Evidentemente ele tem acesso a mais informação, e é decisivo que essas mídias sejam livres, isto é, que o Estado, por exemplo, não as censure nem lhes imponha conteúdos. A prisão de jornalistas é sempre sentida como um atentado à democracia. Além disso, tais mídias não apenas divulgam a informação, elas a formatam, podem também comentá-la, situá-la numa perspectiva histórica, inclusive criticá-la. Mas o leitor e o ouvinte recebem as informações passivamente. Claro que eles podem e mesmo devem formar para si mesmos uma opinião sobre o que leem ou o que ouvem, mas lhes era impossível tornar públicas suas reações. Eis por que se pode falar, a propósito da internet, de uma "hipermídia": é uma mídia que não apenas integra as outras mídias (texto, som e imagens), mas que, por permitir a interatividade, abre um novo espaço.

Para avaliar o impacto democrático da internet, também procederei em dois tempos. Primeiro evocarei como, concretamente, ela foi inventada, a fim de lembrar que a invenção da rede das redes se baseava numa utopia democrática. Depois falarei das configurações desse novo espaço.

A história da internet já foi contada várias vezes. Alguns autores insistem em sua genealogia militar, no tempo da Guerra Fria. Com efeito, tratava-se de encontrar, com a Arpanet [Advanced Research Projects Agency Network], um meio de trocar informações em caso de conflito nuclear. Outros autores preferem destacar a importância de sua base universitária. Havia a ideia de colocar em rede vários computadores de pesquisadores, a fim de que eles pudessem compartilhar suas descobertas e discuti-las em grupo. Aqui, são os valores de comunidade e de troca que têm importância. Os grandes temas dos pioneiros da internet são a gratuidade dos conhecimentos e seu enriquecimento por uma partilha em comum. A ideia é dupla: considerar que a verdade é um bem comum da humanidade – podendo assim ser oferecida a todos –, mas também sustentar que a verdade, ao contrário de uma propriedade privada, aumenta ao ser compartilhada. Vemos hoje amplamente realizada essa construção comum, gratuita, generosa e interativa de um saber, por exemplo, através da Wikipédia, enciclopédia anônima que resulta de uma colaboração planetária para a qual cada um é convidado a dar sua contribuição, pois ela pode ser corrigida e aumentada pelo conjunto dos internautas. Um terceiro elemento entra também na organização dessa troca de conhecimentos dos primeiros tempos: uma certa rivalidade, a vontade de criar uma reputação junto a uma comunidade escolhida, rivalidade que tem mais a ver com a emulação esportiva que com a competição econômica. Notaremos enfim que esses universitários, ligados aos valores do mérito científico, do compartilhamento e da gratuidade dos conhecimentos, estavam ao mesmo tempo impregnados pela contracultura dos anos 1970: rejeição do conservadorismo, recusa das autoridades, crítica do conformismo, afirmação de uma busca pessoal etc. Esse caráter de contestação das autoridades é essencial à internet, que continua sendo uma arquitetura livre e amplamente incontrolável, um espaço absolutamente aberto a todos a partir do momento em que há conexão.

Desde a invenção desse sistema de colocação em rede dos computadores de pesquisadores, a internet evidentemente evoluiu muito: *softwares* comerciais, administrativos e sociais se enxertaram na rede, e o que vemos hoje é algo bem diferente de uma troca de informações desinteressadas. A massificação do uso transformou profundamente as condições de existência da *Web*.

Como dissemos ao comentar a expressão "hipermídia", a internet criou um novo espaço. A característica essencial desse espaço é seu desenclausuramento: ele é feito de ramificações, o conjunto do sistema é solidário consigo mesmo, e as conexões são na maioria das vezes recíprocas. Claro que pode haver barreiras e *sites* protegidos, mas a estrutura fundamental é a da rede, uma rede sem cabeça, incontrolável e que se autorregula. Para pensar a relação política, dispunha-se até então de duas grandes imagens: a da ágora e a da pirâmide. A pirâmide evoca uma relação política fortemente centralizada e muito hierárquica. Um chefe ou uma minoria de responsáveis tomam decisões, e essas decisões são impostas à base. Não há nenhuma reciprocidade: quem está no alto comanda, e quem está na base executa. O modelo da ágora é diferente. Trata-se de um espaço ao mesmo tempo aberto e distinto: é a praça pública, separada de lugares de convívio como a casa ou os espaços de trabalho. Esse espaço público reúne cidadãos iguais que, a fim de deliberar e chegar a um consenso, põem em comum e em competição suas convicções, seu sentido do bem público, suas capacidades racionais. Assim, evidentemente, a internet é com frequência apresentada como uma ágora, mas em realidade ela faz aparecer, fundamentalmente, um terceiro grande espaço público: o da nuvem galáctica. Depois da pirâmide e da ágora, a nuvem. A nuvem não tem centro, ela apresenta uma arquitetura movente e fluida que não cessa de se recompor, uma estrutura desenclausurada, ao mesmo tempo heterogênea e unida por bilhões de interações contínuas.

Esse desenclausuramento da internet é fundamental. Para além de sua arquitetura, ele afeta também as categorias de pensamento. Com efeito, a prática dos internautas fragiliza antiquíssimas distinções que acreditávamos intangíveis.

A primeira oposição fragilizada é a do projetista e do usuário. O internauta não está totalmente excluído das regras de funcionamento do espaço onde atua. Possui inclusive – evidentemente, conforme suas competências –, a capacidade de fazer evoluir e transformar o ambiente no qual se desloca. É o caso, por exemplo, da aventura dos *softwares* livres que podiam ser aperfeiçoados pelos próprios usuários, já que eles tinham acesso ao código-fonte do *software*. O bloqueio de *softwares* privatizados foi sentido por alguns pioneiros da internet como uma provocação e mesmo uma traição.

A segunda oposição é a do *expert* e a do leigo. Ela é fortemente contestada na internet por causa da invasão maciça de uma figura nova, o amador esclarecido, que ao mesmo tempo discute com o *expert* e instrui o leigo. As mídias tradicionais (jornais, rádio, televisão) funcionam com jornalistas profissionais, cujo ofício é oferecer ao público a informação mais confiável e a mais completa. Seu trabalho consiste numa certa seleção da informação entre o que eles julgam importante ou secundário, e também numa perspectiva que dá o sentido do acontecimento. Assim, o que é proposto nessas mídias é uma informação selecionada, de um lado, e formatada, de outro. O jogo democrático é então assegurado somente pela diversidade política das mídias. Mas, para poder apresentar uma informação ou publicar sua opinião, é preciso ser um jornalista reconhecido. Na internet, ao contrário, o direito de intervenção é absolutamente reconhecido a todos sem nenhuma restrição: cada um pode se exprimir, dar sua opinião, discutir tal opinião. Outro exemplo: a internet permite que todos consultem tesouros da documentação. A consulta de alguns desses documentos exigia outrora condições muito seletivas: diplomas, um projeto de pesquisa, cartas de professores. Hoje basta simplesmente clicar. Constata-se uma democratização indefinida do saber que é acessível a todos sem condições, quer se trate de um *expert* ou de um leigo.

A terceira oposição é entre o privado e o público. É uma distinção essencial. Público é o lugar onde se discute o futuro comum, o interesse geral, e onde cada um, como escreve Kant no texto *O que são as Luzes?*, deve fazer "um uso público de sua razão", ou seja, ele se exprime não enquanto pessoa singular nem enquanto profissional, mas como cidadão, como consciência universal e membro do povo soberano. O privado, ao contrário, é o reino das paixões familiares e parciais, dos segredos da intimidade. Numa reunião pública, fala-se de certa maneira e de certos objetos. Nem tudo pode ser dito ou dito de qualquer maneira num espaço público. Os segredos íntimos e a linguagem solta se reservam às conversas privadas. Ora, a internet é um espaço de visibilidade indiferente a essa oposição: ficam visíveis ao mesmo tempo as convicções públicas e as paixões privadas. De tal modo que ela é o lugar de uma confusão sempre renovada entre o público e o privado, como o demonstram, por exemplo, os *blogs* de políticos, em que estes ao mesmo tempo revelam alguns aspectos de sua vida familiar e defendem as opções políticas do seu partido, ou nos quais podem se exprimir de maneira mais descontraída. Do mesmo modo, os adolescentes podem publicar no Facebook, indistintamente, seus gostos e suas opiniões. Para exprimir essa dimensão em que o público e o privado não se dissociam, alguns autores como Serge Tisseron forjaram, a partir de Lacan, um novo conceito: o de *extimidade* (por oposição a intimidade). A extimidade é aquilo que, da vida privada, se aceita tornar acessível a fim de assegurar uma reputação, é o privado proclamado publicamente ou o público expresso segundo o modo da confidência íntima.

A quarta oposição clássica é a de "espectador" e "ator". Como já foi dito, as mídias clássicas transformavam cada um de nós em simples receptores: recebíamos a informação. Na internet, a distinção clássica entre quem cria, age, argumenta, e quem escuta, lê ou recebe, não é mais tão determinante. Cada um pode retocar uma foto que lhe enviaram, retrabalhar um arquivo de música recebido, discutir ou criticar um texto lido. A internet é por excelência o espaço da interatividade e da retomada crítica, para o qual a fronteira absoluta entre o ator e o espectador não existe. Pode-se observar a existência de *sites* de informações (Agoravox, OhMyNews etc.) inteiramente alimentados pelos internautas, que não são profissionais, mas leitores e jornalistas.

A última oposição é a do "representante" e do "representado". Ela é evidentemente essencial para as democracias representativas. A internet desarranja a legitimidade dos representantes. Podemos dar dois exemplos dessa fragilização: por um lado, torna-se tecnicamente viável organizar consultas ampliadas, como aconteceu na Estônia, para a elaboração de novas leis. Vê-se por aí que o papel do Parlamento como representante exclusivo e insuperável da vontade popular fica um pouco abalado, pois uma comunidade de internautas, capaz de organizar fóruns de discussão e de voto, desponta como outra fonte de expressão da vontade popular. É possível imaginar, sempre por meio da internet, a multiplicação de referendos. Por outro lado, o uso da internet parece também enfraquecer o papel das corporações intermediárias (partidos, sindicatos). Por exemplo, o uso intempestivo, pelos políticos, de seu *blog*, de sua página no Facebook, de sua conta no Twitter, leva-os a estabelecer uma relação direta com os eleitores, curto-circuitando as instâncias clássicas de mediação. A internet ameaça provocar uma crise da representação democrática clássica, em proveito de outras formas inéditas e incontroláveis de adesão. Ela é o espaço das discussões intermináveis, da argumentação crítica, das trocas, mas também o lugar de formação de rumores enlouquecidos, de pânicos irracionais. A ausência de controle a montante e a regulação *a posteriori* permitem que se formem *tsunamis* digitais, tão violentos quanto efêmeros.

★ ★ ★

Para concluir, recordarei que no debate público existem duas maneiras de colocar o problema da relação entre novas tecnologias e democracia. A primeira consiste em ver no desenvolvimento das técnicas modernas de controle a afirmação lenta de um novo totalitarismo. A segunda é considerar que, ao nos prometer a passagem de uma democracia representativa para uma democracia sempre mais participativa, a internet oferece perspectivas maravilhosas de renovação democrática. O que tentamos aqui foi encontrar uma posição matizada.

Por um lado, as técnicas atuais de rastreabilidade não são prioritariamente empregadas por um Estado todo-poderoso a fim de prevenir as dissidências, mas sim exigidas pelos indivíduos mesmos para vigiar o vizinho ou o próximo, e sobretudo utilizadas por empresas privadas para fins comerciais. Por outro, a internet não realiza imediatamente o sonho democrático, pois cria um espaço irredutível à antiga configuração da praça pública, um espaço em que os indivíduos se constroem e se afirmam, se reúnem ou se separam segundo coordenadas novas.

Dito isso, poderíamos evocar uma última perspectiva. Se a democracia tem seus ritos, ela também tem seus mitos de fundação: a revolução. As "revoluções árabes" do início dos anos 2010 mostraram a importância das novas tecnologias para o desencadeamento e o sucesso dos levantes populares: tanto para a mobilização (graças às redes sociais) quanto para a denúncia dos atos de repressão que o governo não pôde mascarar (graças a vídeos postados na internet e imediatamente difundidos em escala planetária). Sabemos também que os novos movimentos de contestação se alimentam das novas tecnologias (celulares, Facebook) para organizar ocupações. Devemos, pois, ser prudentes e ponderados. Se as novas tecnologias, como foi dito há pouco, podem nos encerrar na transparência totalitária, elas podem também estar na origem das próximas grandes insurreições. Nem oportunidade maravilhosa nem ameaça atroz, elas representam, em realidade, um desafio para a democracia, uma provocação para que ela se reinvente.

Em defesa da verdade factual – entre a "pós-verdade" excêntrica e a democracia improvável[1]: uma segunda visita a "Verdade e política", de Hannah Arendt[2]

Eugênio Bucci

> *Os factos e as opiniões não se opõem uns aos outros, pertencem ao mesmo domínio. Os factos são a matéria das opiniões, e as opiniões, inspiradas por diferentes interesses e diferentes paixões, podem diferir largamente e permanecer legítimas enquanto respeitarem a verdade de facto*[3].
>
> Hannah Arendt, *Verdade e política*

1. INTRODUÇÃO: DUAS ESTRATÉGIAS DE INTERDIÇÃO DOS FATOS

Se um debate político é o debate das opiniões a respeito dos fatos de interesse comum, há algo de muito errado com o nosso. Não que nos faltem discussões ou opiniões. Ao contrário, sobram umas e outras. Enfrentamentos exasperados e exasperantes, ou mesmo bestiais, vão se amontoando e se esfacelando. Os fatos é que sumiram.

Ou seja: os fatos foram interditados, por meio de pelo menos duas estratégias que atuam para bani-los da política. A primeira, articulada em

---

1. Agradeço à colaboração da jornalista Ana Helena Rodrigues, que me ajudou em pesquisas e no cotejo de traduções, do jornalista Marcos Emílio Gomes, pelas sugestões de edição de texto, e de Dimitrios Dimas (MSC), professor de grego, pela verificação de palavras do grego antigo. Maria Paula Dallari Bucci leu a primeira versão e sugeriu mudanças fundamentais.
2. A primeira visita a esse texto de Hannah Arendt eu fiz na conferência do ciclo Mutações de 2017, "Pós-fatos, pós-imprensa, pós-política: a democracia e a corrosão da verdade", em que dialogo com os mesmos trechos citados aqui.
3. Hannah Arendt, "Verdade e política". Parte II, *in*: *Entre o passado e o futuro*, trad. Manuel Alberto, Lisboa: Relógio D'Água Editores, 1995.

torno e a partir do poder (aqui compreendido como a conjugação entre três fatores de dominação: o capital, a tecnologia e a burocracia estatal), promove a substituição dos acontecimentos reais por dados virtuais. Não se veem mais as cenas da vida real de pessoas de carne e osso, apenas os indicadores econômicos e sociais cujas fórmulas matemáticas cintilam em telas eletrônicas. Aglomerados de cifras e tabelas traduziriam em dígitos frios a realidade quente.

Essa estratégia alimenta o fetiche devocional da tecnociência, numa era em que a fé em deuses dá lugar à fé em dispositivos eletrônicos, os novos oráculos. É assim em todos os campos. A medicina reverencia os diagnósticos computadorizados; os supertelescópios eletrônicos detectam no céu escuro radiações inapreensíveis às pupilas humanas; o motorista analisa o trânsito pondo seus olhos na tela do celular. O culto das ciberdivindades rarefaz o contato direto entre os seres humanos e suas condições materiais de existência e, por meio desse artifício, inibe a formação dos juízos de valor autônomos sobre o mundo vivido.

A segunda estratégia de interdição dos fatos brota de discursos que, em polos mais ou menos extremados de esquerda ou de direita, afirmam-se como contestadores do *establishment*. Alguns desses discursos são encabeçados por líderes populistas. Alimentada por doutrinarismos e idolatrias um tanto passadistas, a segunda estratégia se assemelha à primeira em duas faces: fomenta a aversão aos fatos e assume um feitio religioso. No seu caso, porém, o objeto de adoração não mora em aparelhos eletrônicos, mas em ídolos que parecem saídos de seitas um tanto fora de moda, envoltas em messianismos regressivos.

Vejamos, um pouco mais em detalhe, como funcionam as duas estratégias.

a. Primeira estratégia de interdição dos fatos (emanada do poder): os *apagões de real*

A primeira estratégia vem do discurso do poder (penso nessa palavra, "poder", para efeitos deste texto, como o novelo de tensões – atravessado por arestas e contradições internas – que enfeixa o capital, a tecnologia e o Estado cuja burocracia se desumaniza). Faz da tecnologia seu procedimento para, de uma parte, substituir os fatos propriamente ditos por dados digitais, e, de outra, bloquear o acesso do debate público a esses mesmos fatos. Os dados entram nessa fórmula para abastecer as métricas que, a distância, ocupam o lugar dos acontecimentos. Quem integra o poder não fala dos fatos, tornados remotos, mas apenas dos dados, que passam a ser tratados como fatos consumados. Quem está fora do poder dificilmente terá como verificar os fatos *in natura*.

Se alguém não acredita no cenário que acabo de descrever, que tente responder a algumas interrogações. Quem dá conta de tirar a limpo as planilhas do FMI? Quem fiscaliza a engenharia subterrânea dos algoritmos que coordenam o fluxo das ideias na esfera pública que se globalizou? Como averiguar, numa apuração independente, os fundamentos de decisões governamentais? A extensão de uma epidemia pode ser conferida se as estatísticas da saúde pública não são transparentes? O que dizer das regulações econométricas, que ditam as relações de mercado em países inteiros? Sim, os dados se impõem como fatos consumados.

É bem verdade que, em reações ainda lentas, a democracia tenta criar vacinas contra essa primeira estratégia. Por meio de iniciativas que procuram conter a força colonizadora dos conglomerados da tecnologia, do capital e da burocratização corporativista do Estado (a serviço de interesses opostos ao interesse público), a democracia reage. Os esforços da União Europeia para regular os códigos fechados de monopólios globais como Facebook e Google são um exemplo disso. As leis de acesso à informação, adotadas em vários países, são outro exemplo. Os projetos jornalísticos de "checagem de fatos" – idealizados por organismos jornalísticos sem fins lucrativos, em regime de trabalho colaborativo, e em parte encampados por empresas jornalísticas – são mais um.

As três tentativas, no entanto, encontram-se em fases embrionárias. Google, Facebook e Twitter ficam acima de jurisdições nacionais: regulá-los não será simples. As leis de acesso à informação não removem os empecilhos burocráticos, embora persistam. Quanto à checagem de fatos, esta requer dinheiro, profissionais de elite e tecnologia de vanguarda. Ao menos até aqui, é improvável que consiga ombrear com o poder nesses quesitos.

Como desdobramento da primeira estratégia, *apagões de real*, seriais ou espasmódicos, mais ou menos douradouros, barram o conhecimento da realidade factual e a formação de opiniões fundamentadas sobre essa mesma realidade. O *juízo de valor* se inviabiliza, pois os dados digitais e outras formas eletrônicas de representação imperam como se fossem os próprios fatos materiais e acabam condicionando a formação de um juízo de valor dominante.

Os dados não são os fatos, como seria de esperar: eles são apenas uma versão matematizada dos fatos. Contudo, como os dados se sobrepõem aos fatos, o que se tem é o aprofundamento de uma lei geral do Espetáculo, formulada por Guy Debord, em 1967: "Tudo o que era vivido diretamente tornou-se uma representação"[4].

Sim, os dados que não são imagens, que não são nada espetaculosos em sua fisionomia glacial, prolongam e reforçam o Espetáculo. A *representação*, posta segundo a ordem do Espetáculo, aquela que desconstitui e usurpa o lugar "do que era vivido diretamente", ocupa hoje, mais do que os espaços conhecidos do entretenimento e da comunicação social, as linguagens da ciência, do Estado e do capital financeiro. Ocupa, finalmente, a substância da política, com suas imagens e, principalmente, com seus dados, que são uma "imagem" de outra ordem, um código significante por meio do qual se lê o mundo tornado remoto.

Há um halo de religiosidade na estratégia dos *apagões de real*: existe aí uma beatificação da tecnologia, que a coloca no altar de critério irrecorrível da verdade. No nosso tempo, o hiato entre o humano e a natureza – antes o suposto lugar da cultura – veio a ser preenchido por nervuras de silício e dígitos impalpáveis. A mediação entre o visível e o invisível ficou a cargo de dispositivos ligados na tomada; a tecnologia e seus amuletos digitais exalam a aura das divindades.

Isso não vale apenas para a avaliação quantitativa das epidemias, para a leitura dos indicadores econômicos ou para os argumentos da gestão pública. A mesma sacralização da tecnologia comparece a terrenos tão dispersos quanto o da medicina, em que o diagnóstico se realiza por aparelhos, o da física, que se baseia nas equações quânticas processadas por circuitos instalados nas paredes dos aceleradores de partículas, e o do futebol, onde o VAR (árbitro de vídeo) faz as vezes de peritagem irrecorrível. No dizer de Adauto Novaes, esta é uma era em que a tecnociência

---

4. Guy Debord, *A sociedade do espetáculo*, trad. Estela dos Santos Abreu, Rio de Janeiro: Contraponto, 1997, p. 13.

"ganha a força de uma religião: domina as instituições políticas, as artes, os costumes, a linguagem, as igrejas, as mentalidades"[5].

Os fiéis dessa nova religião sem espírito querem nos fazer acreditar que os fatos pensam e que seu pensamento se revela nos bancos de dados digitais. Economistas, cientistas, juízes, jornalistas e outros tantos adeptos dessa objetividade não pressentem que, por detrás do denso véu luminescente dos dados, o que pensa não são os fatos, como se alega com certo acanhamento, mas a ideologia invisível.

b. A segunda estratégia de interdição aos fatos (cujo discurso se vende como um movimento anti-*establishment*): o *suicídio da consciência*

A segunda estratégia de interdição dos fatos se origina de flancos que se apresentam como oposição ao poder. É mais comum nos discursos partidários que, à esquerda e à direita, contestam o *establishment*, embora ocorra, também, em certos governos do nosso tempo. Uma de suas manifestações é o populismo remasterizado que grassa neste início do século XXI. Sua meta não é impedir a formação do *juízo de valor*, como sucede com a primeira estratégia, mas barrar o exercício do próprio *juízo de fato*: se um fato contraria a linha oficial daquela corrente, daquele partido, daquele governo, que seja revogado. Os seguidores da segunda estratégia se acreditam militantes de causas justas e se gratificam por cumprir a ordem de não tomar contato com os fatos proscritos. De bom grado, cometem um *suicídio de consciência* e renunciam à liberdade individual de conhecer autonomamente a realidade.

O *suicídio de consciência*, em sua mecânica, lembra métodos que foram empregados na Igreja católica medieval, no macarthismo nos Estados Unidos e no stalinismo na União Soviética: a ferramenta é o *veto moral*, a vigilância do pensamento. O *suicídio de consciência* se consuma na sujeição a um *juízo de valor absoluto* – a doutrina partidária ou a "razão" de Estado – que sequestra de seus adeptos a possibilidade do *juízo de fato*. O *juízo de valor absoluto* elimina a possibilidade de qualquer *juízo de fato*.

Também afloram traços de religiosidade, mas de um outro tipo: neste caso, a religiosidade se compõe de entulhos de messianismos pretéritos.

---

5. Ver p. 14.

Sob o pretexto de intervir nas tão propaladas "disputas de narrativas", a ortodoxia se presume infalível como o papa e, para pôr em curso a sua versão, elevada misticamente ao patamar de verdade libertadora, consagra um profeta salvador para pregar na esfera pública. Seus sacerdotes e seus sacristãos, interditados em seu *juízo de fato*, servem a esse profeta em estado de transcendência mística, experimentando êxtases gozosos.

2. A OPINIÃO COMO FARSA

No fim das contas, as duas estratégias de interdição dos fatos – a dos *apagões de real* (que inviabiliza a formação do *juízo de valor*) e a do *suicídio da consciência* (que proíbe o *juízo de fato* por meio de um *veto moral*) – atentam contra a política, uma vez que, sem verdade factual compartilhada, o domínio político perde sua textura.

Hannah Arendt escreveu que "a liberdade de opinião é uma farsa se a informação sobre os fatos não estiver garantida e se não forem os próprios fatos o objecto do debate"[6].

Se ainda valorizamos o terreno da razão, a despeito da desertificação em curso, não há muito como discordar dessas palavras. Se as opiniões de que falamos aqui são aquelas que se referem aos temas de interesse comum, só se pode esperar delas que se apoiem em fatos. Por certo, é difícil definir onde termina o fato e onde começa a opinião, mas isso não significa que devamos simplesmente abolir os fatos do alicerce das opiniões – a menos que pretendamos abandonar a razão.

Uma política que desconheça os fatos deixa de ser a política propriamente dita. Pensemos em algo tão simples como a geografia física, que lida com contingências materiais incontornáveis: um abismo, uma chapada, um continente. Seria absurdo um debate nacional que desprezasse a localização geográfica do país. O mesmo podemos dizer da história. Se os eventos históricos evaporam do passado, desaparecem as verdades factuais comuns que podem sustentar decisões comuns sobre um futuro comum. A política sem fatos é um delírio apolítico ou antipolítico, uma guerra entre convicções desprovida de verdade. Isso é tanto mais

---

6. Hannah Arendt, "Verdade e política", Parte II, *op. cit.*

perturbador quanto mais nos damos conta de que a verdade dos fatos é tão óbvia quanto o sol que faz arder a pele ou o chão de pedra que queima a sola dos pés. Na política, a verdade dos fatos é tão irrefutável quanto a experiência de se sentir o próprio corpo – e, quando ela está ausente da política, o que se instaura é uma forma corrosiva de farsa.

Ao final de seu ensaio "Verdade e política", todo ele dedicado à verdade factual, Hannah Arendt escreve: "Conceptualmente, podemos chamar verdade àquilo que não podemos mudar; metaforicamente, ela é o solo sobre o qual nos mantemos e o céu que se estende por cima de nós"[7].

Ela quase chega a dizer que a verdade – a verdade *factual* – é a geografia, mas sua mensagem não se limita a isso. Além da geografia, além da história, a filósofa concebe a verdade factual numa escala muito mais extensa, uma escala humana. Ela insiste que, se as opiniões políticas não tiverem lastro na verdade factual, serão uma farsa, assim como será uma farsa a liberdade de enunciá-las.

Para nós, que vivemos dias tumultuados, não é difícil vislumbrar a farsa de que a filósofa nos fala. Basta imaginar um ambiente em que cada um dos grupos em disputa no debate público nacional, além de acusar os outros lados de falsear os fatos, não admite nenhuma de suas próprias lacunas de fundamentação factual. A liberdade de opinião degradada em farsa "é isso aí", ou é isso que está aí.

Hannah Arendt entende que "os fatos e os acontecimentos – que são sempre engendrados pelos homens vivendo e agindo em conjunto – constituem a própria textura do domínio político"[8].

A verdade factual é tão indispensável à política quanto a língua é indispensável para as sociedades e as comunidades. Sem um sistema de signos compartilhados, não há sequer comunidade cultural. Do mesmo modo, sem uma base comum de verdade factual, que se assenta na raiz dos signos, não poderão os homens agir em comum e, mais ainda, entabular uma interlocução comum acerca dessa verdade factual. A verdade factual não é *uma das* verdades de que a política se ocupa: ela é a única. Isso mesmo: *a verdade factual é a única forma de verdade com validade na política.* "A verdade de fato [*verdade factual*] fornece informações ao

---

7. São as frases finais de Hannah Arendt, "Verdade e política", Parte v, *op. cit.*
8. *Ibid.*, Parte i.

pensamento político tal como a verdade racional fornece as suas à especulação filosófica"[9].

A vantagem é que a verdade factual é muito fácil de ser vista e assimilada. Ela não se confunde com a verdade metafísica, a verdade religiosa, a verdade filosófica – é simples, direta, evidente e tão material como o corpo de cada um. A verdade factual é um buraco no meio da rua, uma criança sentada num banco de escola, a dor no joelho, a fome que devora a esperança das famílias sem dinheiro, a alegria de pessoas que se amam andando de mãos dadas num parque público ensolarado. A verdade factual é aquilo que conforma a realidade sensível e sobre a qual não pairam dúvidas práticas. Nada pode ser mais imediato e mais irrefutável do que a verdade factual.

De posse dessa constatação, Hannah Arendt repele qualquer investimento em longas elucubrações acerca da natureza dessa verdade. Diz apenas que "Podemos permitir-nos negligenciar a questão de saber o que é a verdade, contentando-nos em tomar a palavra no sentido em que os homens comumente a entendem"[10].

Como se vê, a verdade não se põe aqui como problema. O adjetivo que a ela vem se juntar, essa palavra, "factual", merece considerações menos ligeiras, embora não seja, ela também, um problema da razão.

3. OS FATOS NA POLÍTICA SEGUNDO ARISTÓTELES

A que se refere o adjetivo "factual"? Qual é o estatuto dos "fatos" na política? Para dar curso a essa interrogação, seria prudente recuar um pouco no tempo e ver como os fatos são invocados no pensamento político. Comecemos por Aristóteles. Na obra que tem esse nome, *Política* (obra que funda o nome "política"), Aristóteles convoca os *fatos* para que o ajudem a se contrapor ao que Platão postula de maneira um tanto idílica, ao menos na visão de Aristóteles. Contra as quimeras platônicas, Aristóteles toma partido dos fatos. Em sua crítica aos diálogos de Sócrates transcritos por Platão em *A República* (eu preferiria *Politeia*), recorre a

---

9. *Ibid.*, Parte II.
10. *Ibid.*, Parte I.

observações da vida prática. Enaltece Platão pela beleza das ideias, mas reclama da falta de objetividade e de precisão[11].

Ele considera *A República* uma obra da "imaginação", e a acusa de não ter parte com acontecimentos reais. "Isto tornar-se-ia evidente se pudéssemos ver este regime [*descrito por Platão*] realmente instituído"[12].

Em dezenas de passagens, ele usa de expressões como "os fatos demonstram", "basta verificar os fatos", "como provam os fatos e a razão", insistindo que a política deve lidar com os acontecimentos, com a história, com as coisas reais. Os fatos se contrapõem à imaginação, às fantasias e aos idealismos, assim como a razão se opõe à emoção, à paixão, à magia.

Mas com que palavras, em grego, Aristóteles se referia aos fatos? Por limitações deste conferencista, que não lê grego, não será possível empreender uma investigação filológica mais detida. Não obstante, uma aproximação pode ser feita.

No texto original de Aristóteles, são vários os termos hoje vertidos para "fato", "factos", "factual" etc. Entre esses, três grupos poderiam ser destacados: o primeiro tem a raiz *"erg"* (εργ), o segundo conjunto tem *"leth"* (ληθ) como raiz, e o terceiro é formado pelos vocábulos com a raiz *"guegon"* (γέγον)[13].

No primeiro grupo encontramos palavras que podem designar, além de "fato" ou "fatos", "trabalho", de "obra humana". O segundo grupo, mais do que a "fato", refere-se a "verdade", donde *"alétheia"* (αληθεια). O terceiro costuma remeter a "acontecimento" – que pode ser entendido,

---

11. É o que ocorre quando Aristóteles critica as conjecturas de seu mestre Platão sobre a sustentação de soldados que, em tempos de paz, viveriam sem trabalhar: "Não há dúvida de que todos os diálogos socráticos possuem originalidade, subtileza, novidade e sagacidade. Mas, como é difícil ser perfeito em tudo, não devemos esquecer que o número mencionado necessitará de um território tão extenso quanto Babilónia, ou outro território igualmente ilimitado, para poder sustentar cinco mil homens ociosos, a que acresceria uma multidão muitas vezes maior de mulheres e servos. Cada um deve imaginar hipóteses, mas nada que seja impossível". Aristóteles, *Política*, edição bilíngue grego-português, trad. António Campelo Amaral e Carlos de Carvalho Gomes, Coleção Vega Universidade/Ciências Sociais e Políticas, Lisboa: Vega, 1998, p. 127.
12. *Ibid.*, p. 121.
13. S. C. Woodhouse, *English-Greek Dictionary: A Vocabulary of the Attic Language*, Ludgate Hill, E.C.: George Routledge & Sons, Limited Broadway House, 1910. Na pesquisa às edições bilíngues de Aristóteles, contei com a ajuda da jornalista Ana Helena Rodrigues. As edições bilíngues consultadas são: *Politics*, with an English translation by H. Rackham, London: William Heinemann LTD, Harvard University Press, 1944; *Política*, edição bilíngue grego-português, *op. cit.* Para a conferência das traduções, colaborou também, voluntariamente, o professor de grego no Centro Cultural de Brasília, Dimitrios Dimas (MSc).

em certas acepções, como sinônimo de "fato". Vale nos demorarmos um pouco mais em cada um deles.

a. O fato como trabalho

O termo *"ergon"* (ἔργων), por vezes, é traduzido por "fato". Mary M. de Camargo N. Lafer, professora de grego clássico na Faculdade de Filosofia, Letras e Ciências Humanas da USP, em entrevista concedida a mim, observa: "O sentido da palavra '*ergon*' (ἔργων) designa 'ação humana', e pode ser traduzida como fato nessa perspectiva, como algo 'feito'".

Mary Lafer lembra que "'*ergon*' se opõe a 'inação' e a 'palavra'". Essa oposição, se ouvirmos o rumor da língua à nossa volta, está aí até hoje. O conflito entre "falar" e "fazer" é o que aparece quando os eleitores reclamam dos políticos, dizendo deles que "falam" em demasia, mas não "fazem nada".

Nessa perspectiva, o sentido de "fato" se aproxima do sentido de "trabalho", de "obra humana", de "algo feito", "algo realizado". Basta ver que os termos que carregam a raiz *"erg"* (ἐργ), que também podem significar fatos, são no mais das vezes vertidos para "trabalho", "afazeres", "serviço", "tarefa", "atividade", "ofício", "ação", "obra", "arte" e "dever". *"Órganon"* quer dizer "instrumento de trabalho", "ferramenta".

b. O fato como verdade

O segundo grupo de vocábulos que pode indicar "fato" ou um "acontecimento" tem em comum o radical *"leth"* (ληθ). Aqui, "fato" tem a ver com a ideia de "verdade", como já foi antecipado há pouco. Na edição bilíngue grego-inglês da *Política*, há palavras com esse radical, *"leth"* (ληθ), para designar "eventos" ou "acontecimentos", além de "real" (como adjetivo) e "realidade", com o sentido de "algo que existe de verdade", um "fato irrefutável", algo "realmente acontecido".

Com efeito, a associação entre os significados de "verdade" e "fato" é habitual. Em várias línguas, a expressão "de fato" equivale à expressão "de verdade". Nessa perspectiva, *"alétheia"* (αληθεια) – que, quando quer dizer "verdade", é o antônimo de "erro" ou "mentira" – pode significar "realidade", por oposição a "falsa aparência". Diz Mary Lafer: "'*Léthe*' é ainda o nome de um dos rios do Hades, além de ser um termo aparentado ao verbo *'lantháno'*, com o significado de 'esquecer' ou 'esconder'. O 'a' é um prefixo negativo (chamado de 'alfa privativo'). A raiz *'léth'* (ληθ) significa "esquecimento'".

Em suma, o sentido de *"aleth"* é "não esquecimento". Mary Lafer lembra ainda a "famosa etimologia criada pelo Heidegger (bastante discutível, segundo filólogos), que traduz a palavra por 'não esquecimento' e que entende a 'verdade' como algo que sempre está latente, mas que só aparece, só surge, quando deixa de ser escondida. A verdade, assim, existe na sua latência e pode – ou não – vir à tona".

No Brasil de nossos dias, esse sentido segue vivo. A Comissão Nacional da Verdade buscou a "verdade" em explícita oposição a "esquecimento". Em seu relatório, a CNV nos convence de que seu trabalho consistiu em trazer à luz os *fatos*, tal como eles aconteceram. A CNV evitou opiniões e preferiu os registros documentais e testemunhais do que se passou na realidade.

Observemos também que iluministas do século XVIII, como Mirabeau, sustentavam que a "verdade" estava previamente dada, mas só se revelaria no debate livre entre os cidadãos, numa acepção que parece aparentada com a interpretação de Heidegger. A verdade escondida viria à luz num processo de epifania[14].

c. O fato como acontecimento

Por fim, o terceiro grupo de palavras gregas que julguei interessante mencionar traz a raiz *"guegon"* (γέγον). Na edição bilíngue grego-inglês, *"guegónasin"* (γεγόνασιν) aparece uma vez traduzida como *"facts"*. Na edição portuguesa, palavras com a raiz γέγον também correspondem a "fatos". *"Guégone"* (γέγονε) surge quatro vezes com o sentido de "acontecer", "acontece" ou, também, "tornar-se". *Guégonos* é o perfeito do indicativo do verbo *'guígnomai'*, que se traduz por "tornar-se", "nascer", "produzir (coisas)", além de "acontecer" etc. A raiz é a mesma de *"guénos"*, que indica "origem", "nascimento", "descendência" etc. Diz Mary

---

14. Milton Meira do Nascimento, *Opinião pública e revolução*, São Paulo: Edusp / Nova Stella, 1989, p. 61.

Lafer: "A palavra '*guégonos*' pode ser traduzida por 'fato', se pensada como algo que existe, como um evento acontecido".

Embora essa recapitulação etimológica tenha sido breve e superficial, dela resulta reforçada a impressão de que, ao escrever palavras que hoje são traduzidas como "fato", "fatos", "factual", "acontecimentos" ou "eventos", entre outras possibilidades de tradução, Aristóteles se referia a ocorrências concretas, irrefutáveis, por todos percebidas como verdadeiras. Ao menos nesse levantamento inicial e exploratório, o sentido de "fato" não parece se vincular a inferências, ou a injunções abstratas, mas a incidentes reais, *materiais*, definidos pela ação humana ou percebidos pela razão humana.

d. A palavra "fato" e sua origem latina

O sentido de fato como "coisa real" lembra a palavra latina *"res"*, que significa "coisa". Mas há uma distinção lógica entre *"res"*, ou "coisa", e "fato", da qual não devemos descuidar: a "coisa" se define por meio de contornos espaciais (a coisa ocupa um lugar no espaço), enquanto o "fato" se define prioritariamente por seus contornos temporais, isto é, um "fato" tem seu "lugar" no tempo, sendo um evento que acontece e gera efeitos, mas não perdura em si mesmo, como a coisa corpórea. Ao falar de fatos, Aristóteles pensava, provavelmente, em "acontecimentos", em "eventos", em "verdade", em "coisas vividas", que podem ser experimentadas como traumas, como incidentes corriqueiros, ou ainda como experiências marcadas por um aspecto que pode ser "ocasional"[15], como observou Hannah Arendt.

A palavra "fato", em sua forma presente no idioma português, tem origem no latim, que também é esclarecedora: *"factum"*, que significa "coisa ou ação feita". *"Factum"* é o particípio substantivado do verbo *"facere"*, que significa "fazer". Aqui, o sentido latino se aproxima do sentido grego de *"ergon"*. *"Factum"* é aquilo que "foi feito pela ação humana", ou seja, o "fato" resulta de um "ato" humano.

---

15. Hannah Arendt, "Verdade e política", Parte III, *op. cit.*

e. O fato como o oposto das imagens e da ilusão

O *Vocabulário técnico de filosofia*, de André Lalande, anota que fato "é um dado real da experiência, algo sobre o qual pode se fundar o pensamento"[16].

"Fato" se liga ao que é contingente[17], à realidade exterior, e sua validade depende de que ele seja bem observado pela razão e registrado na linguagem. "Fato" é o que temos de mais precioso como indício da realidade, em contraposição ao que é "ilusório". É nesse sentido que, em várias passagens, a ideia de "fato" surge como argumento de Aristóteles contra o que vê como ilusório em Platão.

Mesmo assim, apesar dessas diferenças de enfoque, as discordâncias entre os dois filósofos não devem ser superestimadas. Não se trata de uma queda de braço, de uma contenda, de um duelo do qual um sai vitorioso e o outro, derrotado. Bem longe disso, o diálogo – essencialmente respeitoso – que Aristóteles estabelece com seu mestre apenas joga mais peso na necessidade da razão de lançar seus olhos à realidade. E, quanto a isso, Platão já antecipara as preocupações de Aristóteles. No livro 7 de *A República*, com a "Alegoria da Caverna", ele escreve um dos mais belos chamamentos aos fatos de toda a história da Filosofia. Nessa fábula, Sócrates convoca os homens a se libertar de suas correntes e desviar seus olhos, prisioneiros das imagens, na direção das coisas reais, que aconteciam do lado de fora da caverna. É tentador concluir que Aristóteles, ao chamar a atenção para o que considera fantasioso em Platão, nada mais faz do que seguir o ensinamento do próprio Platão.

A ideia de "fato" que nos foi legada por Aristóteles – e, de certa maneira, também por Platão – se refere, enfim, à experiência real, que adquire enorme peso na convivência entre os cidadãos na *pólis*. Fatos não são princípios doutrinários, não são ortodoxias, não são digressões de raciocínio, mas eventos materiais, vividos, reais.

---

16. André Lalande, *Vocabulário técnico de filosofia*, São Paulo: Martins Fontes, 2. ed, 1996, p. 388.
17. Qualidade que também é observada por Hannah Arendt, "Verdade e política", Parte IV, *op. cit.*

4. OS FATOS NA FUNDAÇÃO DA FILOSOFIA

Descrito assim, o estatuto dos fatos no pensamento político de Aristóteles parece puxar a política para "baixo", como se ela não passasse de uma "ciência menor", um manual de instruções facilitadas para a convivência social na *pólis*. Contudo, essa impressão não corresponde à verdade, como demonstram várias passagens dos textos de Aristóteles. Para ele, a ciência política não apenas não era menor, como era a mais alta entre todas as que ele chamava de "ciências práticas". À ciência política deveria caber o papel de disciplinar o estudo das demais ciências. "Uma vez que a ciência política usa as ciências restantes[18] e, mais ainda, legisla sobre o que devemos fazer e sobre aquilo de que devemos nos abster, a finalidade desta ciência inclui necessariamente a finalidade das outras"[19].

O nascimento da própria filosofia, entre os gregos, também está associado à observação racional dos fatos. O enaltecimento da razão e dos fatos – contra as superstições – aparece em Tales (624-547 a.C.), da cidade de Mileto, celebrado como o primeiro dos pré-socráticos. Na mesma linha, o historiador Hecateu (546-480 a.C.), de quem Heródoto se dizia um continuador, contestava abertamente o hábito de procurar nos mitos as explicações para a realidade: "Eu escrevo coisas que me parecem verdadeiras, porque os relatos dos gregos me parecem repletos de contradições e tolices"[20].

O materialista Demócrito de Abdera, que foi discípulo de Leucipo de Mileto, também fincava nos fatos o alicerce do conhecimento. A física atomista defendida por ele era materialista. Anaxágoras, professor de Péricles, filiava-se ao atomismo de Demócrito, assim como Epicuro (341-270 a.C.). Os dois, Epicuro e Demócrito, seriam estudados, dois mil anos depois, pelo jovem Karl Marx, aos 23 anos de idade, em sua tese de doutorado. Marx observa o materialismo em ambos e enaltece a postura antirreligiosa de Epicuro, de quem reproduz uma frase: "Ímpio não é quem elimina os deuses aceitos pela maioria, e sim quem aplica aos deuses as opiniões da maioria"[21].

---

18. Aqui Aristóteles se refere a outras "ciências práticas", conforme se nota na consulta a outras traduções.
19. Aristóteles, *Ética a Nicômaco*. Coleção Os Pensadores, São Paulo: Nova Cultural, 1996, p. 119.
20. Carlo Rovelli, *A realidade não é o que parece*, Rio de Janeiro: Objetiva, 2017, p. 21.
21. Karl Marx, *Diferença entre a Filosofia da Natureza de Demócrito e Epicuro*, trad. Nélio Schneider, 1. ed. São Paulo: Boitempo, 2018, p. 23.

Em função da postura antirreligiosa de Epicuro, Marx vê nele "o maior dos iluministas gregos"[22], e lembra o mito de Prometeu que, pelos versos de Ésquilo, teria dito a Hermes, o mensageiro dos deuses: "Acho bem melhor ser escravo daquela pedra, do que a Zeus pai servir de fiel mensageiro"[23].

Epicuro, como Prometeu, prefere os homens aos deuses, os fatos às quimeras. Para Epicuro, nenhuma explicação teórica poderia "contradizer a percepção do sensível"[24]. Demócrito, inspirador de Epicuro, dizia que "a manifestação do sensível é o único objeto verdadeiro, e a percepção dos sentidos é a razão"[25].

Nessas passagens, e em tantas outras que poderiam ser lembradas aqui, vemos que a observação racional e crítica dos fatos marca o nascimento da filosofia. Em Aristóteles, essa marca é claríssima. Em seus escritos sobre ética, Aristóteles, que não era materialista (como Platão, ele não negava a tese da imortalidade da alma), nunca deixa de recorrer à realidade factual. Embora ensine que ética e política têm objetos diferentes – o objeto da ética é a felicidade individual, que seria o bem maior da vida humana, e o objeto da política, a felicidade de todos, o bem que estaria acima da felicidade individual[26] –, o filósofo mostra que a ética e a política são idênticas em seu caráter prático. A finalidade do estudo tanto da primeira quanto da segunda, mais do que conhecer um objeto, é aprender e ensinar o estudioso a viver e conviver melhor. Diz Aristóteles: "A presente investigação não visa, como outras, ao conhecimento teórico (não estamos investigando apenas para conhecer o que é a excelência moral, e sim para nos tornarmos bons, pois, se não fosse assim, nossa investigação viria a ser inútil), cumpre-nos examinar a natureza das ações, ou seja, como devemos praticá-las"[27]. Para ele, a política é a ética para toda a sociedade – e a ética serve de introdução à política, como se pode ler na abertura de *Magna Moralia* (a grande ética): "A ética, a meu juízo, só

---

22. *Ibid.*, p. 124.
23. *Ibid.*, p. 24.
24. *Ibid.*, p. 53.
25. *Ibid.*, p. 39.
26. "Embora valha bem a pena atingir esse fim [*a felicidade*] para um indivíduo só, é mais belo e mais divino alcançá-lo para uma nação ou para as cidades-Estados. Tais são, por conseguinte, os fins visados pela nossa investigação, pois que isso pertence à ciência política numa das acepções do termo." Aristóteles, *Ética a Nicômaco*, *op. cit.*
27. *Ibid.*, p. 138.

pode formar parte da política. [...] Se em política se quer realizar alguma coisa, é preciso ser eticamente virtuoso. O estudo da ética parece então uma parte da política e, por conseguinte, sustento que ao conjunto desse estudo [a ética] devemos dar o nome de política"[28].

Em Aristóteles, a política e a ética aprendem mais com os fatos do que com modelos ideais. O governante não reina por ser bondoso, mas por manejar com inteligência (prudência), autoridade e espírito prático os assuntos de Estado. Na política, as condutas que impõem sofrimento são aceitáveis, desde que sejam necessárias, úteis ou convenientes ao Estado. É o caso da guerra, do tratamento dedicado aos escravos ou aos artesãos, das penas estipuladas na lei. As armas ou as punições se apresentam como recursos úteis, convenientes, necessários, embora não sejam, em si mesmos, belos ou agradáveis.

Na base factual reiterada repousa a principal inflexão de Aristóteles em relação a Platão – e isso não distancia, mas aproxima, a política do corpo geral da filosofia.

5. A DUALIDADE ENTRE A MORAL E OS FATOS EM MAQUIAVEL E WEBER

A tensão constante entre o ideal e os fatos aparecerá em praticamente todos os momentos do pensamento político ao longo dos séculos.

a. *O príncipe* e o espírito prático

Em meio a tantos mais, podemos encontrar essa tensão na oposição entre os cânones morais católicos (que representam um ideal) e as condutas políticas que Maquiavel receita. Em *O príncipe*, lançado em 1532 (cinco anos após sua morte), Maquiavel não ataca frontalmente a Igreja – em vez disso, faz reverência às "graças divinas" e censura os que não têm "temor

---

28. Trad. Patricio de Azcárate Corral. Texto obtido na internet. Domínio público [o tradutor morreu no século XIX]. Original: *"La moral, a mi juicio, sólo puede formar parte de la política. En política no es posible cosa alguna sin estar dotado de ciertas cualidades; quiero decir, sin ser hombre de bien. Pero ser hombre de bien equivale a tener virtudes; y por tanto, si en política se quiere hacer algo, es preciso ser moralmente virtuoso. Esto hace que parezca el estudio de la moral como una parte y aun como el principio de la política, y por consiguiente sostengo que al conjunto de este estudio debe dársele el nombre de política más bien que el de moral. Creo, por lo tanto, que debe tratarse, en primer término, de la virtud, y hacer ver cómo es y cómo se forma, porque ningún provecho se sacará de saber lo que es la virtud sino se sabe también cómo nace y por qué medios se adquiere".* Disponível em: http://www.filosofia.org/cla/ari/azco2007.htm. Acesso em: 12 ago. 2019.

a Deus" –, mas ensina que os governantes devem buscar sua sabedoria e sua *virtu* não na sacristia, mas no espírito prático, na astúcia e na frieza de propósitos perante os fatos.

> Na verdade, porque há tamanha distância entre como se vive e como se deveria viver que aquele que abandona o que se faz por aquilo que se deveria fazer aprende antes a arruinar-se que a preservar-se; pois um homem que queira fazer em todas as partes profissão de bondade deve arruinar-se entre tantos que não são bons. Eis por que é necessário a um príncipe, se quiser manter-se, aprender a poder não ser bom e a valer-se ou não disso segundo a necessidade[29].

Ater-se aos fatos não significa abandonar todos os valores de conduta. O príncipe não se submete aos cânones católicos, por certo, mas isso não significa que ele não tenha parâmetros para o seu modo de se comportar à frente do Estado. Esses parâmetros existem e guardam uma relação estreita com sua finalidade de governante, qual seja, fortalecer o poder do Estado e fazê-lo perdurar – o que requer o fortalecimento do seu poder pessoal. Eis o seu valor maior. Até mentir é válido, mas a mentira também tem medida: a mentira se torna não recomendável quando tende a afastar o príncipe de sua finalidade. Diz Maquiavel: "Um senhor prudente não pode, nem deve, observar a fé quando essa observância virar-se contra ele ou quando deixarem de existir as razões que o haviam levado a prometê-la"[30].

Bem sabemos que Maquiavel não é o primeiro a admitir a mentira na política. Desde sempre, a mentira integra a política. Platão, no livro III de *A República*, embora execre os mentirosos, concede que, "no interesse da própria cidade", ao governante "compete mentir" (mais ou menos como um médico, por piedade, esconde fatos de seu paciente)[31].

---

29. Nicolau Maquiavel, *O príncipe*, Cap. XV, trad. Maria Júlia Goldwasser, São Paulo: Martins Fontes, 2010, p. 75.
30. *Idem, ibid.*, Cap. XVIII, p. 86.
31. "Sócrates – Mas, realmente, também devemos ter a verdade em grande consideração. Se há pouco dissemos acertadamente que a mentira é inútil aos deuses, porém útil aos homens sob a forma de remédio, é evidente que seu emprego deve ser exclusivo dos médicos e de mais ninguém. / Adimanto — Evidentemente. / Sócrates – Por conseguinte, se compete a alguém mentir, é aos líderes da cidade, no interesse da própria cidade, em virtude dos inimigos ou dos cidadãos; a todas as demais pessoas não é lícito este recurso. Contudo, se um cidadão mentir a seus chefes, afirmaremos que ele comete um

Maquiavel, porém, vai bem mais longe que Platão. Não aborda a política em termos morais, mas em termos *científicos*.[32] Daí que o seu limite para a mentira é prático, não moral. Esse limite está – outra vez – nos fatos. O governante pode faltar com a palavra, com a condição de que sua mentira não incinere os meios necessários para seguir exercendo sua autoridade e sua liderança.

b. A responsabilidade factual em Weber

Além de Aristóteles e Maquiavel, poderíamos encontrar o antagonismo entre a moral (ou o ideal) e os fatos em outro pensador, este já do século XX: Max Weber. Na famosa conferência proferida na Universidade de Munique, em 1918, com o título de "A política como vocação", ele formulou suas célebres duas éticas: a Ética da Convicção e a Ética da Responsabilidade.

A primeira, a da "Convicção", dá preferência a princípios rígidos, sem considerar os fatos. Já na segunda, a da "Responsabilidade", o político leva em conta as consequências dos seus atos à luz dos fatos, sendo flexível em relação aos princípios. Weber recomenda: "Faz-se política usando a cabeça, e não as demais partes do corpo"[33]. No mesmo tom, aconselha o político a ter "a soberana competência do olhar, que sabe ver as realida-

---

erro da mesma natureza, porém maior ainda do que se um doente não contasse a verdade ao médico, ou se um aluno ocultasse ao professor de ginástica seus sofrimentos físicos, ou se um marinheiro não revelasse ao piloto a verdade sobre o estado do navio e da tripulação, omitindo-lhe informações quanto à sua situação e à de seus companheiros." Platão, *A República*, Livro III, trad. Enrico Corvisieri, São Paulo: Nova Cultural, 1997, p. 79.

32. Num prefácio escrito em 1962 para *O príncipe*, Raymond Aron, professor que tanto influenciou Claude Lefort, elogiou o caráter "científico": "Sem ilusões nem preconceitos, observa os diversos tipos de Estados, classifica-os por gêneros, estabelece as leis – leis científicas, não morais – segundo as quais cada principado deve ser conquistado ou governado" (Nicolau Maquiavel, *op. cit.*, p. XI). Por essas e outras considerações, Aron considera que "Maquiavel é o fundador da Ciência Política" (*Ibid.*, p. XI.). Segundo Aron, Maquiavel teria sido o primeiro a pensar a política cientificamente, a partir dos fatos, com métodos pelos quais se pode chefiar um Estado com sucesso. Devemos ter em mente, entretanto, sem nenhum demérito para o que há de inaugural em Maquiavel, que esse realismo sem piedade, tão característico desse pensador, já se fazia notar em Aristóteles. Talvez por isso, Norberto Bobbio aponte o livro de Aristóteles, e não o de Maquiavel, como "o primeiro tratado sobre a natureza, funções e divisão do Estado, e sobre as várias formas de Governo, com a significação mais comum de arte ou ciência do Governo" (Norberto Bobbio, Nicola Matteucci e Gianfranco Pasquino, *Dicionário de política*, v. 1, trad. Carmen C. Varriale *et al.*; Cacais – Brasília: Editora da Universidade de Brasília, 1998. O trecho do qual foi tirada a citação, o verbete "Política", é de autoria de Bobbio).

33. Max Weber, "A política como vocação", in: *Ciência e política, duas vocações*, São Paulo: Cultrix, 2006, p. 106.

des da vida, e a força de alma que é capaz de suportá-las e de elevar-se à altura delas"[34].

Na prática, Weber leva em conta aquilo que um contemporâneo seu, Sigmund Freud, chamaria de "Princípio da Realidade". O Princípio da Realidade atua como um regulador que leva o sujeito a negociar com as barreiras do mundo exterior, sem bater de frente com elas. Ou o sujeito é adulto e sabe lidar com a frustração, ou não alcançará os frutos vantajosos do Princípio de Realidade. Por essa via, podemos inferir que Weber entende a política como um jogo de adultos, não como dança das paixões, por mais que reconheça a paixão no jogo da política.

Enfim, o critério da política não pode desconsiderar o plano dos fatos. Ou, em outros termos, a política requisita o manejo dos fatos, o conhecimento dos fatos, o relato dos fatos. Tanto é assim que, nessa mesma conferência, "A política como vocação", ele inclui o trabalho dos jornalistas, como a reconhecer que o trabalho dos jornalistas na modernidade integra a vocação política, ou está incluído na vocação política, ou, ainda, demanda vocação política. Vendo no trabalho jornalístico – que, afinal, é um trabalho que lida com os fatos e com as ideias acerca dos fatos, ou seja, uma profissão que se ocupa do juízo de fato e do juízo de valor – uma atividade contígua à atividade política, Weber identifica nos profissionais de imprensa os novos "demagogos". A palavra "demagogo", nesse contexto, não deve ser entendida como um sinônimo raso de "enganador" ou "charlatão", mas deve ser tomada em seu sentido do grego antigo: "demagogo" é aquele que conduz o povo pela palavra. O jornalista, no tempo de Max Weber, é aquele que dirige suas palavras ao público expandido da política e, a partir daí, ganha notoriedade.

Não sem ironia, ele capta bem o incômodo dos abastados quando se viam compelidos a ter de confraternizar com esse novo ator da cena política, o jornalista. A frase é saborosa:

> É de mencionar, por exemplo, a circunstância de frequentar os salões dos poderosos da Terra, aparentemente em pé de igualdade, vendo-se, em geral e mesmo com frequência, adulado, porque temido, tendo, ao mesmo tempo, consciência perfeita de que, abandonada a sala, o

34. *Ibid.*, p. 121.

anfitrião sentir-se-á, talvez, obrigado a se justificar diante dos demais convidados por haver feito comparecer esses 'lixeiros da imprensa'"[35].

Em 1918, quando ele profere sua conferência, os jornalistas eram novatos nas altas-rodas e, nos Estados Unidos, estava em voga o termo *"muckrakers"*, que significa "revolvedores de sujeira, de lixo". Os fatos que os políticos tentavam ocultar eram trazidos à tona pelos repórteres que vasculhavam o lixo do debate público.

Segundo Weber, a imprensa exerceria uma função que repercute no domínio político, mas seria um erro igualar imprensa e política, como a dizer que a imprensa se resume à sua função política ou que a imprensa contém a totalidade das atividades da política. São dois domínios separados – também em Weber, aliás. Quando a política vai bem, os dois domínios vivem em um conflito saudável. O objeto em conflito, a joia em disputa, não é outra coisa senão o relato dos fatos, o entendimento dos fatos ou, como se tornou moda dizer, a disputa entre "narrativas". A imprensa influi no poder – é para isso que ela existe, aliás –, mas não se confunde com ele.

De outro lado, quando a política não vai bem, o registro dos fatos se partidariza e o poder conspira para invadir as competências da imprensa.

6. OS FATOS E A REALIZAÇÃO DA JUSTIÇA

Consta que, no início do século XVII, o rei James Stuart, o James I, teria manifestado arroubos absolutistas. Coube ao magistrado Edward Coke estabelecer um freio contra as pretensões do monarca. Em 1606, Coke fora nomeado pelo próprio James I para o mais alto posto do judiciário (Chief Justice of the Court of Common Pleas). Com essa autoridade e, na presença do monarca, sustentou que a figura do rei estava, como os outros ingleses, *"under the law"*. Tendo em vista que, na Common Law, o lugar ocupado pelos "fatos" é equiparável ao lugar das leis, o que Edward Coke disse ao soberano é que ele também não estava acima da lei e nem acima dos fatos[36]. Esse momento é considerado decisivo para o estabelecimento

---

35. *Ibid.*, p. 83.
36. O caso é bem contado por John Rogge, "Proof by Confession". *Villanova Law Review*, 1966, v. 12, n. 1, pp. 48-50. Ver também o resumo da polêmica decisão, trazida para o contexto contemporâneo das

do liberalismo, do Estado de direito (*Rule of Law*) e, mais tarde, da democracia. Podemos dizer, então, que os mesmos fatos que comparecem à textura do domínio político são essenciais para a realização da justiça.

Mas há que se fazer um esclarecimento capital quanto à natureza dos fatos, seja na política, seja na justiça. Não são os políticos – ou os políticos profissionais, nos termos de Weber – aqueles incumbidos de verificar os fatos. Nem poderiam ser. Juízes, testemunhas e repórteres cuidam disso. Quanto mais longe estiverem das influências partidárias, melhor.

Voltemos agora a Hannah Arendt. Em mais de uma passagem de "Verdade e política", ela anota que a verificação dos fatos se dá *no exterior do domínio político*[37]. O que isso quer dizer? Que a verificação dos fatos é uma função "apolítica"? De modo algum. A verificação dos fatos tem efeitos políticos, Hannah Arendt é clara quanto a isso, mas a verificação dos fatos *não pode ser pautada pelos interesses partidários dos agentes políticos*. A ideia de algo que seja exterior ao domínio político aponta para um espaço que funcione com regras independentes daquelas que orientam a dinâmica de disputa de interesses no interior do domínio político. Essa é a distinção crucial.

Verificados em um campo de independência em relação às tensões próprias do domínio político, verificados por juízes e repórteres que não devem obedecer a interesses partidários ou governamentais, ao menos em tese, os fatos, uma vez comprovados, incidirão sobre o domínio político. Dizer que os fatos são verificados de forma independente é o mesmo que dizer que o rei está, como todos os demais seres humanos, *"under the law"* e *"under the facts"*. O domínio político tem sua textura constituída pelos

---

fake news: Fernão Mesquita, "A pós-verdade levará à pós-democracia?". *Revista USP*, n. 116, jan.-fev.--mar. 2018, p. 34.

37. "A posição no exterior do domínio político – no exterior da comunidade à qual pertencemos e da companhia dos nossos pares – é claramente caracterizada como um dos diferentes modos de estar só. Eminentes entre os modos essenciais de dizer-a-verdade são a solidão do filósofo, o isolamento do sábio e do artista, a imparcialidade do historiador e do juiz, a independência do descobridor de fato, da testemunha e do repórter." Hannah Arendt, "Verdade e política", *op. cit*. No segundo parágrafo da parte v do original, publicado nos Estados Unidos em 1967, lê-se: *"The standpoint outside the political realm – outside the Community to which we belong and the company of our peers – is clearly characterized as one of the various modes of being alone. Outstanding among the existential mode of truthtelling are the solitude of the philosopher, the isolation of the scientist and the artist, the impartiality of the historian and the judge, the independence of the fact-finder, the witness, and the reporter".*

fatos, mas não deveria ter ascendência sobre a função de verificar os fatos – ele não comanda a função de verificar os fatos.

Já falamos um pouco sobre os jornalistas e repórteres. Falemos agora um pouco mais dos juízes, sobre a independência de que precisam para cumprir sua função.

Aristóteles dizia que a política tem como finalidade maior a justiça[38]. Isso quer dizer que a política se cumpre à medida que alcança uma sociedade justa (segundo o entendimento de justiça partilhado pelos integrantes dessa mesma sociedade). Compreendamos bem essa proposição: a política persegue o *télos* da justiça, mas sabe que não poderá alcançá-lo por seus próprios meios. Por isso, em lugar de "fazer justiça com as próprias mãos", a política se empenha em assegurar a independência da justiça, abdicando de interferir sobre ela. A justiça, e não a política, se encarrega de realizar a justiça pretendida pela política[39].

Quando o domínio político invade o domínio daqueles a quem cabe verificar os fatos e aplicar as leis, a finalidade da política não se cumpre. Pensemos, por exemplo, no julgamento de Sócrates, no ano 399 a.C. Sócrates foi condenado à morte, sob a acusação de corromper a juventude com seus ensinamentos. O julgamento se deu num período especialmente crítico da democracia ateniense (que fora restaurada três ou quatro anos antes, após a Tirania dos Trinta), e Platão viu na condenação injusta de seu mestre um sintoma do fracasso da política[40]. Logo, desde Platão, quando a justiça se curva a interesses políticos, a própria política sucumbe.

Poderíamos recordar também a fraude judicial do caso Jean Calas, no século XVIII, que foi denunciada por Voltaire[41], e a do capitão Alfred Dreyfuss, denunciada por Émile Zola, no finzinho do século XIX. Poderíamos citar também os Processos de Moscou, entre 1936 e 1938, que

---

38. "Em todas as ciências e artes, o fim em vista é um bem. O maior bem é o fim visado pela ciência suprema entre todas, e a mais suprema de todas as ciências é o saber político. E o bem, em política, é a justiça que consiste no interesse comum." Aristóteles, *Política, op. cit.*, p. 231.
39. Hannah Arendt diz que o Judiciário, "seja como ramo do governo, seja como administração directa da Justiça, é cuidadosamente protegido contra o poder social e político". Hannah Arendt, "Verdade e política", Parte V, *op. cit.*
40. Sócrates se torna réu sob a acusação de "corromper a juventude", mas morre como um mártir da razão. A assembleia se divide, mas o condena: são 281 votos contra ele e 220 em sua defesa.
41. Em 1762, Calas não escapou da morte na roda da tortura a que fora condenado. Em 1765, seria postumamente inocentado, principalmente graças ao Tratado sobre a Tolerância, escrito por Voltaire, que o transformou num símbolo das perseguições religiosas e do rebaixamento da Justiça.

condenaram à morte vultos de enorme tradição e poder no Comitê Central do Partido Bolchevique, como Zinoviev e Kamenev, que chegaram a figurar entre os três homens mais poderosos da União Soviética, ao lado do próprio Stálin, entre 1923 e 1925. Também ali, no Grande Expurgo, ficou evidente que a justiça estava a serviço do tirano e, portanto, não era justiça. Ficou evidente que a política estava morta, não passava de um teatro grotesco.

Há ainda o julgamento do jovem Fidel Castro, em 1953, pelo ataque contra os quartéis de La Moncada e Carlos Manuel de Céspedes, em Santiago de Cuba. Em sua defesa, o réu discursou diante dos juízes: "A história me absolverá". O regime que o condenou, mas não o matou, cairia seis anos depois sob as botas dos revolucionários liderados pelo mesmo Fidel. Na verdade, a política do regime que o condenou, a ditadura de Fulgencio Batista, é que estava condenada.

Em todos esses casos – Sócrates, Calas, Dreyfus, Zinoviev, Kamenev e Fidel –, os fatos foram adulterados por interesses políticos para fraudar a justiça e, como consequência, a política se deteriorou.

Passemos agora a outro exemplo, talvez mais dramático. Pensemos na condenação de um grande líder nacional que sofreu um processo administrado com celeridade atípica, a toque de caixa. Pensemos nas palavras desse líder, ao discursar em público, valendo-se de palavras que lembram as de Sócrates. Ele diz que seu crime não está no mal que causou, pois não causou nenhum, e sim no bem que fez ao povo. Esse homem se vê como um revolucionário. A seu juízo, mudou uma nação inteira. Acredita que a história reconhecerá seu valor. Acusa os juízes de estarem a serviço de ordens espúrias e inconfessáveis. Diz que a imprensa deixou de cumprir o seu papel de relatar os fatos, pois foi silenciada pelo poder. Proclama ainda que o puseram ao lado de outros réus corruptos apenas para dar ao povo a impressão de que ele também é um corrupto. Declara-se inocente. Avisa a seus carrascos que podem tentar, mas não conseguirão apagá-lo da vida nacional, pois ele não é mais um homem comum. Diz que suplantou a condição humana e atingiu uma outra dimensão.

Estamos falando de Georges Jacques Danton. Mais exatamente, falamos aqui de Danton tal como ele foi retratado no filme que leva seu nome, *Danton, o processo da revolução*, largamente baseado em fatos e falas registradas pelos historiadores. Lançado em 1983[42], o filme reconstitui os dias em que, no período do Terror, o tribunal revolucionário em Paris condenou o grande orador e o maior expoente da Revolução Francesa a morrer na guilhotina. Estamos no ano de 1794. Depois de protestar contra o poder que impediu um jornalista de tomar notas do que se passa no Tribunal, Danton discursa:

> Quem decide acabar com alguém, acusa-o de todos os crimes. O método é velho como o mundo, mas melhorou, modernamente. Os justos, em qualquer tempo, incomodaram a política e hoje, mais do que nunca! Por que é preciso me matar? Só eu posso responder. Devo morrer porque sou sincero. Devo morrer porque digo a verdade. Devo morrer porque assusto. Eis as razões que levam ao assassinato de um homem honesto.

Ao ver que não terá escapatória, o réu adota uma oratória tão arrebatadora quanto irrealista. Ele percebe que, em sua vertigem de líder carismático e apaixonante, acabou perdendo a conexão com o plano dos fatos. Não tem mais como invocar sequer um fato em sua defesa. Então, inventa uma saída de efeito dramático impactante, mas sem nenhum efeito prático. "Eu não desaparecerei. Não! Eu falo! E falarei até o fim! Pois sou imortal! Sou imortal, porque sou o povo! O povo está comigo[43]!"

---

42. A produção envolveu três países, França, Polônia e Alemanha, sob a direção do polonês Andrzej Wajda.

43. Principais falas de Danton no original: *"Tu appelles ce tissu de calomnies un acte d'accusation! / Le Tribunal, c'est moi qui l'ai fait instituer, je le connais! / France! Pendant 5 ans, j'ai été ton chef, mon nom est gravé dans l'histoire. / Vendu? Vendu! Je suis impayable! Je parlerai toute la journée, s'il le faut. Je vais crier et on entendra ma voix. / Plus un homme est courageux, plus on s'acharne sur lui. / Ecoutez! On me charge de tous les crimes. [...] Cette méthode est ancestrale, mais elle a été améliorée. On veut faire oublier la loi. Elle donne l'illusion aux gens en place que la peur qui voisine toujours avec le pouvoir a disparu.* **Les justes ont toujours gene la politique, et aujourd'hui plus que jamais.** */ Pourquoi faut-il me tuer? Moi seul peux répondre. Il faut me tuer car je suis sincère, je dis la vérité, et parce que je fais peur. Voilà les trois raisons qui condamnent un honnête homme. J'ai été un des inventeurs de la justice populaire. Comment pouvez-vous imaginer que vous allez la pervertir à mon insu? Voilà une de vos manœuvres. Encore une. Vous nous mélangez avec des voyous pour qu'on nous confonde avec eux. / C'est une parodie de justice! Et nos témoins? Nous y avons droit. Où sont-ils? / Peuple de France, le Tribunal, c'est toi! Qu'on amène ici nos accusateurs. / Les deux Comités! Que tout se passe publiquement, et vous déciderez. [...] Vous savezque nous sommes innocents, mais ça n'a aucune importance pour vous, puisque vous obéissez à des ordres donnés. / Ecoute-moi bien, Fouquier, si tu veux nous couper la tête, l'homme qui te mandate, son corps viendra pourrir près du mien, il le sait! Il me tue, il en mourra!* **/ Vous voulez m'assassiner et éliminer toute trace?** *Vous interdisez aux journalistes de prendre des notes! Je vois les greffiers assis, les bras croisés. Eux aussi ont reçu l'ordre de ne rien écrire! Tout doit disparaître! Vous voulez que je disparaisse?*

Georges Danton exaltou sua própria imortalidade, e foi brilhante nisso. Mas, a despeito da retórica, foi guilhotinado no dia 5 de abril de 1794, aos 34 anos de idade, e veio a falecer como qualquer mortal.

Também na França de 1794, a justiça era uma farsa e a política tinha fracassado. O governo que, interferindo indevidamente na justiça, condenou Danton, estava moribundo. Semanas mais tarde, viria abaixo. O líder do governo, Robespierre, o mesmo que manipulara o tribunal com despudor e ferocidade para cortar a cabeça de Danton, iria à guilhotina três meses depois, no dia 28 de julho de 1794, aos 36 anos de idade. Seu principal aliado, Saint-Just, foi executado no mesmo dia, aos 26. As revoluções, como a juventude, são dois mitos burgueses. Na era do Terror, o sangue tinha matado a juventude e a revolução.

O episódio de Danton nos ensina sobre duas loucuras que se espelham: a loucura do poder que forja fatos inexistentes por meio de uma justiça subalterna e o delírio de imortalidade do condenado que quer fugir aos fatos por meio de mistificações disparatadas. Aos dois lados falta a razão. Os dois lados rompem com os fatos. Danton, vencido, apenas grita: "Eu sou imortal!". E, no entanto, não o era.

7. CONCLUSÃO

Olhemos para a cena contemporânea. A mesma razão que deu origem ao pensamento filosófico e ao pensamento político, reivindicando o apoio dos fatos e se afastando dos mitos e dos deuses, sofre agora o cerco da indústria do entretenimento, das excitações do consumo, das igrejas portentosas, dessa estranha religião cujo nome é tecnociência e das idolatrias obscurantistas. Os *apagões de real* e o *suicídio da consciência* interditam os fatos. A razão está cindida.

A opacidade espessa, não apenas das imagens, mas também das celebradas nuvens de dados e da inteligência artificial (prolongamento matematizado do Espetáculo), deposita-se sobre a pele dos fatos. A força das burocracias automatizadas, das falas autoritárias e do latim impenetrável das súmulas jurídicas os deslocam do campo de visão. Já não se enxerga

Non! Je ne disparaîtrai pas! Non! Je parle et je parlerai jusqu'au bout. Car je suis immortel. Je suis immortel parce que je suis le peuple! Le peuple est avec moi. Et vous, les assassins, vous serez jugés par le peuple! Mais je parie quand même et je parlerai. Peut-être l'air de cette salle retiendra-t-il l'écho de ma voix qu'on étouffe.

que atos e que incidentes teriam motivado cassações, apenas camadas e mais camadas de uma numeralha entremeada de rubricas e abstrações orçamentárias impalpáveis. Já não são acessíveis as condutas que serviriam de suporte para condenações judiciais, o que se tem são apenas labirintos contábeis, matrizes algébricas, infográficos em telas luminescentes. As paredes informáticas e as muralhas performáticas, muralhas em rede, avolumam-se nos espaços entre o humano e a natureza.

As pesquisas eleitorais são computadas por *softwares*, e as eleições, também. A matemática, dotada de eloquência robótica, interpela o cidadão com ultimatos que só aceitam a obediência como resposta. A dúvida cética, aquela mesma que teria sido o motor da ciência, perde seu posto para a ordem unida de burocratas e tecnocratas que dizem amém às provas ditadas pela técnica. A virtude de duvidar adquire o peso de uma heresia. Os *big data* e a inteligência artificial sintetizam a holografia de autoridades pós-humanas. Sucedem-se, intermitentes, os *apagões de real*.

Além de economistas e tecnocratas, além de cientistas e burocratas, a religião da tecnociência arregimenta profissionais da imprensa. Filamentos da instituição que estaria encarregada de checar os fatos – os mesmos que constituem a textura do domínio político – se perdem da causa essencial de sua própria independência. Em nome da liberdade, escolhem prestar reverência a uma objetividade sem atos humanos e sem matéria. Esquecem que o único fato passível de ser alcançado pelo olho do repórter é o fato posto pelo ato – o ato humano.

(Abro aqui um parêntese. A sensação difusa de que, na comunicação social contemporânea, prevalece o que alguns chamam de "pensamento único" vem da eficiência com que os artefatos substituíram os fatos. Ocorre que o "pensamento único" não é bem um "pensamento único". Sequer um "pensamento" ele é, uma vez que não comporta a crítica aos seus próprios fundamentos. O que se passa aí é outro tipo de bloqueio da razão. As métricas maquinais, quando tomadas pelo jornalismo como se fossem a mais pura expressão dos fatos, assumem, na esfera pública, um aspecto de fala dogmática, mas essa não decorre de manipulações intencionais de pessoas ou grupos, e sim de uma acomodação estrutural do discurso da tecnociência. Uma matriz única – absoluta – substitui fatos por artefatos, ou por dados, e é essa substituição, da ordem da técnica e do capital, que produz a sensação de que vige um suposto "pensamento único". Os algoritmos blindados contra o exame externo, as equações inacessíveis ao debate público e as padronizações linguísticas inconscientes se manifestam na linguagem na exata medida em que a ideologia fala na linguagem – através e a despeito dos sujeitos. A expressão "pensamento único", portanto, carece de sentido lógico, é um oximoro – pois um pensamento que é único por sufocar divergências não é pensamento, mas doutrina dogmática que não pensa. Na mesma medida, expressões como "grande mídia" ou "mídia hegemônica", convocadas para designar a imprensa, carecem de precisão e levam suas generalizações panfletárias ao nível do absurdo.)

Ainda assim, a sensação de que há um "pensamento único" em marcha – e de que esse "pensamento único" reafirma o capital – tem fundamento intuitivo. A matriz única – que na verdade *mata* o pensamento – ocasiona a sensação de "pensamento único".

A verdade factual se estilhaça em fagulhas imateriais, em códigos digitais, escondendo-se em desvãos cada vez mais inacessíveis ao tato do repórter. Aos ocultamentos da cena contemporânea – *apagões de real* – vem se somar mais este, desconcertante: parte da imprensa, mas não *toda* a imprensa, parece ter esquecido que o jornalismo não enxerga o que o humano não vê, não vive, não experimenta e não pega com as mãos. O jornalismo não dispõe de olhos para enxergar a composição das partículas subatômicas, os ciclos de vida dos micro-organismos, os contornos dos buracos negros nas lonjuras do universo – só o que o jornalismo pode fazer é entrevistar os físicos que perseguem bósons nos aceleradores de partículas, os biólogos que estudam as formas ínfimas de vida, os astrônomos que caçam buracos negros nas fendas do universo escuro. Por ter esquecido quais são seus elementos essenciais e por ter se deslumbrado por elementos que não são os seus (são os do poder), estamentos das redações parecem embarcar no *télos* da estratégia do poder. Aprenderam a acreditar em máquinas e na neutralidade dos algoritmos. Aprenderam a aceitar que as nuvens de dados digitais são os próprios fatos – e não uma outra escala da *representação* que veio para substituir tudo aquilo que era "vivido diretamente", no dizer de Debord. Em lugar de questionar a ordem da representação, simplesmente a tomam por verdade.

O mal-estar que acomete a imprensa é o mesmo que deprime a política. Quando os fatos, em certos discursos jornalísticos, são dissolvidos em favor de massas ultrapotencializadas de dados digitalizados, a missão cética da imprensa se desfaz em favor de uma fé que não se sabe fé. Os fatos e os acontecimentos que deslizam para fora do alcance dos repórteres deslizam também para fora do alcance dos agentes políticos.

Em tempo: quem são os agentes políticos? Seria pertinente nos perguntarmos sobre isso, pois deles, dos agentes políticos, teria dependido a defesa da verdade factual como lastro e como objeto indispensável do debate político. Deles teria dependido a defesa de uma verificação independente – politicamente independente – da verdade dos fatos. E então? Quem são os agentes políticos?

A resposta, no arco abrangido por esta conferência, comporta pelo menos quatro tempos distintos.

1. Para Aristóteles, a ação política era coisa para os cidadãos, mas os cidadãos, nos tempos de Aristóteles, eram poucos (mulheres, estrangeiros, escravos e jovens não tinham voz nem voto na *ágora*). O filósofo se justifica: "Governar e ser governado são coisas não só necessárias, mas convenientes, e é por nascimento que se estabelece a diferença entre os destinados a mandar e os destinados a obedecer"[44].
2. Para Maquiavel, o maestro da política era o príncipe. Ou seja, o maestro da política pode muito bem ser um só homem.
3. Max Weber, há cem anos, apontou a profissionalização da política. Surge o "político profissional". A política passa a ser obra e razão de muitos.
4. Então, com Hannah Arendt, o agente político muda radicalmente. Há o político profissional, por certo, mas, na profundidade de seu texto, vislumbra-se que o sujeito da ação política é, potencialmente, *toda* a humanidade.

Embora o domínio político não envolva todos os domínios da vida – e jamais poderia ou deveria envolver, pois o domínio político só é o que é quando sabe que precisa de uma exterioridade em que se possa apurar a verdade factual (a verificação e o relato público dos fatos são funções essencialmente políticas, por certo, mas requerem independência política,

---

44. Aristóteles, *Política, op. cit.*, p. 61.

ou seja, independência funcional perante o domínio político) –, não há como entender de outra maneira o pensamento de Hannah Arendt: o agente político é a humanidade inteira.

As duas postulações não se contradizem: toda a humanidade é potencialmente o agente político (primeira postulação) e o domínio político não recobre todos os domínios em que o ser humano existe (segunda postulação). Ao descrever a política como "os homens vivendo e agindo em conjunto" para "engendrar" os "fatos" e os "acontecimentos" que, necessariamente, "constituem a própria textura do domínio político", Hannah Arendt diz que todos os humanos são universalmente os autores que confeccionam o domínio político. Ao mesmo tempo, ao advertir que os fatos são verificados no exterior do domínio político, ela assinala que nem tudo o que fazem os seres humanos cabe dentro do domínio político. Fundamentalmente, ela mostra que os fatos, que não se resumem à extensão do domínio político, pois o atravessam e o circundam pelo lado de fora, constituem a textura do domínio político porque são a medida daquilo que, no interior do domínio político, é o que existe de mais humano.

Claro que isso não se apresenta de forma linear. A ideia de que toda a humanidade é a agente política (o pressuposto de que todos os seres humanos, potencialmente, podem agir no domínio político) soa como um clamor de libertação, mas chega até nós como um travo de impossibilidade. O motivo da impossibilidade é a interdição dos fatos. Se os fatos estão interditados (por pelo menos duas estratégias distintas), como poderia ser gerada a textura do domínio político? Eis a impossibilidade. Ou o agente político busca os fatos e os encontra (dentro e fora do domínio político), ou a política se desfaz e, em seu lugar, o que se levanta é uma usurpação pela qual o poder mumifica a política.

Daí a necessidade de articular uma defesa da verdade factual como uma forma de defesa da política e, no limite, de uma sociedade que se organize em torno da democracia e dos direitos humanos. Assumir essa defesa é caminhar no contrafluxo da fé, das mistificações e das religiões travestidas de política. Trata-se de promover a crítica tanto da religião tecnociência, pela qual homens e mulheres se convertem em adoradores de máquinas, quanto das seitas de estilo messiânico, pela qual homens e mulheres abdicam de conhecer a realidade por si mesmos e se deixam amoldar, curvados, pelas ortodoxias e pelas idolatrias, rendidos à servidão intelectual que Kant chamou de heteronomia (o *suicídio da consciência*).

Outra vez, como nos tempos de Demócrito e Epicuro, o fator religioso oculta os fatos e oblitera a razão. Muito se fala da "pós-verdade" como resultante da conduta de líderes populistas e de seus fanatismos, mas isso é apenas uma das camadas, e das mais superficiais, de uma síndrome mais profunda, mais extensa e mais nefasta. Sob o brilho artificial dos populismos, o que está em marcha é uma cultura inteira, desejosa de fundamentalismos, que se afeiçoou à indústria das celebridades, às adorações da imagem eletrônica, à estetização do ódio e aos "ismos" imantados pela imagem de salvadores de carismas requentados. Por detrás dos chamados populismos, a cultura antipolítica – ou a cultura *da* antipolítica – é a pulsão violenta que hostiliza os fatos.

Portanto, defender a verdade factual significa defender a independência daqueles a quem cabe verificar os fatos e defender a liberdade de imprensa, nos termos estritos com que Hannah Arendt a defende:

> Se a imprensa se tornasse alguma vez realmente o "quarto poder", deveria ser protegida contra todo o governo e agressão social ainda mais cuidadosamente do que o é o poder judicial. Porque essa função política muito importante que consiste em divulgar a informação é exercida do exterior do domínio político propriamente dito; nenhuma ação nem nenhuma decisão política estão, ou deveriam estar, implicadas[45].

Estamos falando de defender a liberdade de expressão e o direito à informação contra a cruzada fundamentalista que ataca os jornalistas justamente quando os jornalistas acertam em cumprir seu papel político – não partidarizado – de verificar a verdade dos fatos. Essa cruzada obscurantista e antipolítica, empreendida por legiões que se regozijam no *suicídio da consciência*, não pode ser confundida com a crítica necessária que se deve fazer às franjas da imprensa que se adaptaram às matrizes do poder.

Mas o compromisso com a imprensa livre e crítica não basta. A defesa da liberdade factual implica exigir que sejam tornadas públicas e transparentes todas as formas de controle privado (e por vezes secreto) das

---

45. Hannah Arendt, "Verdade e política", Parte v, *op. cit.*

tecnologias empregadas para administrar o fluxo de ideias e informações na sociedade contemporânea: ou a democracia, num plano supranacional, consegue desenvolver meios de governar os algoritmos hoje trancafiados em centros de gestão comandados por oligopólios globais – como Google, Facebook e Twitter –, ou a democracia se amofinará sob a gestão dos algoritmos.

Por fim, a defesa da verdade de fato exige de nós um aprendizado doloroso: a convivência com o estranhamento. A verdade factual requer a assimilação do Princípio da Realidade: o agente político terá de se atrever a ser adulto. Para divisar os fatos diante de si, o sujeito deve reconhecer o que lhe é exterior, o que não dispõe de meios para controlar ou mudar conforme seu desejo. A verdade factual não conforta, mas desafia. Os fatos não são amigos. Não são acolhedores. Não são espelho. Os fatos são da ordem do que difere, do que dissente e, por isso mesmo, cumprem o papel de servir como contrapeso da intolerância. Os fatos demandam o diálogo entre subjetividades que se hostilizam. Tecem a dimensão vital da política: a dimensão do diálogo. São a textura do domínio político porque, dentro dele, divisam o horizonte de onde surge o outro: o outro que é a razão de ser da política, o outro que é o primeiro anúncio de que pode haver humanidade.

Política e paixão
Maria Rita Kehl

Comecemos por diferenciar dois afetos que frequentemente se confundem: paixão e amor. Freud, o criador da psicanálise, define o amor como "o apego do *eu* (o velho "ego" freudiano) a seus objetos de prazer e proteção. É fácil compreender essa definição quando nos lembramos que o primeiro objeto de amor de todo ser humano é a mãe, ou algum substituto dela nas funções de cuidar, proteger e, sim, amar a criança. O amor inclui, além desse apego, as manifestações de ternura, que nem sempre comparecem na paixão. Lembremo-nos de que a palavra "paixão" tem a mesma raiz latina de *pathos*, que também designa doença (patologia...). A paixão seria uma espécie de "adoecimento" do amor. Um adoecimento narcísico. Mas o amor não está livre disso; lembremo-nos da bela explicação dada por Montaigne para justificar o amor de amizade vivido em sua relação (em grande parte, epistolar) com o também filósofo Étienne de La Boétie: "porque era ele, porque era eu"[1]. Ocorre que muitos afetos que compõem o amor estão presentes na paixão. A começar pelo narcisismo: uma das forças que movem tanto o amor quanto a paixão é o amor que o sujeito tem por si mesmo. Uma das fantasias mais frequentes dos amantes apaixonados é a de que "nós somos iguais". Parece paradoxal – mas não é – o fato de que essa identificação com o outro, no amor-paixão, ocorra lado a lado com a *idealização* do ser amado. A grande euforia que

---

1. Vale lembrar também que a frase de Montaigne foi usada por Chico Buarque em uma canção de amor que leva o mesmo nome: *Porque era ela, porque era eu*.

nos toma no início de uma paixão é o sentimento de termos encontrado alguém que é tão maravilhoso... quanto nós. O amor paixão restaura a ilusão infantil de sermos o bebê perfeito da mamãe perfeita.

A subjetividade do *infans* se instaura, inicialmente, pelo transitivismo: com poucas semanas de idade o recém-nascido se reconhece no rosto do outro. Os adultos, com grande alegria, brincam de botar a língua para fora e conferir que o bebê tenta fazer o mesmo. *"Monkey sees, monkey does"*, dizia o médico personagem da série *Dr. House*. Em um contexto bem diverso da relação mãe-bebê, o grande lutador afro-americano Muhammad Ali soube se valer do transitivismo quando lutou na Nigéria com um boxeador mais forte que ele. Perguntou aos nigerianos como se dizia, na língua deles, "Ali, acaba com ele!". *Ali, buma iê*. Durante a luta, em franca desvantagem, Ali exortou a plateia ao "grito de guerra", na língua deles. E venceu a luta. Foi uma intuição genial: o boxeador supostamente mais fraco se fortaleceu na pulsão coletiva. Depois, quando lhe perguntaram se conseguiria fazer um poema com duas palavras, respondeu que sim: *"me-we"*[2].

PAIXÕES NA POLÍTICA

Nas sociedades de corte, o poder do monarca se fortalecia por meio do *espetáculo*. Mais eficiente que a força, o espetáculo da magnificência do poder real movia, entre os súditos, o desejo de servir. Foi o que percebeu o filósofo Étienne de La Boétie, amigo de Michel de Montaigne, ao escrever, no século XVI, *O discurso da servidão voluntária*. Por que tantos se submetem ao poder de UM? – pergunta La Boétie. A força dos exércitos do rei não é suficiente para explicar tal submissão. O que garante a servidão de todos – os remediados, os pobres, os miseráveis – nas sociedades de corte, segundo La Boétie, era o desejo de servir ao poderoso e, com isso, sentir-se participante de sua magnificência. A esse desejo, o jovem filósofo denominou "paixão da instrumentalidade". "Fazei de mim um *instrumento* da vossa paz", diz a bela oração de São Francisco de Assis. Guardadas as diferenças, os súditos dos monarcas absolutistas eram movidos pela mesma paixão nomeada na bela oração de São Francisco:

---

2. Ver o documentário *When We Were Kings* (*Quando éramos reis*), dirigido por Leon Gast em 1998.

"fazei de mim um *instrumento* de vossa paz". A diferença é que aqui, este que reza identifica-se com a *causa* (a paz) que deseja servir, enquanto os súditos e cortesãos do monarca identificam-se apenas com a ostentação da glória e do poder real.

Do ponto de vista da psicanálise, a operação da instrumentalidade tem uma função inconsciente muito singela: trata-se da tentativa de reverter a *castração*. Embora o termo evoque fantasias de açougueiro, na psicanálise freudiana o conceito de castração designa a incompletude que caracteriza a condição humana. Nossa condição de seres de linguagem nos aparta de uma comunhão perfeita com a natureza: não somos "adaptados ao meio" como os animais, porque nosso meio é atravessado pela linguagem. A mesma que nos conecta e nos separa do Outro, porque a linguagem – como bem lembra Charles Baudelaire – nos expõe permanentemente ao risco do mal-entendido. Não me alongarei nesse aspecto, que se tornou quase chavão entre os que já ouviram falar de Freud. O fato é que "castração" designa a incompletude humana e aponta para o "duro dever de desejar" (isso é Lacan) de todos nós. A falta nos move. Trabalhamos pelo desejo – o que sempre é melhor do que trabalhar pelo sintoma neurótico, este que tenta ludibriar a falta e a condição desejante. Mas isso já seria outra conversa.

Como é, então, que a paixão da instrumentalidade, ou servidão voluntária, tão bem detectada por Étienne de La Boétie, nos leva ao campo da política? Ainda precisamos de Freud aqui. É que antes de aceitar nosso destino desejante – condição ideal de um final de análise –, o neurótico tenta se oferecer ao outro como alguém capaz de satisfazê-lo: a falta no sujeito é a falta no Outro, diz Lacan. Se o sujeito conseguisse servir ao Outro com tanta perfeição a ponto de obturar toda a insatisfação deste, não existiria mais incompletude para nenhum dos dois. O paradigma da fusão primordial mãe-bebê segue motivando, desde o inconsciente, nossa busca de satisfação. Que não se move apenas no terreno dos afetos familiares; espalha-se em várias direções do laço social, onde quer que exista a fantasia de um Outro poderoso a quem servir.

Em 1921, no período tenebroso em que a Alemanha, derrotada em uma guerra sanguinária e assolada pela inflação, era sacudida por grandes manifestações de massa (que culminaram na eleição de Hitler, em 1934) Freud escreveu um texto visionário: "Psicologia de massas e análise do *eu³*". Duas perguntas moveram o interesse de Freud, ao escrever esse texto. I. O que causa o fascínio das multidões pelo líder? E, II. por que os indivíduos, quando se misturam a uma grande massa, são capazes de atos que sua consciência moral reprovaria se estivessem sozinhos? Suas especulações a esse respeito hoje nos parecem óbvias – mas só depois que Freud as popularizou. Ele escreve que a adesão ao líder, que ocupa na fantasia o lugar de um pai poderoso (não castrado: acima de nossa condição humana), incita ou permite certas ações; a massa se sentirá autorizada a praticá-las, mesmo que, até então, o superego de cada um de seus componentes as repudiasse. Têm lugar então os linchamentos e as depredações (como a tenebrosa "Noite dos Cristais" na Alemanha, em que se quebraram as vitrines das lojas dos comerciantes judeus).

Os efeitos da crise econômica de 1929 nos ajudam a entender que as covardias promovidas pelas massas enfurecidas, aparentemente tão "valentes", em parte eram provocadas pelo medo. "Toda época que tem medo de si mesma tende à restauração", escreveu Thomas Mann em um pequeno livro sobre o tema do casamento. O medo, para Spinoza, seria uma das "paixões tristes".

Essa constatação me leva a dar um salto, tanto no tempo quanto no espaço, para evocar a primeira eleição vitoriosa do presidente Lula, em 2002: "A esperança venceu o medo", se dizia, em resposta à campanha dos adversários que, na voz da atriz Regina Duarte, dizia: "eu tenho muito medo...".

POTÊNCIA E PAIXÃO

Nem todas as paixões, na política, evocam o desejo de submissão caracterizado por La Boétie como "paixão da instrumentalidade". Algumas lideranças são capazes de produzir, na multidão dos que as elegeram, um legítimo sentimento de empoderamento coletivo. Comemorações coletivas atravessadas pelo júbilo da vitória de um representante popular (não muito diferentes, no aspecto *pulsional*, das comemorações de vitórias esportivas) expressam, a meu ver, um sentimento diferente daquele dos

---

3. Freud escreveu esse ensaio depois de ler o livro que Gustave Le Bon escreveu a partir da mesma pergunta sobre o comportamento das massas, *Psicologia das multidões*, publicado pela primeira vez em 1895.

que desejam ser conduzidos por um líder (lembrem-se de que o apelido de Mussolini era "el duce", o condutor, assim como Stálin era (auto) designado "o condutor dos povos"). Nas democracias, a vitória de um líder popular promove, pelo menos no momento em que as esperanças estão acesas, o sentimento de que todos compartilham daquele poder. A potência da paixão política é causada pelo empoderamento das multidões que, até então, se viam excluídas das decisões, dos interesses, dos projetos que contemplam, normalmente, os interesses das elites econômicas. (Isso que escrevo é o bê-á-bá da política, como o leitor há de perceber. Mas há momentos em que vale relembrá-lo, uma vez que o Brasil de hoje[4] tem se esforçado por apagar as conquistas da história recente para recolocar o medo como motor da política.) A democracia tem sido, até hoje, a forma de poder político que melhor proporciona a paixão da política como uma paixão feliz. Ao contrário do fascínio das multidões miseráveis que assistiam à exibição das riquezas dos reis nas sociedades de corte, nas democracias as massas têm a possibilidade de festejar seu próprio empoderamento, quando conseguem eleger lideranças que representam seus interesses.

Hoje, como nos 21 anos da ditadura militar de 1964-85, a política volta a ser movida pelas paixões tristes. Intolerância, discriminações e ódios (de classe, de raça, de escolha religiosa), assim como o *desejo de opressão*, movem as escolhas políticas de uma grande parte – talvez majoritária – dos brasileiros. A volta de projetos de superexploração das forças de trabalho – e dos privilégios que ela proporciona – aponta para uma assustadora regressão no campo dos direitos conquistados durante pela sociedade brasileira. E há quem se manifeste pedindo "intervenção militar", como se essa fosse a solução para as mazelas do Brasil. Até o momento em que fiz esta conferência, tratava-se de pessoas isoladas. Hoje o país se vê ameaçado a eleger, no segundo turno, um presidente que até muito pouco tempo antes da campanha defendeu a tortura.

Não me atrevo a tentar entender a paixão triste, a paixão sádica, o gozo sinistro de um torturador diante do corpo indefeso de sua vítima. Assim como nas drogadições ou nos casos extremos de alcoolismo, o gozo, em psicanálise, indica um tipo de prazer que vai além dos limites

---

4. Escrevo em outubro de 2018. A conferência foi proferida no primeiro semestre, quando o cenário político ainda não estava tão tenebroso quanto agora, quando as multidões aderem, eufóricas e brutais, ao líder neofascista Jair Bolsonaro.

que as pessoas razoáveis se permitem. Entre eles, o gozo sádico é o mais sinistro, pois o objeto de prazer não é uma droga ou uma bebida: é o corpo do outro submetido a todos os excessos que o indivíduo sádico possa conceber. A tortura no Brasil foi uma política de Estado na ditadura, principalmente após 1968 – assim declara o relatório da Comissão Nacional da Verdade. Terminada a ditadura, sem punição para os agentes e os mandantes criminosos que torturaram, mataram e promoveram o desaparecimento de corpos de suas vítimas, a tortura continuou a ser praticada – agora contra presos comuns. É praticada até hoje nas cadeias e nas delegacias. E a polícia continua militarizada, como se a defesa da lei em território nacional fosse uma operação de guerra.

Lamento terminar esta conferência com uma nota tão triste. Quem sabe, no próximo ciclo, estejamos em condições de celebrar novamente as paixões da fraternidade e do empoderamento popular.

Da desobediência à vergonha de obedecer[1]
Frédéric Gros

Eu gostaria de começar por um enunciado muito clássico, muito tradicional: "É difícil, corajoso e essencial obedecer". Esse enunciado ressoou em nossa cultura e em nossa história em pelo menos três grandes discursos: o pedagógico, o religioso, o militar.

Em primeiro lugar, o discurso pedagógico. Todos os tratados de educação, ao menos de Locke a Kant, insistem neste ponto: a aprendizagem da obediência é aquilo pelo qual nos tornamos verdadeiramente homens. Com efeito, a humanidade não é um dado natural: é uma exigência, uma tensão, um esforço, um arrancar-se a uma condição animal primeira. Trata-se assim de contradizer em nós tudo o que decorre da pulsão selvagem. Quando não se consegue cumprir ordens estritas, respeitar as regras comuns, é a parte de animalidade em nós que nos faz desobedecer. Obedecer, portanto, é essencialmente aprender a mediação, a espera, a paciência, a consideração dos outros. Na pedagogia, para além da instrução, há sempre a disciplina.

Discurso religioso, também. Pelo menos desde Santo Agostinho, e sua interpretação do pecado original como afirmação demencial do eu, como ato de orgulho, desde Cassiano e a edição das regras para os primeiros mosteiros do Ocidente, há na cultura cristã a ideia de que o homem pecador passa pela obediência, pelo combate incessante contra seus desejos e mesmo contra sua própria vontade, isto é, pelo sacrifício

---

[1]. Tradução de Paulo Neves

do eu. Obedecer é uma tarefa espiritual perpétua e decisiva no caminho que leva à salvação. É porque o pecado original foi um primeiro ato de desobediência que chegamos à salvação cultivando em nós a obediência.

Discurso militar, enfim. Como se sabe, a virtude marcial maior é a da obediência. Toda uma ética do soldado se forma na ideia de que, quanto mais duras forem as ordens, quanto mais impossível a tarefa, tanto mais o valor do soldado será posto à prova e exaltado. Obedecer exige coragem e abnegação. A obediência é heroica.

Por esses três exemplos se compreende que a obediência é um desafio, ela instaura em nós uma tensão que autoriza as superações éticas, que permite livrar-nos das facilidades do egoísmo e da preguiça. O próprio Nietzsche se mostra sensível a essa dimensão quando escreve em seu *Zaratustra*:

> Que vossa distinção seja obedecer! Que vosso próprio comando seja uma obediência!
> Ao ouvido do bom guerreiro soa mais agradavelmente "tu deves" do que "eu quero". E tudo o que vos é caro, fazei primeiro de modo que vos seja ordenado.

Compreende-se o que Nietzsche quer dizer aqui: trata-se de opor-se ao achatamento formidável que representa o ideal de um "desenvolvimento" de si, da coincidência feliz consigo. De si para si é preciso elevação. É preciso que tal relação seja tensa como a corda de um arco, e a relação de comando introduz precisamente essa tensão ética, permite construir a relação consigo mesmo segundo o modo do desafio.

Portanto, uma ética fundamental para a nossa cultura é a da obediência.

É a partir daí que eu gostaria de levantar uma suspeita, fazer inclusive uma inversão e colocar a pergunta: e se o difícil não fosse a obediência, mas a desobediência? E se a obediência é que devesse ser colocada do lado da facilidade, da preguiça, da covardia?

Para construir essa inversão, sirvo-me de um marcador histórico e de uma hipótese. O marcador histórico é a criminalização da obediência, que tornou particularmente sensíveis os processos de Nuremberg e o processo Eichmann. Retomarei aqui a frase de Peter Ustinov publicada na *New Yorker* em fevereiro de 1967 e que Hannah Arendt recopia em seu *Denktagbuch* [Diário de pensamento]: "Durante séculos os homens foram punidos por terem desobedecido. Em Nuremberg, pela primeira vez, homens foram punidos por terem obedecido. As repercussões desse precedente apenas começam a se fazer sentir". Estar à altura dessas "repercussões sem precedentes" significou para Hannah Arendt forjar o seu conceito de "banalidade do mal".

Ora, essa virada histórica das monstruosidades (passa-se dos monstros da desobediência aos monstros da obediência) só pôde ocorrer sob uma condição. Com efeito, essa monstruosidade nova não é mais construída a partir do par homem / animal – o que fazia dizer até então: obedecer permite ao homem arrancar-se de sua animalidade selvagem, superar as pulsões que lhe fazem detestar as coerções e preferir o imediato ao distante, o prazer ao trabalho. A nova monstruosidade é construída a partir do par homem / máquina. Portanto, a obediência em questão aqui é a obediência automática, aquela acompanhada de uma "ausência de pensamento", uma obediência que também poderia ser dita "sem imaginação". É a partir daí que se pode inverter a proposição e dizer: se obedecer é executar cegamente uma ordem sem pensar nela (isto é, não estando na vertical de si mesmo no momento de executá-la), sem refletir (caberia mesmo dizer: sem *querer* refletir, e é o problema dessa ausência de vontade que está no centro), pois bem, então desobedecer é testemunhar sua humanidade, testemunhar o fato de que somos algo mais que puros autômatos, que simples máquinas.

Para tentar ver agora, e mais uma vez ao avesso de toda uma marcada tendência cultural, o quanto desobedecer pode ser difícil, é preciso compreender que essa desobediência supõe atravessar o que poderíamos chamar de "quatro muralhas do medo". Devemos esclarecer, porém, que por "desobediência" não entendemos aqui um ilegalismo delinquente. Não se trata de uma transgressão da lei tendo em vista um ganho egoísta ou um interesse, vindo de quem pertence a redes criminosas, por exemplo. Falamos aqui da desobediência política, que nos força a transgredir leis que achamos injustas, iníquas; ou ainda daquela desobediência mais pessoal, que nos convida a questionar hábitos, denunciar inércias em nossa própria existência, e que nos faz perguntar se não nos tornamos, para nós mesmos, uma fatalidade.

A primeira muralha do medo, mais conhecida, mais imediatamente sensível, é o medo da sanção. Ele supõe aquela forma de obediência massiva que chamamos de "submissão". Na submissão, obedeço porque temo a sanção, a punição, as medidas de retaliação às quais meu ato de rebelião me expõe. Assim, a obediência é aqui pensada como o resultado de uma coerção exterior, de uma relação de forças desequilibrada, e mesmo de uma violência primeira. Obedeço porque considero que seria muito difícil de arcar com o custo da minha desobediência: sanções físicas, exclusão, perda de trabalho ou de vantagens diversas etc. A desobediência é vista como arriscada demais. O que chamo aqui submissão, portanto, é uma obediência objetiva, resultante de uma primeira violência. Obedeço porque me é impossível desobedecer. A coragem que seria necessária para desobedecer aparece como algo ao mesmo tempo insensato e inútil, porque o combate estaria perdido de antemão. É a situação, aliás muito clássica, do resignado.

No entanto, existe uma solução, uma saída, na conjugação clandestina das forças dos oprimidos, que se coordenam e se reúnem para opor uma resistência comum. Mas essa conjugação, como dizia Simone Weil em um belo texto de 1937 que ela escreveu sobre La Boétie, "Meditação sobre a obediência e a liberdade", é o que há de mais evidente e de mais impossível ao mesmo tempo. Assim ela escreve: "O povo não é submetido embora seja a maioria, mas porque é a maioria".

Poderíamos introduzir aqui uma suspeita. Evidentemente não se trata de minimizar as relações de submissão e sua dureza, mas caberia colocar a pergunta: será que *às vezes* não exageramos o custo da desobediência? E se a história da sanção atroz, imediata, inelutável, fosse apenas uma história que se conta *sobretudo* para escusar aos nossos próprios olhos um fundo de covardia que seria o solo nutridor de nossa obediência? Porque, afinal de contas (é o que dirão Rousseau, Kant e outros), é também *confortável* obedecer. A ponto de se poder dizer que "obediência ou morte" é um mito para mascarar a nós mesmos a monstruosidade de nossa docilidade.

Dito isso, o mestre não é necessariamente um terrível déspota. Pode ser visto como alguém que dá ordens com solicitude, ou mesmo, a partir de seu saber, sua experiência, sua superioridade moral, como alguém que comanda o dirigido para o seu próprio bem. De tal modo que este último obedece, mas desta vez por gratidão. Para pensar essa segunda obediência, a relação parental é evidentemente a que fornece o melhor paradigma – mas outras figuras existem: o dirigente político experiente, o patrão gentil, o sábio humanista, o bom sacerdote etc. A ideia é a de uma obediência baseada no reconhecimento da legitimidade do doador de ordens. Supõe-se que este o faz com solicitude, e a obediência define então uma relação de gratidão, exprime mesmo uma espécie de amor retribuído. O medo não é então o da sanção, mas do repúdio: medo de decepcionar, pela desobediência, aquele em quem se acredita, aquele em quem se depositou a confiança, aquele que é reconhecido em sua superioridade, aquele por quem se quer ser amado ao obedecê-lo. Porque a gente também obedece para se fazer amar. A coragem que falta, então, é a de enfrentar a decepção, a recusa do outro. Nas relações de obediência há também essas relações de amor e de reconhecimento. Mostramos zelo, obedecemos em excesso para nos fazer preferidos.

Podemos considerar agora uma outra muralha do medo, desta vez o medo da solidão. A relação vertical com o mestre ou com o pai não esgota o sentido da obediência. Há também uma relação mais horizontal. Ocorre-me de pensar isso ou aquilo porque todos os outros pensam assim, fazer isso ou aquilo porque todos sempre fizeram dessa maneira, seguir as modas, conformar-me às convenções, curvar-me aos ditados da multidão etc. Afinal, ninguém me obriga *pessoalmente* a isso. Não é uma ordem que recebo. Faço como "todos os outros", mesmo sabendo que eu mesmo sou um representante desses "outros" para cada outro tomado isoladamente. O que chamamos "os outros" é, simultaneamente, todo mundo e ninguém em particular. O conformismo é uma pressão social que não supõe nenhuma verticalidade, mas opera lateralmente. De maneira ainda mais decisiva, esse "todos os outros" que também sou eu pode adquirir outra forma, a do anonimato tranquilizador. Trata-se enfim de um "nós", o nós de uma comunidade que se identifica por valores, crenças, verdades, ritos, modos de vida, e essa comunidade adquire consistência ao desenhar uma zona de alteridade, a dos outros, mas desta vez como "estrangeiros", "diferentes" e vagamente "inimigos", em relação aos quais, ou melhor, contra os quais, nos reunimos. Seja como for, se há uma parte de medo nessa obediência, é o medo da solidão, da exclusão, é a angústia de ser visto como diferente dos outros.

Poderíamos, para terminar, descrever uma quarta muralha, a última muralha da obediência. É certamente a mais resistente, a mais inexpugnável: a do medo – desta vez, de ser livre. Angústia, portanto, da liberdade. Para ilustrá-la, evocarei uma figura literária famosa: a do grande Inquisidor que aparece no romance *Os irmãos Karamázov* de Dostoiévski. Nesse capítulo, Ivan conta a seu irmão, numa noite de bebedeira, um poema fantástico que ele compôs e que narra o retorno de Cristo em Sevilha, em pleno século XVI, em pleno período da Inquisição, no momento em que a Igreja queimava os hereges em fogueiras. Esse retorno, fortuito, incompreensível, é logo percebido pelo Inquisidor como uma ameaça que põe em perigo um edifício: o próprio edifício da Igreja. O nó surpreendente do paradoxo desenvolvido por Dostoiévski nesse poema é o seguinte: considerar que o Cristo é que representa uma ameaça para a Igreja. Isso porque a Igreja apostólica romana nunca cessou de extinguir, explica Dostoiévski, aquela chama acesa pelo Cristo no coração dos homens: a liberdade (liberdade de pensar, liberdade de escolher etc.). De fato, como o ilustra o episódio das três tentações, Cristo exigiu dos homens uma fé livre, responsável. Mas acontece que a liberdade é, na verdade, insuportável para os homens; ela é uma vertigem, um fardo imenso, não foi feita para eles. Por isso aquela chama arde dolorosamente e faz sofrer: é um fogo que deve ser extinto. A Igreja se construiu como um bálsamo apaziguador: assim ela indicará a todos o que deve ser feito, em quem acreditar, a quem obedecer. E cada um, há mais de quinze séculos, depõe seu fardo aos pés dos grandes inquisidores do mundo, agradecendo lhes, agradecendo às autoridades por decidir e pensar *em seu lugar*. Assim, se organizamos essa troca da liberdade pela segurança, proclama o Inquisidor, foi *por amor dos homens*.

Dou aqui apenas a conclusão do relato, mas percebe-se claramente que, na boca do Inquisidor, trata-se de acabar com a ilusão de que a liberdade seria para os homens seu bem mais precioso, sem o qual ele perderia toda a sua dignidade. Mas quem deseja realmente ser livre, isto é, responsável? Quem está disposto a pagar o preço dessa liberdade? A liberdade é uma vertigem insustentável, uma angústia infinita, um fardo esmagador.

Portanto, o que torna a desobediência difícil é o medo de ser livre. A obediência permite viver, trabalhar, colocando a responsabilidade de nossas ações nas mãos de um outro. Com isso ela alivia, afrouxa as amarras.

Podemos retomar mais uma vez, aqui, o modelo do escravo tal como Aristóteles já o descrevia no livro I de sua *Política*. O que caracteriza o escravo é ser o simples agente de seus atos, sem jamais ser o autor deles. A servidão permite separar o agente e o autor: faço isso ou aquilo, mas ao fazê-lo apenas executo uma ordem. Ou seja, minhas pernas se mexem, meus braços se levantam, meu cérebro calcula, mas, como um autômato ou uma máquina, não sou o autor de nada do que executo. E se alguém perguntar: "Mas, afinal, o que faz você aí e, sobretudo, por quê?", posso responder: "Pergunte a quem ordena". A obediência instaura o regime de desresponsabilidade. O que chamo "desresponsabilidade" não é o mesmo que irresponsabilidade (ser irresponsável é agir sem reflexão, decidir de maneira apressada e confusa). A desresponsabilidade significa reduzir-se a não ser mais que um executante e a fazer de um outro o autor de nossos atos.

Quando se obedece dessa maneira, o "eu" não está mais presente. Compreende-se mesmo, aqui, o quanto "a imaginação dos outros" pode alimentar essa desresponsabilidade. Ordeno-me realizar o que considero detestável, iníquo, insuportável. Uma das maneiras pelas quais poderei me justificar a meus próprios olhos será o desenrolar deste pequeno discurso, pelo qual me direi: "Mas, no fundo, se eu recusar, de qualquer modo outro o fará em meu lugar".

Outro o fará em meu lugar, então que diferença faz?

A única diferença é que fui eu que o fiz.

Mas não é essa diferença que faz toda a diferença? Tal diferença, que não faz nenhuma diferença *no mundo real*, mas toda a diferença *na vida moral*, é o ponto de onde surge a primeira pessoa. Obedece-se, no sentido de uma obediência *alienada*, sempre na terceira pessoa. Mas desobedece-se na primeira pessoa. A prova é que não se pode pedir a ninguém para desobedecer em nosso lugar.

Poderíamos voltar agora ao papel da imaginação na vida ética e política. Acabamos de ver, com o exemplo da "boa consciência", que a imaginação dos outros pode representar certo perigo ético e político, uma fonte de desresponsabilidade, pois, ao dizer que "outro o teria feito de qualquer modo em meu lugar", estou justificando minha obediência. Mas a imaginação dos outros pode ter também um papel político intenso, contanto que seja compreendida não como capacidade de representações apaziguadoras e desresponsabilizantes, mas como capacidade de descentramento. Pois a imaginação é uma força ético-política.

E vem então a questão: será que uma das fontes da violência nas relações sociais, da inumanidade crescente das relações entre os indivíduos, da anestesia moral e do cinismo político, não estaria na falta de imaginação? Sabemos que Hannah Arendt, no momento do processo Eichmann – Eichmann, o grande coordenador logístico da destruição dos judeus na Europa, aquele por intermédio do qual os trens da desonra da humanidade partiam na hora e chegavam ao seu destino –, forjou o conceito de "banalidade do mal". Para ela, o mais terrível e o mais perigoso em Eichmann – esse burocrata da morte industrializada – não era nem seu sadismo nem seu ódio, mas o que ela chamava sua "estupidez", isto é: uma ausência de pensamento. Eichmann organizava, calculava, avaliava as situações, mas recusando pensar no que ele fazia no momento em que o fazia. Essa estupidez, porém, não é a ignorância: mais uma vez, trata-se de uma recusa, de uma maneira de ocultar sua própria responsabilidade por trás da obediência, uma *vontade de não saber*.

No entanto, poderíamos também perguntar: será que não há, na raiz da meticulosidade administrativa, do consentimento mortífero dos tecnocratas que desesperam do mundo, apenas uma "ausência de pensamento", uma falta de imaginação?

Pois a imaginação é moral, graças ao movimento de descentramento que há no cerne do seu dinamismo. É pela imaginação que me transporto ao lugar do outro. Rousseau, em sua longa reflexão sobre a piedade, que vai do *Discurso sobre a origem da desigualdade* até o *Emílio*, passando pelo *Discurso sobre a origem das línguas*, repetiu que a piedade dependia de um movimento da imaginação. É desse modo que eu sofro *no outro* e, pelo sofrimento *dele*, torno-me sensível à sua aflição. É a imaginação que me impede de ser prisioneiro do egoísmo, que me tira da névoa cinzenta da indiferença.

Ora, existe um segundo grande sentimento moral da imaginação, sem dúvida politicamente mais decisivo que a piedade: é a vergonha, mas apenas certa vergonha.

Porque existem três outras vergonhas, "vergonhas ruins".

Em primeiro lugar, a vergonha social. É certamente a mais comum, a mais evidente. Ela se declina segundo certa quantidade de figuras:

vergonha da pobreza, da decadência social; experiência da desonra, degradação da imagem pública; sentimento de inferioridade em relação a padrões de desempenho. Pode-se também evocar a vergonha de ser reduzido a uma caricatura (às vezes à *nossa própria* caricatura), toda uma experiência de petrificação pelo olhar dos outros que Sartre descreveu profundamente.

Vergonha moral, também. Encontraremos então tudo o que gira em torno da consciência da culpa e segue as sendas tortuosas do remorso. Nessa vergonha como sentimento doloroso de culpa, uma cultura religiosa certamente encontra os meios de exercer seu império. Afinal, governar os homens pela vergonha foi, como notou Nietzsche, todo o programa da Igreja. Retomo algumas das frases de seu *Zaratustra*: o homem permaneceu por muito tempo "esse animal de faces coradas"; "Vergonha, vergonha, vergonha" foi por muito tempo "toda a história da humanidade".

Vergonha traumática, enfim. Uma agressão, um estupro, para além da pura dor física, são sofrimentos que mergulham sua vítima na vergonha porque a imobilizam no indizível. Por que isso aconteceu comigo, por que o que me aconteceu é tão impossível de dizer? E o que retenho em meu silêncio se transforma em vergonha de ter vivido aquilo, o que, logo, quer dizer: de tê-lo *merecido*. A vítima acaba tendo vergonha do que lhe aconteceu.

Ora, em todos esses casos há, com certeza, uma vergonha "ruim" que é preciso rejeitar, ultrapassar, pois, como escreve Spinoza em seu *Breve tratado*, ela é "uma tristeza". A menos que se deva virá-la, tomá-la como alavanca, lançá-la na face dos que nos desprezam. Dos cínicos gregos a Jean Genet, esse gesto de virada sempre existiu: reivindicar sua infâmia, exagerá-la para fazer dela uma arma política de *desordem*.

Mas poderíamos tentar desvelar aqui um quarto rosto da vergonha, tentar construir uma vergonha que vem precisamente daquela imaginação ética que desordena o real, uma vergonha política que seja algo como o avesso da cólera. Para construir essa vergonha positiva, podemos nos valer de pelo menos dois enunciados. Primeiro o de Karl Marx, que escreve, em sua correspondência de 1843: "a vergonha é um sentimento revolucionário", para dizer em seguida que essa vergonha é uma "cólera voltada para dentro". E, em seu *Abecedário* (letra "R como resistência"), Gilles Deleuze diz: "Na base da arte há a vergonha de ser um homem".

É preciso, pois, compreender esse quarto rosto, é preciso construir essa vergonha revolucionária, essa vergonha que é o avesso da cólera política, compreender que se possa ter vergonha do mundo tal como ele é, vergonha de nossas próprias riquezas diante dos que não têm nada, mas vergonha também da riqueza dos poderosos quando elas se tornam indecentes, vergonha do estado de um planeta transformado numa gigantesca lata de lixo. Esse mundo causa *vergonha*.

Ora, é a partir desse afeto que testemunho minha responsabilidade e minha não indiferença. As vergonhas sociais, morais, traumáticas, não devem mascarar a importância dessa última vergonha, pois ela traz em si uma energia de transformação do mundo. É preciso construir esse quarto rosto, desconsiderado por toda uma literatura moral e psicológica, negligenciado pelo pensamento político, e compreender até que ponto devemos cultivá-lo em nós como um fermento de cólera justa. É possível mesmo que a função mais secreta da filosofia seja nos causar vergonha, provocar essa vergonha, essa vergonha que não nos recolhe numa intimidade dolorosa e secreta, mas aumenta nossa cólera e nos faz mais solidários. Vergonha-faísca, vergonha-dinamite, que supõe sempre um movimento da imaginação, aquela imaginação que ao mesmo tempo nos descentra de nosso egoísmo e nos faz viver a vida do outro, e que é também um princípio de não aceitação do real: ela faz sentir que um outro mundo é possível.

É desse modo que a imaginação, que alimenta a vergonha política, nos faz desobedecer. A imaginação é um princípio de não aceitação do real. Imaginar é introduzir na realidade uma vibração que a faz aparecer como *o que não deveria existir assim*. Para concluir, podemos retomar as intuições que Karl Mannheim desenvolveu em 1929 em seu livro *Ideologia e utopia*. A ideologia é um discurso que nos faz aceitar o real como uma fatalidade à qual é preciso adaptar-se; a utopia é o verdadeiro motor da história, o imaginário é a força de transformação do real. É por projetar seus sonhos que o homem avança, é por acreditar em coisas impossíveis que ele transforma sua existência, a dos outros e a do mundo.

Em busca da história perdida
Olgária Matos

A Modernidade se origina de um trauma, o da liquidação da tradição e da perda de pertencimentos simbólicos e estruturantes:

> [...] como sombra carregada por uma modernidade em ruptura de herança, as narrativas contemporâneas investem melancolicamente o tempo das origens [...]. Um indivíduo incerto procura através de sua ascendência uma parte desaparecida de sua verdade singular. Herdeiro problemático, multiplicam-se narrativas de filiações, para exumar os vestígios de uma herança em migalhas e arrumar os farrapos de sua memória dilacerada. Entre transmissão partida e herança de uma dívida, estas escritas de si reinventam uma identidade singular e plural ao mesmo tempo, retrato mutilado de uma frágil identidade[1].

Tal circunstância expõe a dramática ruptura com o passado, reveladora de um mundo que não é mais um cosmos coerente e belo, pois os

---

1. Jacques Derrida, "Récits de filiation". In: *Spectres de Marx*, Paris: Galilée, 1993, pp. 25 ss. Quanto mais a cultura tecnológica arquiva o passado, tanto mais cresce a busca por identidades. Com o fim do Estado-nação, criou-se um vazio preenchido pela multiplicação de movimentos sociais que proscreveram a ideia de cidadania que se fundava na separação entre o público e o privado, no direito universalizante e nos deveres coletivos. A questão do reconhecimento de identidades tende à hegemonia de lutas particulares na vida política. Se a noção de cidadania consistia em unir os indivíduos apesar de tudo que os separa, as lutas identitárias tendem a separá-los apesar de tudo que os une. Para o problema do fim do Estado-nação, cf. Hannah Arendt, "A inversão dentro da *Vita Activa* e a vitória do *Homo Faber*" e "A vida como bem supremo", *in: A condição humana*, trad. Roberto Raposo, Rio de Janeiro: Forense Universitária, 1983.

antigos vínculos se retraíram, com a dissolução de uma história compartilhada, resultando em particularismos identitários nacionais, étnicos, religiosos, sexuais, jurídicos e políticos[2]. Na inoperância de normas e valores estruturantes, desaparece a base do sentido do mundo comum. Eis o que Walter Benjamin denominou "estado de exceção em permanência", figurações do "desamparo transcendental" de um mundo sem sentido nem direção. Não por acaso, Benjamin reconheceu analogias entre o barroco seiscentista e nosso presente. Pois se, até o Renascimento, a Terra era o centro fixo de um cosmos finito, com a revolução copernicana e o advento do espaço infinito ela passa a ser tão somente um entre múltiplos sistemas solares, um astro errante na periferia de um universo sem centro[3]. Concomitantemente, a Reforma protestante devolveu o homem ao mundo do qual Deus se ausentou, o que se expressa na angústia hamletiana do "ser ou não ser", que interroga o lugar que o indivíduo ocupa agora no universo, após o abandono de Deus.

Com efeito, o ideário da Reforma concebe Deus fora do alcance do homem. A aproximação entre o finito e o infinito na encarnação do Deus que se fez homem desaparece, pois agora Deus a alguns se manifesta e de outros se esconde, a graça vindo a ser arbítrio da Vontade divina, sem qualquer garantia de salvação:

> Enquanto a Idade Média mostra a fragilidade da história e a perecibilidade da criatura como etapas no caminho da redenção, o drama

---

2. A sociedade contemporânea se encontra em crise genealógica de transmissão de seus valores fundacionais, da solidariedade geracional que formava as matrizes intersubjetivas da identidade dos indivíduos, como a família, a Igreja, a escola, a política, os partidos, as leis. Sem herança passível de suplementar essa amnésia moderna, a vida social se vê condenada a se inventar sem laços com os valores que propiciavam os territórios sociais. A estrutura de mediação das instituições, entre o indivíduo e a sociedade, entre o passado e o presente, encontra-se sob o impacto de reestruturações permanentes que transformam as instituições em *establishment*, os direitos em serviços, os conflitos em interesses de *lobbies* que, sob o primado da "organização", negam a experiência e o saber-fazer de seus sujeitos. Os lugares intermediários eram os da alteridade, do simbólico, das instâncias dos laços sociais, cuja precarização cria desequilíbrios e desancoragens daqueles que os constituem, seja no plano da privacidade, das profissões ou das funções sociais. Cf. G. Gaillard et al., *Violence et Instituitions*, Paris: Dunod, 2016. Para a dissolução da tradição, cf. em particular Walter Benjamin, "O narrador" e "Experiência e pobreza" em *Obras escolhidas* I. Trad. Sergio Paulo Rouanet. São Paulo: Brasiliense, 2003; Olivier Reu, *Une Question de taille*, Paris: Stock, 2014; cf. ainda Marilena Chaui, "Utopia, revolução, distopia e democracia", nesta coletânea.

3. Cf. Alexandre Koyré, *Du Monde Clos à l'Univers Infini*, Paris: Gallimard, 1988; Hannah Arendt, "A Vita Activa e a Era Moderna", in: *A condição humana, op. cit.*

barroco alemão [cujos autores eram luteranos] mergulha inteiramente na desesperança da condição terrena. Se existe redenção, ela está mais no abismo desse destino fatal que na realização de um plano divino de caráter soteriológico[4].

Porque no mundo secularizado protestante não há mais consolo, o homem se vê inteiramente imerso na mundanização:

> [...] o fechamento dos conventos, o cancelamento da distinção entre clero e laicos, a tradução dos textos sagrados em língua vulgar, colocam a todos em luta contra os embaraços antes reservados [aos teólogos]. A confissão não serve mais à transformação dos espíritos. Lutero rejeita a tese que atribui ao sacramento o poder de transmutar, sob o efeito da graça, a atrição em contrição. A atrição é pura hipocrisia. Quanto à contrição, ele não tem qualquer efeito, pois é tão somente a graça e só ela que permite ao pecador arrepender-se [...]. O protestantismo induz a uma relação nova com respeito à literalidade da mensagem bíblica, notadamente suas maldições explícitas, sob o constrangimento de interpretá-las como mensagem dirigida pessoalmente a cada um [...]. O protestante é a si mesmo seu próprio diretor de consciência [...], com um deslocamento da culpa do *ato* para o *pecador como criatura* [...] [o mal migrando] da ação para o agente [...]. O que quer que se faça, um ato só será bom se Deus agir em nós [...]. É sem merecimento que recebemos a graça[5].

Na sequência do desenraizamento da Terra no universo e do Céu religioso, sobrevieram dois outros choques, o da Revolução Industrial inglesa e o da Revolução Francesa, a primeira produzindo o proletariado urbano, quando populações inteiras de camponeses foram privadas de suas terras, valores e modos de vida pela mecanização e pelos campos desertificados; e, entregues às grandes plantações e à criação de ovelhas, as terras passaram a fornecedoras da matéria-prima para a indústria têxtil

---

4. Walter Benjamin, *Origem do drama barroco alemão do século XVII*, trad. Sergio Paulo Roaunet. São Paulo: Brasiliense, 1984, p. 104.
5. Pierre-Henri Castel, *Âmes scrupuleuses, Vies d'Angoisse, Tristes Obsedés: Obsessions et contrainte psychique de l'Antiquité à Freud*, Paris: Ithaque, 2017, pp. 137-9.

e para o desenvolvimento do mundo urbano[6]. E a Revolução Francesa, fundada no Iluminismo e na razão modernizadora, aboliu, a um só tempo, o rei e a transcendência religiosa, dessacralizando o espaço e o tempo, dissolvendo tradições, a proibição do soar dos campanários, tambor revolucionário: "os sinos das igrejas constituíam uma linguagem, fundavam um sistema de comunicação [...]. [Seu som] ritmava as relações entre os indivíduos, [ritmava as relações] entre os vivos e os mortos"[7]. Laica, com valores universalizantes, abstratos e impessoais, a Revolução proibiu também o *compagnonnage*, a corporação de ofícios que, entre os séculos XV e XVIII, foi o lugar de cooperação de trabalhadores, instrumento de defesa da causa dos artesãos:

> Nessa escola, o operário se instruía na prática de sua arte e adquiria seus conhecimentos, a habilidade de suas mãos atestada por tantas obras-primas. Era o *compagnonnage* que também dirigia seus passos pelo *Tour de France*, quando completava sua educação profissional [...]; que lhe assegurava em todos os lugares pão, abrigo e trabalho; que o protegia quando preciso contra a ganância do mestre, por vezes com a ameaça de uma greve, e contra a insegurança dos caminhos, oferecendo a todo *compagnon* um defensor e um amigo; que o socorria em caso de doença e que, por fim, o assistia na hora derradeira e o acompanhava até o repouso final. [...]. Esta missão social do *compagnonnage* [resistiu por muito tempo ainda] a sua interdição com a Revolução. Sob o Império e a Restauração, e mesmo sob a monarquia de julho, a iniciativa e a direção de quase a totalidade dos movimentos operários pertenceram ao *compagnonnage* que permaneceu, até 1848, o principal, se não o único, campeão da causa e das reivindicações do trabalho[8].

---

6. Cf. Karl Marx, *Formações econômicas pré-capitalistas*, trad. João Mai, revista por Alexandre Addor, Rio de Janeiro: Paz e Terra, 1981.
7. Cf. Alain Corbin, *Les Cloches de la Terre: paysage sonore et culture sensible dans les campagnes au XIXᵉ siècle*, Paris: Flammarion, 1994, pp. 13-4. A interdição do tocar dos sinos não ocorreu sem resistência, o que se revela pelas severas sanções impostas aos infratores, com penas que variavam de um a trinta anos de prisão, e deportações em caso de reincidência (Cf. *ibid.*, p 37).
8. Émile Martin Saint-Léon, *Le Compagnonnage: son histoire, ses coutumes ses règlements et ses rites*, Paris: Arbre d'Or, 1901, pp. 4-5.

Com a ampliação do fenômeno urbano, da modernização e da razão instrumental voltada para a utilidade, para a sociedade de mercado e do curto prazo, ambas as revoluções se encontram na base da "filosofia do choque tecnológico" contínuo, pois, quando ocorrem, destroem os circuitos sociais. Razão pela qual em seu tempo Baudelaire observou que a modernidade é o "desaparecimento no mundo dos vestígios do pecado original", a queda do homem no mundo da matéria e na crença no progresso. Assim, o "mundo vai se acabar", mas não necessariamente por uma guerra, mas por aquilo que a antecede e prepara: o vazio de valores, a "banalidade do mal"[9], a "volatilização da culpa"[10], o "aviltamento dos corações"[11].

Não se trata do declínio das nações ou das elites tradicionais, mas das ameaças que o progresso técnico e econômico, promovido pelo capitalismo e sua mundialização, fazem pesar sobre a humanidade inteira[12]. Analisando as relações entre a técnica, a sociedade e as guerras, Benjamin entreviu os desastres que uma civilização industrial em crise pode causar. Referindo-se a Eduard Fuchs, "colecionador" e " historiador", escreve: "[Nas primeiras décadas do século xx], ele só podia ver na evolução da técnica o progresso das ciências naturais e não as regressões da sociedade [...]. As energias que a técnica desenvolve para além deste limite [o que é assimilável pela sociedade] são destrutivas"[13].

Nesse sentido, a Primeira Guerra Mundial foi uma "revolta de escravos da técnica", à qual a sociedade se submete passivamente e sem resistir. Foi ela que exigiu novos sacrifícios de sangue pela reversão de todos os meios químicos, mecânicos, táteis, ópticos, espetaculares contra aqueles que pretendiam dominá-la, desencadeando as "forças elementares sociais" na "fúria da destruição".

---

9. Cf. Hannah Arendt, *Eichmman em Jerusalém: um relato sobre a banalidade do mal*, trad. José Rubens Siqueira, São Paulo: Companhia das Letras, 1999.
10. Cf. Theodore Adorno, "A Educação após Auschwitz", in: *Educação e emancipação*, trad. Wolfgang Leo Maar, Rio de Janeiro: Paz e Terra, 1995.
11. Cf. Charles Baudelaire, "Projéteis", in: *Poesia e prosa* (org. Ivo Barroso), Rio de Janeiro: Nova Aguilar, 1995, p. 516.
12. Cf. ainda Walter Benjamin, "A caminho do planetário", in: *Obras escolhidas*: Rua de mão única. São Paulo: Brasiliense, 1987; Max Horkheimer et al., "Max Horkheimer and The Sociology of Class Relations". Disponível em: <http://nonsite.org/the-tank/max-horkheimer-and-the-sociology-of-class-relations>. Acesso em: 1 jul. 2019; Max Horkheimer; Theodor Adorno, *Dialética do esclarecimento*, trad. Guido de Almeida. Rio de Janeiro: Zahar, 1985.
13. Walter Benjamin, "Edward Fuchs: colecionador e historiador", in: *Gesammelte Schriften*, Frankfurt: Suhrkamp Verlag, 1980, III, p. 474.

Para Benjamin, a crise perdeu seu caráter transitório e superável, cedendo a um conceito de crise como condição permanente. Na guerra de trincheira e de gases letais, tecnologia e economia substituíram a liberdade de pensamento pela onipotência da ciência e da técnica, que, a partir da Primeira Guerra – e de 1945, com a bomba atômica –, fizeram do apocalipse não mais obra de um deus, mas do próprio homem. E Hannah Arendt, por sua vez, anota: "de agora em diante, a morada da alma só pode ser construída com firmeza na sólida fundação do mais completo desespero"[14]. A esse desconsolo, Hannah Arendt denominou "acosmismo" (*worldlessness*), ausência de mundo, ao se referir a uma figura inédita da alienação, que é perda dos laços sociais, políticos, afetivos e simbólicos, e perda de uma experiência do passado que não mais é traduzível no presente, tanto na vida pessoal como na coletiva.

Por isso, também Benjamin, em seu *Origem do drama barroco alemão*, indica no mundo moderno a indiscernibilidade entre a lei e o arbítrio, que se expressa na impossibilidade do indivíduo ou do governante de tomar uma decisão equilibrada e durável – o que resulta na instabilidade de resoluções que revelam o poder da extrema contingência sobre a vida de cada um. Desse modo, o século XVII constitui a antecâmara do estado de emergência da contemporaneidade[15]. Benjamin escreve: "sob a lei comum da fatalidade, manifestam-se a natureza do homem em suas paixões cegas e das coisas em sua contingência"[16].

A inconstância dos desejos e o capricho das circunstâncias não encontram mais "ideias reguladoras", dado o desregramento da função da tradição[17] – desordenamento que, para Benjamin, se expressa no universo

---

14. Cf. Bertrand Russell, *Misticismo e lógica*, apud Hannah Arendt, *A condição humana*, op. cit., p. 273.
15. Benjamin reúne o *Drama barroco* de 1928 à tese n. 8 de "Sobre o conceito de história", de 1940, associando o drama barroco ao campo ideológico do fascismo, de tal modo que o príncipe barroco absolutista vê seu poder imobilizado, não por ser uma vítima de intrigas infindáveis na corte, mas pelo que antecedeu o fascismo – o desenraizamento produzido pelas guerras (no século XVII, a guerra entre protestantes e católicos), pela técnica e pelo capital (as guerras do nosso tempo), em uma continuidade entre soberania barroca, catástrofe e exceção permanente.
16. Walter Benjamin, *Origem do drama barroco alemão*, op. cit., p 155.
17. Esse desarranjo da tradição resulta em uma relação historicista com o passado, como nos movimentos identitários, nos pertencimentos, produzidos para operar como identidade, mas sem a sabedoria e as experiências transmitidas de geração em geração como um anel. No historicismo, apaga-se a dimensão temporal da tradição, tudo o que aconteceu e se transformou ao longo do tempo. Assim, a questão da identidade desliza para identitarismos – como o que é relativo *segue* para o relativismo –, pois carecem de um elemento mediador externo a eles. Cf. Stéphane Rozès, *L'image des musulmans, miroir*

estranho e incompreensível de Kafka: "A obra de Kafka", escreve Benjamin, "trata de uma tradição que ficou doente. Algumas vezes se tentou definir a sabedoria como o lado épico da verdade. Isso significa tomar a sabedoria como um patrimônio da tradição: é a verdade em sua consistência "haggádica". É essa consistência da verdade que se perdeu [...]. O elemento propriamente genial em Kafka foi o de ter experimentado algo de inteiramente novo. Ele renunciou à verdade para não abandonar a transmissibilidade"[18]. Uma tradição comunica-se de geração em geração e implica o que é legado e o que o deve ser, em que está implícita uma "verdade", como em uma máxima, um provérbio, uma parábola, uma regra, um costume, um rito, um preceito jurídico, um conto de fada, cada um dos quais traz consigo um juízo sobre a vida e a realidade. A narração, que transcorria em uma continuidade temporal "vertical", do velho aos mais jovens[19], se estabelecia na memória, no conselho e na experiência, o que se perdeu na sociedade de massa vinculada à urbanização, em que desapareceram as referências temporais e a memória das coisas.

Em Kafka, Benjamin reconhece a tentativa de recuperar a transmissão da tradição, mas, para isso, Kafka precisou renunciar à sabedoria em nome de prescrições e regras de conduta indecifráveis, vestígios de uma lei com a qual não se sabe mais o que fazer. Se o narrador kafkiano logra uma transmissão, não tem, porém, mais nada a dizer, nessa crescente impossibilidade de comunicar uma verdade ou uma experiência

---

national français, in: Commission Islam & Laïcité. "Islam, médias et opinions publiques. Déconstruire le 'choc des civilisations'", Paris: Éd. L'Harmattan, 2006.

18. Cf. Walter Benjamin, "Carta a Gershom Scholen", de 12 jun. 1938, escrita de Paris, in: *Walter Benjamin Lettore di Kafka*, org. Gabriele Scaramuzza, Milão: Unicopli, 1998, p. 55; cf. também *Revista Novos Estudos* n. 35, p. 105. Uma tradição difere do tradicionalismo, o qual repete um passado desprovido de seu espírito e de seus ensinamentos, bem como de tudo que se transformou ao longo do tempo. *Haggadah* significa, em hebraico, "narração", e consiste em diversos episódios da história dos judeus e seu exílio no Egito, inspirados no livro do *Êxodo*. Suas narrativas comportam exemplos de conduta e observância da lei divina, sempre abertas a diferentes interpretações.

19. Quando Benjamin reflete sobre a tradição, enfatiza que não se trata de um *commercium* entre iguais, mas de comunicação. Como no *Banquete* de Platão, a conversação entre os interlocutores dá lugar a algo inteiramente diverso de uma troca recíproca. Assim, as palavras de Diotima (a sacerdotisa de Mantineia) referidas por Sócrates apresentam uma dupla interrupção: Sócrates cede seu discurso à ausente Diotima, bem como a fala oracular toma o lugar do *lógos* filosófico e da linguagem da razão. No saber, há a ideia de posse de um conhecimento que manipula e domina seus objetos de conhecimento; já a sabedoria contém uma verdade: "verdade não é desnudamento que aniquila o segredo, mas revelação que lhe faz justiça." Cf. *Origem do drama barroco alemão, op cit.*, p. 53. De Benjamin, conferir também *Ensaios reunidos: escritos sobre Goethe*, trad. Mônica Krausz Bornebusch, Irene Aron e Sidney Camargo, São Paulo: Editora 34, 2009; " O narrador", *op. cit.*; e suas observações sobre os *Ensaios* de Montaigne.

essencial. Não por acaso, o termo "kafkiano" contém o sentimento do "perturbante" e de situações inextricáveis, um mundo em que nada tem explicação, em que nada é compreensível[20]. Eis o que se manifesta na carta que Kafka endereça ao pai[21], na qual há a angústia da ausência de um legado paterno, a inquietação de um filho sem defesa, submetido a uma lei arbitrária e obscura, testemunha do desencontro entre pai e filho. Falhou o seu "conselho"[22]. Na Carta, Kafka escreve:

> uma noite em que eu não conseguia dormir e para aborrecê-lo um pouco, eu ficava chorando. Então você, de raiva e para poder dormir também, me pôs de castigo no terraço. Imagine um pouco um pobre menino expulso de casa por seu próprio pai. Como você pode querer que eu seja equilibrado? Eu não valia nada para você e agora eu tinha a prova material: você tinha me jogado para fora de casa[23].

Em sua insônia, Kafka procura o enigma do laço que une pai e filho, o sentido da lei; e a orfandade significa um filho sem passado, com um presente incerto e sem futuro, sem herança[24].

A começar pelo fato de a própria carta não ter chegado ao destinatário[25]: "A simples possibilidade de escrever cartas", escreve Kafka a sua noiva Milena, "pode [...] trazer para o mundo um terrível transtorno [*Zerrüttung*] de almas. É, de fato, um comércio com fantasmas. Escrever cartas [...] significa despir-se diante de espectros pelo que eles cobiçosamente esperam. [...] Os fantasmas não morrem de fome, mas nós

---

20. Cf. Albert Camus, "A esperança e o absurdo na obra de Franz Kafka", in: *O mito de Sísifo*, trad. Ari Roitman e Paulina Watch, Rio de Janeiro: Record, 2008.
21. Franz Kafka, *Carta ao pai*, trad. Maria Lin de Souza Moniz, Lisboa: Relógio d'Água, 2004.
22. Um conselho, observa Benjamin, é menos uma resposta a uma questão que sugestão de continuação de uma história. Para que um conselho nos seja dado, é preciso começar por nos contarmos a nós mesmos. E isso sem levar em conta o fato de que um homem só tirará proveito de um conselho se encontrar as palavras para contar sua história. Cf. Walter Benjamin, "O narrador", *op. cit.*
23. Franz Kafka, *op. cit.*
24. Em seu ensaio "Il peso del padre", Massimo Cacciari analisa a etimologia do termo "herdeiro", que do grego passa para o latim: "O *Heres* latino tem a mesma raiz que o *cheros* grego, que significa deserto, espólio, falta, solidão. Herança, *Heres*, chegam à raiz do alemão *Erbe*. Só pode ser herdeiro quem se descobre *orbus, orphanos*. Faz-se herdeiro apenas aquele que se descobre abandonado. Para ser herdeiro é preciso saber atravessar o luto pela própria falta radical." (*La Repubblica*, 4 maio 2011, pp. 60-1, foglio 1-2. Cf. também Massimo Cacciari, *Re Lear: padri, figli, eredi*, Caserta: Aletta dell'Uva, 2015, p. 59.
25. A *Carta ao pai* não chegou a ser enviada.

vamos perecer"[26]. Diferentemente das "cartas filosóficas"[27] antigas, que continham uma sabedoria prática na busca da justa vida e chegavam aos destinatários por ser o "espírito do tempo", a carta kafkiana revela a possibilidade real de não alcançar seu objetivo, de não chegar ao destinatário: "uma carta", escreve Derrida, "nem sempre chega a sua destinação e, já que é de sua estrutura, pode-se dizer que ela nunca chega verdadeiramente, que, quando chega, seu poder de não chegar a atormenta com uma deriva interna"[28]. Eis porque a carta não enviada de Kafka corresponde a um encontro marcado que falhou, e, na modernidade, todo encontro é essencialmente perdido, pois o pai que não cumpre a missão paterna produz um vazio de memória que perturba a identidade do filho[29]. Não por acaso, Walter Benjamin trata do desenraizamento moderno com o fim da arte de narrar, as metáforas náuticas alegorizando a formação do sujeito e sua identidade. Nesse sentido, o narrador tradicional era o agricultor sedentário – que viaja no tempo, sendo o guardião de todas as histórias do lugar – e o marinheiro nômade – que viaja no espaço e tem "muito a contar"–, ambos artesãos da memória. Eis por que, em *Origem do drama barroco alemão*, Benjamin observa, citando Schelling, que "a *Odisseia* é a história do espírito humano, e a *Ilíada*, a história da natureza"[30]. Pois, se na *Ilíada* Aquiles é o herói em cujas ações intervêm os deuses – ora a favor dos gregos, ora dos troianos –, Ulisses é o herói da *Odisseia* por representar a história tomada em suas próprias mãos, o que o constitui como sujeito, como filho de Laerte, pai de Telêmaco, esposo de Penélope e rei de Ítaca.

Ausente por vinte anos, sua falta paralisa Ítaca, imobiliza o tempo e suspende a lei. Na anomia, o palácio é ocupado pelos concorrentes à

---

26. Franz Kafka, *Briefe an Milena*, Frankfurt: Fischer Verlag, 1986, pp. 259-60.
27. Cf. Epicuro, *Carta sobre a felicidade(a Meneceu)*, trad. Álvaro Lorencini e Enzo Del Carra, São Paulo: Editora Unesp, 1999, e Sêneca, *Cartas a Lucílio*, trad. J. A. Segurado e Campos. Lisboa, Calouste Gulbenkian, 2009, entre outros.
28. Jacques Derrida, *Carte Postale*, Paris: Aubier-Flammarion, 1980, p. 517.
29. Lembre-se de que Lacan não considerava a questão mais relevante a de o pai não ter desaparecido, mas sim ser um pai "humilhado". Cf. Jacques Lacan, *Le Séminaire*, livro VIII, Paris: Seuil, 1991, p. 337.
30. Walter Benjamin, *Origem do drama barroco, op. cit.*, p. 189. Cf. também Walter Benjamin, "O narrador", *op. cit.*; T. Adono e M. Horkheimer, *Dialética do esclarecimento, op. cit.* Que se recorde a *Odisseia* em autores como Quintiliano, Ovídio, Horácio, Dante, Angelus Silesius, Opitz, Kafka e Joyce, Primo Levi, entre outros. Cf. Hans Bulmenberg, *Schiffbruch mit Zuschauern* (Naufrágio com espectadores), Frankfurt: Suhrkamp, 1979, e Andrea Allerkamp, "Naufrage avec spectateurs: Discours d'Ulisse selon Adorno e Levi", in: *Témoigner. Entre Histoire et Mémoire*, n. 124, abr. 2017.

rainha e ao trono, rivais que vivem em uma festa contínua, dissipando todos os bens do tesouro e da cidade:

> [...] uma dupla infelicidade pesa sobre minha família. Mais que tudo, perdi o autor benevolente de meus dias, Ulisses, que outrora reinava como o mais terno pai. Um outro desastre, não menos terrível, logo destruirá todos os meus domínios e consumirá todas as minhas riquezas. Os pretendentes [...] solicitam [...] a mão de minha mãe [...]. Eles passam todos os seus dias em nosso palácio, imolam nossos rebanhos, nossos carneiros e nossas mais belas cabras, entregam-se à euforia dos festins, bebem impunemente o vinho rútilo. Carente de homem da estatura de meu pai que a maldição afaste, os víveres se esgotam. Oh, como eu os expulsaria se eu tivesse a força! Tais excessos não podem mais ser tolerados, e minha casa definha desonrada[31].

Na desordem cósmica da festa que, ininterrupta, confunde a noite e o dia, anulam-se as diferenças geracionais e se afronta a lei suprema da hospitalidade, culminando no atentado contra a vida de Telêmaco: "Telêmaco encarna a invocação da Lei, faz súplicas para que seu pai retorne, nisso colocando a esperança de que ainda haja justiça para Ítaca"[32].

A modernidade encontra na "noite dos pretendentes" a metáfora da privação paterna, na qual a fruição se divorciou da lei, não mais se reconhecendo um limite entre o proibido e o consentido, nem mesmo para transgredi-los. Na crise de filiação, domina um princípio de morte:

> A questão hoje não é o caráter repressivo da justiça e da lei, mas a ausência de justiça e de lei [...], Telêmaco não vive um conflito com o pai como lei tirânica, ansiando por sua volta, para que ele possa restituir a ordem no *oikos* devastado pelos pretendentes"[33].

---

31. *Odisseia*, Canto II, trad. Trajano Vieira. São Paulo: Editora 34, 2011, vs. 50 a 65, pp. 41-2. Telêmaco possui algo comum com Jesus, uma vez que ambos vivem a experiência do abandono do pai. Escuridão da noite dos pretendentes e escuridão da morte de Jesus na cruz.
32. Massimo Recalcati, *Il Complesso di Telemaco*, Milão: Feltrinelli, 2016, p. III e p. 113.
33. Massimo Recalcati, *op. cit.*

A busca de Telêmaco é por alguém que responda ao seu apelo, ao desejo de ser acolhido e participar de uma história, de ser amado. Por isso, a falta de filiação afeta a identidade do filho, pois nem sua semelhança com o pai, tampouco as garantias de sua mãe, bastam para assegurá-la: "Minha mãe afirma que sou seu filho, mas eu, eu não sei"[34]. O pai que cedo partiu deixa o vazio de uma espera, o anseio de que alguém responda na escuridão da Noite, pois só assim Telêmaco poderá reaver futuro e herança: "não tenho desejo maior do que ver seu vulto, que abraçar meu pai"[35]. O retorno faz do tempo uma história que não é apenas a possibilidade de uma transmissão, mas também de seu nascimento. Pois, se o sentido de uma vida necessita do tempo para se tornar *de todos os tempos* e se converter em tradição, é porque o retorno do que foi uma primeira vez (*Erstmaligkeit*) se reúne ao que jamais voltará a ser como foi. Razão pela qual Ulisses não pode também reaver a infância de seu filho, para sempre perdida[36].

Porque a memória é o que constitui uma identidade, também Ulisses anseia pelo regresso à Ítaca natal:

[...] este tema da circulação pode dar a pensar que a lei da economia [*oikos* e *nomos*][37] [a doçura do costume familiar, da casa, do lar] é o retorno circular ao ponto de partida, à origem, à casa também. [...] A *oikonomia* tomaria sempre o caminho de Ulisses. Este retorno junto a si e aos seus, [significa] que ele só se distancia para voltar ao lar a partir do qual a partida é dada [...], o partido tomado, o lote conferido, o destino definido (*moira*). O estar-junto-a-si [...] seria odisseico no seguinte

---

34. *Odisseia*, Canto I, *op. cit.*, vs. 215-6.
35. É porque todos os pais já foram filhos que podem responder à nostalgia destes, de reencontrar em si essa figura do herdeiro, do órfão, da falta.
36. Há uma expressão em hebraico referente ao "pai que perdeu o filho", o órfão ao contrário. Também no Evangelho de Lucas, cap. xv, há o filho pródigo, pois é o pai que está esperando a volta do filho e, quando o vê, corre ao seu encontro, em um movimento quase infantil que rompe com a ordem das gerações, porque é o pai que se apressa em direção ao filho, é o pai que perdoa imediatamente, excluídos cálculo e reflexão.
37. O *Nomos* grego significa, originariamente, os campos e os prados, sendo o nômade o chefe ou o ancião de um clã que presidia a justa distribuição dos pastos, estabelecida pelos costumes e base do direito ocidental. Desde Homero, o verbo *"nemein"* tem mais de um sentido: é "partilhar" ou "distribuir" a terra, as honras, os alimentos e também "conhecer os costumes": "O homem multiversátil [Ulisses], ó Musa, canta, / aquele que muitos males padeceu, destruída Troia, pólis sacra, aquele que visitou as cidades de tantos homens e conheceu o espírito [costumes, *noon*] de muitos mortais (Homero, *Odisseia*, Canto I, vs. 1-3, Porto Alegre: L&PM, 2009, p. 12). De *nomos* provém Nêmesis, a deusa que administrava a justiça divina. Cf. Émile Benveniste, *Dictionnaire des institutions indo-européennes*, Paris: Minuit, 1969, pp. 102-3.

sentido, o [...] de um "mal-do-país", de um exílio provisório sôfrego de re-apropriação"[38].

Eis por que renunciar à memória é perder-se de si. Com efeito, a ilha dos lotófagos, na *Odisseia*, para a qual a tempestade em alto-mar arrastou Ulisses e seus companheiros, é sua expressão. Lugar inteiramente estranho aos náufragos, ela é a ilha do esquecimento, em tudo diversa do mundo humano. Os lotófagos não são "sujeitos", pois desconhecem a profundidade temporal, não são castigados pelo devir: "Lotófagos chamam-se os homens que encontraram. Não planejavam mal nenhum contra os nossos. Queriam só que provassem o lótus"[39]. Dos lotófagos nada se sabe, senão que só se alimentam da flor do esquecimento; desconhecem-se suas crenças religiosas, instituições políticas, artes e ofícios, apenas ocupam-se com o lótus. Acolhedores e hospitaleiros, os lotófagos recebem o estrangeiro com a refeição que faz esquecer origem e identidade, com a qual só se conserva a vida, sem a preservação de um sujeito[40]. Comensais de uma sociedade sem memória, lá não há diferenças e nem diferendos, divergências culturais, confronto entre classes ou guerra interna, porque o esquecimento dissipa reivindicações e clamores, anulando ambições e desejo de conquista: "[...] 'quem saboreava a planta do lótus, mais doce do que o mel, não pensava mais em trazer notícias nem em voltar, mas só queria ficar lá [...], colhendo o lótus, esquecido da pátria'. Essa cena idílica que lembra a felicidade dos narcóticos [...] é na verdade uma mera aparência de felicidade, um estado apático e vegetativo [...] e, no melhor dos casos, uma ausência da consciência do infortúnio"[41]. Comunidade

---

38. Jacques Derrida, *Donner le temps I: la fausse monnaie*, Paris: Galilée, 1991, p. 18 (grifos do autor). A questão é saber o que lembrar e o que esquecer, ciosos que eram os gregos da importância de ambos, sem a ilusão de que a tradição seja algo homogêneo, sem lacunas e contradições. Que se pense na instituição da anistia em Atenas após a guerra civil em 403 a.C., com a qual ficava proibido recordar em público as infelicidades da guerra. Tal circunstância indica a dupla função da memória e do esquecimento na vida do indivíduo e da sociedade. Conta Cícero que Temístocles, político e general de Atenas, certo dia foi procurado por Simônides para lhe ensinar a arte da memória, de modo a que pudesse lembrar-se de tudo, ao que o general teria respondido não precisar disso. Ao contrário, antes de recordar tudo quanto possível, preferia aprender a esquecer tudo o que quisesse esquecer. Em vez de uma arte da memória, buscava a arte do esquecimento. (Cf. *Do Orador*, in: Adriano Scatolin, *A Invenção no Do Orador de Cícero*. Tese de doutorado. São Paulo: Faculdade de Filosofia, Letras e Ciências Humanas da USP, 2009).
39. Homero, *Odisseia*, v. II, trad. Donaldo Schüler, Porto Alegre: L&PM, 2008, p. 119.
40. Cf. T. Adorno e M. Horkheimer, *Dialética do esclarecimento*, op. cit., p. 59.
41. *Ibid.*, p. 67.

indivisa, ela evocaria um paraíso em que o esquecimento parece contribuir à felicidade de todos. Ulisses, porém, nem por um instante aspira a lá permanecer; por isso, força seus companheiros ao embarque:

[...] "mas eu os trouxe de novo à força, debulhados em lágrimas, para as naus; arrastei-os para os navios espaçosos e amarrei-os debaixo dos bancos" [...]. "A lembrança da felicidade mais remota e mais antiga", escrevem Adorno e Horkheimer, "[...] remete à proto-história. Não importa quantos tormentos os homens aí padeceram, eles não conseguem imaginar nenhuma felicidade que não se nutra da imagem dessa proto-história: "assim prosseguimos viagem, com o coração amargurado"[42].

De maneira semelhante, os encantos dos jardins gregos[43] em nada se aparentam ao jardim bíblico onde correm rios de leite e mel. Se, na *Odisseia*, o jardim do palácio de Alkinoos se assemelha, com suas árvores altivas, suas pereiras, macieiras, figueiras e oliveiras, ao Paraíso bíblico, ele é, no entanto, inquietante e ameaça de morte. Uma vinha opulenta encima um terraço ensolarado, enquanto em outro recanto os cachos secam; em um recesso se colhem as uvas, em outro as cepas perdem as flores, mais adiante outras começam a crescer. O Zéfiro faz tombarem alguns frutos e outros amadurecem, e, ao final, as plantas florescem o ano inteiro. Nem no verão nem no inverno faltam frutas; todas as estações ocorrendo ao mesmo tempo, não há nesse jardim um ensinamento aos camponeses para o trabalho regulado pelas estações do ano que marcam o ritmo dos dias para que se realize o trabalho que convém. Ulisses recusa esse jardim; ele deseja o tempo humano e mortal, o ritmo das gerações, e que o herói quer habitar; indiferenciando a primavera e o outono, o verão e o inverno, os feácios são punidos pelo deus dos mares. Grandes navegadores, seu navio é transformado em pedra enraizada no mar como uma planta insólita cujas raízes mergulham no oceano salgado. Aqueles que viviam fora do tempo agora estão também fora do espaço[44]. Os gregos

---

42. Ibid., pp. 67-8.
43. Para a questão dos jardins gregos, conferir David Bouvier, "Le jardin comme lieu de mémoire: à propos d'Odyssée, XXIV 219-344". Disponível em: <https://www.academia.edu/2536711/Le_jardin_comme_lieu_de_m%C3%A9moire_%C3%A0_propos_d_Odyss%C3%A9e_XXIV_219-344>. Acesso em: 2 jul. 2019.
44. Da mesma forma, a viagem de Ulisses aos confins da Terra e à ilha de Calipso poderia evocar uma Idade de Ouro, já que o jardim é descrito como um devaneio: "há um bosque verdejante cercando

desconfiam do esplendor dos jardins, de todo "paraíso perdido" que promete a eternidade. Ulisses anseia por sua Ítaca natal, pensa em Penélope e em seus cabelos brancos, em Telêmaco e em Laerte, seu pai. Não deseja um jardim do Éden, mas sim o que lhe devolvesse sua identidade, com seu inverno e sua primavera, ancorado em um tempo humano. O jardim do palácio de Ulisses, ao contrário da atemporalidade, é um lugar de memória, simultaneamente continuidade e ruptura temporal. Assim, chegado a Ítaca, ele é reconhecido por seu pai apenas quando enumera as árvores que plantaram juntos: "Mostro as árvores que plantei contigo; / treze pereiras, dez macieiras, quarenta figueiras. Por cima de tudo, me destes cinquenta renques de cepas"[45]. Ulisses almejava uma morada legítima, que assegurasse as filiações, os nomes, a língua, as nações, as famílias e as genealogias[46].

À sucessão das idades da vida e da sequência das gerações, se substitui, na modernidade, uma continuidade sem experiência; na linhagem da progenitura, diferentemente, havia a passagem do mesmo ao outro; por isso, a *Odisseia* não é apenas a narrativa de um retorno, mas a reconquista progressiva da identidade de Ulisses, herói da memória, único depositário de seu passado, pois "fazer sua própria história" só é possível com a condição da herança: assim, negar a filiação é desconhecer-se a si mesmo. Como observa Massimo Recalcati:

> [...] ser filho significa não ser senhor de sua própria origem: a vida humana vem ao mundo lançada no encadeamento simbólico das gerações, da história que a precedeu [...]. Ser filho significa ter sua própria origem no Outro [...], sua vida é atravessada pela vida do Outro [...], não apenas como marca biológica de sua proveniência, mas porque [traz dentro de si] as palavras, as lendas, os fantasmas, as culpas e ale-

---

sua gruta, amieiros, choupos e cedros ardorosos. Os galhos sustentam os ninhos de robustos voláteis: corujas, falcões e gralhas bicudas, variedades afeitas às lides da pesca marinha. Vigorosa videira de roliços cachos cercava a caverna ardilosa [...]. Quatro fontes em fileira versam águas límpidas [...]. Nas cercanias florescia o brando tapete dos prados de violeta e aipo. Até um imortal se deteria em êxtase para a contemplação". Homero, *Odisséia*, Canto v, vs. 56 ss., trad. Donald Schüler, *op. cit.*, pp. 15-6.
45. *Ibid.*, Canto XXII, vs. 325 ss.
46. A ausência prolongada significa que o herói não vê e não é visto, o que equivale à morte. Assim, Laerte, o pai de Ulisses, enquanto ainda não o reconheceu e desconhece seu retorno, diz-lhe: "Longe das pessoas queridas e da pátria, o corpo dele deve servir de alimento aos peixes ou é repasto de feras e de aves, não sei onde". *Ibid.*, Canto XXIV, vs. 290-6.

grias das gerações que o precederam [...]. A filiação é inteiramente constituída pelos rastros do Outro"[47].

O tempo sem filiação está "fora dos gonzos", estes não constituem mais medida, intervalo e orientação. A modernidade, em ruptura com o passado, não obstante busca, inquieta, a origem, circunstância da qual Édipo é o emblema[48].

Édipo ignora sua origem, não poderia saber que matou seu pai:

> Édipo quer apropriar-se de sua origem, conhecer o mistério que governa sua existência [...]. Onde está a verdade? Édipo não sabe. Seu olhar é cego. Afronta a lei, mas não sabe que o faz. Casa-se com a rainha e não sabe que é sua mãe. Em Tebas é um rei justo, não um filho parricida[49].

Édipo é o filho que desafia as gerações que o antecederam, pois, para afirmar sua identidade, nega qualquer dependência e débito simbólico com o Outro, pois foi abandonado: "o abandono é o ser reduzido a si mesmo, exposto e sem contexto: é um alerta de sua própria estranheza. Um estar no mundo, sem mãe e sem matriz, [é estar] voltado aos outros, mas na impossibilidade de reencontrar a origem, [...] uma origem de que não temos memória e junto à qual jamais pudemos estar"[50]. Assim, se o poder em Tebas foi a recompensa por ter vencido a Esfinge e libertado a cidade do sacrifício ao monstro devorador de jovens, Édipo o exerce sem rumo nem direção: "Édipo é o filho abandonado por Laio e que, adotado, se tornou príncipe em Corinto. Ao infanticídio corresponde o parricídio, esta é a prisão de Édipo, o que está escrito. Neste sentido, Édipo não é um herdeiro, não pode ser um filho justo"[51].

---

47. Massimo Recalcati, *Il Segredo del Figlio: da Edipo al Figlio Ritrovato*, Milão: Feltrinelli, 2017, p. 28.
48. Ao declínio da autoridade paterna, sucede Narciso, convencido de que tudo começa apenas com ele, de ser o pai de si mesmo, a imagem refletida nas águas confundindo pai e filho. Essa circunstância corresponde à crise antigenealógica do presente. Cf. Christopher Lasch, *The Culture of Narcissism*, New York: Norton & Company, 1979.
49. M. Recalcati, *op. cit.* Se, na versão freudiana da história de Édipo, o filho odeia o pai a ponto de matá-lo, para René Girard, o filho antes deseja imitar o pai e por isso deseja a mãe; o pai é quem torna possível o desejo do filho; o desejo que é sempre o desejo de um outro (Cf. R. Girard, *A violência e o sagrado*, trad. Martha Conceição Gambini, São Paulo: Editora Unesp, 1990).
50. Sandro Tarter, *Evento e Ospitalità*, Assisi: Cittadella, 2004, p. 210.
51. M. Recalcati, *op. cit.* Lembre-se de que Édipo mata seu pai em uma encruzilhada estreita, na qual a passagem deveria ser dada ao mais velho. Lutando contra o pai, se outorga a si mesmo passar antes

Seu sucessor moderno é o drama shakespeariano. Hamlet, diversamente de Édipo, sabe quem é seu pai, mas na forma de um fantasma, fantasma que o condena, pelo dever de vingá-lo, a exercer o poder, tão árduo lhe é suportar a opressão de sua coroa e de seu manto, tão pesado é seu fardo; incapaz de decisões prudentes, empunha o cetro e se perde na loucura: "Tudo o que não foi vivido sucumbe inexoravelmente nesse espaço [o do drama barroco], em que a voz da sabedoria é ilusória como a de um espectro"[52].

No período barroco, dominado por contradições, a própria verdade se contradiz a ponto de que a contradição é a "verdade". Incerteza constante, a ambiguidade substituiu a verdade. Em *Hamlet*, não se trata da descrição de uma paixão – a melancolia que predispõe a visões e a falta de discernimento –, mas de uma perturbação mental[53] em que se encontra a figura de um príncipe fragilizado e impotente, como também no *Rei Lear*, em quem a loucura e a sabedoria trocam de lugar. Em seu ensaio *Re Lear: padri, figli, eredi*, Massimo Cacciari considera o drama shakespeariano como o cenário de uma catástrofe, não a do fim dos tempos, mas a de um sujeito terminal, ao qual sucederá um sujeito sem filiação, em uma atmosfera patológica e de morte: "O mundo está doente. Ele recende a morte"[54].

Drama sobre o deslimite e a avidez do poder, sobre a herança e a ingratidão filial, *Rei Lear* encena os tormentos que resultam de um rei que, por excesso de *libido dominandi*, se perpetuou excessivamente no poder, e todos os laços da *philia* e da confiança se encontram despedaçados:

> O excesso significa, antes de mais nada, exceder-se em contradições, exceder-se em não saber temperar as paixões da alma [...], o que não é fruto apenas da "doença de sua idade". Mesmo seus melhores anos foram dominados pela mesma furiosa impaciência[55], uma impaciência inconsciente de si. [...]. Vê o bem e faz o contrário [...]. Continuamente invoca paciência e continuamente ela se traveste em cólera, engano, inveja e desejo de domínio, mas de um desejo cego [...].
> É o mundo das decisões, mas decisões infundadas [...]. São decisões

---

dele, transgredindo a passagem geracional e a lei da tradição. Édipo quer ser o senhor absoluto de seu próprio destino.
52. Walter Benjamin, *Origem do drama barroco alemão*, op. cit., p. 180.
53. *Ibid.*, p. 168.
54. Shakespeare, *Rei Lear*, IV, 6.
55. Shakespeare, *Rei Lear*, I, 1, trad. Millôr Fernandes, Porto Alegre: L&PM 2001.

que, como em Hamlet, precipitam, que não podem dar vida a nenhuma nova ordem"[56].

Quando o Rei Lear, por fim, quer abdicar do trono, dividindo-o com as filhas e genros, deflagra-se o conflito. Para ele, o filho é uma doença para o pai:

> LEAR: Filha, [Goneril], eu te peço; não me faças enlouquecer. Não te incomodarei mais, minha filha; adeus. Não nos encontraremos mais; não nos veremos mais. Mas ainda és minha carne, meu sangue, minha filha; ou melhor, uma doença na carne, que sou forçado a reconhecer que é minha; és um tumor, uma ferida inchada, um abscesso em meu sangue apodrecido. [...]. Que a vergonha caia sobre ti no momento devido [...]. Não apelarei para quem tem na mão os raios para que te fulmine; nem te denunciarei a Júpiter, o Juiz Supremo. Emenda-te quando puderes, melhora quando entenderes. Eu posso ser paciente; posso ficar com Regana. Eu e meus cem cavaleiros.
> REGANA: Não é bem assim. Eu ainda não o esperava e não estou preparada para acomodá-lo de maneira digna. Dê ouvidos a minha irmã, senhor; pois todos os que comparam a fúria do senhor com o bom senso dela só podem concluir que o senhor está velho, e assim... Mas ela sabe o que faz[57].

Porque o soberano é o representante de Deus na Terra, ungido para comandar o reino, a doença consome um corpo consagrado. Se as filhas são a doença que profana o corpo do rei e o consome, é porque esse tempo está privado do céu, que não é mais uma abóbada teológica e protetora, mas espaço sideral que enche o homem de espanto e terror[58], na angústia de sua contingência e de sua condição de criatura.

56. Massimo Cacciari, *Re Lear: padri, figli, eredi*, op. cit., p. 12 e p. 17.
57. Shakespeare, *Rei Lear*, Ato II, cena IV, op. cit.
58. Cf. Pascal, para o qual o céu está vazio do Deus que se ausentou do mundo: "Vendo a cegueira e a miséria do homem, observando todo o universo mudo e o homem sem luz, abandonado a si mesmo e como que perdido neste recanto do universo, sem saber quem o pôs aqui, o que veio aqui fazer, o que se tornará ao morrer e incapaz de qualquer conhecimento, eu principio a ter medo como um homem que tivesse sido levado dormindo para uma ilha deserta e medonha e fosse despertado sem saber onde se acha e sem meios de escapar" (Pascal, *Pensamentos*, trad. Sérgio Milliet, São Paulo: Abril Cultural, 1973, p. 217).

Nos dramas shakespearianos, o cosmos antigo, governado pelos deuses, não é senão uma lembrança, no limiar entre o infinito estelar e o indivíduo errante, em que as tempestades abalam a ordem do mundo. Nesta imanência do homem sem Deus, não há mais bastidores do *theatrum mundi*, pois o mundo foi desencantado: "Quando a secularização, induzida pela Contrarreforma, se afirmou nas duas Igrejas [entre protestantes e católicas], as preocupações religiosas não perderam sua importância, mas a época lhes recusou uma solução religiosa, exigindo ou impondo, em seu lugar, uma solução profana"[59]. Não por acaso, no *Rei Lear*, o céu desapareceu, todo o drama se desenvolve em meio a uma *tempestas*, na terrível noite em que o rei está só.

Distante da tradição grega e medieval de condenação da *hybris*, as atitudes do rei são cada vez mais tumultuadas, tudo delira e se excede. Diversamente do *pathos* da tragédia grega, no *Rei Lear* nada se aprende, seu *pathos* só ensina a catástrofe e a ruína. São excessivas suas palavras de maldição contra Cordélia, a filha do amor filial sincero, bem como aquelas contra Regana e Goneril. Há nele pressa e precipitação, tudo se precipita, tudo é precipitante, e Lear é furioso como a fúria de um dragão:

> Ventos, soprai até arrebentar tudo! Vomita, fogo! Alaga, chuva! A chuva, o vento, o trovão e o fogo não são minhas filhas. Elementos, eu não os acuso de ingratidão; nunca lhes dei reinos ou chamei de filhos, nunca me deveram obediência alguma. Portanto, podem despejar sobre mim o horror do seu arbítrio. Olhem, aqui estou eu, seu escravo, um pobre velho, débil, doente, desprezado.

E, dirigindo-se aos esposos de suas filhas, proclama: "Mas continuo a chamá-los de cúmplices subservientes que se uniram a minhas duas desgraçadas filhas para lançar os batalhões do céu contra esta cabeça tão velha e tão branca. Oh! Oh! Quanta infâmia!"[60]. Também excessivo é o conde Gloucester, que vê a loucura do rei, reconhece sua natureza vulnerável e seus excessos, mas não a vê em si, também ele se precipitando no furor destrutivo que tudo invade, opondo-se a Cordélia, a filha leal.

---

59. Walter Benjamin, *Origem do drama barroco alemão*, op. cit., p. 102.
60. Shakespeare, Rei Lear, Ato III, cena II, vs. 14-24, *op cit*.

Excessiva é a própria Cordélia, pois seu dote não é o mesmo das irmãs que receberiam territórios, mas a verdade, a verdade em excesso. Assim, se é certo que o pai delira, ela também está em desvario. Pois seria possível governar um reino dizendo a verdade a qualquer preço?[61] Em Lear, tudo é precipitado e ruma ao precipício: "não se trata apenas de um rei passional, *passio* que a razão não consegue controlar, que a paciência não consegue dominar. Lear é um *rex destruens*, seu gesto inaugural é o de abdicar, dividindo o reino, que não lhe dá forma, que o corta e separa as filhas, não garantindo a unidade do território e do povo. Dividindo-o, cria as condições da guerra civil, da *stasis*"[62]. Um rei que deserta, cessa de reger e ditar a lei, rei que deveria sê-lo para construir e para modelar o reino. Abdicando e desunindo o reino e o poder, desintegrando-os, é responsável pela guerra fratricida, o reino se torna o palco da luta entre os herdeiros em crise de filiação: "[o rei renuncia a sua função essencial, a de justamente reger, sustentar o peso das contradições e levá-las à unidade. Aqui o rei, ao contrário, [...] ilude-se pensando que ainda basta sua simples existência, a *parousia* de seu corpo, para garantir a harmonia"[63].

Esse delirar moderno que não une, mas destrói, marca o fim do governante prudente, cujo valor se encontra em saber conservar o poder, mesmo *sine auctoritate*, e até mesmo, *sine potestate*. Nesse sentido, Cacciari observa: "O erro está em crer, em dar por evidente que pode haver separação entre *auctoritas* e *potestas*. [Lear] desejava manter uma *auctoritas* sem que fosse fundada na *potestas*, no poder efetivo, queria uma *auctoritas* alicerçada na *pietás* ou diretamente no amor: quem me *ama* mais e não quem me *respeita* mais"[64]. Lear delira ao confiar na antiga autoridade paterna e no amor filial, valores da Idade Média, extintos na modernidade. Por isso, não há nele qualquer prudência, só *supersticio* de um poder

---

61. Lembre-se de que o "segredo" faz parte da política. "Secretário de Estado" é aquele que coloca certas coisas de lado, coisas secretas, que ficam em "segredo", não como algo intocável, mas deixado para outra ocasião. Em "A mentira na política", também Hannah Arendt observa que o que importa mais nos documentos do Pentágono mantidos secretos durante a Segunda Guerra Mundial não são seus segredos, que de resto já eram de alguma forma conhecidos – como, mais recentemente, na invasão do Iraque, onde não foram encontradas armas nucleares –, mas o que aparece no espaço público, pois é nele que se expressa e se desenvolve a vida pública. Cf. *Crises da República*, trad. José Volkmann, São Paulo: Perspectiva, 1999.
62. M. Cacciari, *Re Lear: padri, figli, eredi, op. cit.*
63. *Ibid.*, p. 32.
64. *Ibid.*

separado da *auctoritas*. Assim, a guerra civil não é a consequência da autoridade e do poder, mas sim de sua dissociação, pois o poder efetivo não é exercício da violência, mas o que previne o poder de exceder-se, para resguardar o reino da guerra civil e manter íntegro o Estado: "Por um lado, há a inefetividade pura, esta pretensão absurda do rei Lear. Ele está fora do mundo, velho, ele é só demência senil [...]. Os que querem destruí-lo, porém, são pura violência, não constituem nenhum Estado. [...] Todos são impotentes para reinar [...]. A impotência [de Lear] se transforma, em vez disso, no poder sem autoridade dos herdeiros"[65].

Lear declina do poder por estar exausto, desde o início de seu reinado está cansado do ofício de reinar, de representar sua sacralidade, de apresentar-se como autoridade. Cuidar do reino era para ele, como para Hamlet, um peso. Razão pela qual, em *Origem do drama barroco alemão*, Benjamin reconhece o déficit de julgamento que afeta a política e o poder, o soberano sendo incapaz (*unfähig*) de desempenhar seu papel de majestade. Benjamin introduz, assim, uma antítese entre a função do soberano (*Herrschervermögen*) e seu poder (*Herrschermacht*), entre o poder do soberano e sua impotência em governar:

> A antítese entre o poder do governante e sua capacidade de governar conduziu, no drama barroco, a um caráter próprio [...] e que só pode ser explicado à luz da doutrina da soberania. Trata-se da indecisão do tirano. O príncipe, que durante o estado de exceção tem a responsabilidade de decidir, revela-se, na primeira oportunidade, quase inteiramente incapacitado para fazê-lo [...]. O que se manifesta [em suas hesitações] não é tanto a soberania [...], como a arbitrariedade brusca de uma tempestade afetiva[66].

Simultaneamente, também aqueles que querem destituir o rei e pai – e que o traem – são *cupiditas*, puro desejo de poder, insensato, irracional, louco, pura *passio dominandi*, "*histerica passio*"[67].

Nesse descontrole, os olhos de nada valem, como Gloucester, que só reconhece a iminência da queda do reino quando se torna cego – como

---

65. *Ibid.*, p. 30.
66. Walter Benjamin, *Origem do drama barroco alemão*, *op. cit.*, p. 94.
67. Massimo Cacciari, *op. cit.*, p. 11.

também são ofuscados aqueles que acreditam nas estrelas, atribuindo às conjunções astrais toda essa noite de tempestade, desastre e escuridão:

> Eis a sublime estupidez do mundo; quando nossa sorte está abalada – muitas vezes pelos excessos de nossos próprios atos – culpamos pelos nossos desastres o sol, a lua e as estrelas; como se fôssemos canalhas por necessidade, idiotas por influência celeste; escroques, ladrões e traidores por comando do Zodíaco; bêbados, mentirosos e adúlteros por forçada obediência a determinações dos planetas; como se toda a perversidade que há em nós fosse pura instigação divina. É a admirável desculpa do homem devasso – responsabiliza uma estrela por sua devassidão[68].

Mundo ao revés, sinistro espetáculo da fratura e da divisão – entre pai e filhos, *potestas* e *auctoritas*, de separações de amizades, de Estados, mundo de suspeitas infundadas, calúnias e exílio, não é ele fruto da vontade dos deuses, e sim consequência de nossa própria loucura e cegueira: "não são as ideias, nem os astros, mas o caráter o responsável pela ruína, somos nós os carrascos de nós mesmos. Quem não rege as próprias contradições não poderia reger as de um Reino. Não há *Ananke*, o destino, a necessidade, mas o caráter. Eu sou o maior perigo para mim mesmo"[69]. Excesso dos excessos, os honestos não são só honestos, são extremadamente honestos, *foolish honests*. Edmond, o filho legítimo de Lear, é honesto, honestíssimo, quer dizer, loucamente honesto. Como poderia alguém loucamente honesto reinar? Quem está cansado, não está só cansado, está cansadíssimo das exigências do Estado, e antes mesmo de assumir qualquer comando: "O reino é somente um peso imposto pela presente miséria do mundo, pela desordem em que ele caiu [...]. Cordélia é boa de coração, mas inteiramente ineficaz"[70].

Rei Lear é a um só tempo drama do poder e da crise de filiação. Cacciari observa:

> Em seu centro se encontra a crise irreversível das relações entre pai, filhos e filhas, assinalada com o fim da ideia tradicional de soberania.

68. Shakespeare, *Rei Lear*, I, cena II.
69. Massimo Cacciari, *op. cit*.
70. *Ibid*.

O soberano abdica, o rei não sabe mais governar, ficou cego e os que pretendem tomar o seu lugar – filhas e genros – não passam de parricidas e fratricidas[71].

No eclipse cultural da progenitura, do herdeiro e da filiação, a *auctoritas* não se identifica mais como o genitor, tampouco se encontra nas mediações institucionais: o pai que gerou, nem por isso tem *auctoritas* sobre o filho. Em ruptura com a tradição inscrita na raiz comum de *pater e potestas*, o pai só o é do ponto de vista da geração, de que não deriva mais uma autoridade espiritual. Impossível, então, qualquer entendimento; todo pacto é violado. A conexão entre os elementos, a *philia* que os vincula, se partiu[72].

Se ser filho significa ser herdeiro, isso não quer dizer que se recebe, como um testamento, uma herança. Com efeito, todo herdeiro, por ser órfão, deve fazer-se herdeiro, não basta o laço de sangue: "o verdadeiro herdeiro é um órfão, aquele que reconquista o que sempre esteve com ele, que porta consigo como filho [...]. [Não se trata] de repetir o que foi o passado, o que seria fracassar na herança, pois quando há identificação excessiva, ausência de diferenciação, não há herança, há apenas produção do mesmo [...]. Outra figura do fracasso é o impulso à errância, a disposição anárquica que rompe com tudo por excesso de revolta, por negação do débito"[73].

Por fim, a filiação conduz à ideia de cuidado, cujo símbolo se encontra na mãe: "Natureza da mãe: fazer com que não haja sucedido o que sucedeu. Lavar a vida no fluxo do tempo"[74]. Não por acaso, Benjamin reúne, na personagem da mãe, narração, mãos e cura. Assim, em "Narrar e curar", Benjamin escreve:

> A criança está doente. A mãe a leva para a cama e se senta a seu lado. E então começa a lhe contar histórias. Como se deve entender isso? Eu suspeitava da coisa até que N. me falou do poder de cura singular que deveria existir nas mãos de sua mulher. Porém, dessas mãos ele disse

---

71. *Ibid.*
72. Nem Édipo nem Narciso conseguem ser filhos: "A rivalidade (Édipo) e o isolamento autista (Narciso) não tornam possível a singularidade da herança, sem o que cada vez menos há filiação simbólica e, consequentemente, a transmissão do desejo de uma geração a outra". Cf. M. Recalcati, *op. cit.*, p. 15.
73. *Ibid.*
74. Walter Benjamin, *Haxixe*, trad. Flávio de Menezes e Carlos Nelson Coutinho, São Paulo: Brasiliense, 1984, p. 123.

o seguinte: "seus movimentos eram altamente expressivos". Contudo, não se poderia descrever sua expressão. Era como se contassem uma história. – A cura através da narrativa, já a conhecemos das fórmulas mágicas de Merseburg. Não é só que repitam as fórmulas de Odin, mas também relatam o contexto no qual ele as utilizou pela primeira vez. Também já se sabe como o relato que o paciente faz ao médico no início do tratamento pode se tornar o começo de um processo curativo. Daí vem a pergunta se a narração não formaria o clima propício e a condição mais favorável de muitas curas, e mesmo se não seriam todas as doenças curáveis se apenas se deixasse flutuar para bem longe – até a foz – na correnteza da narração. Se imaginamos que a dor é uma barragem que se opõe à correnteza da narrativa, então vemos claramente que é rompida onde sua inclinação se torna acentuada o bastante para largar tudo o que encontra em seu caminho ao mar do ditoso esquecimento. É o carinho que delineia um leito para essa correnteza[75].

Assim também, para uma criança que brinca em uma sacada e de repente cai no vazio, a mãe é quem salva criança, é o Outro que socorre a vida no momento do maior perigo. As mãos são como palavras, mãos e palavras que precedem o alfabeto, que comunicam afeto entre mãe e filho[76]. Reaver a experiência da filiação e o valor simbólico e estruturante das instituições é refletir sobre a centralidade do cuidado contra a incúria deste tempo. Acolhimento incondicional, o cuidado, não é solércia e precisão, mas o que particulariza a vida, restituindo-a em sua singularidade absoluta. Ser cuidado é, para o indivíduo, saber o lugar que ele ocupa na vida de quem o acolhe, se sua vida é insubstituível. Nesse sentido, todo filho é filho único[77].

75. Walter Benjamin, "Narrar e curar", in: *Obras escolhidas I, op. cit.*, p. 269.
76. Lembre-se de que, na Bíblia, todas as matriarcas são estéreis – Sara, Rebeca – e a esterilidade é rompida não por se tratar de uma questão biológica, mas da " palavra de Deus", da linguagem; o dom da palavra é o dom da cura, o milagre que é capaz de curar o corpo que não consegue gerar. É preciso o dom da palavra, dar a palavra que cura. Mesmo o pai "mau" ou a mãe "má" podem ser curados e, nesse acaso, trata-se de um dom do filho. Perdão / *pardon* significa "por dom"; é um dom absoluto, incondicional, não se realiza na lógica do pedido, da troca e da reciprocidade.
77. Não se trata aqui nem de maternidade nem de paternidade biológicas, mas do ato simbólico de puro dom, que transcende o sangue. A parentalidade é hereditariedade simbólica, é adoção simbólica. Assim, se o pai como função simbólica passa aos filhos a Lei, o sentido do impossível – que não se pode ter tudo –, a mãe é quem transmite à criança o sentido da vida.

A filiação é o apropriar-se da tradição, dos valores comuns de um mundo compartilhado; ela é o espaço imaterial e simbólico que, se não criou uma sociedade ideal, formulou ao menos as premissas de um mundo capaz de se idealizar, reavendo a dimensão filosófica e existencial da espera, em que não mais se separam o viver e o esperar.

Sobre os autores

ADAUTO NOVAES é jornalista e professor. Por vinte anos, foi diretor do Centro de Estudos e Pesquisas da Fundação Nacional de Arte, Ministério da Cultura. Em 2000, fundou a empresa de produção cultural Artepensamento e, desde então, organiza ciclos de conferências que resultam em livros. Pelas Edições Sesc São Paulo, publicou: *Ensaios sobre o medo* (em coedição com a editora Senac São Paulo, 2007); *Mutações: ensaios sobre as novas configurações do mundo* (em coedição com a editora Agir, 2008); *Vida, vício, virtude* (em coedição com a editora Senac São Paulo, 2009); *A condição humana* (em coedição com a editora Agir, 2009); *Mutações: a experiência do pensamento* (2010); *Mutações: a invenção das crenças* (2011); *Mutações: elogio à preguiça* (ganhador do Prêmio Jabuti, 2012); *Mutações: o futuro não é mais o que era* (2013); *Mutações: o silêncio e a prosa do mundo* (2014); *Mutações: fontes passionais da violência* (ganhador do Prêmio Jabuti, 2015) e *Mutações: o novo espírito utópico* (2016) e *Mutações: dissonâncias do progresso* (2019).

EUGÈNE ENRIQUEZ é professor emérito de sociologia na Universidade de Paris VII. Foi presidente do comitê de pesquisas de sociologia clínica da Associação Internacional de Sociologia. É autor de muitos artigos e dos livros: *De La Horde à l'État* (Gallimard, 2003; tradução brasileira: *Da horda ao Estado*, Jorge Zahar, 1999); *As figuras do poder* (Via Lettera, 2007); *Le Gout de l'altérité* (Desclée de Brouwer, 1999); *A organização em análise* (Vozes, 1999); *La Face obscure des démocraties modernes* (com Claudine Haroche, Eres, 2002); *Clinique du pouvoir* (Eres, 2007) e *Désir et resistance: la construction du sujet* (com Claudine Haroche e Joël Birman, Parangon, 2010). Contribuiu com artigos para os livros *Mutações: ensaios sobre as novas configurações do mundo* (Edições Sesc SP/Agir, 2008); *Mutações: a experiência do pensamento* (Edições Sesc SP, 2010); *Mutações: elogio à preguiça* (Edições Sesc SP, 2012); *Mutações: o futuro não é mais o que era* (Edições Sesc SP, 2013) e *Mutações: o silêncio e a prosa do mundo* (Edições Sesc SP, 2014).

EUGÊNIO BUCCI é professor livre-docente da Escola de Comunicações e Artes (ECA) e assessor sênior do reitor da Universidade de São Paulo (USP). Escreve quinzenalmente na "Página 2" do jornal *O Estado de S. Paulo*. É colunista quinzenal da revista *Época*. Ganhou os prêmios Luiz Beltrão de Ciências de Comunicação, na categoria Liderança Emergente (2011); Excelência Jornalística 2011, da Sociedade Interamericana de Imprensa (SIP); e o Prêmio Esso de Melhor Contribuição à Imprensa (2013), concedido à *Revista de Jornalismo Espm*, da qual é diretor de redação. Publicou, entre outros livros e ensaios: *Brasil em tempo de TV* (Boitempo, 1996); *Sobre ética na imprensa* (Companhia das Letras, 2000), *Do B: crônicas críticas para o Caderno B do Jornal do Brasil* (Record, 2003) e *O Estado de Narciso: a comunicação pública a serviço da vaidade particular* (Companhia das Letras, 2015). Pelas Edições Sesc São Paulo, participou com ensaios nas obras: *A condição humana* (em coedição com a editora Agir, 2009); *Mutações: a experiência do pensamento* (2010); *Mutações: a invenção das crenças* (2011); *Mutações: o silêncio e a prosa do mundo* (2014); *Mutações: fontes passionais da violência* (2015); *Mutações: o novo espírito utópico* (2016); e *Mutações: dissonâncias do progresso* (2019).

FRANKLIN LEOPOLDO E SILVA é professor aposentado do Departamento de Filosofia da Universidade de São Paulo – USP e professor visitante no Departamento de Filosofia da UFSCAR. Autor de diversos livros, publicou, pelas Edições Sesc São Paulo, ensaios nos livros: *Mutações: ensaios sobre as novas configurações do mundo* (em coedição com a editora Agir, 2008); *Vida, vício, virtude* (em coedição com a editora Senac São Paulo, 2009); *A condição humana* (em coedição com a editora Agir, 2009); *Mutações: a experiência do pensamento* (2010); *Mutações: a invenção das crenças* (2011); *Mutações: elogio à preguiça* (2012); *Mutações: o futuro não é mais o que era* (2013); *Mutações: o silêncio e a prosa do mundo* (2014); *Mutações: fontes passionais da violência*

(2015); *Mutações: o novo espírito utópico* (2016); e *Mutações: dissonâncias do progresso* (2019).

FRÉDÉRIC GROS é professor da Universidade Paris-Est Créteil (UPEC) e editor dos últimos cursos de Michel Foucault no Collège de France. É autor de livros sobre a história da psiquiatria e filosofia penal. Pelas Edições Sesc São Paulo, participou das coletâneas: *Mutações: ensaios sobre as novas configurações do mundo* (em coedição com a editora Agir, 2008); *Mutações: a experiência do pensamento* (2010); *Mutações: a invenção das crenças* (2011); *Mutações: elogio à preguiça* (2012); *Mutações: o futuro não é mais o que era* (2013); *Mutações: o silêncio e a prosa do mundo* (2014); *Mutações: fontes passionais da violência* (2015); e *Mutações: dissonâncias do progresso* (2019).

HELTON ADVERSE é professor do Departamento de Filosofia da UFMG. Doutor em filosofia pela mesma instituição, tendo realizado estágio de pesquisa de pós-doutoramento na École des Hautes Études en Sciences Sociais, em Paris, atua na área da filosofia política, com ênfase no pensamento político italiano do Renascimento e na filosofia política contemporânea. Seus diversos trabalhos publicados na área privilegiam dois temas: a tradição republicana e o sentido do político.

JEAN-LUC NANCY é professor emérito na Universidade de Estrasburgo, onde começou a ensinar em 2004, com Lacoue-Labarthe. Juntos, ministraram cursos, escreveram livros e fundaram o Centre de recherches philosophiques sur le politique (Centro de Pesquisa Filosófica sobre o Político). Em 1992, Jean-Luc Nancy fez um transplante de coração, que narra e analisa em uma de suas obras mais lidas, *Corpus*. Seguida de várias complicações, essa operação deixou sequelas em Nancy e uma saúde frágil. Nancy é autor de inúmeras obras dentre as quais *La remarque spéculative* (1973), *Le Discours de la syncope* (1976), *Ego sum* (1979), *Le Partage des voix* (1982), *L'expérience de la liberté* (1988), *Le sens du monde* (1993), *La création du monde ou la mondialisation* (2002), *Déconstruction du Christianisme 1 e 2* (2005-10), *Corpo, fora* (7 Letras, 2015), *A comunidade inoperada* (7 letras, 2016), *L'Intrus* (2000-2017), *Sexistence* (2017). Publica continuamente sobre filosofia, arte e política, tendo multiplicado sua colaboração com muitos escritores, poetas, artistas plásticos, dramaturgos e coreógrafos.

JEAN-PIERRE DUPUY é professor na École polytechnique, em Paris, e na Universidade de Stanford, na Califórnia, da qual é também pesquisador e membro do Programa de Ciência-Tecnologia-Sociedade e do Fórum de Sistemas Simbólicos. Pelas Edições Sesc São Paulo, participou das coletâneas: *Mutações: ensaios sobre as novas configurações do mundo* (em coedição com a editora Agir, 2008), *A condição humana* (coedições com a editora Agir, 2009); *Mutações: a experiência do pensamento* (2010); *Mutações: a invenção das crenças* (2011); *Mutações: elogio à preguiça* (2012); *Mutações: o futuro não é mais o que era* (2013); *Mutações: o silêncio e a prosa do mundo* (2014); e *Mutações: fontes passionais da violência* (2012).

LILIA MORITZ SCHWARCZ é professora titular no Departamento de Antropologia da USP. Atuou como *visiting professor* em Oxford, Leiden, Brown, Columbia e Princeton. Nesta última, foi *global teacher* e, desde 2010, é professora visitante. Em 2007 obteve a bolsa da John Simon Guggenheim Foundation Fellow. Em 2010 recebeu a Comenda da Ordem do Mérito Científico Nacional. Publicou, entre outros: *Retrato em branco e negro* (Companhia das Letras, 1987, prêmios APCA e FNL), *O espetáculo das raças* (Companhia das Letras, 1993; Farrar Straus & Giroux, Nova York, 1999, prêmio FNL), *Racismo no Brasil* (Publifolha, 2001), *As barbas do Imperador* (Companhia das Letras, 1998, Melhor Biografia e Livro do Ano no prêmio Jabuti, prêmios Clio de História e UBE; Farrar Straus & Giroux, Nova York, 2004; Assírio Alvim, Lisboa, 2003), *Na era da certeza*, 2002, Prêmio UBE; *A longa viagem da biblioteca dos reis* (2002, prêmio do Instituto Histórico e Geográfico e recebimento do Colar do Centenário), *O sol do Brasil* (2008, Melhor Biografia no Jabuti 2009), *Brasil: uma biografia* (com Heloisa Murgel Starling; Companhia das Letras, 2015; Penguin Random House UK, 2018; Farrar Straus & Girroux, Nova York, 2018) indicado dentre os dez melhores livros no prêmio Jabuti Ciências Sociais e entre os dez melhores pelo Times Literary Supplement) e *Lima Barreto: triste visionário* (Companhia das Letras, 2017, prêmios APCA, Anpocs de melhor livro de Ciências Sociais e Biblioteca Nacional de melhor ensaio, indicado entre as dez melhores biografias de 2017 pela *Folha de S.Paulo*), *Sobre o autoritarismo brasileiro* (São Paulo, Companhia das Letras, 2019).

Marcelo Jasmin é historiador, mestre e doutor em ciência política. É professor no Departamento de História da puc-Rio, onde leciona disciplinas de Teoria da História, e no Programa de Pós-Graduação em Ciência Política do Iesp-Uerj, onde ensina Teoria Política e História do Pensamento Político. Publicou os livros *Alexis de Tocqueville: a historiografia como ciência da política* (Access, 1997/Editora da ufmg, 2005); *Racionalidade e história na teoria política* (Editora da ufmg, 1998); *Modernas tradições: percursos da cultura ocidental* (séculos xv-xvii), com Berenice Cavalcante, João Masao Kamita e Silvia Patuzzi (Access/Faperj, 2002), e *História dos conceitos: debates e perspectivas*, com João Feres Júnior (puc-Rio/Loyola/Iuperj, 2006), além de ensaios sobre as relações entre história e teoria política em periódicos e livros, como *Ensaios sobre o medo* (Edições Sesc sp/Editora Senac São Paulo, 2007); *O esquecimento da política* (Agir, 2007); *Mutações: a invenção das crenças* (Edições Sesc sp, 2011); *Mutações: elogio à preguiça* (Edições Sesc sp, 2012); *Mutações: o futuro não é mais o que era* (Edições Sesc sp, 2013); *Mutações: o silêncio e a prosa do mundo* (Edições Sesc sp, 2014), *Mutações: o novo espírito utópico* (Edições Sesc sp, 2016). É pesquisador do cnpq.

Maria Rita Kehl é doutora em psicanálise pela puc-sp. Integrou o grupo de trabalho da Comissão Nacional da Verdade. Atuante na imprensa brasileira desde 1974, é autora de diversos livros, entre os quais destacam-se: *O tempo e o cão* (Boitempo, 2009; Prêmio Jabuti em 2010), *Ressentimento* (Casa do Psicólogo, 2004), *Videologias* (em parceria com Eugênio Bucci, Boitempo, 2004), *Sobre ética e psicanálise* (Companhia das Letras, 2001). Pelas Edições Sesc São Paulo, participou das coletâneas: *Ensaios sobre o medo* (em coedição com a editora Senac São Paulo, 2007); *Mutações: ensaios sobre as novas configurações do mundo* (em coedição com a editora Agir, 2008); *Vida, vício, virtude* (2009); *Mutações: elogio à preguiça* (2012); *Mutações: fontes passionais da violência* (2012); *Mutações: o novo espírito utópico* (2016); e *Mutações: dissonâncias do progresso* (2019).

Marilena Chaui é mestre, doutora, livre-docente e titular em Filosofia pela Universidade de São Paulo, onde leciona desde 1967. Especialista em História da Filosofia Moderna e Filosofia Política, dirige dois grupos de pesquisa (filosofia do século xvii e filosofia política contemporânea). É membro fundador da Association des Amis de Spinoza (Paris) e da

Asociazione Italiana degli Amici di Spinoza (Milão/Pisa). Doutora Honoris Causa pela Université de Paris VIII e pela Universidad Nacional de Córdoba, recebeu os prêmios APCA (1982), por *Cultura e democracia*; Jabuti (1994), por *Convite à filosofia*; Sérgio Buarque de Holanda e Jabuti (2000), por *A nervura do real. Imanência e liberdade em Espinosa*.

NEWTON BIGNOTTO é doutor em filosofia pela École des Hautes Études en Sciences Sociales, Paris, e ensina filosofia política na Universidade Federal de Minas Gerais (UFMG). Publicou: *As aventuras da virtude: as ideias republicanas na França do século XVIII* (Companhia das Letras, 2010); *Republicanismo e realismo: um perfil de Francesco Guicciardini* (Editora da UFMG, 2006); *Maquiavel* (Zahar, 2003); *Origens do republicanismo moderno* (Editora da UFMG, 2001); *O tirano e a cidade* (Discurso Editorial, 1998) e *Maquiavel republicano* (Loyola, 1991). Participou como ensaísta dos livros: *Ética* (Companhia das Letras, 2007); *Tempo e história* (Companhia das Letras, 1992); *A crise da razão* (Companhia das Letras, 1996); *A descoberta do homem e do mundo* (Companhia das Letras, 1998); *O avesso da liberdade* (Companhia das Letras, 2002); *Civilização e barbárie* (Companhia das Letras, 2004); *A crise do Estado-nação* (Civilização Brasileira, 2003); *O silêncio dos intelectuais* (Companhia das Letras, 2006); *O esquecimento da política* (Agir, 2007); *Mutações: ensaios sobre as novas configurações do mundo* (Edições Sesc SP/Agir, 2008); *A condição humana* (Edições Sesc SP/Agir, 2009); *Mutações: a experiência do pensamento* (Edições Sesc SP, 2010); *Mutações: a invenção das crenças* (Edições Sesc SP, 2011); *Mutações: o futuro não é mais o que era* (Edições Sesc SP, 2013) e *Mutações: o silêncio e a prosa do mundo* (Edições Sesc SP, 2014).

OLGÁRIA MATOS é doutora pela École des Hautes Études, Paris, e pelo Departamento de Filosofia da FFLCH-USP. É professora titular do Departamento de Filosofia da USP e da Unifesp. Escreveu: *Rousseau: uma arqueologia da desigualdade* (Editores Associados, 1978); *Os arcanos do inteiramente outro: a Escola de Frankfurt, a melancolia, a revolução* (Brasiliense, 1989); *A Escola de Frankfurt: sombras e luzes do iluminismo* (Moderna, 1993) e *Discretas esperanças: reflexões filosóficas sobre o mundo contemporâneo* (Nova Alexandria, 2006). Colaborou na edição brasileira de *Passagens*, de Walter Benjamin, e prefaciou *Auf klärung na Metrópole – Paris e a Via Láctea*. Pelas Edições Sesc São Paulo, participou das coletâneas: *Mutações: ensaios sobre as novas configurações do mundo* (em coedição com a editora Agir, 2008); *Mutações: a experiência do pensamento* (2010); *Mutações: a invenção das crenças* (2011); *Mutações: elogio à preguiça* (2012); *Mutações: o futuro não é mais o que era* (2013); *Mutações: o silêncio e a prosa do mundo* (2014); *Mutações: fontes passionais da violência* (2015); *Mutações: o novo espírito utópico* (2016); e *Mutações: dissonâncias do progresso* (2019).

Oswaldo Giacoia Junior é professor do Departamento de Filosofia da Unicamp. Doutor em filosofia com tese sobre a filosofia da cultura de Friedrich Nietzsche pela Universidade Livre de Berlim, publicou, entre outros livros: *Os labirintos da alma* (Unicamp, 1997); *Nietzsche como psicólogo* (Unisinos, 2004) e *Sonhos e pesadelos da razão esclarecida* (UPF Editora, 2005). Pelas Edições Sesc São Paulo, participou com ensaios nas coletâneas: *Mutações: ensaios sobre as novas configurações do mundo* (em coedição com a editora Agir, 2008); *A condição humana* (em coedição com a editora Agir, 2009); *Mutações: a experiência do pensamento* (2010); *Mutações: a invenção das crenças* (2011); *Mutações: elogio à preguiça* (2012); *Mutações: o futuro não é mais o que era* (2013); *Mutações: o silêncio e a prosa do mundo* (2014); *Mutações: fontes passionais da violência* (2015) e *Mutações: o novo espírito utópico* (2016); e *Mutações: dissonâncias do progresso* (2019).

Pedro Duarte é mestre e doutor em filosofia pela PUC-Rio, onde atualmente é professor na graduação, pós-graduação e especialização em arte e filosofia. Ainda como professor, colabora para o mestrado em filosofia da arte na Universidade Federal Fluminense (UFF). É autor do livro *Estio do tempo: romantismo e estética moderna* (Zahar, 2011) e tem diversos artigos publicados em periódicos acadêmicos e na grande mídia, com ênfase de pesquisa em estética, filosofia contemporânea, cultura brasileira e história da filosofia. Pelas Edições Sesc São Paulo, participou das coletâneas *Mutações: o silêncio e a prosa do mundo* (2014); *Mutações: fontes passionais da violência* (2015) e *Mutações: o novo espírito utópico* (2016).

Renato Lessa é professor titular de teoria e filosofia política do Departamento de Ciência Política da Universidade Federal Fluminense (UFF), no qual é coordenador acadêmico do Laboratório de Estudos Hum(e)anos. É presidente do Instituto Ciência Hoje e Investigador Associado do Instituto de Ciências Sociais, da Universidade de Lisboa, e do Instituto de Filosofia da Linguagem, da Universidade Nova de Lisboa. Dentre os livros e ensaios sobre filosofia política que publicou, destacam-se: *Veneno pirrônico: ensaios sobre o ceticismo* (Francisco Alves, 1997); *Agonia, aposta e ceticismo: ensaios de filosofia política* (Editora da UFMG, 2003); *Ceticismo, crenças e filosofia política* (Gradiva, 2004); *Pensar a Shoah* (Relume Dumará, 2005); *La fabricca delle credenze* (Iride, 2008); *Montaigne's and Bayle's Variations* (Brill, 2009); "The Ways of Scepticism" (*European Journal of Philosophy and Public Debate*, 2009) e *Da interpretação à ciência: por uma história filosófica do conhecimento político no Brasil* (Lua Nova, 2011). Pelas Edições Sesc São Paulo, participou das coletâneas: *Mutações: ensaios sobre as novas configurações do mundo* (em coedição com a editora Agir, 2008); *Vida, vício, virtude* (em coedição com a editora Senac São Paulo, 2009); *A condição humana* (em coedição com a editora Agir, 2009); *Mutações: a experiência do pensamento* (2010); *Mutações: a invenção das crenças* (2011); *Mutações: elogio à preguiça* (2012); *Mutações: o futuro não é mais o que era* (2013); *Mutações: o silêncio e a prosa do mundo* (2014); e *Mutações: o novo espírito utópico* (2016).

Vladimir Safatle é professor livre-docente do Departamento de Filosofia da USP, foi professor visitante das Universidades de Paris VII, Paris VIII, Toulouse e Louvain, e é bolsista de produtividade do CNPq. É autor de: *Fetichismo: colonizar o outro* (Civilização Brasileira, 2010); *La Passion du négatif: Lacan et la dialectique* (Georg Olms, 2010); *Cinismo e falência da crítica* (Boitempo, 2008); *Lacan* (Publifolha, 2007) e *A paixão do negativo: Lacan e a dialética* (Editora Unesp, 2006). Desenvolve pesquisas nas áreas de epistemologia da psicanálise, desdobramentos da tradição dialética hegeliana na filosofia do século XX e filosofia da música. Pelas Edições Sesc São Paulo, participou das coletâneas: *A condição humana* (em coedição com a editora Agir, 2009); *Mutações: a experiência do pensamento* (2010); *Mutações: a invenção das crenças* (2011); *Mutações: elogio à preguiça* (2012); *Mutações: o futuro não é mais o que era* (2013); *Mutações: o silêncio e a prosa do mundo* (2014); *Mutações: fontes passionais da violência* (2015); *Mutações: o novo espírito utópico* (2016); e *Mutações: dissonâncias do progresso* (2019).

Índice onomástico

Adams, John, 163, 166
Adorno, Theodor, 216
Agamben, Giorgio, 106, 190
Akhenaton, 133
Alain (Émile-Auguste Chartier), 12
Ali, Muhammad, 308
Anaxágoras, 288
Anaxarque, 18
Anders, Günther, 127
Arendt, Hannah, 165, 167, 168, 169, 170,
    171, 172, 275, 280-2, 286, 295, 302-4, 315,
    320, 328
Aristóteles, 227, 243, 282-3, 286-8, 290, 292,
    296, 302, 319
Avritzer, Leonardo, 74, 147
Bacon, Francis, 194-5
Balandier, Georges, 231
Batista, Fulgencio, 297
Baudelaire, Charles, 309, 327
Bauman, Zygmunt, 34, 39
Beck, Ulrich, 42
Benjamin, Walter, 241, 324, 327-9, 331, 344
Benveniste, Émile, 215
Berlin, Isaiah, 99, 108
Bignotto, Newton, 22, 74
Bin Laden, Osama, 119
Bloch, Marc, 134
Bolsonaro, Jair, 135, 140-3
Bonaparte, Napoleão, 230
Bossy, Jean-François, 107
Boucheron, Patrick, 235
Bradbury, Ray, 75
Bruno, Giordano, 17-8
Brutus, 249-51, 254
Burgess, Anthony, 75
Burke, Edmund, 256
Burke, Peter, 135
Butler, Judith, 224
Cacciari, Massimo, 338
Calas, Jean, 296
Calcagno, Gian Carlo, 57
Calvino, Ítalo, 141
Cassiano, 313
Castoriadis, Cornelius, 112, 232, 243
Castro, Fidel, 297
Céspedes, Carlos Manuel de, 297
Chesterton, G. K., 119
Cícero, 101, 134, 334
Clinton, Bill, 121, 128
Clinton, Hillary, 123
Coke, Edward, 294
Constant, Benjamin, 112-3

Coriolano, 63-6, 80
Crísipo, 90
D'Estaing, Valery Giscard, 126
Danton, Georges Jacques, 297-9
De Bonald, Louis, 231
De Gournay, Marie, 239
De Maistre, Joseph, 231
De Veau, Clotilde, 197
Debord, Guy, 278, 301
Deleuze, Gilles, 183, 264, 321
Demócrito, 288-9
Derrida, Jacques, 183, 186, 209, 211-3, 215-6, 222, 331
Descartes, René, 14, 195
Diógenes, 18, 88-9
Dostoiévski, Fiódor, 318
Dreyfuss, Alfred, 296
Duarte, Regina, 310
Dumont, Louis, 115
Dupuy, Jean-Pierre, 22
Eichmann, Adolf, 171, 320
Einstein, Albert, 128
Elias, Norbert, 145, 149, 151, 152, 153, 154, 157, 158
Epicuro, 18, 90, 288-9, 304
Epiteto, 106
Erasmo, 45, 153
Ésquilo, 289
Febvre, Lucien, 135
Finley, Moses, 52
Fletcher, Jonathan, 158
Fonseca, Deodoro, 137
Foucault, Michel, 264
Freitag, Michel, 59
Freud, Sigmund, 153, 233, 243, 293, 307, 309-10
Fuchs, Eduard, 327
Furet, François, 112
Gans, Eric, 119
Genet, Jean, 321
Giannotti, José Arthur, 197
Girard, Mathilde, 186

Girard, René, 36, 186, 337
Goethe, Johann Wolfgang von, 134
Gramsci, Antonio, 132
Grimm, Dieter, 77
Gros, Frédéric, 16, 19, 24, 26
Habermas, Jürgen, 186, 240
Haddad, Fernando, 143
Hakewell, William, 252-3, 256
Hayek, Friedrich von, 96
Hegel, Georg Wilhelm Friedrich, 166, 201, 221-2, 246
Heidegger, Martin, 163-6, 168, 183, 198, 205, 285
Heráclito, 160
Heródoto, 134, 288
Hill, Christopher, 251
Hitler, Adolf, 164, 165, 167, 309
Hobbes, Thomas, 166, 254-5
Hobsbawm, Eric, 135
Hureaux, Roland, 119
Huxley, Aldous, 75
Ibsen, Henrik, 246
James I (James Stuart), 294
Jardim, Eduardo, 172
Jaspers, Karl, 172
Jefferson, Thomas, 163, 165, 169, 172
João VI, 136
Kafka, Franz, 189, 329-31
Kamenev, Lev, 297
Kant, Immanuel, 217, 240, 270, 304, 313, 316
Kennedy, John, 127
Khan, Humayun, 123
Khrushchov, Nikita, 127
Kim Jong-un, 124
Kissinger, Henry, 126
Konder, Leandro, 160
Konrad, George, 66
Kraus, Karl, 234
La Boétie, Étienne de, 238, 307-10, 316
Lacan, Jacques, 271, 309
Laércio, Diógenes, 88-92
Lafer, Mary, 284-5

Lalande, André, 287
Lefort, Claude, 121, 213
Leucipo, 288
Levi, Primo, 107
Levinas, Emmanuel, 183
Lévy-Bruhl, Lucien, 232
Lívio, Tito, 63-5
Locke, John, 96, 219-20, 313
Long, 91
Lula da Silva, Luís Inácio, 310
Lutero, Martinho, 133
Macedo, Edir, 17
MacPherson, C. B., 221
Madison, James, 248-51, 257
Mann, Thomas, 310
Mannheim, Karl, 322
Maquiavel, 234-7, 240, 242-3, 246, 290-2, 302
Maria II (Maria da Glória), 137
Marx, Karl, 178, 180, 288-9, 321
Mattéi, Jean-François, 160
Mauss, Marcel, 239
McCain, John, 123
Mello, Fernando Collor, 139
Merleau-Ponty, Maurice, 236
Michels, Robert, 93
Mill, John Stuart, 18, 97, 257
Montaigne, 234, 236-40, 242-3, 245, 307-8
Morus, Thomas, 40
Mosca, Gaetano, 93, 96, 146
Musil, Robert, 204
Mussolini, Benito, 311
Nancy, Jean-Luc, 165
Nietzsche, Friedrich, 164, 190, 191, 192, 193, 199, 203, 205-7, 314, 321
Nishitani, Keiji, 196,
Nixon, Richard, 126-7
Novaes, Adauto, 189, 204, 278
Obama, Barack, 122
Oliveira, Luiz Alberto, 208
Orwell, George, 75, 264
Overton, Richard, 220-1, 250-1, 254
Oz, Amós, 172

Pareto, 93-5
Parmênides, 191
Pascal, Blaise, 183
Pedro I, 137
Pedro II, 136, 137
Peixoto, Floriano, 137
Péricles, 288
Perry, William, 128
Pinochet, Augusto, 133
Pitkin, Hanna, 247
Platão, 166, 168, 243, 261, 282-3, 287, 289-90, 292, 296
Políbio, 135
Rabelais, François, 245
Rancière, Jacques, 16, 18, 20-1
Rawls, John, 97-100
Recalcati, Massimo, 336
Reich, Wilhelm, 133
Ribeiro, Paulo Henrique Souto, 135, 142
Riesman, David, 246
Rimbaud, Arthur, 246
Rosanvallon, Pierre, 76, 81
Rouanet, Sergio Paulo, 26
Rousseau, Jean-Jacques, 99, 108, 113-6, 122, 187, 235, 261, 316, 320
Roussef, Dilma, 139, 140
Saint-Just, Louis Antoine Léon de, 299
Santo Agostinho, 313
São Tomás, 226
Savonarola, Girolamo, 235
Schedler, Andreas, 67-70, 72-3
Schelling, Friedrich, 331
Schuback, Marcia Sá Cavalcante, 170
Sêneca, 92, 101-2, 331
Sennett, Richard, 44
Shakespeare, William, 63, 65
Silva, Franklin Leopoldo e, 26-7
Simon, Herbert, 240
Skinner, Quentin, 235
Smith, Adam, 96
Snyder, Timothy, 148
Sócrates, 296

Soljenítsin, Alexander, 112
Sorokin, Pitirim, 229
Souto, Aléssio Ribeiro, 131-4
Spinoza, Baruch, 217, 240, 246, 261, 310, 321
Stálin, Josef, 167, 297, 311
Starling, Heloisa, 74
Stegmaier, Werner, 205
Sternhell, Zeev, 93, 95
Strauss, Leo, 235
Tertuliano, 251
Thatcher, Margareth, 39
Tisserron, Serge, 271
Tocqueville, Alexis de, 11, 112, 117, 145, 149-50, 154-6, 159, 169, 214-5, 261
Todorov, Tzvetan, 108-9
Toffoli, José Antonio Dias, 131-2
Trótski, Leon, 50
Trump, Donald, 111, 121-9, 148

Tsé-tung, Mao, 181
Tucídides, 134
Tullius, Attius, 64
Ustinov, Peter, 314
Valéry, Paul, 204
Vargas, Getúlio, 137-8
Veblen, Thorstein, 93
Veyne, Paul, 95
Voltaire, 296
Wajda, Andrzej, 298
Weber, Max, 240, 290, 292-5, 302
Weil, Simone, 316
Wittgenstein, Ludwig, 12-3, 18
Wolff, Francis, 20, 22, 25
Zaltzman, Nathalie, 245
Zenão, 89-92
Zinoviev, Grigori, 297
Zola, Émile, 296

Fontes Dante e Univers | *Papel* Pólen Soft 70 g/m²
Impressão Hawaii Gráfica e Editora | *Data* Setembro 2019

FSC
www.fsc.org

MISTO
Papel produzido a partir
de fontes responsáveis
FSC® C100700